系统科学与装备工程系列丛书

中国军事系统科学与工程发展报告

肖 刚 主编

电子工业出版社·
Publishing House of Electronics Industry
北京·BEIJING

内容简介

本书分为3篇（总报告、理论篇、实践篇），共计10章。全书旗帜鲜明地确立了军事系统科学对构建新时代中国特色军事理论体系的指导性地位，情深意切地回顾了钱学森等老一辈科学家为建设发展中国军事系统科学与工程做出的卓越贡献，完整准确地描述了军事系统科学与工程的历史演进、学科设置、地位作用，客观重点地介绍了具有代表性的军事系统科学与工程建设的基本理念及运用，全面系统地总结了军事系统科学与工程理论研究和实践运用的方式方法，简明扼要地勾勒了未来军事系统科学与工程的发展趋势，填补了中国军事系统科学与工程研究的空白，适应了军事理论建设一体化的迫切需要，对军队建设发展的整体性论证与全局性优化具有重大的现实意义。

本书可供系统科学领域相关读者阅读。

未经许可，不得以任何方式复制或抄袭本书之部分或全部内容。
版权所有，侵权必究。

图书在版编目（CIP）数据

中国军事系统科学与工程发展报告 / 肖刚主编.
北京 : 电子工业出版社, 2024. 7. -- (系统科学与装备工程系列丛书). -- ISBN 978-7-121-46960-2
Ⅰ. E2
中国国家版本馆CIP数据核字第2024AR5640号

责任编辑：陈韦凯　　文字编辑：杜　强
印　　刷：北京捷迅佳彩印刷有限公司
装　　订：北京捷迅佳彩印刷有限公司
出版发行：电子工业出版社
　　　　　北京市海淀区万寿路173信箱　　邮编　100036
开　　本：787×1 092　1/16　印张：19.5　字数：499千字
版　　次：2024年7月第1版
印　　次：2025年8月第3次印刷
定　　价：168.00元

凡所购买电子工业出版社图书有缺损问题，请向购买书店调换。若书店售缺，请与本社发行部联系，联系及邮购电话：（010）88254888，88258888。
质量投诉请发邮件至zlts@phei.com.cn，盗版侵权举报请发邮件至dbqq@phei.com.cn。
本书咨询联系方式：chenwk@phei.com.cn，（010）88254441。

编 委 会

主　编： 肖　刚

副主编： 卜凡彪

成员（按姓氏笔画排序）：

马　楠	毛昭军	尹福栋	司光亚	付琼莹
刘　忠	师艳平	杨　胜	杨镜宇	张　瑜
张雁东	杜琳琳	何　强	郄永军	胡英辉
胡星辰	郭圣明	夏　璐	高星海	黄魁华
常创业	梁浩哲	彭斯明	裴国利	禚法宝

序　　一

军事系统科学与工程研究由来已久。它是随着军事实践活动逐渐形成的，从冷兵器时代到热兵器时代再到当今的信息化时代，一直备受世界各国的重视，是富国强军、建设强大国防的重要手段。特别是受到两次世界大战的强烈刺激后，军事系统科学与工程迅猛发展。第一次世界大战期间，英国的兰切斯特创造性地运用数学方程式来描述两军对战过程。第二次世界大战期间，英、美两国应用系统分析方法研究作战，在防空、反潜、护航、布雷等军事行动中取得预期的效果。二战后，美国、苏联和欧洲的其他一些国家都极力推广和应用军事系统工程。20世纪中叶，国外特别是发达国家的系统科学理论日趋成熟，并逐渐与其他学科融合发展，军事系统科学与工程发展更加迅速，始终占据世界领先水平。此间，我国的军事系统科学与工程研究，在钱学森等老一辈科学家的带领下开始起步，经过不懈的努力，形成了军事系统科学与工程分散于多学科门类、融合交叉、复杂特殊的系统科学技术领域，并应用于国防、军事、装备等各方面，取得了丰硕的理论和实践成果。

军事系统科学是系统科学体系的一个分支，军事系统工程是军事系统科学的工程应用层次，具有以下几个特征：

一是战略影响。军事系统科学与工程的发展水平，在一定程度上影响着国家综合国力特别是国防和军事实力，作用于武器装备性能和效能发挥，关乎国家在世界战略格局中的重要地位。世界各国普遍把军事系统科学与工程建设作为富国惠民、强军固防的战略举措。

二是融合共享。军事系统科学与工程是一门综合性、交叉性学科，需要军地不同科研力量通力合作，使军民通用的相关领域技术融合集成，实现资源、成果共享，达成军用与民用相互转化的效果。

三是探索创新。军事系统科学与工程理论、技术的探索，基本上处于未知多、难度大、风险高的状态，只有大力提倡创新思维、培育创新人才、打造创新团队、建立创新机制、激发创新精神，才能创造性继承、创新性发展。

四是提质增效。军事系统科学与工程的发展,既能增强武器装备的技术战术性能,提升部队的战斗力,也能引领相关科技领域和门类的兴起与发展,给军事、经济和社会带来广泛的效益,产生良好的效费比。

《中国军事系统科学与工程发展报告》是一部集中研究军事系统科学与工程的专著。该书结构完整、涉及面广、内容丰富、信息量大,坚持以马克思主义的军事学说和我们党的军事创新理论特别是习近平强军思想为指导,引领军事系统科学与工程研究的正确方向,既综合了国内有关研究成果和最新信息,又对相关理论和实践活动进行了创造性思考,具有较高的理论指导和实用价值。但这是初步的、阶段性的研究成果,希望随着研究的深入,逐步向有关机关部门和广大读者推出更多集基础性、系统性、综合性、实用性、科学性、知识性等于一体的研究成果,推动军事系统科学与工程学科的发展壮大。

王庆宗

2023 年 12 月

序 二

人类以特有的智慧创造了系统科学与工程。人类用系统科学与工程造福社会的同时，也将其广泛应用于军事领域，推进国防和军队现代化建设，助力部队战斗力的提升。20世纪50年代中期开始，我国著名科学家钱学森倡导并亲自组织开展军事系统科学与工程的研究工作，经过不懈的努力，健全了相关研究机构，院校开办了有关专业课程，逐步构建起了军事系统科学与工程这个相对独立的特殊学科，取得了举世瞩目的科研成就，为推进我国国防和军队现代化建设做出了巨大贡献。

以往对军事系统科学与工程这一学科研究成果的展现，多是针对某个领域或方面，而本书是我国第一部从整体角度、全面系统地揭示军事系统科学与工程的专著。本书的出版发行，填补了集中体现中国军事系统科学与工程理论研究成果的空白，必将为军事系统科学与工程建设发展起到引领、借鉴的作用，为丰富完善新时代军事理论现代化增添新的内容，对于我国实现新形势下强军兴军目标、建成世界一流军队具有重要意义。

本书诠释了军事系统科学与工程学科的若干名词术语，回顾了军事系统科学与工程的萌芽、发展、成熟的历史进程，展现了其给国防和军队建设带来的积极影响，呈现了研究问题的方式方法，介绍了国外部分国家研究和应用军事系统科学与工程的基本情况。

本书也是一份战略性研究报告。作者站在世界科技发展前沿，深入思考我国科学技术发展特别是军事系统科学与工程建设发展的战略问题，提出了一系列引领未来发展的战略构思；立足推动国防科技特别是武器装备创新发展，积极建设发展我军军事系统科学与工程，以维护国家主权领土完整、国家安全和国家发展利益。

本书充分体现了国内军事系统科学与工程的最新研究成果。作者敢于突破固有思维与观念的束缚，勇于探索，大胆创新军事理论，提出了许多超前性的学术观点。其中，军事系统科学与工程理论体系、战争复杂系统与军事系统工程方法、基于系统工程的军队建设发展战略规划等多个章节，都对研究问题的未来走向、发展趋势进行了展望，提出的这些前瞻性问题，实属未来设想和奋斗目标。

本书的出版只是一个开始，期望该系列丛书后续书目的出版，将著名科学家钱学森开创的军事系统科学和工程研究事业，在新时代进一步发扬光大。

于景元

2023 年 12 月

目　录

第一篇　总报告

第一章　军事系统科学与工程研究现状及发展 … 3
　第一节　引言 … 3
　第二节　军事系统科学与工程的研究现状 … 4
　第三节　军事系统科学与工程的研究热点 … 23
　第四节　军事系统科学与工程的发展方向 … 25
　参考文献 … 28

第二篇　理论篇

第二章　军事系统科学与工程理论体系 … 35
　第一节　引言 … 35
　第二节　军事系统科学与工程理论体系的现实需求 … 35
　第三节　军事系统科学与工程理论体系的设计思路 … 48
　第四节　军事系统科学与工程理论体系的结构框架 … 50
　第五节　军事系统科学与工程理论体系的发展构想 … 61
　第六节　结语 … 64
　参考文献 … 65

第三章　战争复杂系统与军事系统工程方法 … 67
　第一节　引言 … 67
　第二节　进展与现状 … 71
　第三节　展望 … 90
　参考文献 … 97

第四章　钱学森军事系统工程思想与武器装备建设 … 101
　第一节　引言 … 101
　第二节　钱学森军事系统工程思想产生的历史背景 … 102
　第三节　钱学森军事系统工程思想的形成与发展 … 104
　第四节　钱学森军事系统工程思想对武器装备建设的影响 … 110
　第五节　坚持用系统工程思想正确把握武器装备建设的几个关系 … 114

第六节　贯彻系统工程思想推进新时代武器装备建设创新发展 …………… 120
第七节　结语 ……………………………………………………………………… 128
参考文献 …………………………………………………………………………… 128

第五章　新时代军事体系建设暨装备体系建设战略指导研究 ………………… 131

第一节　引言 ……………………………………………………………………… 131
第二节　新时代军事体系建设暨装备体系建设战略指导研究情况 …………… 131
第三节　新时代军事体系建设战略指导的主要内容 …………………………… 134
第四节　装备体系建设指导理论及其产生的时代背景和理论基础 …………… 136
第五节　新时代装备体系建设战略指导理论的战略意蕴 ……………………… 140
第六节　新时代装备体系建设战略指导的基本内容 …………………………… 144
第七节　新时代装备体系建设战略指导理论的本质内涵 ……………………… 146
第八节　新时代装备体系建设战略指导的主要特点 …………………………… 149
第九节　按照新时代装备体系建设战略指导推进装备建设的具体举措 ……… 152
参考文献 …………………………………………………………………………… 156

第六章　作战概念驱动的军队建设体系设计方法 ………………………………… 157

第一节　引言 ……………………………………………………………………… 157
第二节　作战概念及其军事意义 ………………………………………………… 157
第三节　作战概念驱动的军队建设体系设计方法 ……………………………… 161
第四节　作战概念实例分析 ……………………………………………………… 175
第五节　结语 ……………………………………………………………………… 186
参考文献 …………………………………………………………………………… 186

第三篇　实践篇

第七章　智能化军事系统综合集成研讨厅技术与应用 …………………………… 189

第一节　引言 ……………………………………………………………………… 189
第二节　从定性到定量的综合集成研讨厅技术概述 …………………………… 189
第三节　智能化军事系统综合集成研讨厅需求分析 …………………………… 195
第四节　智能化军事系统综合集成研讨厅的体系结构与功能结构 …………… 201
第五节　结语 ……………………………………………………………………… 217
参考文献 …………………………………………………………………………… 218

第八章　基于模型的军事系统工程基础与应用发展 ……………………………… 221

第一节　引言 ……………………………………………………………………… 221
第二节　基于模型的系统工程的学科基础 ……………………………………… 222
第三节　国外军事领域系统工程应用的新趋势 ………………………………… 231

第四节 我国国防科技领域的最佳实践 ··· 240
第五节 国产系统工程工业软件发展和应用 ·· 252
第六节 军事复杂组织体和体系工程发展动态 ··· 262
第七节 结语 ··· 267
参考文献 ·· 268

第九章 智能化军事系统工程的技术与应用 ·· 271

第一节 引言 ··· 271
第二节 系统工程的演化 ··· 271
第三节 人工智能的发展 ··· 273
第四节 智能系统工程的提出 ··· 276
第五节 结语 ··· 284
参考文献 ·· 285

第十章 基于系统工程的军队建设发展战略规划 ··································· 287

第一节 引言 ··· 287
第二节 概念内涵 ··· 287
第三节 世界各军事强国战略规划实践沿革的系统性 ································· 291
第四节 以系统工程为指导,开展我军战略规划体系建设 ························· 294
第五节 对于未来的展望 ··· 297
参考文献 ·· 298

第一篇 总 报 告

第一章　军事系统科学与工程研究现状及发展

第一节　引　言

党的十九大报告指出，要"全面推进军事理论现代化、军队组织形态现代化、军事人员现代化、武器装备现代化"。把军事理论现代化放在军队"四个现代化"首位，充分凸显了军事理论现代化对国防和军队现代化的牵引作用，深刻反映了新时代强军兴军对现代化军事理论的呼唤与期盼。先进的军事理论，历来是军队建设得以健康发展的必要条件，是战争的重要制胜因素。科学的军事理论就是战斗力。一支强大的军队，离不开科学的理论指导。随着大数据、云计算、人工智能等新技术的快速发展及其在军事领域的广泛应用，加速推动战争形态向信息化、智能化演变，军事理论的体系化、定量化、工程化要求越来越高，军事理论已成为一门与社会科学、自然科学和技术科学等众多领域相互渗透的综合性理论，客观上要求军事理论内在发展更加系统和科学。

军事系统是由若干与军事有关的要素构成的，是多领域、多层次相互联系和相互作用的复杂的大系统。军事系统科学与工程是系统科学与工程在军事系统中应用而发展起来的一门新兴军事科学理论，并广泛应用于军事系统的诸多方面，取得了令人瞩目的研究成果和显著的军事、经济效益。经过多年的建设和发展，军事系统科学与工程在军事科学理论体系中的地位日益提升，诸如从定性到定量的综合集成研究、物理事理人理方法论研究等，正日益发挥出其特有的作用，逐步成为军队建设体系化、军事指挥最优化、军事决策科学化的重要手段，并被愈来愈多的人所认识和接受。

近年来，世界步入动荡变革期，百年未有之大变局加速演进，大国力量对比加速调整，全球性挑战呼唤全球治理，多个地区动荡不定。针对我国运用军事手段维护国家安全与发展的紧迫需求，进一步推动军事系统科学与工程创新发展，充分发挥其在军事系统中的战略引导、体系建设和决策咨询等作用，具有重要意义。本章通过系统分析军事系统科学与工程的国内外研究现状和热点，清晰勾勒我国军事系统科学与工程的发展趋势和方向，以期为完善中国军事理论、推动军事科研创新提供有效支撑。

第二节 军事系统科学与工程的研究现状

一、研究分布

20世纪下半叶以来，系统科学与工程相关理论形态逐渐进入中国，并融入军事领域。中国传统文化中丰富的系统论或整体论思想，使得军事系统科学与工程在中国获得迅速发展。经过几十年的探索与实践，中国军事系统科学与工程已经成为具有鲜明特色的一支。由于国内外军事系统科学与工程界整体信息交流较少，导致国内外研究存在诸多差异。诸如，在整体研究思路上，国外的军事系统科学与工程已经形成了一种闭合反馈回路，国内的研究则呈单向的线性发展；在相关学科关系上，国外比较关注"相继"的理论形态，即经典科学与系统科学的关系，国内则比较关注系统科学各理论之间的关系等。虽然中外研究有诸多差异，但通过对军事系统科学与工程学科领域、文献期刊分布、研究机构分布以及主要思想分布的文献计量分析，仍可清晰展现军事系统科学与工程研究的全貌。

（一）学科领域分布

在军事系统科学与工程这一研究主题下，国内外研究围绕着军事与国防的研究对象，主要关注在军事工业和军事技术及管理等领域的系统科学运用和系统工程实践，在武器装备、国防工业、军事医学、军事教育、部队管理、电子技术、政治、经济等多个学科都有广泛的覆盖，呈现多学科发展、跨学科交叉的全面发展趋势。

国内军事系统科学与工程研究是从引进、介绍国外系统科学及其相关理论与方法开始的，以钱学森、许国志、沈小峰、魏宏森、曾国屏等为代表的一批知名专家学者在系统科学研究上发挥了重要作用。引进之后，国内系统科学与工程研究逐渐兴起，并出现分叉现象：一支是以系统科学与工程作为研究对象进行学术研究；另一支是推进系统科学与工程的理论和方法进入具体科学中。在国内，系统科学理论与方法进入各门类学科就成为某种意义上研究的"终点"。在国外，军事系统科学与工程的研究分布在各个具体学科内部。在他们的研究中出现了诸多原范式无法解释或解决的问题，为了找寻解决路径，他们吸收系统运动、系统思考中的一些思想和方法，形成各自的系统科学理论体系。

军事系统科学与工程相关研究在学科分布上充分体现了军事和国防学科的主体地位。在国内，军事科学院、国防大学、国防科技大学、空军工程大学等军事科学研究机构和军事院校贡献了军事系统科学与工程极具价值的科研成果。在国外，美国、英国、澳大利亚等国家的军事科学研究机构、陆军研究所和军事院校贡献了军事系统科学与工程的大量国际研究成果。

除此之外，工业、计算机等工程学科在军事系统科学与工程的研究中也占有重要的组成比例，主要体现在工业经济领域、计算机应用领域和航空航天科学工程领域。工业界也针对军事领域的系统工程问题，从实际应用和客观需求出发，针对各类武器兵器、装备器械和工程设备以及计算机软件程序提供系统的解决方案，客观推动了军事系统科学与工程的应用实践和理论发展；另外，在管理学科和数学学科、医学、党政、经济、国际政治等多个学科都针对军事和国防的系统工程问题进行了讨论。

根据图 1-1 所示的学科领域关键词检索分布情况可以看出，军事系统科学与工程的问题不仅仅是单纯的军事发展和军队建设问题，更可以从多学科多领域的视角出发，针对中国特色现代化军队建设的实际需求和发展目标，瞄准实际问题来实践和验证系统科学与工程理论。

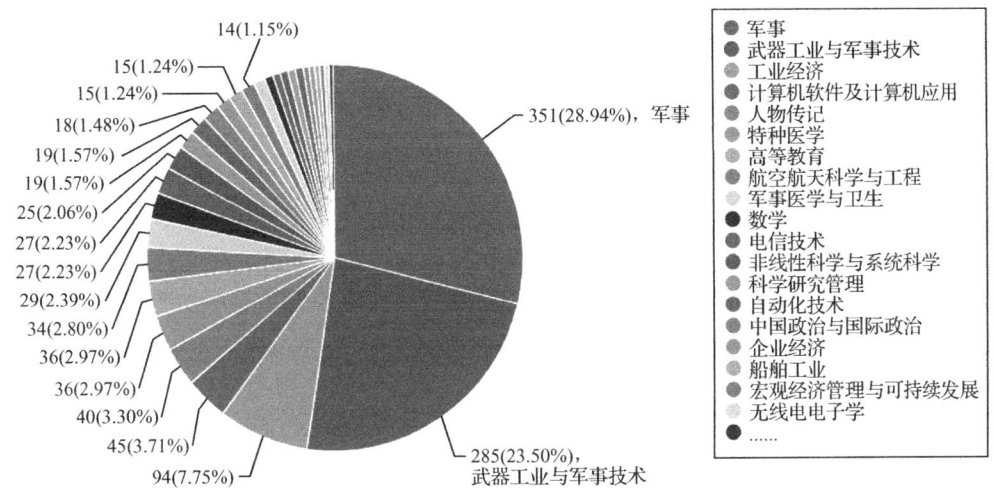

图 1-1 军事系统科学与工程学科领域关键词检索分布情况

注：图中数据为通过中国知网等开源数据库检索到的文章数及占比

（二）文献关键词和期刊分布

1. 文献关键词分布

在中文文献中，许多核心关键词在 2000 年以前就已出现并受到学界的广泛关注。在 2000—2007 年，军事系统科学与工程相关文献的主要研究热点聚焦于军队和军事力量建设、军事历史和军事哲学等方面，在这些研究中，经济、文化、外交和教育等领域的研究成果都为军事系统科学与工程理论体系建设打下了坚实的基础。另外，心理学相关的研究，如心理战、人因学、战争论等也对军事人员建设研究方向提供了理论补充。在 2008—2014 年，信息系统和人力资源系统的系统性统筹规划研究受到广泛关注，成为这一阶段新出现的热点，军事决策和军事系统信息化成为新的研究趋势。在 2015 年以后，基于大数据和人工智能的信息化、智能化、现代化的军事系统体系建设成为当下的研究热点和研究主流，军事装备、军事人员训练和通信体系的数据化和智能化决策已成为建设现代化军事系统的重要方向，其中，"军事运筹""火控系统""钱学森""动态重构""作战实验""可用性""系统工程与电子技术""灰色理论""国防科技工业""多核相关向量机"10个关键词被提及的频次最高。

在英文文献中，核心关键词主要出现在2004年左右。在1998—2003年，国外文献中关于军事系统科学与工程和理论建设的相关文献相对缺乏，但针对军队人员建设、军民关系以及应急事件应对等主题已有一些研究，为军事系统科学与工程理论体系奠定基础。在2004—2010年这一阶段，围绕阿富汗冲突和伊拉克战争等一系列军事冲突，为军事系统科学与工程体系建设提供了大量的研究例证，在这一阶段，军事行为和战争冲突、军民关系管理、军队人员建设、心理健康与战争创伤成为学术研究关注的重点。在2011—2016年，决策支持和决策模型的建立，成为军事系统科学与工程研究的关注热点，这一阶段内，军事系统科学与工程的文献发文量也迅速增长。2016年以来，军事行为与政治干预、风险评估、军事决策系统建设成为当下最为关注的研究重点，其中，military、military operations、military personnel、research、civil-military integration、Simulation、veterans、military logistics、traumatic brain injury 等10个关键词被提及的频次最高。

2. 期刊分布

从中文期刊的角度来看，目前相关研究发文目标期刊相对比较分散，头部期刊发文量差距不大，较为平均。除了一些平均发文量比较大、收录研究主题范围广的综合性期刊以外，也有一些军事和国防领域的高质量期刊被北大核心等数据库所收录。在发文量较高的重点期刊中，有属于北大核心数据库、CSSCI（中文社会科学引文索引）、CSCD（中国科学引文数据库）的期刊，包括《兵工学报》《系统工程与电子技术》《火力与指挥控制》《系统工程理论与实践》《国际展望》等专业期刊。从文献期刊的主体性角度来看，军事系统科学与工程相关研究成果的发布渠道仍然以军事和国防类期刊为主体，其中，由军事科学院主办的《军事运筹与系统工程》是我国军事系统科学与工程研究的主要前沿阵地，《解放军报》《国防》《国防科技》《国防科技工业》《系统工程与电子技术》《火力与指挥控制》《系统工程理论与实践》《军事经济研究》等期刊组成了我国军事系统科学与工程研究的主体阵地。

从外文期刊的角度来看，*MILITARY MEDICINE*、*MILITARY OPERATIONS RESEARCH*、*JOURNAL OF THE ROYAL ARMY MEDICAL CORPS* 等期刊贡献了许多核心的研究成果，这些期刊都属于该研究对象中的核心期刊，涵盖不仅内容数量多、全面，同时还具备较高的被引量，学术界的关注度比较高，具备较高的话语权。

（三）研究机构分布

20世纪70年代末、80年代初在钱学森等老一辈科学家倡议和推动下，以中国科学院成立系统科学研究所为起点，包括地方科研机构、地方高等院校、军队科研机构和军队高等院校在内，将近有100多个研究机构从事系统科学与工程相关研究工作，这些研究机构的相继成立和持续运行，为我国系统科学发展做出了重大贡献。

2018年4月，在军事科学院和中国航天科技集团的关怀指导、大力支持下，军事科学院系统工程研究院和中国航天系统科学与工程研究院联合成立了钱学森军事系统工程研究院，为传承、创新钱学森系统科学与工程思想奠定了坚实的基础。

从研究机构来看，军事科学院、国防大学、国防科技大学组成了国内军事系统科学与工程的科研机构主体。除此之外，海军工程大学、空军工程大学、南京政治学院（现国防大学政治学院）、北京理工大学、西北工业大学等军事和国防类高等院校也是重要的科研力量。国防科技大学作为发文量最高的研究机构，分别在系统工程与运筹学原理、武器工业和军事技术以及计算机软件应用等领域都做出了许多贡献，如国防科技大学的徐培德、沙基昌发表了《高技术局部战争对军事运筹学的需求》《高技术局部战争中军事运筹的研究领域》《信息化战争高级形态与高级信息武器装备的概念研究》等基于系统理论的研究成果；陈超发表了《不确定性环境下的多阶段军事对抗决策方法》《面向设计的武器装备作战需求论证方法》等研究成果，但总的来说，国防科技大学的研究者数量较多，相对较为分散。另一个军事系统科学与工程研究的前沿机构则是军事科学院，特别是国防和军队改革后新成立的军事科学院系统工程研究院，该机构中针对军事系统科学和系统工程问题的研究具备集中的研究团队和明确的研究计划，在军事系统科学与工程领域有着丰富的研究成果和坚实的研究基础。

在国外的军事系统科学和系统工程的相关研究中，以美国军方及军事和国防研究机构的发文量最多，美国陆军、美国海军以及美军健康科学大学、美国国防大学等机构都占据了发文量的前列，充分体现了军事系统科学与工程的学科特征。另外，军事系统科学与工程的国际研究阵线主要由西方各国的军方和相关研究机构组成，比如英国的伦敦国王学院、皇家陆军医学中心等机构，以及华特李德陆军研究所的发文量都名列前茅。

（四）思想方法分布

军事系统科学与工程主要思想可分为哲学思想、政治思想、方法论等三种类型。按照表 1-1 至表 1-5 中的关键词，对军事系统科学与工程主要思想进行收集整理，可基本涵盖军事系统科学与工程主要思想分布。

表 1-1　思政类中文关键词

(马克思+恩格斯+我党的历代领导人)*(系统性+系统工程+系统治理+系统思维+系统思考+系统思想+系统观念)

表 1-2　哲学类中文关键词

(马克思+恩格斯+我党的历代领导人)*(军事系统科学+军事系统工程+系统科学)*(唯物辩证法+马克思主义哲学+东方哲学+系统哲学+系统科学哲学+系统论+系统辩证法)-(一般系统论)

表 1-3　哲学类英文关键词

(Military) AND (System) AND ("Material Dialectics" OR "Marxist Philosophy" OR "Eastern Philosophy" OR "System Philosophy" OR "System Dialectics")

表 1-4　方法论类中文关键词

(军事系统科学+军事系统工程+系统科学)*(系统方法论+系统工程方法论+软系统+硬系统+霍尔+切克兰德+综合集成+WSR+物理事理人理+并行工程)

表 1-5　方法论类英文关键词

(Military) AND ("System science" OR "system theory") AND ("Systems methodology" OR "systems engineering methodology" OR "soft system" OR "hard system" OR "Hall's three-dimensional" OR "WSR" OR "wuli-shili-renli" OR "Checkland" OR "Comprehensive integration methodology" OR "Concurrent engineering")

1. 思政类

目前，国内与系统科学有关的思政研究集中度很高，研究频次较高的专题包括毛泽东和毛泽东军事思想、中国共产党、国家安全、思想政治教育，以及钱学森、系统工程、系统性等，其中研究的核心专题包括毛泽东、系统工程、思想政治教育、国家安全、习近平、创新等。按照聚类频次来说，研究主题依次为"新时代""毛泽东""管理""借鉴意义""毛泽东军事思想""系统工程"。"新时代"关键词之所以排在首位，是因国内专家对"新时代"关键词的聚类研究非常多，在相近领域、相近主题进行了较多研究。按照聚类时序来说，"新时代"自 2004 年以来的研究较多，"毛泽东"在 20 世纪 80 年代有大量研究并持续至今，相关研究还跨越了"国家安全""军事辩证法"等类别，表明其具有广泛的指导性，体现了我国军事系统科学与工程研究指导思想的作用。此外，"军事辩证法""系统工程"的研究也持续了较长时间，但分别自 2013 年和 2017 年以来有所中断。总体上看，目前军事系统科学与工程思想的研究处于分散状态，机构之间基本上缺乏联系，国内也缺乏突出或领先的研究机构。

2. 哲学类

总的来看，国内外存在较明显的差异：首先是关注的专题不同，国内比较宏观、集中，国外比较具体、分散；其次是开展的时间不同，国内持续开展研究，国外研究相对较晚；最后是研究的方式存在一定差异，国内基本上是独立研究，国外的人员和机构之间都有一定的合作。

1）国内情况

研究频次较高的专题包括：系统科学、马克思主义哲学、唯物辩证法、系统论、钱学森、系统哲学等。显然，容易从语义上看出这些专题是密切相关的，相关专题是"高度共现"的，构成了一个单一的网络。按照聚类频次来说，研究主题排序依次为"系统科学""钱学森""唯物辩证法""信息论""系统论""系统科学哲学""系统哲学""中医现代化"等几个大类。马克思主义哲学在专题文献中之所以体现较少，一是著名科学家钱学森及相关人员的研究，更多体现在对马克思主义哲学的运用或引用，二是系统科学的哲学研究，除"唯物辩证法"和"信息论"外，其余研究都比较宏观，尚需具体化和深入。比如，复杂性、整体性等关键词虽然具有较高的被检索频次，但是没有获得类似"信息论"那样的地位。按照聚类时序来说，1980 年和 1981 年是系统科学哲学研究的"爆发"阶段，这与钱学森所引领的系统科学、唯物辩证法研究密不可分；1987 年和 1988 年关于"系统科学哲学"、"系统哲学"以及 1997 年关于"系统论"的研究，也一度出现高潮；得益于国内系统科学家的努力，关于"系统科学"的研究持续至今，虽然不比当初，但始终没有中断。总体上看，国内关于系统科学哲学的研究比较突出的机构包括中国人民大学、南京大学，军队系统的研究成果比较缺乏。各研究机构之间的合作比较缺乏。有很多学者都对系统科学哲学的研究做出了贡献，但是作者之间的合作比较缺乏，团队型、合作性研究偏弱。

2）国外情况

从目前的情况看，国外关于系统科学哲学的研究与国内相比比较"沉寂"，但是所关注的专题比较具体，比如"教育"早在1997年出现，"人工智能（AI）""中国""作战（combat）"则在2016年之后出现，绝大多数关键词是在2011年之后出现的。人员与机构方面，缺乏比较突出和核心的人员与机构。但是相比国内，国外学者和机构之间相对注重合作。文献存在引用关系，但是被引用的次数都比较少。国家层面，研究比较突出的是美国、俄罗斯、英国、德国。美国、德国的研究起步较早，在该领域处于核心地位，且美国与德国有一定的合作。

3. 方法论类

总的来说，国外在方法论研究方面，没有特别突出的专题，但是专题之间的联系比较紧密，有若干核心专题。国内则主要集中在综合集成方法的研究，从这个角度看综合集成即为核心专题。另外，国内研究持续时间长、基础厚实，国外则主要是近20年来有一些方法研究，还没有成熟或公认的方法论成果。

1）国内情况

从研究的频次上看，我国军事系统科学与工程方法论研究，主要针对钱学森的开放复杂巨系统以及综合集成方法，其中，系统科学、钱学森、综合集成、系统工程、复杂巨系统等是比较突出的专题。按照聚类频次来说，研究主题可按"系统科学""钱学森""综合集成""综合集成法""系统科学方法论"等进行排序。按照聚类时序来说，方法论研究主要集中在"系统科学"和"钱学森"（包括"钱学森""综合集成""综合集成法"三类）这两个大的领域，并且关于"系统科学""钱学森"的研究，一直稳定持续进行，但是"综合集成"在2016年之后有所停滞。研究机构方面，航天科技710所遥遥领先，航天12院、中国人民大学、中科院数学与系统科学研究院也有较多成果，但是机构之间缺乏合作；作者方面，于景元、戴汝为、苗东升、顾基发产出较多。

2）国外情况

研究的专题方面，较高频次和较核心的专题包括military（军队）、methodology（方法论）、system（系统），首次出现都是在1999年或2000年，一定程度上说明军事系统相关领域方法论研究是2000年开始成为关注的热点与核心的。performance（性能）、design（设计）、knowledge management（知识管理）等也有较高的中心度，并且也是2000年开始涉及的。特别重要的是，国外在方法论研究方面，各个领域之间具有很强的关联。比较起来，国内则缺乏核心关键词。

从聚类分析上看，"人工智能""军事""仿真""国家"等是主要类别，军事系统、人工智能和仿真研究，是国外军事系统科学与工程方法论的重点；从时间层面上看，所有类别的研究都不处于热点状态，且跨度都不够大。直观的猜测是由于军事系统的特殊性，或者国外还没有公认的比较合适的方法论。或者，国外的研究重点在方法而非方法论，并且仍然倚重"还原论"思维，导致系统方法论的研究比较薄弱；从学者和机构方面看，没有突出的作者和机构，但是存在很多表示作者和机构合作的子网络，这与国内形成比较明显的差别。

国家方面，比较突出的国家包括美国、俄罗斯、乌克兰、英国。美国从1993年开始，英国从1998年开始，俄罗斯、乌克兰都是从2015年开始研究的；从作者和文献合作方面看，没有突出的作者和文献，但是有较多的文献引用关系。期刊方面，欧洲运筹学研究（*EUR J OPER RES*）处于比较关键的地位，此外运筹学研究年鉴（*ANNALS OF OPERATIONS RESEARCH*）、决策支持系统（*DECIS SUPPORT SYST*）、人工智能管理（*AIMAG*）等也有较多成果。各期刊合作频繁、紧密，核心期刊连接度较大。

二、思想演进

（一）传统军事系统科学与工程思想

军事系统科学与工程思想由来已久。原始军事系统科学与工程思想主要停留在冷兵器时代，神学或宗教目的论使之充满神秘色彩，加上军事活动中核心力量的血气、意志之勇，构成主体思想框架。战争艺术与政治因素并不充分。原始系统论思想可以从亚里士多德的目的论找到源头，而意志论则退后了近千年，延后至近代社会，近代社会不以意志论为战争手段，但是叔本华、尼采等一批唯心思想家却以意志论来鼓动战争。思想与战争历史脱节，一方面说明思想可以提前和延后，另一方面也说明，近代机械战争没有杜绝意志论思想基础，相反，某些局部，却被放大。在军事领域的原始系统思想，中国首推《孙子兵法》。《孙子兵法》中就蕴涵着许多朴素的军事系统科学与工程思想。系统究竟是什么，孙武不一定清楚，但在军事思想中，却不自觉地运用系统思想来摆兵布阵，透视战争，如在《始计篇》中，孙子"经之以五""校之以计"来衡量双方的战争情势，指出了"五事""七计"是不可或缺的统一体；在《谋攻篇》中，孙子提出"上兵伐谋、其次伐交、其次伐兵、其下攻城"的思想，把"伐谋""伐交"这种政治、外交斗争放在"伐兵""攻城"军事行动之首，指出了谋略运用的层次性问题；在《九地篇》中，指出"善用兵者，譬如率然。击其首则尾至，击其尾则首至，击其中则首尾皆至。携手若使一人，不得已也"，提出了力量使用的整体性要求。

近代热兵器战争时代，是一个人、物分离，政治、艺术主导，唯技术的时代，其系统思想特色为构成论静态系统。战争被认为是政治的延续（克劳塞维茨），或者是政治本身（马克思、恩格斯），还有人认为"战争并不是一种科学，而是一种艺术"。第二次世界大战前后，战争唯技术论甚嚣尘上，美国军事研究者大多把技术视为战争胜负核心因素，仅从战争的实用方向、从战略和战术角度论述战争实体。此外，近代军事系统科学与工程思想体现出的系统战争观，实属传统战争观，能够主动有意识运用构成论系统思想，进步的地方有：此处的系统是动态的，注重组成要素之间的密切关系。但著述者鲜有从科学技术发展趋势的角度，尤其是现代系统科学观念的角度出发，来哲学地看待战争；即使运用，也属于可还原系统论，二分世界。

（二）现代军事系统科学与工程思想

20世纪末，一场新军事革命席卷全球，军事理论研究进入了一个新阶段，一大批重要理论成果如雨后春笋般涌现出来："一体化作战"理论、"非对称作战"理论、"全频谱行动"理论、"网络中心战"理论等。这些理论的共同特征，就是将系统科学与工程思想贯穿始终，强调在系统集成的基础上，通过作战力量的有机整合和整体联动，对敌方系统的关键部位实施打击，最终实现整体制胜。

高技术条件下作战，由于参战军兵种及武器系统多、作战分工细、指挥跨度大，各国军队在指挥手段上，力求实现指挥系统的网络化。美国陆军已全部实现网络化，还计划在2025年建成C^4ISRW系统（W指武器），实现打击的智能化。此外，英国已开始实施"未来集成战士"计划，法国开始实施"装备与通信一体化步兵"计划等，其实质都是依托强大的网络系统，将分布广阔的各种探测装置、指挥机构和各种信息化武器系统"联"在一起，从而实现战场态势的感知、武器系统的共享和行动的协调。在以网络为中心的战场上，各作战力量尽管高度分散，但实质上却是"貌散而神聚、形散而力合"，体现作战力量的整体联动。强调精打要害，破坏敌方系统整体功能。对敌系统的关键部位实施猛烈打击，可以极大地降低敌方系统的抵抗能力。从中可以看出，当时的战争模式与结果与传统战争有着明显区别，用现代系统科学的视角看，趋于混沌化。这种哲学观点的研究和预测，有利于决策者树立科学观念，建立着眼于未来植根于系统信息科学的战争决策。国内一批学者和著作也如雨后春笋，其中研究外军技术与装备的有：王稚《21世纪美国先进军事技术的武器系统》（解放军出版社，2006），张国良《当代高科技与新军事革命》（解放军出版社，2001）等。研究范式体制变化的有：李耐国《信息战新论》（军事科学出版社，2004），郑键《谁在驾驭战争》（人民出版社，2002）等。研究新思维的有：于巧华《网络信息战》（解放军出版社，2001），沈伟光《战争新思维》（新华出版社，2002）等。

部分具有代表性的外军现代和后现代战争研究成果，略作概括与介绍如下：鲍里斯阿宁《无线电电子谍报战》（夏广智、王宏译，吉林人民出版社，2003），主要探讨传统战争中军事信息的争夺与控制；晓宗《信息安全与信息战》（清华大学出版社，2003），对一些基本概念进行了澄清和梳理；约翰阿奎拉，戴维伦菲尔德《决战信息时代》（宋正华译，吉林人民出版社，2001），内涵非常丰富，对现代战争中的信息争夺进行全方位的透视；罗伯特贝特曼《数字化战争》（刘芳译，国际文化出版公司，2001），从技术层面解读战争；维恩斯瓦图《信息战争》（吕德宏译，国际文化出版社，2001），在理论和现实层面深刻揭示现代战争以国家为主体的趋势；迈克尔·粤汉隆《高科技与新军事革命》（王振西译，新华出版社，2002），指出了信息战争的政治动向和民主化发展。其次一些英文著作，其观点与创新处略加分析：研究成果很大一部分来自民间而非官方，特别是美国，军民共用科学技术，民间的技术成果往往还高于军用水平。对外军的作战模式的描述，外军资料一般不会用纲领式条目去逐一概括，他们感兴趣的是电子战细节及其安全漏洞的攻克，用翔实的事实去揭示军队及国家面临的挑战，内容极其丰富，务虚成分不多。他们看中并警戒的是其他国家的高水平个案对他们所造成的威胁，而不会顾及其他国家的整体利益。著作中充满忧患意识，已经主动运用最新的物质资料来填充现实的内容，含有丰富的控制论、信息论、复杂性网络思想。其中，信息本质的探讨切中系统的核心，非常值得参考。

（三）未来军事系统科学与工程思想

通过对军事系统科学与工程思想的梳理可以看出，作战空间、作战手段、战场模式、打击目标、作战指挥等，开始从系统科学和系统生成哲学角度来看待战争，正在逐步揭示现代信息战争的文化和思维背景及机理，挖掘战争的根源变化与人性的关系，在逐步揭示现代及后现代战争的复杂性，文化论述的哲学深度在逐步加深。

放眼未来，战争模式必将会不断改变，有些著作专家作者对未来战争走向做出预判。如保罗·沙瑞尔《无人军队：自主武器与未来战争》（世界知识出版社，2018），在未来战场上最好的作战系统将是人类与机器结合的混合人机系统（"半人马战士"），既发挥自主武器在快速处理信息方面的优势，又发挥人类决策的灵活性。石海明《人工智能颠覆未来战争》（人民出版社，2019），聚焦人工智能在军事领域的革命性影响，阐述了人工智能与未来战争的前沿性观点，探讨了后人类时代、智能化战争及我们的应对方略。罗伯特·H.拉蒂夫《未来战争：科技与全球新型冲突》（中信出版社，2019），21世纪的全球化信息时代，科技的力量让未来战争的面貌焕然一新。技术不仅改变了战争的维度，还改变了战争的效率。

未来战争模式，一般涉及现代及后现代社会政治经济、人文状况，一般先从现代社会与后现代社会的区别入手，认为现代社会是一个工具理性占有人主体地位精神状态的社会，资本、技术和科学霸权起主导，二分世界，文化走向世俗，破除了神秘主义，科层制控制现代社会，财富欲望空前高涨。因而，角逐军事科学制高点成为人类军事活动的主导力量。后现代回归人类的本性，对自然的看法开始用整体和系统观点，并合二为一，使战争也走向温和化，高技术和复杂性科学在其中起了重要作用，国际伦理压制并战胜丛林法则，对复杂性科学的关注也使人类从自我的争斗中解脱出来，重新梳理人类整体利益诉求，民族性让位于国际性，最后回归人性。大部分论述是合理的，符合系统科学的基本原理，还需要进一步补充的是：从系统科学的角度看，去中心化、平权的哲学观点更有利于追寻人类的本原，跳出利益纷争的怪圈，科学技术进一步发展，使人类得以超越感性羁绊，回归理性与人文的和谐发展。

三、理论与实践发展

在国外学术界，系统科学是经典科学解题活动失败之后的产物，新生的系统科学范式解决了原范式无法解决的问题，必然会引起学者对该问题的思考：系统科学作为一种新的范式与原经典科学范式是什么关系。国内主要从介绍国外系统科学理论开始，比如一般系统论、控制论、信息论、耗散结构理论、协同学、突变论、超循环理论、分形理论、混沌学、生命系统理论、系统动力学等，还包括复杂性科学、非线性科学甚至哲学等。这一系列理论进入国内之后，迅速出现了大批学者对之进行研究，它们从不同学科、不同方面解决不同问题，但它们又都具有一定相似性或共同特点，下一步思维的必然就是这些学科之间关系如何。所以，国内学者更加注重对系统科学各论关系及其整合的探究。军事系统科学与工程的发展路线图如图1-2所示。

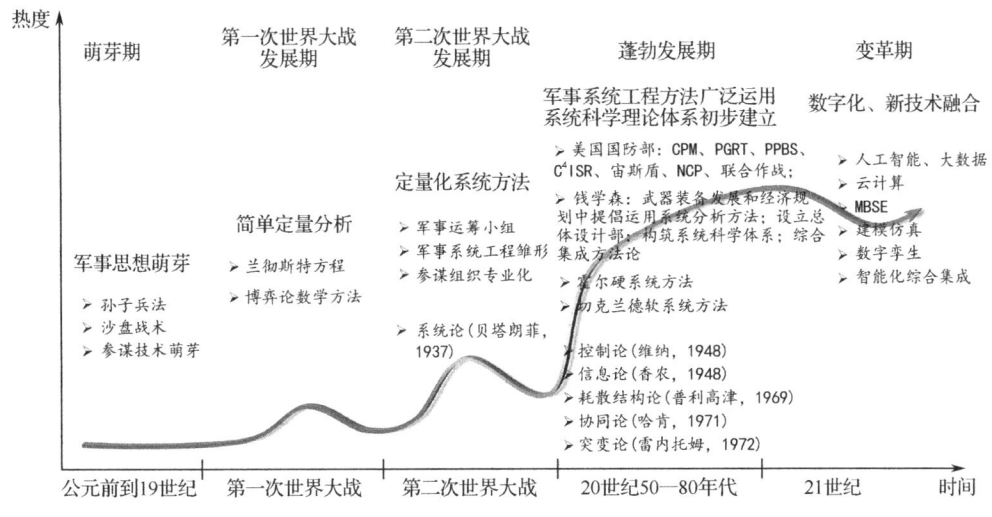

图1-2　军事系统科学与工程的发展路线图

（一）军事系统学

钱学森按照三个层次一座桥梁的模式，构建了系统科学体系结构框架，提出了系统学，以此填补基础科学层次的空白。军事系统学就是军事系统科学的基础科学。军事系统学是研究军事系统特点和规律的学科，主要运用军事系统的理论和方法，揭示各种军事系统的结构、功能及其运行规律，为科学地建立和管理军事系统、提高军事系统效能提供依据。军事系统学是军事实践活动的经验总结，经过大量的军事活动，逐渐形成军事系统的思想和方法。系统科学的形成和发展及其在军事领域的应用，为建立军事系统学的理论体系奠定了基础。军事运筹学和军事系统工程的产生，也为军事系统学的发展提供了理论方法和实践经验。

1. 国内研究现况

目前，"系统学"还没有一个完善、被普遍认同的定义。在国内，"系统学"是我国著名科学家钱学森在研究系统科学的过程中提出的，他认为系统学是系统科学的基础科学。钱学森指出：系统学的建立，实际上是一次科学革命，它的重要性绝不亚于相对论或量子力学。国内学者在钱学森对系统学界定的基础上对系统学进行了多种定义，比如：系统学是"一切系统的一般理论"；系统学是"一门研究系统的基础科学"，"研究系统演化、协同、运转、调节和控制规律的科学"等。路建伟等人（2007）结合前人的研究，把系统学定义为：系统学是描述一般系统特别是复杂巨系统的结构、功能、特性和演化的普遍规律以及设计、控制的一般原则的概念体系和方法论框架，是一切系统研究的基础理论。咎廷全（1993）从学科发展的规律论述系统学的产生发展、基本概念、公理化结构，提出了系统学的基本研究内容可以划分为如下五个方面：特征时空尺度问题、进化问题、稳定性问题、系统的观测与控制问题及系统评价问题。郭雷（2016）在阐述系统学内涵的基础上，认为系统学应该包括系统方法论、系统演化论、系统认知论、系统调控论、系统实践论等内容。

军事系统学是研究战争与军事领域的系统特征与规律的一门军事学新兴学科，是系统学的分支科学。路建伟（2007）认为：军事系统学是采用系统学的原理和方法，阐明军事系统科学与工程的研究对象、研究方法，揭示其基本概念体系和最基本规律的学科，是军事系统科学与工程的基础学科。军事系统学对军事系统，特别是复杂的军事系统一般规律，以及设计、控制的一般原则的概念体系和方法论框架进行研究，既是辩证唯物主义的军事哲学的具体体现，又为所属的技术科学提供理论依据和方法基础。周赤非（2012）介绍了军事系统学的基本概念、形成、发展以及基本理论和分析方法。此外，周赤非（2013）还详细介绍了自组织理论、复杂适应系统理论、开放复杂巨系统理论、系统动力学理论、分形理论、复杂网络理论等在军事领域的应用。

2．国外研究现况

在国外，苏联学者诺维克（1965）首次在哲学文献中引进"系统学"一词。1982年，佛列伊斯曼发表了有影响的专著《系统学基础》，对系统学的基本概念、原理和数学方法做了系统的阐述，这些著作标志着系统学在苏联科学界已成为一个活跃的研究领域。但是，苏联学者缺乏一个关于系统科学体系结构的清晰框架，对系统学的学科性质、对象、任务等问题的认识尚存在诸多混乱。总体上，国外对系统学的研究较少。在为数不多的研究中最具代表性的学者可能是Minati，他与Pessa合作的《集合性存在》概述了系统学的背景，对系统学是什么给出了比较系统的回答。此外，Minati（2001）专门论述了系统学中的"涌现"概念，认为系统方法中"涌现"的概念至关重要。2006年，Minati等人根据新的科学学科成果，更新了系统学概念及相关模型。另外，Banathy的《系统学的韵味》、Francois的《历史维度下的系统学与控制论》、Watson的《系统学：最基础的科学》、Lutterer的《控制论的社会维度》和Johannessen的《系统学在组织场域研究中的应用》是国际学术界对系统学研究少有的几篇文献。

在国际学界，存在一个以系统学为名定期召开的会议——"关于系统学、控制论和信息学的世界跨学科会议"（WMSCI），到2019年已举办23届。会议中的部分论文经过修改还发表在《系统学、控制论和信息学》杂志（SCI）上。该杂志是关于系统学（系统哲学、系统科学与工程）、控制论（通信和控制概念、系统和技术）、信息学（信息系统和技术）领域，以及它们之间相互关系和工程应用的、基于同行评审的国际出版物，该杂志的主要目标是集合系统学、控制论和信息学领域内产生的知识和经验，使之系统化。总结该杂志网站的说法，它主要为这3个重要相关领域的研究提供多学科交流平台，促进理论与实践研究。

综上，国内外关于军事系统学的研究存在很大差异。国内主要在钱学森思想下展开研究。系统学更像一门单独学科，这种研究使得学界对军事系统学的研究逐渐深入，认识更加清晰,作为一门学科的系统学也拥有了独立地位。在国外,学者之间观点差异较大,由于几乎没有学者把它作为一个单独学科使用,所以对系统学自身的认识也不够深入,主要是把它作为一个大的研究领域,把相关理论和应用研究纳入其中。某种程度上,该术语与系统理论具有更大相似性。同时,其作为一个有影响的交叉学科平台,可以大大加快和促进学科间的交流与合作,打破当前学科破碎的诸多束缚,推动军事系统科学与工程的整体研究。

(二)军事系统基础理论与方法

军事系统科学与工程的基础关联理论,是自20世纪40至50年代崛起的一个横向学科群。综合国内学术界较有代表性的观点,其主要内容包括:贝塔朗菲创立的一般系统论、维纳创立的控制论和申农建立的信息论,即通常所说的"老三论";普利高津为首的布鲁塞尔学派创立的耗散结构理论、哈肯等的协同学和托姆的突变论,即通常所说的"新三论";非线性科学的主体,即混沌理论、分形几何学和孤立子理论;复杂性科学中的CAS理论、人工生命和人工智能等。这些理论的发展历程贯穿半个多世纪,体现出独特的学科特点。系统科学理论兴起后,学界逐渐将实践中用到的方法提升到方法论高度,形成了军事系统方法论。

1. 国内研究现况

国内军事系统科学与工程的理论研究,经历了从引进到创新的过程。西方系统科学的发展吸引了国内一批学者对系统基础理论与方法的研究。国内学者的相关研究可以分为两个方面:

(1)从总体上研究系统科学的基本理论和方法。比较有代表性的研究成果有:钱学森对于系统科学理论的探索和研究,提出了许多创新的学术思想和重要观点,提炼出很多重要的科学概念,建立了新的系统方法论,对国内系统科学的发展具有重要的科学价值和深远的学术影响,相关论文主要集中在2005年出版的《智慧的钥匙:钱学森论系统科学》和2007年出版的《创建系统学》中。此外,邹珊刚等编著的《系统科学》(1987)在吸取贝塔朗菲和钱学森关于系统科学体系的思想,从系统工程、系统方法理论、系统学等三个层次,以及在带有一般科学方法论性质的、作为系统科学和哲学的中介的系统论方面,详细阐述了系统科学理论研究和实际应用成果。黄麟雏等(1984)用较为通俗的事例和语言,介绍了系统思想与方法的主要观点与内容,如系统的整体性、系统的结构与功能、目的性、模型、系统的分解与协调等。朴昌根(1988)论述了系统科学的概念、分类、性质、进化、方法等。林福永等(1997)通过对一般系统结构模型的数学分析,揭示了一般系统原理及规律,进而从数学上取得一种新的面向问题、数学表达的一般系统理论,即一般系统结构理论,并应用一般系统结构理论研究一类专门系统——信息存储单元。

(2)对系统科学中的"老三论""新三论"及相关理论的研究。此类文献较多,比较有代表性的为:魏宏森等编写的《系统论、信息论、控制论与现代科学方法论》(1981)是国内较早对"老三论"系统阐述和研究的著作,该著作把三论作为一组科学,从它们产生的历史考察中，阐明它们产生的背景，它们所具有的方法论性质和在方法论研究中的地位，并进一步提出了建立以三论为基础的现代科学方法论，着重介绍了系统科学方法论的基本特征和基本方法。姜璐等编著的《系统科学新论》(1990)则是"新三论"的主要著作，该著作介绍了耗散结构、协同学、超循环理论、生命系统论等非平衡自组织理论，以及探索这些理论所用的突变论、模糊数学等数学工具。谭璐等编著的《系统科学导论》(2018)按照钱学森系统科学的思想体系，在基本理论、应用基础和实际应用三个层次上分别做了系统的论述，内容包括：系统科学的发展史、系统科学的基本概念和方法、耗散结构理论、协同学、非线性行为、复杂性研究、运筹学、控制论等。周赤非的《军事系统学概论》(2013)介绍了自组织理论、复杂适应系统理论、开放复杂巨系统理论、系统动力学理论、分形理论、复杂网络理论及其各自的军事应用。

国内对系统科学方法论的研究起步较晚，但在系统科学蓬勃发展的背景下，取得了丰富成果。1990—1992年，钱学森正式提出开放的复杂巨系统理论，并指出其方法是定性定量相结合的综合集成方法，这成为系统科学发展的里程碑，开辟了系统科学新的发展方向和研究领域。1993—2000年，开放的复杂巨系统理论及其方法研究开始与中国传统及系统工程实践相结合。钱学森提出的从定性到定量综合集成研讨厅体系、大成智慧工程、大成智慧学等实践形式在此阶段公开发表，于景元等将综合集成法应用于社会主义经济建设取得成效。此外，还有王浣尘提出的"旋进原则方法论"，顾基发和朱志昌等提出的"物理-事理-人理系统方法论"等。这些方法论都是在东方系统思维的指导下提出的，体现着独特的东方魅力。

2. 国外研究现况

20世纪80年代及其以前的国外系统科学研究，主要探讨从系统论、控制论到混沌学和分形理论等各个时期各论的情况。在"控制论原理网"，列出了20世纪90年代之前的"关于控制论和系统科学的基础书目"和"关于控制论和系统科学的基础论文"。Boulding的文章《一般系统论——科学的框架》(1956)是系统科学界早期很有影响的文章。McPherson的文章《系统科学与系统哲学观》(1974)对系统科学进行了比较深入的探讨和阐述。Miller于1978年提出的"生命系统理论"在系统科学界成为重要的理论形态。Simms于1999年出版的《定性生命系统科学原理》著作，是在Miller理论基础上对生命系统进行科学研究的引领性著作。Foerster于1979年提出了"二阶控制论"思想。二阶控制论在系统科学的发展过程中产生了很大影响，随着"梅西会议"的召开，逐渐形成了二阶控制论学派。Sandquist的《系统科学导论》(1985)是较早的系统科学方面的著作，作者在该著作中建立起了以因果性和黑箱理论为基础的系统科学理论体系。Troncale的文章《系统科学：是什么、一个还是多个？》(1988)系统地回答了系统科学是什么的问题，观点很具代表性；他20年之后的论文《一般系统研究的未来：障碍、潜能和案例研究》(2009)，又对这门年轻学科进行了评价和概要性描述。1993年由Stowell等汇编出版的《系统科学：解决全球问题》文集收录了切克兰德、杰克逊等多位著名学者关于系统科学方面的文章。Flood和Carson的《处理复杂性：系统科学的理论和应用导论》（1993）对系统科学涉及的基本理论问题进行了探讨。Klir 在 1991 年、2001 年相继出版《系统科学面面观》的第 1、第 2 版，就系统科学的内涵、系统运动、概念框架、系统方法论、系统元方法论、系统知识、复杂性等进行了深入探讨，还对系统科学的发展做了回顾与展望。该著作的第二部分收录了 20 世纪 90 年代之前的系统科学领域的重要文章 37 篇。Klir 于 1993 年发表的《系统科学概览》也是系统科学理论研究领域的重要论文。Warfield 于 2003 年发表的《系统科学的建议》一文对系统科学的基本理论进行了具体阐述；2006 年他出版了《系统科学导论》，书中他结合多年教学实践，对系统科学、系统设计、系统实践等系统科学相关问题进行了深入探讨，并提出了系统科学体系的独到见解。20 世纪 70—80 年代，Maturana 和 Varela 提出"自创生系统理论"，这也是系统科学理论界具有代表性的成果，他们于 1980 年出版了代表作《自创生和认知：认识生命》，还撰写了相对简化的版本《知识之书》（1992）。后来，Minger 比较清晰地阐述和发展了自创生系统理论，出版了著作《自创生系统：自创生的含义和应用》（1995）。Mianzer 的《对称与复杂：非线性科学的魂与美》（2005）对包括数学、物理学、化学、生命科学、经济学等学科中的非线性科学进行了研究。Bailey 的论文《走向统一科学：跨学科边界的概念应用》（2001）和《系统科学 50 年》（2005）都是系统科学领域的重要文献，前者就系统科学作为统一科学的理论问题进行探讨，后者介绍了国际系统科学学会的十个目标和当代面临的十个挑战。

2003 年，由 Midgley 编辑出版了近年来系统科学领域最系统也是最重要的文献——四卷本的《系统思考》，收录了从 Bogdanov（控制论的创始人）、贝塔朗菲、Boulding、拉兹洛等，到 2000 年前后系统科学领域的重要文献，涵盖一般系统论、控制论和复杂性，系统论和建模，第二秩序控制论、系统诊断和软系统思考，批判系统思考和关于伦理、权力和多元论的系统观点等多个方面。2009 年由 Meyers 主编的十一卷本《复杂性与系统科学百科全书》出版，该书以 36 个核心问题的方式对系统科学涉及的相关问题和概念进行了全面系统梳理。

国外系统科学方法论的发展大致经历了以下阶段：以霍尔三维结构为标志的硬系统工程方法论；在霍尔三维结构基础上提出的统一规划法；以切克兰德为代表人物的软系统工程方法论；整合方法论。霍尔三维结构理论将系统工程整个活动分为时间维、逻辑维和知识维，三个维度构成一个三维空间结构。它的出现，为解决大型复杂系统的规划、组织、管理问题提供了一种统一的思想方法。霍尔三维结构不适用于以建立和管理"软系统"为目的的社会科学、管理科学等科学领域，而适用于以研制"硬件系统"为目标的自然科学、工程技术等"硬科学"领域，故有人称霍尔三维结构为"硬科学"的系统工程方法论。1972 年，希尔和沃菲尔德为克服约束条件复杂的多目标大系统组织方面的困难，在霍尔三维结构的基础上提出了统一规划法，其实质是对霍尔活动矩阵中规划阶段的具体展开，利用它可以较好地实现对大型复杂系统的全面规划和总体安排。英国的切克兰德把 OR、SE、SA 和 SD 所使用的方法论称为硬系统方法论，并在 1981 年自己提出一种软系统方法（SSM）——"调查学习"法。同时，切克兰德认为，完全按照解决工程技术问题的思路来解决社会问题或"软科学"问题，会碰到许多问题。20 世纪 80 年代初，针对系统研究本身缺乏系统性这一现状，西方系统学界开始整合方法论的研究，具有代表性的有林斯通的多观点概念模型、沃菲尔德的互动管理、巴纳斯的（社会）系统设计等。

纵观国内外系统科学理论与方法的发展，已经开始从20世纪50年代的百家争鸣向体系化方向转变。国外系统科学的理论研究自20世纪中叶开始发展壮大，并逐渐与其他具体学科相结合。反观中国，经历过20世纪七八十年代的系统热之后，系统科学的理论研究有所滑坡，从事系统科学理论研究的学者也在日益减少，缺乏有创新性的研究成果。

（三）军事系统工程技术及应用

军事系统工程是指运用系统科学的理论和定性到定量的系统分析方法，对军事系统实施合理的筹划、研究、设计、组织、指挥和控制，使各个组成部分和保障条件综合集成为一个协调的整体，以实现系统功能与组织最优化的技术。

1. 国内研究现况

国内于20世纪50年代在军事院校中开始进行军事系统工程的研究。20世纪60年代，中国著名科学家钱学森等倡导在武器装备发展和经济规划中运用系统分析，并首先在中国导弹研究部门设立了总体设计部采用计划评审技术。此后，相继成立了一些专门研究机构，迅速推动了军事系统工程在武器装备方案论证、作战模拟以及战略战术研究等方面的应用。国内军事系统工程技术与应用的研究主要围绕以下几个方面：

（1）军事信息系统工程。国防科技大学提出了军事综合信息系统领域知识框架的概念，建立了包括基础科学、应用科学和工程科学的指挥信息系统基础理论体系框架。国内相关研究机构对军事信息系统的综合集成方法、指挥信息系统需求工程方法等进行了研究。在体系结构框架、体系结构设计方法、体系结构验证方法上取得大量成果。在指挥信息系统信息综合处理与辅助决策技术方面，出版了一系列信息系统工程相关专著。研究成果在我军一系列重大工程和有关业务信息化建设中得到应用，取得了良好效益。国防科技大学、清华大学、浙江大学等研究机构对多媒体信息的管理进行了相应研究，研究成果有"分布式开放超媒体系统""多媒体数据融合与处理技术""智能化多媒体军用情报处理系统""军用多媒体数据内容处理与管理系统"等，在部队进行了应用。近年来，基于信息系统的体系作战能力建设也是一个重要研究领域，涉及综合军情信息一体化管理技术、基于信息系统的体系作战能力训练、临近空间信息系统对抗环境研究、网络电磁空间作战态势表达以及网络战靶场建设等。

（2）装备系统工程。随着现代战争信息化程度的不断提高，促使战场形态势瞬息万变，各国都在积极开展符合本国实际的武器装备体系结构的研究，并取得了许多有价值的成果。诸如武器装备体系建模框架、建模方法、建模工具及武器装备体系结构优化等。早在2004年我军全面开展武器装备体系结构的研究。张最良等（2006）探讨了体系概念及特性，体系开发研究的重要意义，体系开发面临的困难、挑战以及研究体系开发需关注的关键问题。谭跃进（2009）介绍了体系工程研究的主要领域和未来的发展方向，对体系需求建模技术进行了深入研究。陈英武等（2008）通过对体系的基本概念，体系与系统的比较分析，总结了体系的本质特征，阐述了开展体系工程研究的必要性；对体系工程的定义、研究内容进行了全面系统的界定，并设计了体系工程研究的三层框架结构，提出了进行体系工程研究的一些关键技术。杨克巍（2009）提出了一个装备体系需求开发过程模型，总结了装备体系4个阶段和12个步骤的开发细节。在综合保障能力评估方面，彭鹏菲等（2015）通过建立多层模糊综合评判模型，提出了基于多层模糊综合评判的装备保障效果评估方法；任佳成等（2018）为准确评估装备维修保障能力，设计了装备维修保障能力评估指标体系，构建了基于模糊综合评判的装备维修保障能力评估模型，并通过实例分析，验证了装备维修保障能力评估模型，对部队开展装备维修保障能力评估具有一定的指导意义；李钊等（2018）根据航母舰载机着舰回收引导装备体系保障能力综合评估的需要，提出基于多人层次分析法（GAHP）与熵值法结合的综合评估方法，并针对该评估客体具有模糊性、不确定性的特点，提出了基于云模型理论，求取定量指标云模型表征，并运用加权偏离度，使该体系保障能力评估实现了定量与定性的相互转换，评估结果更加直观，适于决策。此外，在综合保障资源优化、装备综合保障性工程集成方法及信息系统建设等方面，也取得诸多研究成果。装备系统可靠性也是系统工程研究的重要课题，主要成果为装备系统可靠性设计分析技术、装备系统可靠性试验评价技术、网络可靠性等方面。为了对装备的定型、部队使用、研制单位验证设计思想和检验生产工艺提供科学的决策依据，国防科技大学、装备指挥技术学院、海军试验基地等对装备试验与评价进行了深入研究，出版了《装备试验与评价》《常规武器装备试验学》《Bayes试验分析方法》等专著，呈报了一系列的咨询报告，发表了许多学术论文。

（3）军事运筹与作战任务规划。随着信息化战争理论与实践的不断拓展，人们在大力推动联合任务规划的同时，对于如何与传统意义上军事作战筹划相结合的问题引发深度思考。主要研究了以下几个方面：

① 信息作战运筹分析与优化设计。针对信息化条件下，各类系统参与作战的复杂性，特别是信息系统作战应用的"体系对抗"特征，研究其作战运筹优化设计问题。当前各军兵种以及相关研究机构根据不同的专业背景和应用需求从不同角度开展研究。国防科技大学邱涤珊等设计了针对航天信息军事应用的规范设计与优化的一体化框架，将卫星信息的接收、处理、分发、共享、终端应用看作完整链条，以此为研究对象，将卫星应用总体设计分为需求规范化分析、体系规范化设计、体系方案分析设计与集成研讨4个阶段。王剑波等为了评价武器装备体系结构的优劣，实现对武器装备能力需求的分解-聚合，提出了一种以价值为中心的体系结构评价方法，搭建了一个系统的分析框架，构建了能力价值模型。马硕等为解决异构无人系统群协同作战使用问题，提出了无人系统任务规划模型及基于遗传算法的任务方案优化方法。

② 作战效能仿真与评估。主要依赖于解析模型和专家经验的效能分析与评估的传统方法，已完全不适应信息化条件的作战分析要求，需要更多采用仿真手段实施分析评估的方法，评估对象也应由"单系统"评估转向"多系统"评估，面向多系统组成的大系统（即体系）的评估复杂性，国防科技大学李志猛等提出体系能力评估的方法论框架，充分利用静态能力评估和动态能力评估的思维，将定性演绎和自下而上的定量分析评估

相结合。一大批专家针对信息参与作战的特点,就作战效能评估方法和仿真进行了大量探索,张忠为解决指标权重信息不完全时的机载雷达作战效能评估问题,提出了一种新的评估模型;刘海光等对远程诱骗型 UUV 掩护潜艇作战效能建模与仿真问题进行了深入研究。

③作战任务规划。国防科技大学对作战任务规划进行了深入研究,刘忠等在国内出版了第一部关于作战计划技术的专著。在指挥控制组织理论研究方面,他们提出了人机混合的组织设计体制,并给出了适应性组织的计划表示方法。成茂荣等就信息化条件下空中作战任务规划的问题进行了研究。马硕等为提高复杂非结构化作战环境下作战系统规划能力,提出一种新的分层任务网络智能规划方法 HGTN(Hierarchical Goal-Task Network),给出了 HGTN 的形式化定义,研究了 HGTN 规划算法,以及启发式搜索算法和目标推理规划算法。

④训练模拟。在侧重宏观决策战略战役训练模拟方面,李志强等提出了一种基于分层智能空间环境的群体行为模型建模方法。在侧重指挥训练战役、战术训练模拟等方面,张会等面向大规模作战训练模拟实际应用需求,研究了虚拟群体组织协同行为建模实践方法。齐和平等针对现代战争联合作战的特点,提出了基于云架构的一体化联合作战支撑体系架构和关键技术。

(4)战争设计工程。该领域主要包括战争系统复杂性认识与分析、战争设计工程方法、装备与战法集成分析方法等。在战争系统复杂性认识与分析方面,沙基昌认为"不可重复性"是战争复杂系统的重要特征之一;赵晓哲等从相互作用、战争手段的多样性以及不确定性三个方面,对现代化战争复杂性的产生原因进行了探讨,并分析了现代化战争复杂性的三个重要表现形式,即非线性、涌现性和流动性;余永阳基于复杂系统哲学视角,把战争作为系统,探索性地提出物质、组织、人与群体和时空四个要素来解析战争系统结构及其复杂性,分析战争系统备战和战时态运行特性。在战争设计工程方法方面,沙基昌教授提出了战争设计工程;陈超等针对战争设计工程中专家群体研讨问题,建立了战争设计工程群体专家研讨模型;王长春等对战争设计工程中专家思维收敛过程的建模与分析进行了深入研究。在装备与战法集成分析方法方面,毛赤龙针对战法分析与装备研究相互分离的现实和它们应该相协调的内在需求之间存在的矛盾,研究了战争设计工程中战法与装备集成分析方法,提出了具有可操作性的战法与装备集成分析框架,该框架从逻辑上分为四个循环迭代的子过程:研讨未来情景约束、研讨干预策略、建立效果模型、基于效果反思;刘新建在战争设计工程理论体系的基础上,构建了战争设计工程中定性定量集成分析框架,并对其逻辑基础、专家协作方法和内容整合机制进行了系统研究。

2. 国外研究现况

从 20 世纪 20 年代,国外即开始进行军事系统工程的相关研究。尤其是第二次世界大战结束后,英、美等国开始有组织地开展军事系统工程研究。其中,美国的军事系统工程研究,无论是在理论研究还是在实际应用方面,都处在西方国家的领先和活跃的地位,特别是广泛地应用于作战训练、物资管理、兵力结构与装备发展以及陆海空三军的作战武器使用、战役战术和战略等领域。虽然许多研究成果是保密的,但在一些杂志、会议文件和政府公开报告中都有所显露,从事军系统工程工作的专业人员和机构,除了军队和政府部门外,还有许多分散在国防企业和私营咨询公司内。从研究范围上看,国外军事系统工程的研究涉及国防建设、军事战略、军事科技、军事后勤、备战资源、军队编制、武器装备发展等军事领域,基本上涵盖了军事学范围内的所有研究门类。同时,军事系统工程的研究还从纯粹的军事研究扩展到了社会、政治层面。研究层次的扩展,使军事系统工程成为各层次军事决策者进行决策分析的有力工具。

(1)军事信息系统工程。人类社会正从机械化时代全面进入信息化时代,极大丰富的信息掌握和信息技术的快速发展,使得人类社会正发生着翻天覆地的变化,也在深刻地改变着战争形态。信息战被人称为未来军事理论的基石。计算机技术的进步,极大地改变了军事指挥和控制的模式,信息战理论对军队具有政治、技术、作战等深刻影响。西方发达国家历来注重军事信息系统工程的研究,从各个方面思考、探讨信息化战争的发生、发展规律,提出了众多军事系统工程技术,开展了信息化战争的尝试,力求尽快实现战斗力生成模式从机械化战争转向信息化战争。1991年的海湾战争暴露出的"烟囱"问题,促使美军提出"勇士"计划,目的是通过统一 C^4I、C^4ISR 等信息系统的框架标准,构建全军共享的信息基础设施,最终实现跨军兵种信息装备的综合集成。为满足未来信息化联合作战的需要,以美军为代表的西方发达国家在作战概念和理论上不断创新,2008年提出"赛博空间"的新概念。针对复杂指挥信息系统的设计,强调科学的顶层设计,特别是在体系结构设计规范上,近年来不断进行版本更新升级,突出强调体系结构对作战概念的牵引作用,充分体现军事需求,并正在构建基于服务的指挥信息系统。在战场情报处理方面,不仅强调战场信息的综合处理体系,同时针对指挥控制的需要,构建态势指挥控制综合图谱,以力求实现战场态势的共享与一致,并研究网络中心战条件下指挥控制理论。

(2)装备系统工程。

① 装备体系技术。美国装备体系技术的研究大多接受来自美国军方或各军火商的项目经费支持,其研究的重点和应用也依托于国防部的各重点项目,美国国防部设立了体系工程创新中心,制定了《体系环境下的系统工程指南》;美国各军兵种等也研究了各自的体系工程方法,制定了相关的体系工程指南;英国国防部也大力发展支持网络化作战能力的体系架构和体系效能评估研究。美国 MIT 和 Purdue 大学分别从工程系统领域和智能交通系统方面开始致力于体系构成相关技术的研究。荷兰的 Delft 大学技术、管理与政策能源战略研究小组从能源开发、减少碳的排放量、电力网络传输等方面开展了体系工程相关的研究,其研究重点围绕如何科学制定各类政策,保证经济、社会及工业方面的健康持续发展。IEEE 专门开辟了体系领域的专题,并每年召开一届系统工程的 IEEE 国际会议,而更多的一些 IEEE 系统工程、控制领域的会议也都分别开辟了体系研究的专题。

② 装备综合保障。美军在装备综合保障方面注重强调全寿命周期费用,例如,在20世纪90年代,美军就把其著名的 CALS 计划扩展到装备的全寿命周期范围。近年来,美军结合战场数字化建设,对装备综合保障的信息化需求做出了全新的思考。美军在《联合设想2020》提出了聚焦后勤的理念,即能够在正确的位置、正确的时间,以正确的数

量向联合部队提供正确的人员、设备和补给的能力,在这一设想的指导下,美军建立了联合全部资产可视化系统(JTAV)、后勤信息处理系统(UPS)、库存控制自动化信息系统(TCPATS)、全球运输网络(GTN)、联合战区后勤自动化信息系统(JTLAIS)等,并对各个系统的有效集成做出了长远规划。作为美军 C^4ISR 核心之一的陆军全球战斗保障系统(GCSS),实现了全球范围内各作战保障机构的后勤数据的有效集成和全部资源的可视化,提供了作战保障综合态势图,使保障人员和决策人员能够及时掌握情况并对战场上的战斗勤务保障工作进行事前的预计和安排,建立了指挥控制和作战保障间的紧密联系。

③装备系统可靠性。国外已针对某些类型的产品(如电子模块)开发基于失效物理的可靠性设计、分析与评估工具、软硬件综合可靠性建模与分析工具,在可靠性试验技术,包括 HALT、HAST 等试验方法的研究和应用,以及试验结果的分析等方面领先于国内。

④论证试验与评价。从装备试验与评价研究的国内外情况看,对于装备试验鉴定的理论、方法研究,国内外的差距较小,尤其在小子样装备可靠性试验鉴定方面,从检索到的资料看,对于小子样条件下装备 Bayes 试验设计技术的研究、试验评价技术的研究等,国内外的研究几乎处于同等水平。在装备试验评价的管理方面,国外强调对装备的集成试验与评价(Integrated Test and Evaluation),强调加强武器系统多种试验的集成分析。鉴于在实际作战行动中,多军种执行同一作战任务情况的增多,美军提出了多军种试验与评价。当多个军种采办同一个系统,或某一军种采办的系统与其他军种的系统有密切关联时,就可以进行多军种试验与评价。另外,国外注重装备的使用试验与评价。

(3)军事运筹与作战任务规划。为使各项决策尽量降低风险,美军在需求论证、概念研究、系统设计和工程建设过程中,注重充分挖掘应用潜力,建立联合能力集成与开发制度,确立实验评估、效能度量、作战能力确认的作业流程。航天装备效能分析已成为装备研制过程的一个重要环节。美军主要应用仿真技术实现卫星应用的效能评估,已利用分布式仿真技术,将大基侦察、通信、导航及气象等空间系统的模拟模块组合到作战模拟系统中,通过贴近实战要求的演习,进行航天应用和作战指挥等方面的检验。美军在经历了起步应用、体系构建和完善发展三个阶段后,已经基本形成了功能完备、结构合理、效能显著、军民共用的卫星应用装备体系。以网络为中心的联合作战行动规划是信息时代军事计划领域面临的革命性挑战,近年来成为国外军事规划部门和计划研究机构的关注热点。2007 年 4 月,美国国防部信息办公室发布的一份名为 *Planning:Complex Endeavors* 的报告,研究并阐述了以网络为中心规划(Network Centric Planning,NCP)的本质问题,对联合作战行动规划组织,从垂直刚性到网络化扁平的组织结构改变,使得包含态势、资源、组织方式和协同关系的规划环境更为复杂。20 世纪 90 年代中期,以 Cathleen 教授为代表的组织研究学派提出了计算数学组织理论,该理论开创了组织学研究的新领域,即采用计算数学手段来研究和解决作战组织问题,并引起了该研究领域的许多学者的兴趣和关注。在美海军研究办公室(Office of Naval Research,ONR)的资助下,卡耐基梅隆大学尝试结合计算组织理论研究战场兵力快速构建与重组。以乔治梅森大学 C^3I 研究中心为代表组织适应性研究的 Petri 网研究方法。Aexander H. Levis 等对组织"自适应"引擎提出了设计方法和算法。SHAKEN 提出了一种通用行动表示语言对作战行动过程进行分析,以概略图、场景、任务描述和态势估计来描述作战行动过程的草稿,通过所开发的 NuSketch 软件转化为类 STRIPS 语言的 SHAKEN 形式化描述。Mark 通过解释计划参数的不确定性,包括预计行动结果的不确定性,对计划进行表示和评估,提出了一种基于贝叶斯网络的行动和效果的表示语言,成为行动网络(Action Network),并开发了支持空军战役计划评估分析的工具套件(CAT)。Bullen 提出了基于效果的计划编制的贝叶斯方法论,建立了"A-N-E"框架,并实现了作战行动计划评估辅助工具。作战实验是研究作战问题的科学实验活动,是军事系统工程的最前沿领域,它运用科学实验的原理、方法和技术,在可控、可测的虚拟对抗环境中,实证性地研究战争和军队作战行动的特点规律,为军事决策和战争实践提供科学依据。自 20 世纪 80 年代美军提出作战实验概念以来,作战试验理论、技术与方法得到了深入研究,涉及作战实验可信性评估、基于计算实验的作战实验理论、作战实验军事需求分析、虚拟实验室技术、作战实验想定技术、基于云计算的集成架构、作战实验的可视化展示、作战实验体系、作战实验室互联互通、作战实验室体系结构等领域。此外,还包括作战评估理论与方法、基于信息系统的体系作战能力建设等领域。其中,净评估方法是 20 世纪 70 年代由美国人安德鲁·马歇尔创始的,并被美国国防部采用,已成为军事系统工程的重要前沿研究领域。

第三节 军事系统科学与工程的研究热点

目前,在军事系统科学与工程研究方面最突出的趋势是关于体系的研究,包括体系的特性、体系演变规律等。如何将复杂系统理论、复杂适应系统理论、人工智能与信息技术,军事体系建模与分析评估等运用于军事领域,是近年来军事系统科学与工程研究的热点。

一、复杂系统理论及其军事应用

军事系统是典型的复杂系统,随着信息时代的到来,社会形态正在发生着深刻变化,呈现出逐步由平台中心向网络中心的转变,这种转变使得军事系统的复杂性日益加剧,给军事复杂系统的研究带来了巨大挑战。许多军事研究人员纷纷将复杂系统理论的概念和方法运用到军事复杂系统研究当中。

关于复杂性和复杂系统的研究,目前比较有影响的有两个学派,分别代表了两种思想:一是美国圣塔菲研究所的"复杂适应系统(CAS)"理论。该理论由遗传算法的创始人霍兰于 1994 年提出,其基本思想是复杂系统中的成员最具有适应性的个体(adaptive agent),简称主体。主体能够与环境以及其他主体进行交互作用,并在这种持续不断的交互中学习和积累经验,不断改变自身结构和行为方式。CAS 理论认为这种主动性以及与环境的交互作用才是系统发展的基本动因。二是中国著名科学家钱学森提出的"开放复杂巨系统"理论。该理论的核心是综合集成方法论，由钱学森于1989年提出。其基本思想是将专家群体、数据和各种信息同计算机有机地结合起来，充分发挥各个学科的理论优势和人的经验，从整体综合的角度去解决问题。钱学森指出了实现综合集成方法的途径是建设"从定性到定量的综合集成研讨厅"。综合集成方法运用系统科学与数学方法，以计算机为主的信息技术为支撑，将人、机器和知识有机结合，这种方法建立在思维科学的理论基础上，体现了实践论和认识论的哲学思想，是一种对复杂系统研究具有指导意义的方法论。军事复杂系统建模与仿真方法是当前研究的热点，比较常用和有效的方法有：探索性分析方法、基于Agent的建模仿真技术、复杂网络理论、系统动力学和构建综合集成研讨厅。

二、军事信息系统理论及其应用

21世纪随着信息技术的快速发展及其广泛应用，在国民经济建设中发挥着巨大的作用，尤其是将信息技术应用于武器装备，使信息化战争的样式发生了根本性的变化，利用各种信息技术实现的电子战武器、精确制导武器、指挥自动化系统等在信息化战争中发挥着巨大的作战效能。信息化战争是一种以信息技术、信息化武器装备为物质基础和技术基础，以信息和能量资源为智力基础和动力基础，以全时空信息较量为核心的新型战争形态。打赢信息化战争的关键是要全面实现军事的信息化，形成军事信息技术和军事信息资源上的双重优势，以此获得对信息空间尤其是军事信息资源的控制权。军事信息及技术已经成为新时代最重要的军事战略资源，是影响新军事变革和信息化战争进程的核心要素之一。

因此，军事信息系统在军事系统科学与工程中的地位和作用日益突出，是当前研究热点，包括军事信息系统体系结构设计及应用、军事信息系统综合集成、云计算在军事信息系统中的应用、大型军事信息系统部署、联合作战指挥控制系统研究与开发、军事信息管理等。

三、军事系统分析建模及其应用

军事系统分析与建模从系统设计、功能分析和仿真建模的角度研究军事系统内部运行机理，受到国内外学者的广泛关注和深入研究。美国、澳大利亚、荷兰、瑞典等国家将体系结构（Architecture Framework，AF）、网络科学（Network Science，NetSci）、多主体系统（Multi-Agent System，MAS）、指挥控制（Command & Control，C2）等引入该研究领域，并在军事实践中得到成功应用和检验。

国内军事系统研究起步晚、发展快，在作战体系、武器装备体系和C^4ISR系统的理论方法、建模仿真、效能评估等方面取得了重要进展。该领域的研究热点主要集中在体系结构建模、系统特性分析、指标与效能研究、系统优化设计等方面。建模方法包括定量建模方法（如连续系统建模方法、随机变量模型建模方法、基于系统辨识的建模方法、基于人工神经网络的建模方法和基于灰色系统理论的建模方法等)、定性建模方法（如基于模糊数学的建模方法、基于 Kuipers 的建模方法和基于 SDG 的定性建模方法等)、定性定量结合的建模方法（如基于系统动力学的建模方法、基于层次分析法的建模方法等)。

近年来，学者们热衷于运用 Petri 网、MAS、复杂网络、超网络等多种理论方法，将复杂性和网络有机结合，通过结构建模、动力学演化和仿真模拟等途径揭示体系整体、动态、对抗的本质，为体系研究提供了新的方法论和技术手段。

四、军事系统评估及其应用

军事系统评估应用系统工程运筹学和数学等相关学科的知识，根据被评估对象的实际情况创建评估指标体系，构建一套评估模型，对被评估对象进行评估，从而得出全面、系统的评估结果。一套好的评估体系，不但能正确、客观、公正、实效地衡量出被评估对象的真实情况，更能准确查找出系统诸要素自身的问题，不断改进，从而优化军事系统。

进入 21 世纪，随着决策的科学性越来越被广泛认同，评估作为其中最为重要的一个环节，越来越备受关注，尤其在军事领域的应用，即在作战指挥、装备论证、作战效能评估、装备试验等方面发挥重要作用。军事系统评估是一个多学科边缘交叉、相互渗透、多点支撑的新兴研究领域。目前，研究热点主要集中在评估理论与方法、战略规划评估与作战体系评估、军民结合与政策管理评估等方面。

第四节 军事系统科学与工程的发展方向

随着军事斗争需求的变化，军事系统科学与工程的理论方法、技术手段和应用方向都在不断变化。军事系统科学与工程研究的对象将更加复杂，由单纯的军事问题扩展到军事与社会、经济、技术相互交叉影响的复杂问题。研究的手段和方法将更加先进，复杂系统理论将为军事系统科学与工程的发展提供新的理论支持，尤其在作战过程、指挥控制、作战模式等方面将会产生全新的思想；许多新的智能化方法和技术的发展，如神经网络、遗传算法、进化计算、模糊系统、数据挖掘等将为军事系统科学与工程实现更有效的系统集成提供保障。研究的范围将更加扩展，由对军事现实问题研究发展到军事预测研究，将运用先进的分布式仿真、虚拟现实等技术，研究战略战术、部队体制编制、武器装备和军事训练等影响军队战斗力诸要素的协调发展，以提高军队作战的综合能力。具体来说，军事系统科学与工程的未来发展有以下五个重点方向。

一、强化基础科学研究

军事领域是竞争和对抗最为激烈的领域，也是最具创新活力、最需创新精神的领域。

近年来，以美国为首的西方国家不断提出各类军事理论"新概念"，这些"新概念"提出的背后有着强大的基础性科学作支撑，主要表现为系统科学、复杂性科学等对作战理论创新的巨大影响，这使得其作战理论"新概念"具有很强的时代烙印和学术味。因此，军事系统科学与工程影响的深化，需要结合时代特征，不断强化基础科学的支撑作用，创新军事系统科学与工程理论和方法，尤其需要下大力发展和繁荣用以解决复杂巨系统问题的系统科学、复杂性科学等基础性科学的研究。

20世纪以来，在钱学森等老一辈科学家的带领下，我国系统科学得到了很好的发展，时至今日，在系统科学理论、复杂网络理论等方面的基础性研究也取得了骄人的成绩。然而，目前的研究规模仍远远不能满足日益扩大化、复杂化的包括军事系统在内的各类复杂巨系统研究的需要，还必须进一步繁荣壮大。同时，国内大部分的研究仍处于理论阶段的探索，缺乏将这些理论成果与其他学科、具体行业以及特定系统紧密结合的纽带。因此，未来我国需要加强基础科学的研究，开展非线性军事系统理论研究，运用耗散结构论、协同论、突变论、分形论、混沌论等现代系统科学理论，研究构建军事系统分支性理论；开展军事系统动力学理论研究，揭示军事复杂系统的目标要素、结构功能、本质属性、运行机理、演化转化等一般规律；开展军事系统复杂性理论研究，运用复杂适应、自组织临界、去中心理论等，研究军事系统复杂关系的形成机理，有序与无序状态的形成规律等，为研究军事复杂系统提供理论方面的支撑作用打下坚实的科学基础。

二、融合新学科新技术

自20世纪以来，学科的发展主要表现为高度综合化。从学科发展的内在因素看，这不仅是因为随着各门学科向广延发展，使它们之间的界限模糊而融合了，也是由于各门学科向纵深进军，需要相互借助彼此的知识和方法。随着物联网技术、5G技术、人工智能技术、云计算、大数据、非线性理论等科学技术理论的快速发展，新学科新技术的不断出现及应用，对于推动军事系统科学与工程的发展具有重要作用。加强融合新学科新技术，可以使军事系统科学与工程登上一个全新的台阶，保持旺盛的发展力。

未来，军事系统科学与工程需要在理论和实践的结合上进一步创新机制，围绕军事技术、武器装备、军事组织结构、作战方式、军事观念和军事理论等方面变革的需求，主动融合系统科学、计算机科学、信息科学、人工智能技术、网络科学、大数据技术、生物科学、数学、物理等有关新成果，从而促进军事系统科学与工程理论的不断创新。如基于以"深度学习"为代表的智能化认知技术开展军用信息系统智能化建设的理论与方法研究，以及开展无人作战平台运用引发的作战理念创新及支撑技术体系、智能化条件下的新质战斗力生成、智能化战争的特点规律及制胜机理、面向智能化战争的武器装备体系和军队结构编成等方面的研究；大数据时代下，面向多源数据的新型军事信息系统架构、基于大数据引擎的军事信息网络安全防护系统架构、大数据系统体系架构和技术体系架构等研究；对物联网、下一代互联网、云计算、网络靶场、网络科学与模型等新兴网络科学技术与军事系统科学与工程交叉融合的理论与方法研究。

三、关注工程实践应用

军事系统工程理论方法随着社会实践发展和科学技术进步而不断创新，未来应在推进系统工程理论的时代性、实践性和技术性创新发展上下功夫，研究系统工程理论方法应用的重点。一方面，应创新发展军事系统工程流程标准。针对复杂军事系统需求与顶层设计、集成与构建、演化与评价中的系统工程问题，继承和发展现代系统工程方法论，构建智能引领、数据驱动的系统工程方法流程。流程突出规范性，运用信息化手段和综合集成方法，制定适应军队建设需要的系统工程标准流程，规范总体与各领域的系统工程过程。方法注重创新性，充分吸纳大数据、建模仿真、人工智能等现代技术成果，拓展深化从定性到定量的综合集成方法，突破关键技术，优化方法流程。加强基于模型的系统工程方法流程的研究和应用，形成符合我国国防科技工业发展特征、具有我军特色的体系工程方法规范。另一方面，应重点开发完善军事系统工程工具软件。研究复杂军事系统问题，需要界面友好、功能先进的软件工具做支撑。目前，国内已有的系统工程软件工具尚不完备，功能也存在缺陷，主要是由于缺乏顶层设计、总体规划，分层次、分步骤开发完善迫在眉睫。总体论证方面，加快构建包括专家群体、计算机仿真工具和大数据、机器学习、人工智能等技术的综合集成研讨厅体系。系统设计方面，大力支持先进建模与仿真技术开发，研究制定统一的模型规范，加大构建模型体系力度，不断完善仿真工具谱系。系统运行方面，强化算法研究，加强知识和数据积累，重点开发通用数据处理与可视化软件，搭建实用有效的大数据分析和机器学习平台以及人工智能决策平台。

四、深化系统仿真实证

军事系统科学与工程的研究就是努力理解真实的军事世界，并掌握与真实军事世界发生联系的形式。计算机的出现对军事系统科学与工程的发展有着深远的影响，使人们能够对复杂军事系统建立模型并利用计算机进行求解，这些手段和方法就形成了军事系统仿真技术。军事系统建模与仿真通过应用计算机及模型技术，对军事问题进行研究和分析，建立系统、过程、现象和环境模型，并在一段时间内运行模型，用于分析、测试人员训练和决策支持的过程，以揭示军事活动的基本规律。军事仿真技术能够形象地按照问题的需要描述战争过程，描述武器系统、人员、战术、技术和指挥等在一场假想的"战争"中的作用和表现，帮助人们思考可能发生的情况和应该采取的对策，分析在各种状态下的仿真结果，是军事领域使用最为广泛的一种研究手段。

未来，军事系统科学与工程将进一步深化军事仿真技术在作战训练、战法研究、装备论证与发展规划等方面的研究。特别是开展模型体系的研究，以增强仿真模型互操作性，建立模型标准，提高模型可重用性；开展基于云计算的作战实验系统的研究，提升实验的计算性能；开展网络空间信息系统与模拟的研究，构建网络信息体系，推演网络舆情实时对抗等；开展军事系统评估，创新装备体系建模与综合评估方法，深入研究海战场态势评估、基于信息系统的体系作战能力的仿真与评估等。此外，深化实证研究也是未来军事系统科学与工程的发展方向，开展实证研究能够使之成为一门可以被证伪或证实的科学，进一步推动军事系统科学与工程的发展。

五、增进系统体系功能

当前，军事技术、战争体系、战争形态等都发生了巨大变化，单一军种对抗的战争形式已过时。信息化条件下，现代战争形态呈现出体系对抗的显著特征，由"平台中心战"转为"信息化的网络中心战"；由"各军种兵器之间的对抗"转向"网络化的体系与体系对抗"；由"装备为主"的对抗发展为"装备+生产体系"的对抗，即涵盖从武器装备概念设计到研制、试验、使用、保障等全周期的对抗。因此，现代军事系统的研究，已发展上升到体系层级，需要遵循体系工程的原理和方法。

为解决复杂的军事系统问题，美国军方最早提出了系统的系统（System of Systems，SoS）即体系的概念，指出体系是一个由独立起作用的系统组成的以实现特定功能的更大规模的系统组合，强调"整体大于部分之和"的系统功能。目前，体系研究是全球系统科学领域的研究热点，也是未来需要重点关注的研究领域。国外体系工程的研究已经在多个背景领域展开，比如在国防领域，美军提出未来战争系统（FCS），陆军战场指挥系统（ABCS），海军集成深水系统（IDS），空军分布式地面系统（DCGS），国防部智能信息系统（DoDIIS）等。目前，我国在体系工程方面的研究才刚刚起步，研究成果还不多见，也没有形成一整套处理体系问题的工程化方法框架，尚处于概念与框架的前期研究阶段。下一步需要对其方法与工具开展大量的研究，在借鉴国外先进思想与方法的基础上，结合实际，重点开展基于大数据的信息化军事系统建设、军事作战效能评估系统体系建设、军事装备体系和后勤体系建设等方面研究，建立符合我国国情的军事体系研究理论和方法，开发用以解决实际军事问题的工具。

参 考 文 献

[1] 戴汝为. 复杂巨系统科学：一门21世纪的科学[J]. 自然杂志，1983（19）：61-69.
[2] 哈肯. 协同学及其最新领域[J]. 自然杂志，1983（6）：37-54.
[3] 郑金连，狄增如. 复杂网络研究与复杂现象[J]. 系统科学学报，2005，13（4）：8-13.
[4] LUTTERER W. Systemics：The social aspects of cybernetics[J]. Kybernetes，2005（34）：113-126.
[5] MINATI G，Maria P P，PESSA. The Concept of Emergence in Systemics[J]. General Systems Bulletin，2001（12）：79-91.
[6] 林福永，吴健中. 一般系统结构理论及其应用（Ⅰ）[J]. 系统工程学报，1997（3）：3-12.
[7] 谭跃进. 军事系统工程[M]. 北京：中国大百科全书出版社，2008.

[8] 罗爱民, 罗雪山, 黄力. 基于多视图的信息系统体系结构描述方法研究[J]. 计算机科学, 2007（2）: 119-121, 128.

[9] 姜志平, 罗爱民, 罗雪山, 等. 基于矩阵的C⁴ISR系统机构设计评价方法研究[J]. 火力与指挥控制, 2007（9）: 19-23.

[10] 张维明. 信息系统原理与工程[M]. 北京: 电子工业出版社, 2004.

[11] 张最良, 黄谦, 李露阳. 体系开发规律和科学途径[J]. 中国科学基金, 2006（3）: 159-163.

[12] 彭鹏菲, 于钱, 姜俊. 多层模糊综合评判的装备保障效果评估方法[J]. 现代防御技术, 2015, 43（6）: 163-168.

[13] 任佳成, 徐常凯, 陈博. 基于模糊综合评判的装备维修保障能力评估[J]. 物流科技, 2018, 41（9）: 128-129, 144.

[14] 李钊, 刘文彪, 欧阳中辉, 等. 基于综合赋权法-云模型的装备保障能力评估[J]. 指挥控制与仿真, 2018, 40（5）: 69-74.

[15] 高龙, 宋太亮, 曹军海, 等. 网络化装备保障体系资源配置策略与优化模型[J]. 装甲兵工程学院学报, 2018, 32（5）: 21-28.

[16] 高颖杰, 曹继平, 雷宁, 等. 装备维修保障资源配置优化研究综述[J]. 火炮发射与控制学报, 2020, 41（3）: 5.

[17] 徐宗昌, 孟祥辉. 保障性工程综合集成方法[J]. 装甲兵工程学院学报, 2007（6）: 1-5.

[18] 杨清文. 武器装备系统可靠性指标取值中一种决策模型[J]. 火炮发射与控制学报, 2001（1）: 48-51.

[19] 李东兵, 王力强, 潘鸿飞. 武器装备系统可靠性工程综述[J]. 战术导弹技术, 2003（6）: 12-20.

[20] 钟雷, 何清华, 王玉岩, 等. 故障树分析在提高武器装备可靠性中的应用[J]. 兵工自动化, 2008（1）: 16-18.

[21] 王贵宝, 龙立军, 邱欣. 武器装备可靠性工程研究现状与最新进展[J]. 直升机技术, 2011（1）: 25-29.

[22] 程中华, 王强, 贾希胜, 等. 战时装备系统竞争失效过程的可靠性建模研究[J]. 军事运筹与系统工程, 2019, 33（3）: 74-80.

[23] 耿振余, 毕义明. 作战体系优化方法[J]. 火力与指挥控制, 2006（7）: 27-29.

[24] 荆涛. 以价值为中心的武器装备体系一体化顶层设计方法研究[D]. 长沙: 国防科技大学, 2004.

[25] 邱涤珊, 李志猛. 卫星应用总体技术研究的新思路: 规范设计与仿真分析一体化框架研究[J]. 卫星应用专业组研讨文集, 2008.

[26] 王剑波, 王明哲, 丁文优. 以价值为中心的体系结构决策分析框架研究[J]. 计算机与数字工程, 2016, 44（10）: 1948-1951, 1962.

[27] 马硕, 马亚平. 异构无人系统群协同作战任务规划方法[J]. 指挥控制与仿真, 2019, 41（2）: 24-30.

[28] 张忠. 权重信息不完全的机载雷达作战效能评估模型[J]. 火力与指挥控制, 2016, 41（6）: 161-165.

[29] 刘海光, 李伟, 张永. 远程诱骗型UUV掩护潜艇作战效能建模与仿真[J]. 水下无人系统学报, 2019, 27（3）: 339-345.

[30] 刘忠. 作战计划系统技术[M]. 北京: 国防工业出版社, 2007.

[31] 成茂荣, 蔺卫, 罗金亮, 等. 信息化条件下空中作战任务规划问题研究[J]. 飞航导弹, 2015（9）: 61-64.

[32] 马硕, 马亚平. 基于分层目标任务网络的作战任务规划方法[J]. 火力与指挥控制, 2020, 45（2）: 110-114.

[33] 李志强, 司光亚, 胡晓峰, 等.基于智能空间环境的群体行为建模研究[J].系统仿真学报, 2008, 20（Z1）: 195-198, 201.

[34] 张会, 张红, 李思昆, 等.虚拟群体组织协同行为建模实践方法[J].系统仿真学报, 2015, 27（10）: 2246-2251.

[35] 齐和平, 丁玮, 王学文, 等.基于云架构的一体化联合训练仿真体系[J].火力与指挥控制, 2019, 44（4）: 69-73.

[36] 赵晓哲, 郭锐.现代化战争的复杂性[J].系统仿真学报, 2005（2）: 461-464, 467.

[37] 余永阳.战争系统结构及运行的复杂性研究[J].系统科学学报, 2019, 27（1）: 120-125.

[38] 沙基昌, 毛赤龙, 吴永波, 等.战争设计工程技术研究[J].系统工程理论与实践, 2005（6）: 66-70, 106.

[39] 陈超, 张震, 谈伟, 等.战争设计工程专家群体研讨模型[J].计算机应用研究, 2012, 29（4）: 1345-1348.

[40] 王长春, 陈俊良, 陈超.战争设计工程中专家思维收敛过程的建模与分析[J].国防科技大学学报, 2012, 34（3）: 74-79.

[41] 毛赤龙.战争设计工程中战法与装备集成分析方法研究[D].长沙: 国防科学技术大学, 2008.

[42] 刘新建.战争设计工程中定性定量集成分析方法研究[D].长沙: 国防科学技术大学, 2010.

[43] 李俊清.美国海军信息战发展综述及"哥白尼C～4I体系"的演变[J].舰船电子工程, 1998（5）: 56-60, 28.

[44] 徐志民, 李辉, 徐波, 等.加快转变战斗力生成模式与军事系统工程[M].北京: 蓝天出版社, 2012.

[45] 赵存如.军事系统工程专业委员会第二十三届学术年会成果综述[J].军事运筹与系统工程, 2013, 27（4）: 75-79.

[46] 张赞牢, 李辉, 顾宏波, 等.加快推进国防和军队现代化与军事系统工程[M].北京: 金盾出版社, 2013.

[47] 迟妍, 邓宏钟, 谭跃进, 等.军事复杂适应系统理论基本框架研究[J].军事运筹与系统工程, 2004, 18（2）: 13-17.

[48] 张维明, 阳东升.美军联合作战指挥控制系统发展与演化[J].军事运筹与系统工程, 2014, 28（1）: 9-12.

[49] 王凌.军事数据工程理论与实践[M].北京: 海潮出版社, 2011.

[50] 赵存如.钱学森关于军事系统学的论述[J].军事运筹与系统工程, 2010, 24（2）: 5-7.

[51] 王飞跃.面向赛博空间的战争组织与行动: 关于平行军事体系的讨论[J].军事运筹与系统工程, 2012, 26（3）: 5-10.

[52] 李牧知, 关永.美军战略评估基本情况及对我启示[J].军事运筹与系统工程, 2018, 32（1）: 11-14.

[53] 季明.全域作战能力评估相关问题研究[J].军事运筹与系统工程, 2018, 32（1）: 15-19.

[54] 吴金闪.系统科学导引: 第Ⅱ卷: 系统科学的数学物理基础[M].北京: 科学出版社, 2020.

[55] 郭雷.系统科学进展: 第1卷[M].北京: 科学出版社, 2020.

[56] FORTESCUE P, SWINERD G, STARK J.航天器系统工程: 上册[M].李靖, 范文杰, 刘佳, 等译.北京: 科学出版社, 2020.

[57] 张海波, 赵琦, 何忠贺, 等.城市智能交通系统工程设计及案例[M].北京: 机械工业出版社, 2020.

[58] 薛惠锋.系统工程思想史[M].北京: 科学出版社, 2020.

[59] 张修社. 协同作战系统工程导论[M]. 北京：国防工业出版社，2020.

[60] 卢子芳，朱卫未，巩永华，等. 系统工程：原理与实务[M]. 北京：人民邮电出版社，2020.

[61] 张纪峰，杨晓光. 系统科学的沃土：中国科学院系统科学研究所四十周年回溯[M]. 北京：科学出版社，2020.

[62] 谭璐，姜璐. 系统科学导论[M]. 北京：北京师范大学出版社，2020.

[63] 郭宝柱，王国新，郑新华. 系统工程：基于国际标准过程的研究与实践. 北京：机械工业出版社，2020.

[64] 刘舒燕. 交通运输系统工程[M]. 4版. 北京：人民交通出版社，2020.

本章作者：肖刚、毛昭军、卜凡彪、尹福栋、胡英辉。

第二篇 理 论 篇

第二章 军事系统科学与工程理论体系

第一节 引 言

军事理论现代化需要创新性、综合性、横断性的跨域新学科,将理论与技术相融合,运用"理技融合"的系统方法论研究解决军事系统复杂性问题。在我军原有军事学分类中尚缺乏具有综合性、系统性和横断性的整合类学科。随着军队建设和作战体系化程度越来越高,涉及领域越来越多,门类越来越广,创建适应国防和军队现代化的军事系统科学与工程理论体系,成为中国军事科学体系建设中一项具有突破性的工作,是军事理论创新的急需,是军事实践的急需,也是新时代的急需,必须高度重视、深入研究、系统探讨。

军改以后,军事系统结构已经发生根本性变化,呈现出局部越来越精确有序、整体却越来越混沌复杂的趋势。相较而言,我军军事系统科学与工程研究在概念界定、思想指导、规律揭示、方法构建和具体应用层面都存在一定的滞后性,面临着突破原有框架限制、拓宽研究领域视野以及开展理论、方法和应用创新的艰巨性任务。原有基于军队规模结构所构建的军事系统科学与工程研究体系,存在着对军事系统科学与工程"是什么、干什么、怎么干"认识不一致、没有继承发扬好钱学森系统科学体系、交叉复合型系统科学与工程战略科学家匮乏、未能有效结合新的形势任务创新发展军事系统科学与工程等问题,已不能适应新时期军队系统结构的重塑需求。在国防和军队建设大发展、大变革的历史背景下,迫切需要对原有的军事系统科学与工程研究进行继承与发展,建立适应新时代发展的军事系统科学与工程理论体系,进一步探索军事系统的本质及构成要素、揭示军事系统的特点和规律、指导新时代军事系统的研究和建设,从而更好地发挥军事系统的整体作用,提高军事系统建设的质量、效率和效益。

第二节 军事系统科学与工程理论体系的现实需求

一、系统科学理论体系发展现状

系统科学是军事系统科学与工程的理论基础,军事系统科学与工程是系统科学在军事领域的运用,系统科学理论体系为军事系统科学与工程理论体系的建立提供了基本参考。系统科学究竟形成于何时?目前有两种不同看法。一种观点认为系统科学产生于20世纪40年代,论据是目前已有的系统科学分支大多产生于那个时期。另一种观点认为,系统科学产生于20世纪70年代,因为只有到20世纪70年代才确立了系统科学这个概念(系统科学术语在20世纪60年代中期已出现),明确了它的体系,并出现了一批基础科学层次的系统理论,初步具备了建立系统学的条件。应当说,两种观点都有道理,原则上都无不当之处。若把系统科学也看作一个系统,凡系统都有结构,那么,我们更倾向于后一种说法。20世纪40年代产生了该系统的一批"构件",但尚未组织成为一个有机整体。用生成论的语言讲,系统科学在20世纪40年代形成它的雏形,20世纪60年代正式问世。到20世纪70年代,不但构件进一步齐全完善,而且形成初步的结构框架,作为一种知识系统的系统科学在整体上算是形成了。这是由从贝塔朗菲到钱学森的诸多学者共同完成的。

任何科学在它被开创的初期,往往只是一些零星出现的新概念、新观点和新原理,但取得较大进展后,关于其构成及体系的研究就被提到议事日程上来。这首先是为教学上的方便,其次是为后期研究提供理论体系支撑以及为高效实现从实践到理论体系的完善。系统科学领域也是如此,随着系统科学诸多"零件"学科的诞生,从20世纪70年代起系统科学界开始探讨系统科学的构成及体系问题。

系统科学理论体系的提出到建立,实现了系统科学从分立到整合的发展。其中,贝塔朗菲、市川惇信、朴昌根及钱学森提出的系统科学体系具有较强的典型性和代表性,下面分别予以介绍。

(一)贝塔朗菲提出的系统科学体系

最早提出系统科学体系的是贝塔朗菲,不过,他是以一般系统论体系的方式讨论系统科学体系和系统哲学体系的。贝塔朗菲的一般系统论体系如图2-1所示。

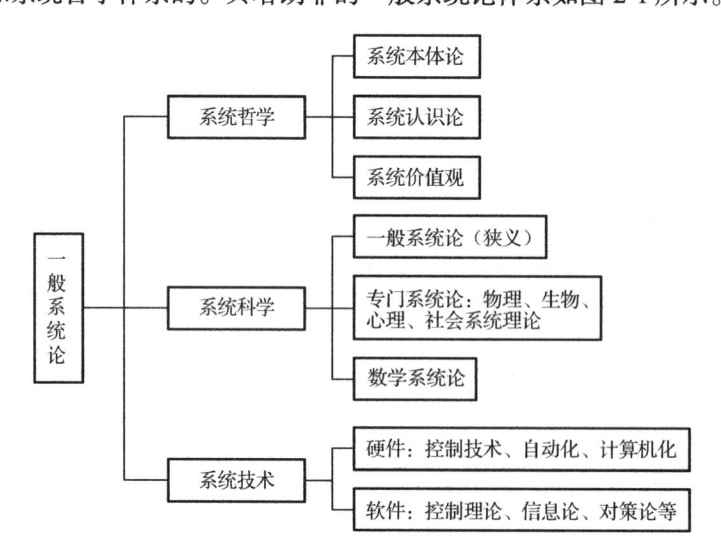

图2-1 贝塔朗菲的一般系统论体系

贝塔朗菲是现代系统研究的早期开拓者之一。早在20世纪20年代，他就开始研究有关整体性问题，30年代形成了一般系统论的概念。40年代以后随着一系列系统研究新领域的开拓，贝塔朗菲的系统论思想得到进一步发展。他较早地觉察到一些新学科之间的相互联系，一再声称他的一般系统论与控制论、信息论、博弈论等学科属于科学发展的同一趋势，属于系统研究的不同途径或侧面。透过系统工程、运筹学等学科的发展，贝塔朗菲认识到系统研究不但包括理论方法，而且包括应用的、技术的内容，强调系统理论在技术领域也有其平行的发展。有时，把后一方面称为应用系统科学。在1968年出版的著作《一般系统论——基础、发展和应用》中，贝塔朗菲把他原来的研究领域称为狭义的一般系统论，把包括系统工程等应用科学在内的整个系统研究称为广义系统论，有时也使用系统科学这一名称。在该书的再版前言及他临终前发表的论文《一般系统论的历史和现状》中，贝塔朗菲提出，鉴于系统思想和系统研究的广泛展开，有必要重新批判地考察一般系统论本身的定义，给出更准确的说明使它具有最普遍的意义。他把系统研究分为三个主要方面：系统哲学、系统科学、系统技术，并论述了三方面的研究对象、研究方法、存在问题及其发展趋势。这些观点在国际系统研究领域产生了广泛影响。有人称之为关于系统研究的贝塔朗菲纲，也可以说是贝塔朗菲关于整个系统科学体系结构的基本设想。

1. 系统哲学

贝塔朗菲认为："与任何一种范围比较广阔的科学理论一样，一般系统论也有其'元科学'或哲学方面。"由于系统成为一种崭新的科学规范（区别于古典科学那种分析性的、机械论的、线性因果关系的规范），产生了世界观方面的变化，成为新的"自然界的哲学"，即系统哲学。其主旨是把世界看作一个巨大组织的机体主义观点，以区别于把世界看作为被自然界盲目法则所统治的机械论观点。系统哲学有三部分：系统本体论、系统认识论、系统价值观。系统本体论回答"系统是什么""在世界各级水平上发现的各种系统是如何实现的"等问题。系统认识论反对关于知识的"照相机理论"，倡导把科学看作"透视"的理论，认为那种主张通过简单地将系统还原为组成部分来研究对象的观点已经过时。系统价值论研究人与世界的关系，主张以人本主义观点同那种具有机械论倾向的系统理论家的观点划清界限，反对用系统来贬低人的价值。

2. 系统科学

不同于目前系统研究者所说的系统科学，贝塔朗菲最早提出的是狭义的系统科学，是指适用于一切系统（或其确定的子类）的根本原理的一般系统论（狭义），以及对于各种具体科学（如物理学、生物学、社会科学等）中的系统进行科学规律揭示的专门系统论。系统科学标示着科学思维中增加了本质上新颖的东西。首先，需要对我们所观察到的宇宙中的大量系统按其本身特性加以阐述；其次，在各种全然不同的系统中存在着共同的一般方面——一致性和同构性，揭示这些原理、规律、方法是一般系统论的任务。

贝塔朗菲认为，这样的系统科学应是关于"整体性"的科学阐述，因而需要发展新的概念、模型和数学工具。贝塔朗菲特别强调发展数学概念上的一般系统论，他把其称为数学系统论。他指出："从25年前最初发表研究纲领并进行研究以来，在数学系统论上取得了显著的进步,出现了许多形形色色而又相互联系的方法。"与数学系统论密不可分的动态系统论(也可作为数学系统论的组成部分)取得了实质性重大发展,贝塔朗菲对这方面的成果做了专门的总结。与此同时,他也指出,数学系统论的发展还很不成熟,还没有形成真正意义上的突破,有待于提出新的思想和理论。

贝塔朗菲反对把一般系统论局限于"技术"意义上,仅仅当作一种数学理论来看待。他认为,有许多问题的解答,需要一种超越现代数学概念表达的新理论。他赋予一般系统论以最广泛的意义,把它类比于进化论、行为论等,这标志着一种新的科学规范的产生。

3. 系统技术

贝塔朗菲用系统技术一词概括了系统工程、线性理论、运筹学、计算机技术、控制论等有关的技术方法、模型和数学工具,以确定系统技术在现代系统研究中的地位。他认为,由于现代技术和社会的复杂性,传统的技术部门已不够用,整体的或系统的方法、通晓多学科的人才以及交叉学科就成为必须的了。系统技术能满足这种需要。系统技术既包括计算机、自动调节器等"硬件",也包括系统工程这种类型的"软件"。系统技术产生了新概念、新学科。生态系统、等级集权政治、教育机构、军队之类的组织、社会经济系统等,都可归结为系统问题,都需要使用系统技术。

(二)市川惇信提出的系统科学体系

日本学者市川惇信在1977年发表的《系统科学》一文中,把系统科学定义为以系统为对象的科学,更确切地说,系统科学的对象是组织化的复杂系统。所谓"组织化",意指全体达成任何目标的要素和它们之间的关系在内部和外部受到规定,"复杂性"则表现为要素之间的关系是多元的,要素本身也是系统,系统呈现为等级结构。他以复杂性和组织为轴建立坐标系,把科学研究的对象划为四部分,限定了系统科学的研究范围。他认为系统科学作为一门科学,由系统概念、一般系统论、系统理论各论、系统方法论(包括程序和方法)以及系统方法的应用这五个部分构成(见图2-2)。

图2-2 市川惇信提出的系统科学体系

市川惇信首先讨论了"为什么系统科学能够成立"的问题,认为一切要素在某种意义上是同形的,这种同形性表现为:支配要素属性的规律同形,要素之间的关系即结构同形,要素通过系统的结构而作为系统属性被发现的过程同形。在这种同形性下,这些系统是同值的,这就构成了建立系统科学的基础。在"系统科学怎样发展起来"的题目下,作者提出了系统概念发生、发展的循环规律,从对特殊系统的认识中,通过积累和抽取一般系统的同形性,获得适用于一切系统的原理、规律、方法。在"系统科学的构成是什么"的题目下,市川惇信指出:"作为科学,系统科学必须具备理论体系。"系统科学体系由五级(层次)组成:

(1)系统概念级。这一级以系统科学的发展为动机而提供接近法的指引。

（2）一般系统论级。这是以系统概念作为严密的理论而展开的一级。公理地规定要素的集合，并引入关系，确保通过一切系统的同形性，尽量获得对系统的深刻理解。

（3）系统理论各论级。这是通过限定系统的范围或应该进行作业的范围，构成处理系统的具体而有用的理论的一级。

（4）系统方法论级。这是对成为对象的系统设定目标，为了进行分析、计划、设计和应用而集中所能使用的具体手段的一级。

（5）系统方法的应用级。这是把系统科学的见解和关于对象本身的见解集中起来解决问题的一级。

（三）朴昌根提出的系统科学体系

朴昌根认为系统科学是研究系统的类型、一般性质和运动规律的科学，它作为一个完整的科学体系包括系统学、系统方法学和系统工程学。朴昌根提出的系统科学体系如图2-3所示。

1. 系统学

系统学是系统科学的基础理论。系统学研究一般系统的基本概念、基本性质、基本规律及系统分类，其在系统科学中的地位可以比作物理学在自然科学中的地位。

系统学由系统概念论、系统分类学、系统进化论以及若干其他分支系统理论组成。系统概念论研究一般系统的基本概念和基本性质，为系统学建立逻辑结构并以数学形式表述它。系统分类学主要为系统分类提供理论依据，并对各种系统进行分类。系统进化论是关于适用于各种具体系统的一般进化原理的理论。

2. 系统方法学

系统方法学是研究系统科学的基本方法。系统方法学基于系统学理论提供认识和解决各种实际系统问题的思考方式和方法论。系统方法既不同于传统的整体论方法，也不同于传统的还原论方法。系统方法要求把研究对象当作一个系统，从系统总体出发，在系统与要素、要素与要素、系统与环境的相互作用中揭示和处理研究对象的性质和运动规律。系统方法是结构方法、功能方法与历史方法的辩证统一。所谓构结方法，是基于系统内部描述的研究方法，要求把握系统功能所依赖的结构。

系统方法学包括系统方法的基本构成、基本原则和若干方法理论。其中，基本构成主要是通用意义上的唯物方法、功能方法、历史方法等；基本原则主要指整体性原则、相关性原则、综合性原则等；方法理论主要是指信息论、控制论、系统动力学等。

3. 系统工程学

系统工程学是系统科学中的实际应用领域。它由系统方法、运筹学和电子计算机技术组成。其中，系统方法为系统工程学提供思考方式和若干系统方法理论，运筹学提供数学工具，电子计算机是"计算"工具。这三者在应用于解决具体系统问题时就形成各项系统工程。

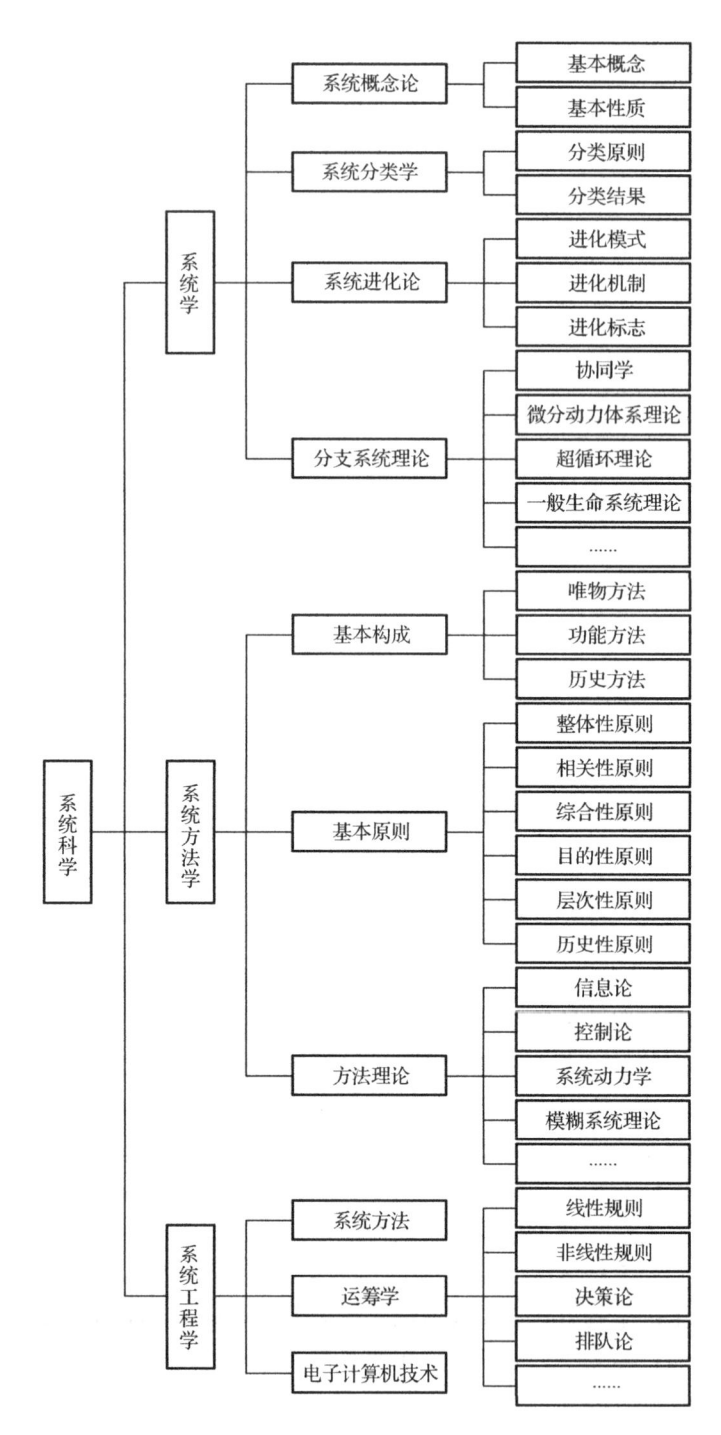

图 2-3　朴昌根提出的系统科学体系

（四）钱学森提出的系统科学体系

近几年，国内系统科学体系研究中钱学森的观点是最引人注目的，他认为系统科学是由系统工程这类工程技术，系统工程的理论方法如运筹学、控制论和信息论这类技术科学，以及系统的基础理论系统学等组成的一个新兴科学。钱学森提出的系统科学体系如图 2-4 所示。

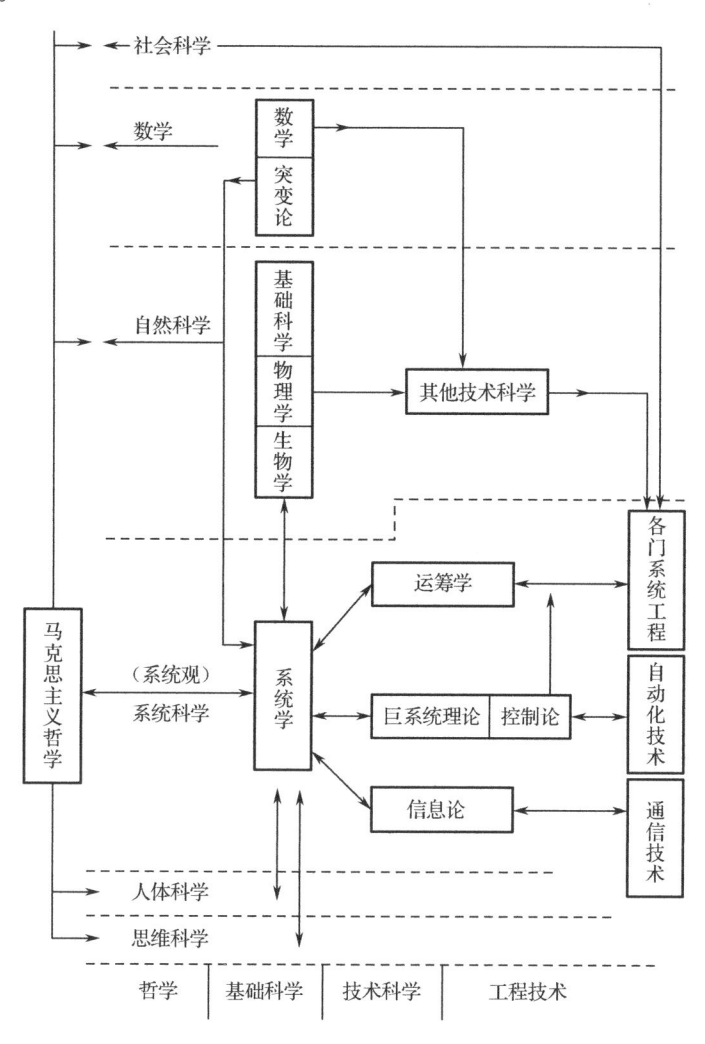

图 2-4　钱学森提出的系统科学体系

科学是认识世界的学问，技术是改造世界的学问，而工程是改造客观世界的实践。从这个角度来看，系统科学和自然科学等类似，也有四个层次的知识结构。即系统科学哲学、基础科学、技术科学和工程技术。在钱学森建立的系统科学体系中，包括：

（1）处在系统科学哲学层次通向马克思主义哲学桥梁的是系统观（系统论）。

（2）处在基础科学层次上属于基础理论的便是系统学、复杂巨系统学等。

（3）处在技术科学层次上直接为系统工程提供理论方法的有运筹学、控制论、信息论等。

（4）处在工程技术或应用技术层次上的是系统工程，这是直接用来改造客观世界的工程技术，但和其他工程技术不同，它是组织管理系统的技术。

目前，国外还没有这样一个清晰的系统科学体系结构。这样四个层次结构的系统科学体系经过系统论通向辩证唯物主义哲学。系统论属于哲学层次，是连接系统科学与辩证唯物主义哲学的桥梁。一方面，辩证唯物主义通过系统论去指导系统科学的研究；另一方面，系统科学的发展经系统论的提炼又丰富和发展了辩证唯物主义。

关于系统论，钱学森曾明确指出：我们所提倡的系统论，既不是整体论，也非还原论，而是整体论与还原论的辩证统一。钱学森关于系统论的这个思想后来发展成为他的综合集成思想，这也充分显示出钱学森的辩证唯物主义哲学智慧。根据这个思想，钱学森又提出了将还原论方法与整体论方法辩证统一起来的系统论方法。系统科学体系体现了钱学森系统科学思想。

客观事物普遍联系及其整体性思想就是系统思想，系统思想是辩证唯物主义哲学内容，系统科学体系的建立就使系统思想从一种哲学思维发展成为系统的科学体系，系统科学体系是系统科学思想在工程、技术、科学直到哲学不同层次上的体现。这就使系统思想建立在科学基础上，把哲学和科学统一起来了。系统科学思想是钱学森对辩证唯物主义系统思想的重要发展和丰富。

二、军事系统科学与工程理论体系建设的必要性

在军事系统科学与工程理论体系构建方面，尚未发现较为系统完整的情报文献，其研究内容基本属于空白，急需开展系统性的专门研究。

随着世界新军事变革的兴起和深化，战争体系对抗和军队综合集成建设成为发展趋势，军事系统科学与工程教学、研究与应用的地位作用显得愈发重要，急需培养与之相适应的高层次专业人才。在军队建设与作战的各个方面，同样大量需要既掌握军事系统科学与工程理论和技术、又了解军队建设与作战需求的各类专家，指挥和参谋人才的培养也需要加强军事系统学方面的思维养成、知识学习和技能培训。军事系统科学与工程需求范围广泛、发展前景广阔。

（一）建立军事系统科学与工程理论体系是军事系统学创新发展的必然要求

一是军事系统学的研究内容更加丰富，已远远超出军事运筹学的理论范畴，形成了以军事系统思想为内核，军事系统理论、军事需求分析、军事运筹分析、作战实验、军事系统工程相并列的理论架构。二是军事系统学的应用领域极大扩展，已远远超出军队指挥的实践范畴，几乎覆盖了军队建设与作战的各个方面。三是军事系统学对促进军事学其他理论变革方法手段具有重要作用，是当代军事学发展和完善的一个重要创新领域。

（二）建立军事系统科学与工程理论体系是培养高级军事人才的重要途径

一是军事系统学特有的交叉学科优势，有利于造就具有跨学科素质的综合型研究和工程人才，可以为各类军事系统的建设、运用与管理培养高级专业人才。二是军事系统学特有的应用广泛优势，有利于造就具有复合知识结构的指挥和参谋人才，可以为各类

军事机关、院校和部队培养高级管理人才。三是军事系统学特有的科学方法优势，有利于辅助培养军事学其他学科高级人才，使各类军事学人才普遍掌握系统科学的思想和方法。

（三）建立军事系统科学与工程理论体系已有比较成熟的学科发展基础

一是我军各类军事院校、研究院（所）普遍编设了军事运筹、作战模拟、系统工程相关教研单位，具备建立军事系统科学与工程学科的教研条件。二是我军在军事运筹、作战实验、系统工程等相关学科领域，已有一大批研究生导师，具备建立军事系统科学与工程学科的教员队伍条件。三是我军既有比较配套的军事系统科学与工程相关学科领域的理论著作和教材，也有大量相关领域的实践应用教学素材，具备建立军事系统科学与工程学科的课程设置和案例教学条件。四是我军已有覆盖主要军事领域的军事系统科学与工程教研设施设备，具备建立军事系统科学与工程学科的教学训练、实习、试验条件。

三、军事系统科学与工程理论体系建设的重要意义

（一）理论意义

军事系统科学与工程自诞生至今仅有40多年的历史，是一门非常年轻的学科，但它独有的性质、特征和功能，使它在战略分析、计划规划、作战指挥、部队和院校的训练、武器装备的研制与使用、后勤保障和物资供应、军队政治思想工作、军队组织体制和管理等方面得到了欣欣向荣的发展。然而，军事系统科学与工程相关理论产生的意义绝不局限于此，更深远的意义是它为人们认识军事系统、改造和优化军事系统开拓了新路，提供了新的手段和方法，使人们在军事科学认识的海洋中更能自由地搏击进取，并为军事科学技术的新发展和新时代的到来奠定坚实的科学理论基础。

1. 开拓新的军事研究领域

军事系统科学与工程把定性化、定量化、功能性和信息化等特征集于一身，使它具有普遍的适用性，在应用军事系统科学与工程的思想理论研究军事客观事物的过程中，可以大大地开阔眼界，拓宽认识范围，开辟一系列新的研究领域。军事系统科学与工程是研究复杂军事系统的有效手段。长期以来，人类对国防和军队建设中那些规模庞大、结构复杂、涉及众多领域、突破自然科学和社会科学间界限，并且需要在动态中进行研究和认识的复杂大系统是无法涉足的。即使是那些科学探险的强者们，在这类课题面前，或望而却步，或不能充分地施展自己的才华。军事系统科学与工程诞生后，开辟了人类研究复杂军事系统的历史，使人们对军事系统的认识升华到一个新的阶段。人们把军事系统科学与工程运用在军事战略分析、规划计划、武器装备的研制与使用、后勤保障和物资供应等方面，取得了一系列辉煌的胜利，谱写了人类认识和改造军事世界的新篇章。

军事系统科学与工程将会进一步推动和促进一系列新学科的产生与发展。应用军事系统科学与工程理论和方法去分析、处理问题时，完全突破了研究对象的物质形态、能量大小、人和武器装备的界限等方面，通过军事系统的信息、机理、协同、整体特性等手段来把握对象的特点和规律，这样可以揭示事物运动的新规律，对过去许多难以理解的问题能够做出科学的说明，开辟了军事科学技术的新天地，推动了大批新兴军事学科的产生和发展。

2. 提供崭新的军事科学方法

军事系统科学与工程方法的出现，是军事科学方法发展史上的一个重要里程碑，它有众多的创新与独到之处，其中最突出的有下述几个方面。

首先，军事系统科学与工程方法实现了人们科学思维方式的新突破。就认识军事事物的整体特征和规律性而言，传统的思维方式是先分析军事事物的各个部分，然后再综合为整体。这种思维方式的局限性在于它把分析与综合、部分与整体、原因和结果机械地割裂开来，认为局部是原因，整体是结果；原因决定结果；研究对象的部分功能好，整体功能也就一定好；部分功能不好，整体功能也一定不好。然而，现实中的大量军事事实却与之相悖。这要求更新认识观念和思维方式。军事系统科学与工程方法摆脱了这种思维方式的束缚与羁绊，采用系统思维方法思考和处理军事问题时，从研究对象的整体出发，进行系统综合，形成可能的系统方案，再进行系统分析，然后建立系统模型。这种思维方式把综合作为出发点和归宿点，把分析与综合融为一体，贯彻始终。它发展了传统的分析与综合方法，改变了局部好、整体也一定好的旧观念，树立了各部分在协调中相互弥补、求得最佳结构和整体功能得到优化的新观点，使思维方式发生了革命性的飞跃。21世纪以来，随着科学技术的发展，人类进入认识自然、探索宇宙的新阶段，出现了一系列元科学、大科学、新国防经济和新军事工程等研究对象，在解决这些复杂、动态、多因素的军事问题时，不仅要研究单个事物，还要研究军事复杂系统；不仅要搞清事物间的纵向联系，还要揭示事物间的横向联系。这需要人们突破那种在处理简单、静态、单因素事物时，所采用的线性、平面、单向性和超稳态的思维方式。要在军事系统科学与工程方法论基础上，形成系统综合思维，即从研究对象的纵向层次与横向要素、时间与空间的统一耦合中考察对象，形成立体网络思维，使思维有多个起点、目标、指向，能预见多种结果。这种思维方式既不同于古代模糊的思维方式，也不同于近代以分析为主的思维方式，是一种崭新的思维方式。

其次，军事系统科学与工程方法是一种普遍适用的科学方法。军事系统科学与工程方法，最初在军事系统工程和国防经济管理一些领域得到运用。之后，迅速扩展到军事科学领域，从而突破了军事科学和系统科学在科学方法方面的界限。另外，军事系统科学与工程方法，不仅把分析与综合融为一体，还使归纳与演绎相互渗透，逻辑方法与计算机技术、现代高新技术等结为一体，进一步增强了其普遍适用性。

最后，军事系统科学与工程方法是兼备多种认识功能的新方法。军事系统科学与工程产生的基础之一是数学，应用也伴随着概率论、模糊数学、运筹学以及电子计算机技术等不断发展，使之具有多方面的认识功能。按照各种方法在认识进程中的不同功能，一般可分为确定目标的方法和实现目标的方法。传统的科学方法中，确定目标方法主要依靠经验判断和逻辑分析；实现目标方法有观察、实验、假说、逻辑等。而军事系统科学与工程方法则通过一系列的步骤把二者有机地结合起来，它通过摆明问题、目标选择、系统综合、系统分析、系统选择等步骤，为确定军事目标提供科学依据，是科学决策的有效工具。通过程序设计、具体计划、实施运行等阶段，并在协调各方面的基础上，去满足既定军事目标，因而又是实现军事目标的方法。按照各种方法在认识事物的质和量的不同功能来分，又有定量方法与定性方法。传统科学方法中，定性分析与定量分析是由不同方法来实现的。但在军事系统科学与工程方法中，由于计算机的广泛应用，它可以在对军事系统整体的质的研究基础上，定量地给出复杂军事系统的各项指标，使军事系统量的分析精确化、准确化，因而具有定性分析与定量分析综合的功能。按照各种方法在认识事物现状和将来的不同功能划分，又有研究现状方法和预测将来的方法。军事系统科学与工程方法不仅能够研究现状，而且能够通过信息的收集、积累、加工、处理，研究军事事物的历史、现状及它们对未来的影响，尤其是能够通过军事系统信息的反馈来调节军事系统状态，以影响其未来的活动。这些都说明军事系统科学与工程方法还是研究现状、预测将来的有效方法。

3. 为军事信息化、智能化时代的到来奠定科学基础

军事系统科学与工程中的军事信息论对现代军事科学的发展显得愈来愈重要。军事信息论及在此基础上形成的军事信息技术，处在当代科学技术发展的前沿。它具有强烈的渗透性和扩展性，又影响和带动了其他军事科学技术的发展和一系列新军事工业的产生，成为当代军事新技术革命的基础理论学科，促进了军事信息化和智能化时代的到来。军事信息理论产生后，由于它的巨大作用，在军事科学发展中，产生了一系列应用军事信息理论和方法同信息打交道的技术，如军事信息的产生、预测、交换、贮存、传递、处理、显示、识别、提取和利用等一系列军事信息技术。而以军事信息论为主导、以军事信息技术为基础的战争形态，明显区别于传统的农业社会和工业社会的战争形态。

由于信息论和军事信息技术的巨大作用，使信息作为一个独立的产业在军事发展中居显要地位。信息产业以生产知识为支柱，同时又为新知识开发、传递、贮存提供强大的物质力量。而信息产业发展，又极大地促进了认识军事系统和改造系统的能力，这已在西方信息业发达国家得到了证明。在信息时代，信息将成为取之不尽、用之不竭的军事战略资源。由于信息科学和军事信息技术的推广应用，现在的作战主要不是依靠体力，而是以智力和知识为基础。因此，大量地生产知识，提高人们的智力，成为科技、生产、经济和军事进步的重要因素。在这种条件下，任何国家如果忽视信息资源的开发和利用，就会在未来的战争中吃败仗。

在信息化和智能化时代中，信息理论和军事信息技术的广泛应用，也使军队管理组织和决策方法不断地改变。在决策中，正确掌握各方面信息，成为军事人员决策的关键。由于信息量大，且信息又在不断地流动中，通过电子计算机处理信息，使军事决策人员的决策从概念化的判断进入到量化分析的阶段。通过大量统计信息分析处理，做出可靠准确的预测，以科学合理地计划和安排未来的军事活动，减少估计错误造成的人员伤亡和武器装备损失。所以人们认为：农业时代的军事面向过去，工业时代的军事研究现在，而信息化和智能化时代的军事注重未来、注重预测分析。

综上所述，这些已经发生的变化、正在发生的变化和将要发生的变化，正是由于军事系统科学与工程，特别是军事信息技术和智能化技术的发展，给军事带来了巨大的影响和变化。因此，军事系统科学与工程的产生，尤其是信息化和智能化的问世，推动和促进了新军事时代的到来。

（二）实践意义

军事系统科学与工程理论体系研究的重要价值在于通过揭示军事系统内在机制及运行规律，以实现军事系统整体效益的最大化。军事系统是世界人类史上最为庞大的开放复杂巨系统，通过加强军事系统科学与工程研究，对于解决军队现代化建设进程中的复杂问题、促进国民经济和社会高质量发展，具有十分重大的理论与实践意义。

1. 军事系统科学与工程是保障国家现代化建设的战略性基础工程

习主席指出："进入新发展阶段，贯彻新发展理念，构建新发展格局，需要解决的问题会越来越多样、越来越复杂。"军队现代化建设是由多个领域、多个层面、多个环节要素共同构成的有机整体，只有从整体与部分相互依赖、相互制约的关系中揭示其特征与规律，使整体功能涌现性达到最优化，才能保证整体建设目标的实现。根据党中央对军队现代化建设的总体部署，针对军队现代化建设这一开放复杂巨系统各构成要素及其功能，从系统要素的关联性、层次性、动态性入手，通过加强军事系统科学与工程与数学、工程科学、信息科学、管理学、经济学等多个学科交叉融合研究，提炼重大科学问题。通过深入研究并有效运用从定性到定量的综合集成方法，优化各领域发展的组织管理方式，及时协调中央军委机关、各军种、各战区以及相关政策在军队现代化建设组织管理体系中的职能与定位，统筹推进军队建设各领域协调发展，能够有效保证军队现代化建设实现质量、结构、规模、进度、效益、安全相统一。

2. 军事系统科学与工程是实现我军科技自立自强的智慧基因工程

把科技自立自强作为军队发展的战略支撑，加快建设科技强军，是我党、我军明确的重要战略任务。习主席指出："我国面临的很多'卡脖子'技术问题，根子是基础理论研究跟不上，源头和底层的东西没有搞清楚。"系统论、控制论、信息论和耗散结构理论、协同学、突变论等系统科学原始基础理论，以及系统自组织理论、超循环理论、系统动力学理论等系统科学后续基础理论，由于能够为解决技术科学研究和工程技术发展中的复杂系统问题提供直接管用的思想方法，由此也成为推动科学技术发展的智慧基因。在谁掌握了前沿科学技术、谁就能在战略博弈中掌握主动的今天，加强军事系统科学与工程及其基础理论研究，并以此促进技术科学与工程技术快速发展，对于推动我军科技实力由量的积累向质的飞跃、从点的突破向系统能力提升，实现科技自立自强将起到关键性作用。

3. 军事系统科学与工程是促进国防实力和经济实力同步提升的联动引擎工程

国防实力、经济实力和科技实力是国家综合硬实力的基本表现形式，其中国防实力和经济实力的提升离不开科学技术第一生产力的驱动。随着世界科技的迅猛发展、现代战争形态的根本性变化，国防建设已由相对简单的军事问题发展到了与社会、经济、科技、外交等诸多领域相互交叉的复杂综合性问题。国防和军队建设只有深深植根于国家经济社会发展体系，有效利用全社会优质资源，与建设制造强国、航天强国、海洋强国、网络强国一体联动，才能保证世界一流军队建设目标的实现，并为经济实力的稳步提升提供战略支撑。目前，我国虽然已成为世界第二大经济体，但国防实力与我国的国际地位、国家安全战略需求还不相适应，加强军事系统科学与工程研究能够为国防实力与经济实力同步提升搭建同步上升的快速通道、提供同步发展的联动引擎，从而为有效统一富国和强军两大目标，有机统筹发展和安全两件大事，为夺取战略博弈主动权提供坚强有力的科技支撑。

4. 军事系统科学与工程是国家和军队重大工程的决策支撑工程

中国系统科学的奠基人钱学森通过对航天事业成功实践的系统总结和对开放复杂巨系统问题的深入研究，科学提出了从定性到定量的综合集成方法，并建立了从定性到定量的综合集成研讨厅实践路径，其创新性就在于把专家体系和数据与计算机信息技术体系有机结合起来，实现了筹划决策方式由概略向精准的根本性转变。我国航天事业之所以能够取得举世瞩目的成就，一个重要原因就是在筹划与决策过程中采取了这一科学路径；美国兰德公司等世界顶级智库提出的研究报告之所以被广泛采信，是因为这些报告大多是定性与定量综合集成的产物。国家和军队重大工程无一不是复杂系统，单纯靠经验筹划、"拍脑袋"决策只会贻误战机、造成难以挽回的损失。通过加强对军事系统科学与工程的研究，深化从定性到定量的综合集成方法研究，搭建适用的综合集成研讨厅体系，建立标准化、规范化重大事项筹划决策评估系统，必将有效促进我军各领域重大项目筹划决策水平跃上新的台阶。

5. 军事系统科学与工程是新时代系统科学发展的里程碑工程

军事系统科学与工程孕育于古代漫长的人类实践活动，萌芽于第二次工业革命，丰富和发展于第二次世界大战之后。20世纪下半叶，在毛泽东、周恩来、聂荣臻等老一辈党和国家领导人、军队老帅关心支持下，以钱学森、许国志为代表的老一辈科学家通过引进、介绍国外系统工程及其相关理论方法，并通过在"两弹一星"等重大科技工程中的实践应用与研究探索，开启了系统科学中国化发展的历程。其中钱学森于20世纪80年代初提出的有别于西方狭义系统科学的广义系统科学体系结构，在促进我国系统科学研究有序开展、使我国系统科学发展一度领先世界的同时，也得到了世界同行的高度认可，由此成为中国人对世界系统科学发展的特殊贡献。进入新时代，面对艰巨繁重的军队现代化建设任务、复杂多变国际国内环境，以及蓬勃兴起的新一轮科技革命和第二次产业变革，逆水行舟，不进则退，只有全面加强对新时代军事系统科学与工程的研究，才能重塑我国在世界系统科学界的领先地位，为建成国际一流的科研中心和创新高地提供有力支撑。

第三节 军事系统科学与工程理论体系的设计思路

一、理论体系设计的整体思路

设计军事系统科学与工程理论体系结构，必须着力解决理论体系创新、人才培养创新、科研实践互动和学科体系规划等关键问题。

（1）坚持理论体系创新，夯实军事系统科学与工程理论体系建设的根本基础。新时代呼唤新理论，迫切需要理论创新，适应时代发展要求。围绕系统科学理论体系建设，研究建立军事系统科学与工程基础理论、基本方法框架，拓展研究军事系统学、军事系统分析理论、军事评估学、军事复杂系统建模理论、系统博弈理论、体系论证学、体系工程技术等的理论内涵，从方法论层面、原创性理论层面对理论进行补充、丰富、论证，从方法层面进行创新，建设完善的军事系统科学与工程学理论体系，指导军事科研实践。

（2）强化人才培养创新，打造军事系统科学与工程理论体系建设的根本力量。人才是决定理论体系建设成败的关键所在，也是实现民族振兴、赢得国际竞争主动的战略资源。在理论体系建设过程中，必须坚持树立以人才队伍建设为根本的思想，克服重物质条件建设、轻人才队伍建设的倾向，创新人才培养、选拔、激励、交流等机制，创造良好的工作和生活环境，以事业育人留人，实现人才队伍"培养优、留得住、用得好"，建设一支实力雄厚、结构合理、攻坚克难的人才队伍，为军事系统科学与工程理论体系建设发展奠定坚实基础。

（3）突出科研实践互动，加强军事系统科学与工程理论体系建设的应用创新。科研项目与重大任务实践是检验理论体系建设成败的有效途径。科研实践工作具有多学科交叉、多专业人员参与、多团队协作的特点，以重点科研项目和重大任务为纽带，调动科研人员之间、科研团队之间、科研团队与科研成果应用单位之间的交流积极性，为推动科研理论向应用成果转化提供有效的途径。加强科研人员之间和科研团队之间的互动，为军事系统科学与工程理论体系建设提供从智慧输入到成果输出的渠道；加强科研团队与科研成果应用单位间的互动，为军事系统科学与工程理论体系建设提供从成果输出到应用创新的途径。军事系统科学与工程作为复杂系统、军事科学、系统工程等多学科交叉学科，应打破学科壁垒，加强科研交流互动。

（4）科学规划学科，构建军事系统科学与工程理论体系建设发展路线图。完善的理论体系需要科学的学科规划，为理论体系建设制定里程碑目标。初始目标是完成军事系统科学一级学科申报和授权点初创工作，创立学科概念体系和基础方法框架，围绕创立二级学科展开学术问题研究和理论攻关；初步形成一批专著教材和高水平论文。基本目标是建成军事系统科学与工程重大关键技术国家重点实验室，为理论方法技术创新提供高端平台、评估成果、学术成果，人才团队的总体水平达到国内领先水平；大力推动系统科学一级学科和学科理论体系建设，逐步扩大系统科学授权点的人才培养规模，形成由领军专家领衔的一流学科团队，建成涉及"军、理、工、管"多领域的综合性学科。总体上，实验室条件、科研成果、人才培养和专家队伍达到国内一流、世界先进水平。最终目标是紧跟未来世界军事与科技发展，以国家重点实验室建设引领学科建设，建强军事系统科学一级学科，培养造就本领域顶级专家，推出更高水平的学术成果，核心科研能力和领军人才水平进入世界领先行列。

二、理论体系设计的基本原则

军事系统科学与工程理论体系设计，要着眼于近、中、远期发展要求，既要满足理论发展急需，又要着眼长远发展；既要注重现有学科领域的协调发展，避免出现结构"漏项"和方向"短板"问题，也要关注新兴前沿理论可能产生的巨大军事效益，防止理论"突袭"和结构"挂空挡"。具体来说，军事系统科学与工程理论体系设计应遵循如下基本原则：

（一）系统性原则

这里的系统性原则体现了整体性、层次性、科学性等特征。

一是把握整体性。军事系统科学与工程理论体系是由各部分构成的一个有机整体，离开对整体的认识就不能全面地、正确地认识各部分，而各部分的性质不同于整体的性质，与整体分离的部分的行为不同于整体中的部分的行为。所以，军事系统科学与工程理论体系设计，必须从整体出发研究各部分，在通过对各部分的研究加深对整体研究的同时，正确把握相互关系与因果关系等问题。

二是把握层次性。军事系统科学与工程理论体系的纵向、横向各层次处于立体网络结构，而非简单的线性关系。核心组成部分构成了体系框架的最高层次；核心组成部分与哲学、经典科学、系统科学等外部环境的实践等构成基础支撑层次；不同时代、不同阶级、不同国家理论家的观点支撑思想、理论和方法等核心层次；不同理论家在不同学科领域、不同理论方向中微观观点体现核心层次的理论观点。军事系统科学与工程理论体系构建，应综合考虑各结构之间的衔接关系，按照统一视角设计，实现各领域、方向和要素之间的边界清晰、组成比例协调、支撑关系明确、层面颗粒度基本一致、无明显交叉重复等标准。

三是把握学科性。军事系统科学与工程理论体系离不开学科体系框架的设计。学科体系框架由相对独立又紧密联系的学科群组成，并具备"形成相对独立学术体系的认识功能、体现对比融合军事学科的整合功能、解决军事决策具体实践和疑难问题的回应功能"。这些认识、整合、回应功能，既是判断学科是否存在的依据，亦是审视其价值和意义的标准，同样也是理论体系设计应坚持的学科功能属性。

（二）全局性原则

这里的全局性原则体现了前瞻性、开放性、稳定性等特征。

一是把握前瞻性。军事系统科学与工程理论体系设计过程中，必须坚持前瞻意识、敏锐洞察、战略视野，用长远目标为当前以及近中期军事系统科学与工程理论研究提出方向，用全局观念统筹框架设计重点、难点、要点，用综合性措施和创新精神平衡各组成部分的层级和位置，统筹国防与军事、战略与政略、战争与和平等重大关系问题在军事系统科学与工程理论体系中的体现形式。

二是把握开放性。军事系统科学与工程理论体系是一个开放系统，无论是对内部结构开放，还是向外界环境开放，这种开放性保证了各层次组成结构与环境之间、各级下属组成结构之间永恒的信息流动。军事系统科学与工程理论体系设计，必须遵循开放性特征，以维持军事系统科学与工程体系的"系统生命"，维持系统理论组成部分的稳定，维持整体系统生命特征的存在。

三是把握稳定性。军事系统科学与工程理论体系是一个稳定性系统，也可以说是一个等级性系统。军事系统科学与工程理论体系设计创造性的突破以理论研究成果的累积为前提，客观上存在一种从"可能"到"可行"，再到"可用"的递进关系。只有在保持相对稳定的前提下，才能使框架结构论证科学，理论层次重点突出，并达到框架结构逐步成熟可用的目的。为此，在框架设计过程中要弄清各层级结构的等级，弄清在哪个等级上研究哪个层级的结构，这一点具有决定研究成败的重要意义。

（三）实践性原则

这里的实践性原则体现了军事性、历史性、动态性等特征。

一是把握军事性。军事系统科学与工程理论体系设计应坚持以支撑军事建设和作战行动为目标，以促进军事理论应用为核心，以提升军事作战能力为基础，才能不断满足军事体系发展需求。为此，军事系统科学与工程理论体系设计应坚持军事指向和功能特征，做到结构构成既要符合军事系统结构规律，也要适应军事体系建设特征。

二是把握历史性。军事系统科学与工程理论体系设计应坚持历史辩证唯物主义的指导地位，在研究问题时秉持发展变化观点，在时间流中研究和处理各种系统问题。既要坚持以马克思恩格斯军事辩证法思想、毛泽东军事辩证法思想等经典辩证法思想为指导，也要高举习近平强军思想的旗帜，充分体现军事系统科学与工程理论体系的科学性、权威性、时代性。

三是把握动态性。军事系统科学与工程理论体系中的每一个层级都处于演化之中，宏观结构看似稳定，但微观结构永恒流动。为此，在体系设计中，要坚持系统运动观点，统筹考虑哲学思想的与时俱进、学科发展的日益完善、技术应用的日新月异等因素，不断丰富、完善和发展。

第四节 军事系统科学与工程理论体系的结构框架

一、三维结构理论体系的基本框架

军事系统科学与工程是从系统的角度，来理解、解释、分析、预测和研究军事系统的一般模式、结构和规律的科学，注重系统思维和从局部、整体、全局和环境的特殊视角探索军事系统发展演化的规律。军事系统科学与工程理论体系则是支撑或支持军事系统科学与工程建设发展的知识结构。关于系统科学理论体系，贝塔朗菲、钱学森等系统科学大师都已经提出了独特见解。新时代军事斗争准备和军事系统科学与工程发展面临着一系列复杂问题的挑战，急需构建适应中国特色新军事变革条件下的军事系统科学与工程理论体系。参考贝塔朗菲一般系统论理论体系、钱学森系统科学体系，结合习近平强军思想以及复杂性、数字化、智能化等新技术发展要求，借鉴经典科学理论的通行层次划分，构建了基于"核心思想-基本理论-主要方法"三维结构的新型军事系统科学与工程理论体系，如图2-5所示。

军事系统科学与工程理论体系的核心思想维，对应了钱学森系统科学体系的系统科学哲学（系统观/系统论）层次，是军事系统科学与工程理论体系的顶层，可以被看作是对系统科学的元研究。该维度从军事辩证法思想、军事实践论思想、军事矛盾论思想、军事战争论思想等方面，为军事系统科学与工程理论体系的发展提供思想指针、哲学指导和框架结构，是对钱学森系统科学哲学的具体化和深入化，也为军事系统科学与工程理论体系的基本理论维、主要方法维的构建提供了思想理论指导。

军事系统科学与工程理论体系的基本理论维，对应了钱学森系统科学体系的基本理论层次和技术科学层次，是反映系统理论发展的关键组成部分，也是军事系统科学与工程理论体系的支柱。其中，基础理论是军事系统科学的理论基础，包含军事系统演化理论、军事系统涌现理论、军事系统控制理论、军事系统复杂性理论、军事系统对抗性理论、开放复杂巨系统理论等，属于军事系统学层面的基本理论知识，也是对钱学森系统学学科建设的具象发展；应用理论是关于军事系统问题研究突破的理论知识，包括军事运筹学理论、军事博弈论、军事模糊理论、系统动力学理论、自组织系统理论、他组织系统理论、混沌理论、分形理论、老三论、新三论、复杂适应系统理论、复杂网络理论等，属于指导军事系统工程的直接理论知识；技术理论是促进基础理论和应用理论实践发展的关键共性技术，包括计算机技术、网络技术、大数据技术、云计算技术、人工智能技术、建模与仿真技术、虚拟现实技术等，这些前沿高新技术为军事系统科学与工程理论体系建设提供了新的手段和契合点，为实现理技融合、研用结合提供了信息技术支撑。

军事系统科学与工程理论体系的主要方法维，对应了钱学森系统科学体系的工程技术层次，是军事系统科学与工程理论体系的实践组成。主要方法维，重在解决两方面问题：一方面，如何将军事系统科学与工程的思想和理论，成功运用于军事系统工程实践，解决军事系统的战略定位问题、建设发展问题、作战运用问题；另一方面，以军事系统实践促进军事系统科学与工程的思想和理论研究，进而实现思想与理论的升华。

钱学森建立的系统科学体系包括哲学、基础科学、技术科学和工程技术4个层次，4个层次存在较为严格的支撑结构。目前，包括贝塔朗菲一般系统论体系在内，其他系统科学体系基本上也是层次结构。层次结构的军事系统科学与工程理论体系，需要各层次之间提供支撑以完善或建立相应层次的知识体系，这对于军事系统科学与工程理论来说是一个困难。根据研究，目前军事系统科学与工程理论体系存在诸多制约体系构建的问题。比如：概念上，缺乏一致的和公认的基本概念体系（如涌现性、适应性等）；理论上，缺乏"用科学语言表示系统的概念"；方法上，以"内容缺乏为代价换取了它的普遍性"。

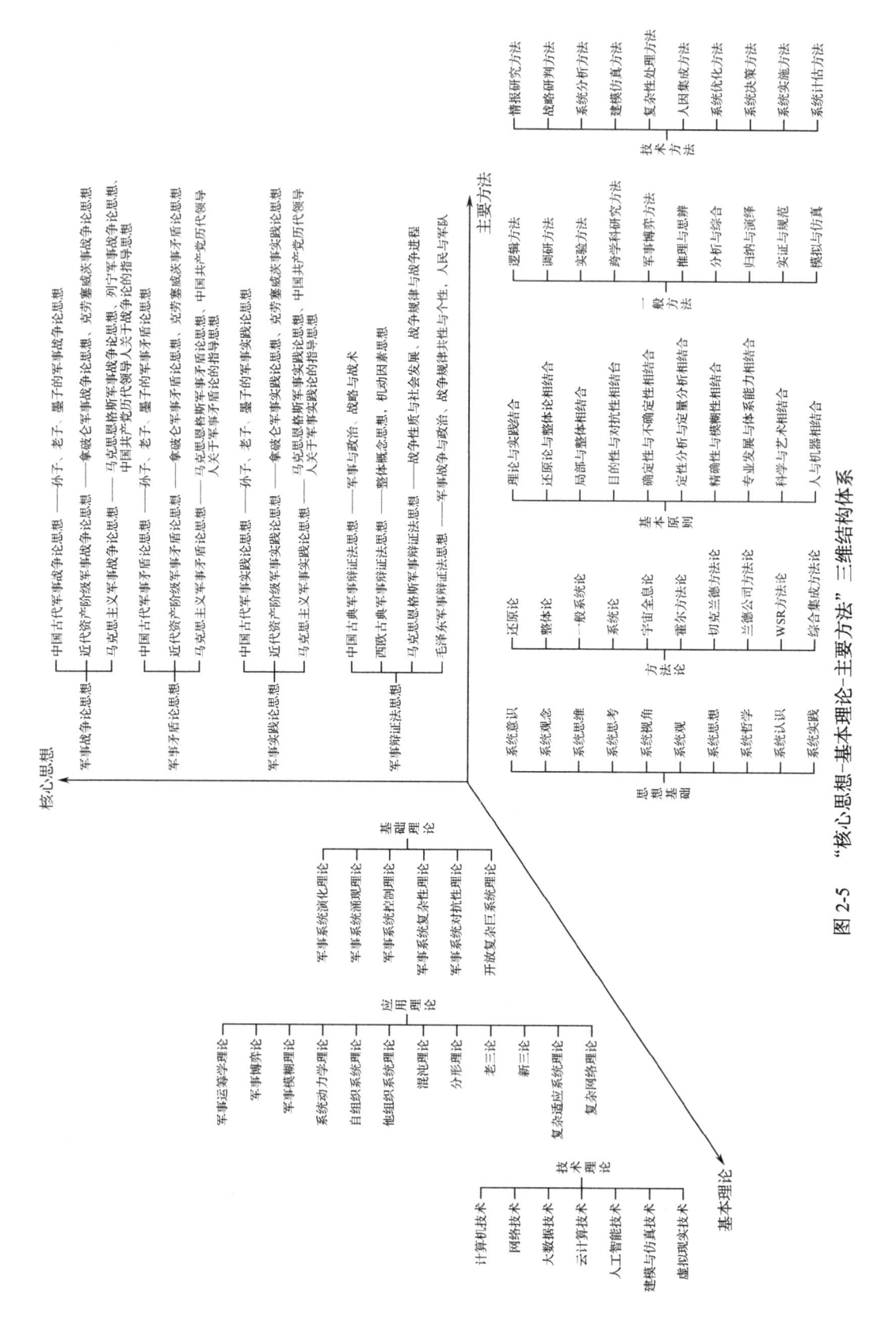

图 2-5 "核心思想-基本理论-主要方法"三维结构体系

"核心思想-基本理论-主要方法"三维结构继承了钱学森创建的系统科学体系,并进行了深化、拓展和创新。三维结构的核心思想维对应于钱学森系统科学体系的系统科学哲学层,基本理论维的基础理论对应于钱学森系统科学体系的基础科学层,基本理论维的应用理论对应于钱学森系统科学体系的技术科学层,主要方法维和基本理论维的技术理论对应于钱学森系统科学体系的工程技术层。但是,三维结构与钱学森的层次结构又有所不同,具体体现在以下几个方面:

(1)对各维度的内涵和内容进行了扩展。核心思想维突出了军事哲学思想、军事系统观和军事战争观,突出强调了马克思恩格斯军事辩证法思想,以及中国共产党历代领导人军事指导思想的战略指导地位。基本理论维的基础理论是对钱学森系统科学体系中系统学的具体化和深化拓展,也是对军事系统学学科建设的探索与构想;基本理论维的应用理论、技术理论则对现有军事系统理论的内容进行了较为全面的梳理、分类和重构,也是对钱学森系统科学体系中技术科学的丰富、完善和发展。主要方法维则明确提出了"思想基础-方法论-基本原则-一般方法-技术方法"的系统科学方法体系研究框架,与钱学森系统科学体系中的工程技术层次相比,主要方法维不仅增加了多个层次的内容,而且每个层次的内容也更加明确、具体和深入,使得系统科学方法体系的研究更加规范完整,军事系统科学与工程理论体系的实践层面也更具指导性、实用性和操作性。

(2)各维度之间既相互独立又相互联系,比如,思想来源于理论和方法实践,同时指导理论研究和方法运用;方法实践过程中能够不断发掘现有理论存在的问题,并进一步完善思想指导;同样的,理论提供对实践对象(军事系统)的解释、预测和理解,也反过来不断催生指导思想的与时俱进。三维之间不要求严格的次序和层次,这是与钱学森系统科学体系明显的不同之处;但其内部又遵循一定的层次构成,有利于军事系统科学与工程理论体系的开放发展和有序完善。

(3)三维结构空间中的每一点对应于一项军事系统科学与工程理论体系研究工作,由思想、理论、方法三方面予以规范,通过一项或多项工作完成军事系统科学与工程理论体系的研究任务。

关于系统科学与自然科学、社会科学、思维科学等的关系,国内外已经有相对明确的结论,即系统科学是与自然科学、社会科学等处于同一层级的基础科学。也就是说,系统科学是与经典科学(数学、自然科学、社会科学、人体科学、思维科学、文学艺术、军事科学等)处于同一层次的,而非与经典科学的具体学科对应。三维结构描述的是军事系统科学与工程理论体系的内部结构,因此未显式描述与其他学科的关系,但这并不改变系统科学与经典科学处于同一学科层次的地位关系。遵循钱学森现代科学技术体系,我们认为其他学科与系统科学学科之间是一种相互支撑关系,并有利于不断促进军事系统科学与工程的学科发展。比如,社会科学从人的整体社会行为角度来研究系统的演进规律,数学提供严谨的"科学语言表示系统的概念",自然科学从物质运动变化的角度描述系统元素之间的结构组成和相互作用,思维科学从人类认识世界的思维特点、思维规律等角度丰富和发展开放复杂的巨系统理论体系,这些经典科学的普遍规律无疑将对军事系统科学与工程理论体系的完善和正式确立提供有益借鉴。

(一)核心思想维

"核心理想-基本理论-主要方法"三维结构体系中的核心思想维共由4个层次组成：军事辩证法思想、军事实践论思想、军事矛盾论思想、军事战争论思想，简称"一个指导，三个支撑"。

军事辩证法思想作为军事方面总的哲学思想方法，是一门研究军事方面一般规律的学科，为一切的军事行动提供理论来源和方法论指导，它在军事系统科学与工程理论体系核心思想维中处于指导地位，是军事系统科学与工程研究过程中总的思想遵循。军事辩证法思想把军事系统看成是其相互作用的要素构成的整体，认为军事活动普遍、多样联系与永恒运动发展的基本表现形式是系统，一切军事活动都可以站在系统思想视域中考察、研究和处理。只有运用好军事辩证法思想，才能真正焕发军事系统科学与工程的生命力和实践力。军事辩证法思想主要包括中国古典军事辩证法思想、西欧古典军事辩证法思想、马克思恩格斯军事辩证法思想、毛泽东军事辩证法思想等。

军事实践论思想是核心思想维的认识辩证法思想，是认识军事系统科学与工程规律的有效法宝。军事实践论思想具有超越时代的先进性和认识集成的科学性，强调认识对军事实践的依赖关系，指出认识系统具有开放性、认识运动是非线性动态系统等。军事实践论思想只有坚持知行统一，遵循认识、实践、再认识、再实践的螺旋式上升轨迹，才能提升军事系统科学与工程研究军事和指导战争的科学性和实践性。军事实践论思想主要包括中国古代军事实践论思想、近代资产阶级军事实践论思想和马克思主义军事实践论思想等。

军事矛盾论思想是核心思想维的矛盾辩证法思想，是研究军事系统科学与工程问题的基本立场和方法，只有认清矛盾对立统一和转化定律，从矛盾普遍性和特殊性的相互联结中研究和把握战争规律，才能提升军事系统科学与工程研究及指导战争的针对性和有效性。军事矛盾论思想强调运用还原论和整体论、分析与综合、定性与定量等方法的结合，解决"所谓复杂就是对立统一""军事活动矛盾法则即对立统一法则"等系统性军事矛盾问题。军事矛盾论思想主要包括中国古代军事矛盾论思想、近代资产阶级军事矛盾论思想、马克思主义军事矛盾论思想等。

军事战争论思想是核心思想维的战争辩证法思想，是揭示军事系统科学与工程本质即战争的哲学思想方法。军事战争论思想，坚持用历史唯物主义的战争观和方法论，分析军事系统的目标、使命、任务、运行和演化等要素，科学观察、思考和解决战争手段、战争环境、战争范围、战争的非对称性、战争控制、战争思维模式等战争系统问题。军事战争论思想，只有从历史辩证法和唯物辩证法这两个角度坚持战争论规律，才能提升军事系统科学与工程研究军事和指导战争的规律性和实战性。军事战争论思想主要包括中国古代军事战争论思想、近代资产阶级军事战争论思想、马克思主义军事战争论思想等。

（二）基本理论维

基本理论维由基础理论、应用理论和技术理论三大分支构成，形成了一个比较严密的军事系统科学与工程理论体系——基本理论维的内容结构。

基础理论是军事系统科学与工程的理论基础，包含军事系统演化理论、军事系统涌现理论、军事系统控制理论、军事系统复杂性理论、军事系统对抗性理论、开放复杂巨系统理论等，是应用理论的发展基础，属于系统学理论（基础科学）范畴。

应用理论是关于各种类型系统以及系统各种特性的理论，是系统科学的各分支理论。对于控制论和信息论是否应作为系统学的内容，钱学森认为应将其视作与运筹学归为一类，即应该归入应用理论。

技术理论是为系统学理论研究提供支撑的相关技术。因此，技术理论的内容是开放的，只要对军事系统科学与工程理论研究是有用的，无论是微分动力系统理论、元胞自动机、遗传算法，还是多智能体仿真、复杂网络分析等，都可以纳入技术理论的范畴。目前，随着军事系统越来越复杂，以及体系作战、联合作战、智能化和信息化条件军事系统演化等的研究，对技术理论的要求越来越高，大数据、机器学习方法、建模仿真技术等已经成为军事系统理论研究的重要技术。在复杂适应性系统理论研究中，计算理论和计算模型要求纳入涌现性框架，即模型元素具有足够的灵活性，以便"新的、未曾预料到的特征会自然地出现在模型中"。

基础理论和应用理论都是关于军事系统的可检验的推理的凝聚，属于系统科学的基础科学和技术科学范畴；技术理论则是用来发展系统理论的工具和技术。发展基础理论和应用理论可能需要采用不同的工具，各种工具的融合有助于发展更好的理论。技术理论相对于基础理论和应用理论实际上是独立的，对技术理论的评判要看其丰富系统理论的能力，对系统理论的评判则依据其改善人们认知军事系统的能力的程度，而不是取决于获得理论的工具。值得指出的是，对系统理论，如果能提供一个好的见解，即使没有经过严格的证明，也是可以接受的，这类似于物理学和经济学，而不同于数学的极度严谨。

基本理论维是三维结构的系统理论支柱，需要合适的方式构建基本理论维内容体系，示例如图 2-6 所示。建议按照实践牵引、方法驱动、理论提升等途径，逐渐完善军事系统科学与工程理论体系基本理论维。以"指控体系-自组织-仿真"基本理论维内容体系构建为例，应该分析指挥控制体系的系统自组织行为并利用现有的自组织理论进行理论解释，将作战体系的效能指标与复杂系统的自组织特性关联起来，以便通过系统自组织行为研究指导指挥系统的建设或运行；运用仿真方法对指控体系的自组织行为进行"经验性"研究，认识其自组织行为，并从理论上进行总结归纳，提出规律性或原理性知识；进一步研究自组织理论中的概念、自组织特征的度量、自组织的规律，并通过指控系统进行应用。

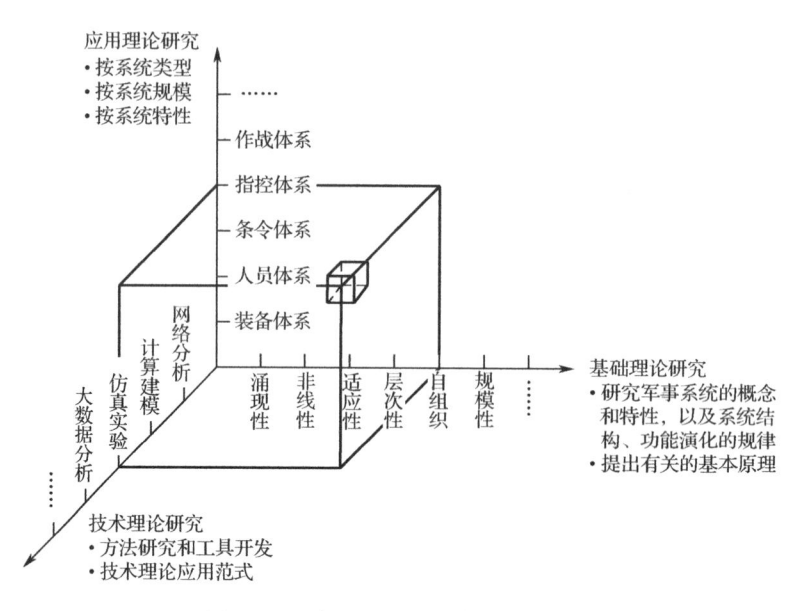

图 2-6 基本理论维内容体系构建示例

（三）主要方法维

主要方法维共由五个层次组成：思想基础层、方法论层、基本原则层、一般方法层和技术方法层，简称"10个思想基础""10大方法论""10项基本原则""10种一般方法""10组技术方法"。实际上，主要方法维面向的是军事系统科学与工程实践，提供了军事系统工程应用需要的一整套理论方法体系。

思想基础，是指导军事系统科学与工程方法研究的认识视角、思想观念和哲学范式等，是解决军事系统科学与工程实践问题所遵循的认识基础。需要注意的是，这里的"思想基础"隶属军事系统科学与工程"主要方法维"层面，与其"核心思想维"的层次完全不同。比如，采用系统工程方法来解决军事系统复杂性问题时，首先要具备系统意识、系统观念和系统思维，这是思想基础和根本前提，否则再好的系统方法也无济于事。实际中，系统观念和系统思维的匮乏往往是首要问题，组织中的山头主义、管理中的各行其是、工程中的各自为战等，没有系统观念这一思想基础，很多复杂性问题是难以得到根本解决的。思想基础组成主要包括系统意识、系统观念、系统思维、系统思考、系统视角、系统观、系统思想、系统哲学、系统认识、系统实践等。

方法论，是具体方法的一般指导，是在一定的系统思想指导下，以解决复杂系统问题为目标的一整套理论体系，用于解决军事系统科学与工程相关问题的总思路、总路线、总模型和根本性方法，体现了解决系统科学实践问题所遵循的系统思维。方法论不是方法，而是方法的一般性指导。方法论组成主要包括还原论、整体论、一般系统论、系统论、宇宙全息论、霍尔方法论、切克兰德方法论、兰德公司方法论、WSR方法论、综合集成方法论等。

基本原则，是规范军事系统科学与工程方法研究的基本原则、基本思路、基本要求，是军事系统科学与工程实践应该遵循的基本原则和基本要求。这些原则，虽不属于具体的方法范畴，却是开展系统科学方法研究应该遵从的基本思维模式和前提基础。如果不遵循这些原则，系统方法的研究将缺乏基本约束，很容易走偏。比如，理论与实践相结合就是一条很重要的基本原则，只重视理论，系统工程方法便只是一种形而上学的空谈和语言游戏，毫无实际应用意义；只重视实践，系统工程方法将缺乏灵魂，难以取得质的飞跃。基本原则组成主要包括理论与实践相结合、还原论与整体论相结合、局部与整体相结合、目的性与对抗性相结合、确定性与不确定性相结合、定性分析与定量分析相结合、精确性与模糊性相结合、专业发展与体系能力相结合、科学与艺术相结合、人与机器相结合等。

一般方法，是军事系统科学与工程研究过程中所采用的具有基础性、一般性和较强概括性的通用科学方法，为开展系统科学实践提供了通用的科学思维方式和思维方法。比如，为了获得对系统的知识，需要解决获取、分析和使用数据的问题，这可以采用调研方法、推理方法、实验方法等，结论的获得则可采用归纳总结等，这些方法为开展一般性问题研究提供了通用的科学解决思路和方法途径，而不局限于系统学特有的系统方法。一般方法组成主要包括逻辑方法、调研方法、实验方法、跨学科研究方法、军事博弈方法，以及推理与思辨、分析与综合、归纳与演绎、实证与规范、模拟与仿真等对立统一方法。

技术方法，是针对军事系统实践问题提供的方法，是直接用来改造世界的系统方法，包括情报研究、战略研判、系统分析、系统优化、系统决策、系统评估等方法（模型）。实践问题经常需要集成多种类型的方法和工具，并采用适当的组织实施方式，才能得到有效的结果。技术方法，是以综合集成方法论为总体指导框架，分类构建的军事系统科学与工程应用中急需的方法模型体系，并采用综合集成思想予以灵活集成。主要方法维的技术方法与基本理论维的技术理论有区别也有联系，前者主要是实践对方法的需求，后者是理论研究对关键技术的需求。因此，它们存在部分重叠，比如都有建模仿真。但是，即使是相同的方法，其内容和运用也有差异——实践问题直接面向实际应用，而理论研究则重在技术突破和知识更新。技术方法组成主要包括情报研究、战略研判、系统分析、建模仿真、复杂性处理、人因集成、系统优化、系统决策、系统实施、系统评估等方法。

二、三维结构理论体系的主要特点

军事系统科学与工程理论体系的"核心思想-基本理论-主要方法"三维结构，体现了新时代军事系统科学与工程理论体系构建的特点和要求，在范式重构、整体性、涌现性、适应性、实践性以及跨学科等方面，具有独特优势，是军事系统科学与工程理论体系研究的创新。

（一）三维结构的范式重构

系统科学的基础理论，主要源于生物学、物理学、社会学以及经济学等领域，我国虽然取得了较大进步，但是与领先国家相比还存在一定差距。我国在军事系统领域，理论研究成果的贡献和影响力，与国防和军队建设的实际情况还不够匹配，缺乏与系统特点相适应的理论体系。对此，国防大学胡晓峰教授认为，目前军事系统科学与工程研究"理念上接受复杂系统思想，但仍以简单系统方法来落地"。军事系统科学与工程的理论成果，总体上还不能适应新时代强军使命任务的新要求。

深入分析我国军事系统科学与工程理论研究之现状，不难发现，由于研究者缺乏公认的研究范式和学术共同体，再加上非科学地使用研究方法，缺少清晰、合理的衡量标准或评判尺度，致使军事系统科学与工程理论研究精品成果少、成果没有积累、研究基础没有增厚，而且研究的根本突破或实质性进展少，"自说自话"的描述多、"深入探索"的挖掘少，特别在一些基础领域的开拓性研究更是明显不足。不仅如此，研究中最基本的问题，包括核心概念厘定、研究对象、研究方法、军事系统自身的规律性特殊性等，仍有所争论且难以形成定论。军事系统科学与工程的研究领域，也伴随学科融合及分化，几乎没有了边界。甚至一些系统科学研究者也时常说不清楚自己的研究重点。

从科学革命的视角看，军事系统科学与工程目前处于范式混乱阶段。三维结构的提出，是适应新时代军事系统科学与工程理论研究需求的新范式，是对钱学森系统科学体系的继承和发展。三维结构克服了层次化系统科学体系结构的不足，采用当前科学技术比较通行的体系划分标准，从"核心思想、基本理论、主要方法"三方面对军事系统科学与工程的理论研究和突破提供评价标准，成为军事系统科学与工程理论研究和发展状况的监测器，有助于军事系统科学与工程理论研究共同体的形成。三维结构对军事系统科学与工程理论体系各维度进行了较为全面和规范的界定，保持了内容体系的开放性，有助于军事系统科学与工程理论体系更好适应军事系统的实践要求。

（二）三维结构的整体性

整体性定义系统本身的存在，也定义分隔系统内外的边界。军事系统科学与工程理论体系构建不能仅仅从单一方面、过程和目标着手，而要进行全方位、全过程和整体性探讨。三维结构的整体性体现在其特有的研究对象和相对独立、自成体系、层次严密的范畴体系。

军事系统科学与工程理论体系是什么？这一直都是学术界讨论的热点问题之一。国内对系统科学理论体系的认识，至少就有下面3种，包括：系统概念、一般系统论、系统理论分析论、系统方法论、系统方法的5个方面论；系统学、系统方法学、系统工程学3个部分论；系统观、系统学、技术科学、工程技术4个层次论。相比层次结构强调学科和技术之间的关系，三维结构具有更加完备的整体性。首先，三维结构坚守并汲取了钱学森为代表的系统科学中国学派的精华，并进行了细化、创新和发展，是系统科学重大成果的高度集成和延续，突出强调了内容体系的综合性和整体性。其次，尽管军事系统科学与工程的内容随时代不断丰富和发展，但军事辩证法的指导思想地位、军事系统复杂性科学的理论基础地位、综合集成方法的方法论指导地位，始终贯穿于整个理论体系的始终，体现了基本立场观点、理论与方法统一视角下的整体性。最后，三维结构是一个不断丰富和发展的完整理论体系：在创新发展主体层面，不断丰富发展钱学森等老一代系统科学家开创，并由后继者日益完善的系统科学体系；在技术方法层面，不断丰富发展军事信息系统技术和军事系统综合集成方法体系；在理论应用层面，不断丰富发展军事系统学和复杂性科学理论体系；在系统论层面，不断丰富发展中国特色社会主义文化和强军思想体系。

（三）三维结构的涌现性

在系统实践中，系统的整体性以一定的方式，在某种程度上反映在组分上。片面强调某种组分或者组分间相互作用机制不健全，就会产生相互制约的效应，导致系统整体效果小于部分之和（甚至小于单个部分）的情况。这一现象在我国系统科学理论中长期存在，在军事系统科学与工程理论体系构建中尤其明显。

在系统科学研究方面，国内外在整体研究思路、研究群体、学科功能定位、哲学基础，以及系统科学与相关学科关系方面，存在明显差异。国内系统科学体系研究主要集中在工程技术、管理学和哲学这3个领域，研究过程中或者只在一般理论层次研究系统科学，或者做具体理论与应用研究但不关注一般层次上系统科学理论体系的研究；系统科学研究直接指向客观对象，从系统的客观实在性出发，将系统科学理论方法视作认识和改变世界的一种方法和手段。从历届军事系统工程年会的主题和论文看，军事系统科学与工程研究主要集中在纯粹的系统科学理论概念解释或者具体技术方法的简单运用，对军事系统的复杂性、涌现性和其他基本特性研究缺乏。总之，国内系统科学研究是一种简单的单向发展，但是其机理研究、涌现研究、理论体系研究明显不足。

三维结构从形式上就展现了各维度内容体系的相互作用，通过思想对理论和方法的指导、理论和方法为思想提供源泉、方法为理论提供问题、理论为方法提供支撑等各组分之间的相互作用、相互激发，产生整体效应即整体涌现性，实现军事系统科学与工程理论体系的结构效应和结构增值。在具体运行机制上，三维结构为有效处理军事系统科学与工程理论体系的整体与部分的关系提供了可能。核心思想维的系统观（系统论）、基本理论维的系统学理论、主要方法维的综合集成系统方法等，既是军事系统科学与工程理论体系的重要内容，也是军事复杂系统有效运行的根本方法论指导。

（四）三维结构的适应性

军事系统科学与工程经过长期发展，已经形成了比较稳定的体制机制，并保留了大量传统的浓重积淀，理论体系内容框架基本稳定。新时代军事战略思想、新型作战概念、新装备新技术的快速发展，要求军事系统科学与工程理论能够快速适应这一变革过程。稳定的军事系统科学与工程理论体系与快速变化的军事系统实践需求之间的矛盾越来越突出，迫切需要更新理论体系结构、增强军事系统科学与工程理论体系的适应性。

三维结构的适应性，体现在对军事系统实践环境的适应性，以及体系内部各组分对体系的适应性两个方面。体系对环境的适应性，由三维结构所表现出来的内容体系的开放性充分体现。三维结构是一个开放的军事系统科学与工程理论概念体系，在坚定正确的指导思想的前提下，其观点和方法都需要根据实际情况进行调整和增减，以满足不断变化的军事系统实践需求，包括解决军事系统的规划、论证、建设、运用问题。通过三维结构之间的相互作用，形成真实的理论和实践需求、稳定的知识结构，满足军事系统科学与工程理论研究对问题牵引的需求和人才培养的需求。体系各组分之间的相互适应性，经由各维度的实践检验进行验证，通过信息反馈和控制机制实现。比如，主要方法维是否可为理论发展提供支撑，基本理论维的技术理论是否可以支撑基础理论的研究，都可经由实践进行检验，并通过相应的手段和措施对相关的内容进行控制（以实现发展和演化）。目前的三维结构仍未显式描述军事系统科学与工程理论体系的适应性，但为三维结构赋予了合理的运行机制以实现其适应性。

（五）三维结构的实践性

尽管系统思想、系统科学等已经拥有较为丰富的学科知识理论内容和实践成果，但是在理论研究、实际工作和人才培养中的实践效能是不尽如人意的。军事系统科学与工程发展面临的困境之一，就是尚未形成系统科学理论与军事系统实践之间有效的互动性问答逻辑，很多研究实质上是针对一个较为表层、局部、当下现象展开的直观性经验，是基于现象而谈现象，缺乏科学的理论深度和学科思维。这种缺乏科学理论的成果，在本质上要么是一种局部的、浮于表层的工作总结，要么是各种不同学科理论概念的简单堆积。

究其原因，目前军事系统科学与工程理论研究存在着3个短板：一是定性思维占支配性地位，主要表现为主客二元分立意义上的反映论思维，所构建的知识理论体系的实践效能需要增强。二是不同维度的知识缺乏互动性，更没有在学科知识理论体系与军事系统实践系统之间建立起互动性的中介关联。三是重视军事系统工程实践甚于重视基础理论研究，这既是我国军事系统工程的特色和优势，也是缺点和不足，不仅导致实践缺乏理论的指导，实践成果也难以转化为有用的理论知识。

三维结构通过思想、理论、方法的互动，为军事系统科学与工程理论体系构建提供了有效的实践途径。为了发挥军事系统科学与工程理论体系在军事系统实践活动中的功能，应以马克思主义哲学为世界观和方法论，深入探究理论和方法之间应有的中介性关联，搞清军事系统整体性实践系统与学科知识理论体系之间的关系，不断促进其在军事战略运筹、军队建设发展、兵力作战运用等方面的实践运用和能力发挥。

（六）三维结构的跨学科特点

系统科学自其提出就具有鲜明的跨学科特点。在系统科学研究中，许多学者正倡导并实践着跨学科研究，丰富和发展着系统思维。美国圣塔菲研究所将其宗旨确定为开展跨学科、跨领域的复杂性研究，并以一种机构和机制来保证这种实质性的跨学科研究。跨学科研究可行的依据和思想基础，是对描述不同对象系统之间的同构性的认识。

系统科学知识体系，根据其理论概括程度的高低，采用横向分类法，可以分为系统的基础理论、技术科学、系统技术等方面。这3个部分来自完全不同的3个源头：①"老三论"（一般系统论、控制论、信息论）、"新三论"（耗散结构论、协同论、突变论）、复杂性科学等，该部分发源于自然科学的基础理论学科——生物学、物理学和化学。

②运筹学、线性代数、概率论、数理统计等，该部分发源于近代应用数学。③计算机、通信、建模与仿真技术等，该部分发源于现代信息技术。经过半个多世纪的发展，系统科学体系在较高一级的层次上，实现了有关知识的综合，体现了不同学科的统一。以钱学森为主要代表的中国派系统科学家，站在马克思主义哲学的高度，从整体论与还原论相统一的辩证角度，构建了钱学森系统科学体系，实现了不同学科知识的高度融合和从定性到定量的综合集成。

现代科学技术体系已经形成一个纵横交错的立体网络结构，三维结构进一步从体系结构上，显示出系统科学的跨学科特点。宏观上，三维结构的各个维度来自不同的学科，每个维度的构成之间也是来自不同的学科，这些学科之间并不是简单的并列关系，而是具有比较复杂的支撑关系和逻辑结构，这体现在三维结构和每一维度的内容层次关系中。微观上，各类军事系统通常存在着复杂要素和内部机理，系统的组成复杂性、知识交叉性和环境开放性特征明显，对军事复杂系统的研究也必然要求跨学科的知识交叉融合，这充分体现在思想维、理论维和方法维内容体系的具体构建过程中。

第五节　军事系统科学与工程理论体系的发展构想

一、总体思路

纵观国内外系统科学与工程研究各学派及其主流观点，发现对系统科学与工程的基本定位和研究边界尚未达成共识，大体上有3种流派，一是将系统科学与工程"广义化"，试图将所有自然科学和社会科学以及各类软硬系统的"物理""事理"都纳入研究范畴，使研究工作深陷其中，难以理出头绪；二是将系统科学与工程"工程化"，只专注于某个领域甚至具体系统的工程实践研究，只见树木不见森林，抽象不出通用的、普遍的共性理论和方法；三是将系统科学与工程"哲理化"，只专注于思想理念和名词概念的翻新创造，大多脱离工程实践和技术进步泛泛而谈，拿不出具有操作性的理论成果和方法工具。这三种流派的系统科学与工程研究，都没有真正做到"从系统中来、到系统中去"的循环往复。

客观地说，系统现象存在于一切客观世界，包括物质的、意识的各个领域，所有的科学研究和社会实践都不可避免地蕴含着系统科学与工程的理论方法，这是将系统科学与工程研究"广义化"的合理性因素。但若把系统科学与工程作为一门相对独立的学问，其研究工作应既基于各门学科，又抛开各种事物、现象、过程的具体特性和各类系统的具体内容，用抽象的方法研究它们的共性规律。顺着这个思路，通过分析比较，我们认为，系统科学与工程可简单概括为从整体上观察分析和研究解决系统性问题的科学，揭示的是在一切系统中起作用的普遍规律，服务的对象主要是人为构建的"有组织的系统"，研究的重点不是"是什么"，而是"做什么"和"怎么做"，回答的是"事理"而不是"物理"，提供的是适用系统建设、运行和管理的通用理论、方法、技术和手段。

这个定位能较好地克服前述三种流派研究工作中的困境和缺陷，既可继承前人的研究成果，又能聚焦关键取得突破。

基于这一定位，组织军事系统科学与工程研究，应把握好基础理论的体系性和时代性、应用理论的普适化和大众化、应用方法的技术化和工具化、应用实践的简捷化和规范化、应用领域的社会化和军事化等方向。所谓基础理论的体系性和时代性，就是在学习继承现有各类军事系统科学与工程理论成果基础上构建军事系统科学与工程理论体系，充分吸收现代科技进步成果和系统工程实践经验，创新形成具有中国特色和时代特色的军事系统科学与工程理论体系；所谓应用理论的普适化和大众化，就是着力解决军事系统科学与工程应用理论领域特色重、普适性差，以及描述语言不够统一规范、难以被大众普遍接受和运用等问题；所谓应用方法的技术化和工具化，就是突破军事系统科学与工程从理论到方法到实践的技术瓶颈，研究形成具有普遍推广应用价值的军事系统科学与工程应用技术和手段工具；所谓应用实践的简捷化和规范化，就是着力解决军事系统科学与工程理论方法总是听起来不错却难以得到广泛而又系统的普遍应用等问题；所谓应用领域的社会化和军事化，就是把国家社会治理及军事系统建设作为军事系统科学与工程研究应用的重点。

二、发展目标

当前组织军事系统科学与工程理论体系研究，要在充分继承世界各国特别是我国系统科学研究现有成果的基础上，聚焦国家和军队建设发展对系统科学与工程应用的紧迫需求，统筹设计边界清晰、方向明确、现实急需、切实可行的研究任务，既防止将系统科学与工程研究过度泛化和哲理化，又防止将系统科学与工程研究单纯工程化和技术化，以确保系统科学与工程研究工作尽快取得突破和应用。

（一）基础支撑研究

主要开展新时代系统科学思想研究，为军事系统科学与工程研究和实践应用提供根本遵循与方向引领；开展中国和世界其他国家系统科学与工程成果梳理和研究工作现状分析，系统梳理各主流学派核心思想观点、基本体系框架、主要研究成果，为设计构建具有我国特色和时代特色的军事系统科学与工程大厦提供支撑。

（1）军事系统科学与工程战略指导研究。全面梳理和学习研究党的历代领导人关于系统科学、系统思维、系统方法等方面的重要论述，融会贯通基本内涵、核心要义和精神实质，研究形成推进新时代军事系统科学与工程理论体系研究和应用的战略指导、方向目标和基本原则。全面分析总结我们党运用军事系统科学与工程思想指导中国革命和社会建设的成功经验和重要启示，为开展军事系统科学与工程理论方法研究、指导军事系统科学与工程实践应用提供历史借鉴。

（2）我国军事系统科学与工程研究应用现状分析。重点对我国古代朴素的军事系统思想发展及演变，特别是20世纪70年代以来，在钱学森引领和推动下军事系统科学与工程研究取得的一系列原创性思想、基础性理论和实践性成果等进行研究，通过系统分析与综合比较，梳理出当前开展军事系统科学与工程研究应继承和遵循、丰富和发展、拓展和深化、改进和创新的思想理论和方法，为找准当代军事系统科学与工程研究的站立点与参照系、方向标与突破口提供支撑。

（3）世界军事系统科学与工程研究应用情况分析。在我国军事系统科学与工程研究进展缓慢的十几年期间，西方发达国家不仅在理论上不断创新和发展，在实践应用的通用化、技术化方法工具的开发和应用上也取得了重大突破，并广泛应用于科研生产和建设实践。要系统搜集梳理美、欧、俄等系统科学理论、方法、工具主要成果，研析其推进研究应用的方法路径、组织模式和具体举措，为当前开展军事系统科学与工程研究应用提供借鉴参考。

（二）军事系统科学与工程理论体系架构优化

深入分析我国军事系统科学与工程发展历程，不难看出，制约其深入研究应用的一个重要因素，是对军事系统科学与工程理论体系架构的设计既缺乏共识也不尽合理。很多学者沿着钱学森提出的"三个层次、四个台阶、五个方向"架构体系艰难探索多年，始终未能取得重大突破，这就使得组织开展军事系统科学与工程研究极有必要以继承、批判、创新、发展的视角，对这一体系架构进行重新审视和优化设计，比如，该体系架构明确系统科学与工程技术层次包括各门系统工程、自动化技术、通信技术等，这些技术的确是系统工程技术，但不应是系统科学重点研究的主体。应充分吸收世界科技发展和系统科学研究应用最新成果，从思想、理论、方法、技术和工具等维度，构建全新的军事系统科学与工程理论体系架构。

（三）军事系统科学与工程基础理论研究

思想理论研究是构建军事系统科学与工程"大厦"的基础工程和主体工程。系统科学于20世纪被提出以来，相关系统思想理论得到了极大发展，产生了系统论、控制论、信息论和自组织、自适应等诸多基础理论。军事系统科学与工程思想理论研究，一是开展继承性研究，即结合科技进步和社会实践发展，对现有基础理论进行综合分析和比较，将其中符合时代特征的所有优秀成果汇总起来，理清其框架和脉络，使军事系统科学与工程研究能够站在前人的肩膀上前进。二是开展原创性研究，结合论证设计的军事系统科学与工程体系架构，对照既有系统科学基础理论继承性研究成果，梳理出当前军事系统科学与工程理论研究需要填补的空白点和薄弱点，开展针对性研究，形成具有自主知识产权的原创性成果。三是开展颠覆性研究，紧跟科技发展步伐，对诸如神经网络、遗传算法、进化计算、模糊系统、数据挖掘等前沿技术所蕴含的系统科学新机理进行研究，从中发现和提出引领军事系统科学与工程跨越发展的颠覆性理论。

（四）军事系统科学与工程方法理论研究

军事系统科学与工程是一门具有方法论性质的科学，方法问题是研究的重要着力点和落脚点，一切系统科学理论最终要转化并体现在分析处理系统的方法上。系统科学问世以来，先后产生了美国霍尔三维（时间维、逻辑维、专业维）系统方法、钱学森综合集成方法和近年来我国学者提出的物理-事理-人理系统方法等主要系统科学方法理论。现代科技的发展既对系统科学方法理论创新提出了新的要求，也提供了更好的科技支撑，应在继承前人成果的基础上，深化系统科学方法理论研究，着力解决系统科学方法理论概念化、思路化，以及缺乏统一和规范、不够具体和细化等问题，论证设计实践应用所需的系统方法基本流程、标准范式与总体规范，充分吸纳大数据、建模仿真、人工智能等现代技术成果，拓展深化从定性到定量的综合集成方法，突破关键技术，优化方法流程，构建形成具有时代特色、符合国情军情的、普适性操作性强的军事系统科学与工程理论体系。

（五）军事系统科学与工程技术工具研究

技术工具是军事系统科学与工程理论和方法得到全面系统规模化、规范化、高效化应用的重要途径。我国系统科学研究应用起步不比西方发达国家晚，但现在国内应用的大量的系统科学技术和工具手段，几乎都是"舶来品"，存在着严重的"水土不服"问题，不得不说这是我国系统科学研究应用的悲哀。当前，要在优化系统科学体系架构、创新系统科学基础理论、完善系统科学方法理论的同时，开发设计符合我国文化背景、体制机制、管理模式、工作方式和技术条件的军事系统科学与工程手段工具。比如，抓紧构建包括专家群体、计算机仿真工具和大数据、机器学习、人工智能等技术的综合集成研讨厅体系；统筹组织先进建模与仿真技术开发，研究制定统一的模型规范，构建模型体系，不断完善仿真工具谱系；不断强化算法研究，加强知识和数据积累，搭建大数据分析和机器学习平台以及人工智能决策平台。

（六）军事系统科学与工程典型领域研究

军事系统科学与工程研究要遵循"从系统中来、到系统中去"的创新路径，避免或脱离具体系统泛泛而论，或陷入具体系统难以揭示共性规律，充分发挥近几十年来我国重点领域建设飞速发展的优势（如航天、航空、船舶、电子、兵器、网信等），有计划、有重点地组织各重点领域开展具体领域军事系统科学与工程研究，一方面为军事系统科学与工程总体研究提供特色理论和实践支撑，另一方面汇集形成军事系统科学与工程典型应用规范，构建"1+N"的军事系统科学与工程理论和应用方法指南。探索开展仿生系统研究，生物界经历数百万年进化，在各条生态链上塑造了形形色色的系统性和多样性，每种生物都有其生存的独门绝技，比如蚁群、蜂群、遗传、变异、免疫、神经网络等，通过对生物世界生命系统的研究，可以为军事系统科学与工程研究带来创新性思路。

第六节　结　　语

军事系统科学与工程诞生于军事实践，又因人们认识水平的不断提高而发展。一门学科（理论）的产生，是外在需求与内在认识共同促进的结果。军事系统科学与工程正处在快速发展阶段，军事问题的解决对其理论与技术发展需求强烈，军事领域人员对其认知水平和重视程度不断提高，军事体系运用对其研究发展推动显著。在军事领域的许多重大问题研究中，都需要采用系统科学与工程的观点和方法。在军事系统研究方面，从系统整体角度出发可以更好把握事物的本质，提出对解决问题更加有效的措施和方法。在军事体系建设中，对于作战（装备）问题的研究已经从作战（装备）系统的层次上升到作战（装备）体系的高度。作战（装备）体系是由作战（装备）诸要素构成的有机整体，其作战（装备）体系效能的发挥依赖于各个构成实体作用的联合发挥，而不是简单等于各构成实体作战效能的总和。

理论体系影响着军事系统科学与工程的人才培养、学术地位和发展方向，然而对理论体系的研究是一个长期的过程。军事系统科学与工程理论体系作为一个开放式系统，处在不断发展和完善的过程。相比于其他学科（理论），对军事系统科学与工程理论体系的研究还处在探索阶段，无论是军事系统观（系统论）的认识，还是军事系统学的研究都亟待深入。从某种意义上讲，对军事系统科学与工程，现在还处于极其粗浅的认识阶段，急需从理论体系的高度进行总体设计和布局。

军事系统科学与工程是一个复杂庞大的学科门类，本章提出的军事系统科学与工程理论体系，只是一种相对独立视角的观察分析。加强军事系统科学与工程理论体系的研究，探索更趋合理、高效的体系结构，将有助于从新的角度认识解决军事系统复杂性问题，加快推进我国系统科学体系的丰富、完善和发展。

参 考 文 献

[1] 朴昌根. 系统科学论[M]. 西安：陕西科学技术出版社，1988.

[2] 于景元. 系统科学和系统工程的发展与应用[J]. 钱学森研究，2019（2）：99-124.

[3] 李步前，曲跃厚. 新时代强军兴军的科学指南：学习习近平强军思想[J]. 毛泽东研究，2019（5）：23-34.

[4] 王锐华，战晓苏. 军事系统科学学科建设与发展[J]. 军事运筹与系统工程，2018，32（3）：77-80.

[5] 王新华，范笑瑞，韩仁武. 军事学重点学科建设中存在的问题及对策[J]. 学位与研究生教育，2003（4）：13-16.

[6] 施红玉，刘永振. 从系统科学看学科建设的复杂性[J]. 系统科学学报，2002（4）：49-52.

[7] 王红卫，孙长银，沈轶，等. 系统科学与系统工程学科发展战略研究[J]. 中国科学基金，2009，23（2）：70-77.

[8] 耿华国，刘洪旭，柯伟敏. 系统工程科学：系统工程学科体系新构建[J]. 信息化建设，2016（7）：55.

[9] 李湘德. 军事系统思想历史足迹勾勒[J]. 系统科学学报，2016，24（4）：80-83.

[10] 叶立国. 系统科学理论体系的重建及其哲学思考[D]. 南京：南京大学，2010.

[11] 王辉青，周赤非. 关于军事系统学学科设置的思考[J]. 军事运筹与系统工程，2010，24（2）：5-7.

[12] 韩卫锋，杨涓. 改革开放以来军事科学研究的基本经验[J]. 南京政治学院学报，2010，26（5）：127.

[13] 江敬灼，叶雄兵.军事系统复杂性分析及启示[J].军事运筹与系统工程，2007（4）：26-30.
[14] 中国科学技术协会，中国系统工程学会.系统科学与系统工程学科发展报告[M].北京：中国科学技术出版社，2010.
[15] 梁必骏.军事方法学[M].北京：解放军出版社，2011.
[16] 上海交通大学钱学森研究中心.智慧的钥匙：钱学森论系统科学[M].上海：上海交通大学出版社，2005.
[17] 叶立国.国内外系统科学文献综述[J].太原师范学院学报（社会科学版），2011，10（4）：25-32.

本章作者：肖刚、卜凡彪、胡英辉、尹福栋。

第三章 战争复杂系统与军事系统工程方法

第一节 引 言

一、战争复杂系统对军事系统工程方法的影响

军事系统工程的目标就是采用科学的方法和工程化手段来研究战争,其在20世纪我军建设发展中起到了很好的作用。随着战争形态的急剧变化,完全基于解析分析的牛顿科学范式已经难以解决复杂的战争问题,战争系统由于人的存在而带来的复杂性特征,影响并刺激了对军事系统工程新的研究方法的探索。

复杂性科学(Complexity Science)是指以复杂系统为研究对象,以超越还原论为方法论特征,以揭示和解释复杂系统运行规律为主要任务,以提高人们认识世界、探究世界和改造世界的能力为主要目的的一种多学科融合的新兴科学。复杂性科学的发展,不仅引发了自然科学界的变革,也日益渗透到哲学、人文社会科学乃至战争领域。战争系统是典型的复杂性系统,"战争中的偶然性""胜战不复""战争迷雾"等现象,都在说明战争复杂性的特征。认识和理解战争,就要摆脱牛顿的"机械"理论束缚,用复杂性科学理论来研究战争的本质。战争复杂系统具有如下三大特征:第一,战争复杂系统具有适应性,战争对抗的就是适应能力,要在变化中快速适应、在适应中谋取胜利,所以适应能力实质上也是实战化能力。第二,战争的不确定性永远存在,指挥员必须在不确定条件下指挥,战争决策就是对不确定性的处理,但不是要消除不确定性,而是要把它凸显出来,找到合适的方法进行管理。第三,战争复杂系统具有涌现性,"整体性质"是自组织演化的结果。

战争复杂系统的三大特征,带来了与牛顿科学范式完全不同的科学世界观,对军事系统工程方法的运用带来了三方面的方法论指导。第一,适应性导致战争系统结构总在动态变化,因而不能用还原论方法去理解系统。第二,不确定性导致因果不再唯一,因而战争系统具有非线性和不可预测性。第三,涌现性导致系统自组织演化,因而会产生新的整体

性质。由此可以得出，基于战争复杂系统思维模式，军事系统工程方法需要在非还原论的、结构动态可变、不确定性、非线性和不可预测的方法论指导下研究战争问题。

二、国内相关研究

战争系统复杂性的研究始于20世纪90年代初，专家学者意识到战争具有"非线性、不可预测性和混沌"的复杂性特征，逐渐加深对战争复杂系统的研究。

（一）相关学术会议

2003年10月，由国防大学主办，原军事运筹学会在北京召开了第一届"战争复杂性与信息化战争模拟"学术研讨会，该学术研讨会由国防大学胡晓峰教授、海军大连舰艇学院赵晓哲院士等倡导举办，是研究战争复杂性的高端学术论坛，主要针对复杂性科学，特别是对战争复杂系统的基本理论问题和研究方法进行探讨，确立复杂系统的思想是信息化战争模拟的新思路，从战争系统的整体涌现性产生、多领域相互作用、体系对抗的角度研究战争复杂性。该研讨会成为我国在战争复杂性研究方面的一次标志性会议。

此后，2006年至2018年，每两年举办一次，先后举办了八届研讨会，会议主题涉及"基于信息系统的体系作战能力""战争复杂系统及Cyber空间建模仿真""战争复杂性及新型作战空间模拟""战争复杂性及新型作战空间模拟""大数据时代的战争复杂系统研究""智能时代联合作战体系能力和效能评估"等多个领域。一方面加强复杂性科学和战争复杂性的基础理论与方法研究，利用复杂系统的思想指导信息化条件下的体系对抗、Cyber空间、社会系统，以及新型作战空间等战争各领域的建模仿真；另一方面也强调信息技术的发展对战争研究带来的变革，结合虚拟现实技术、大数据方法、深度学习及智能化决策等新技术新方法研究战争复杂性，结合新型信息技术实现信息化智能化时代战争模拟。期间，中国工程院院士汪成为、李德毅院士多次参会，并就战争复杂系统原理方法，以及战争系统中的人工智能等前沿问题发表主题演讲。

2005年，科技部举行了第269次香山科学会议，会议以"战争系统复杂性与体系对抗问题"为主题，深入分析了战争复杂系统的理论和方法，认为军事体系的开发与应用是信息化战争形态的重要特征，以体系为中心的发展方式可以加快新军事能力的形成，战争体系的复杂性和涌现行为机制分析、战争体系设计与优化、战争体系开发管理则是体系开发的关键技术。

随着科学技术进步，复杂系统建模仿真理论也随之变革发展，中国科协举办的新观点新学说学术沙龙，邀请国内专家学者探讨相关理论问题。2011年，第58期学术沙龙聚焦"复杂系统建模仿真中的困惑和思考"主题，强调正确地理解复杂系统特性，是复杂系统建模仿真的基础，认为单纯运用还原论、整体论对复杂系统进行全局建模具有局限性，基于复杂网络、基于Agent的建模方法是可行途径。2013年，第82期学术沙龙围绕"大数据时代对建模仿真的挑战与思考"专题，深入探讨了大数据对于传统科研范式颠覆性影响、大数据方法对现有仿真建模理论与技术的挑战与机遇，认为大数据将对现有仿真的思维方式和研究模式，现有的建模方法学、仿真支撑技术体系，以及仿真应用工程等方面产生颠覆性影响。2017年，第121期学术沙龙的主题为"认知仿真：理解与管理复杂系统的终极方法"。认为对复杂系统建模必须考虑经验、直觉等一系列认知模式，构建可进化的认知建模，而基于神经元网络的深度学习是复杂系统认知建模的有效方法，同时可进化的模型在性质上必须符合复杂系统的基本原理，并强调复杂性与智能性共同演化，但演化方向的不确定性会导致复杂系统演化更趋复杂。

此外，中国系统工程学会军事系统工程专业委员会长期跟踪军事系统工程前沿问题，邀请军内外专家学者定期召开本领域高质量的学术年会。2010—2018年，共召开8次年会，会议主题分别为"军事能力建设与军事系统工程""拓展和深化军事斗争准备与军事系统工程""加快转变战斗力生成模式与军事系统工程""加快推进国防和军队现代化与军事系统工程""构建中国特色现代军事力量体系与军事系统工程""军队改革与军事系统工程""强军战略与军事系统工程""军事评估与军事系统工程"，讨论内容涉及军事能力建设、新型作战力量建设、作战实验理论与实践、武器装备作战运用、非战争军事行动、战争模拟、作战评估理论等诸多方向，紧跟国防和军队建设发展研究热点问题，不断解决系统工程领域的军事问题，有力推动了国内军事系统工程专业的创新发展。

（二）重要理论观点

国内相关领域专家从不同视角对战争复杂性以及军事系统工程方法应用进行了深入实践研究。

国防大学的胡晓峰教授出版《战争工程论》和《战争科学论》两部专著，认为战争研究要采用科学思维方法和工具，将战争作为科学研究的对象，用复杂性思维去认识和理解战争，用现代科学的方法去研究和把握战争。提出"战争工程：走向信息时代的战争方法学"观点，以系统思想为指导，以信息技术为基础，以工程方法为手段，以战争管理为核心，以整体取胜为目标对战争进行统一研究。强调面向信息化战争应当具备网络化、体系化、大数据和虚拟化4种科学思维方式。

军事科学院的张最良研究员将军事运筹学的理论方法应用于解决军事战略筹划问题，出版了专著《军事战略运筹分析方法》，认为军事战略运筹分析的基本思想是以科学量化为基础，定性与定量相结合地研究军事战略问题，提出军事能力的度量和评估方法，国家安全威胁评估的运筹分析方法，军事威胁战略运筹分析方法，局部战争战略筹划运筹分析方法，局部战争作战设计、后勤保障设计与分析、信息作战设计、天基信息保障组织与实施运筹分析方法，战略火力打击作战行动的优化设计方法，兵力规划运筹分析方法，武器装备发展军事需求论证方法，军事战略运筹分析的建模与仿真技术，以及军事实验方法等，兼顾"软科学"和"硬科学"的特点，是现代科学技术方法与军事战略问题定性研究方法相结合的创新性探索。

国防科技大学的沙基昌教授在其专著《战争设计工程》中提出作战设计、战争设计的思想，认为人为干预是战争复杂性与不可预测性的主要来源，不可重复性是战争复杂系统的重要特性，主张在研究未来信息化战争时，要将军事作战理论研究和武器装备研究相结合，在现代系统工程、信息技术的支持下，运用工程化思想，采用集体研讨方式，充分发挥人的创造性，将定性分析方法与科学计算、模型模拟等定量分析、战术方法相结合，在可预期的武器装备体系变革条件下，对未来战争形态、未来战争样式、未来战术运用以及未来武器装备体系发展进行探索与设计。

中国科学院的王飞跃教授认为复杂性问题的实质是"矛盾"，"知必虚而解"的统一思想是解决复杂系统问题的思路和途径，强调以大数据为基础，通过虚实互动的平行系统方法来控制管理复杂系统，利用平行计算、平行管理、平行控制构建物理空间和虚拟空间一体的"复杂空间"。军事平行体系的核心思想是针对复杂军事系统的管理与控制，构造实际军事组织及系统、人工军事组织及系统能够并行互动的平行军事系统，目标是使实际军事组织及系统趋向人工军事组织及系统，而非人工军事组织及系统逼近实际军事组织及系统，进而借助人工军事组织及系统使复杂问题简单化，以此实现复杂军事组织及系统的控制与管理。军事平行体系必须依靠数据驱动，不仅能够应用于军事活动中物理过程的分析与控制，还能够对涉及人与组织行为的社会过程进行管理和指挥，并对相应规则加以评估。

国防大学的司光亚教授在其专著《网络空间作战建模仿真》中指出网电空间、太空域和社会域等新型作战空间的建模是战争复杂系统仿真的新课题，认为信息化条件下联合作战中的跨域联合、级联失效、体系瘫痪等特殊现象和机理是复杂系统涌现性的体现，要用复杂系统思维对新型作战空间建模，进而描述信息网络和体系对抗特征，解释信息域和认知域的作战机理，刻画其对体系作战能力的核心作用。强调新型作战空间建模仿真的基础是网络化空间环境建模，关键是信息域的实体和行为建模，目标是体系化的战争综合效果建模。

南京陆军指挥学院的沈寿林教授在其主编的《作战指挥决策运筹分析》中采用复杂性科学研究战斗系统的作战指挥决策问题，认为战斗系统属于概念系统的同时，又属于复杂适应性系统和开放的复杂巨系统，存在多个意义、不确定、非周期的可区分状态，强调战斗系统的力量组成复杂性、战斗指挥复杂性、战斗行动复杂性、战斗保障复杂性、组合复杂性表现形式，以及偶然性、非线性、适应性、人为的战斗复杂性产生机制。

国防科技大学的谭跃进教授团队长期跟踪系统工程、体系工程相关领域的研究，出版了《系统工程原理》《体系需求工程技术与方法》等学术专著，提出了系统工程乃至体系工程研究的框架结构和进行体系工程研究的一些关键技术，认为军事系统工程重点研究国防战略，作战模拟，情报、通信与指挥自动化系统，系统武器装备发展规划，后勤保障系统，国防经济学，军事运筹等。与传统的系统工程理论相比，体系工程在分析和解决不同种类、独立、大型的复杂系统之间的相互协调与相互操作问题更具有针对性，武器装备体系工程主要研究武器装备体系需求分析技术、设计优化技术、评估技术以及发展与演化技术等，而体系需求工程是体系工程的起点。

国防科技大学的张维明教授认为要采用体系思维解决系统在网络环境中的集成与交互、演化与发展问题，其专著《体系工程理论与方法》强调战争体系的复杂性表现为体系的对抗性，运用体系工程的方法建设信息化战场国防体系。通过体系需求分析具体化使命目标，建立可执行的业务模型，集成配置广域范围内的体系资源，分析体系的要素演化和结构演化，测量评价体系效能。

中国航空工业集团的张新国研究员在航空复杂系统工程管理领域有着深入的研究与实践，主持推进了复杂组织体架构、复杂系统工程、基于模型的系统工程等技术创新和工程管理创新，强调航空工业的大型项目本身的复杂性是不可能被完全预知的，需要有一个认知过程，复杂系统工程要允许和容纳不可预见性，应当将组成系统的组件及相互作用关系特征引入系统工程方法、流程以及相关的支撑工具中，逐步改变传统系统工程企图将所有结果都放在事先规定和规范中，追求稳定性、可预测性、可靠性、透明性和可控性的基本范式，寻求对于复杂系统具有灵活性、适应性和进化性的新范式。

中国船舶工业系统工程研究院张宏军研究团队面向国防现代化建设领域，从大量工程实践中不断探索体系及体系工程的本质特征和原理规律，建立了有效的体系工程理论与方法，推动了系统科学与复杂性科学向前发展，其相关理论成果面向国防军事实践中的复杂体系工程，主要包括"武器装备体系原理与工程方法""复杂工程系统设计理论与实践""体系生命力：系统科学与系统工程的融合发展""信息系统生命力理论与工程实践""演进：体系工程与 CPS 的深度融合""复杂系统开放式架构原理与实践""复杂系统通用质量特性分析与设计""复杂高维多目标优化方法"等专题，这是复杂体系工程在新时代背景下的一项开创性工作。作为我国最早将系统工程理论方法应用于海军装备技术发展、最早以"系统工程"命名的军工科研单位，也是"智慧海洋"工程的首倡者，拥有国防科技工业目前唯一一个体系级的创新中心。

第二节 进展与现状

一、战争复杂性与战争复杂系统理论方法

近二十年来，战争理论创新呈现出一个集中爆发的繁荣期，其中绝大多数理论都是由现代科学进步催生而成的。由于系统科学、复杂性理论、复杂网络科学等相关基础学科的飞速发展，研究人员将这些基础理论与战争或作战实际相结合，使得对战争复杂系统的理解上升到了新的高度，形成了相应的战争复杂系统理论方法。认识到战争是复杂系统，不能用简单系统理论解决问题，是战争理论前进的一大步。如何适应诸如自组织、自适应、非线性、不确定性和涌现性等新的战争理论发展方向，系统论起了关键引领作用，随着复杂网络理论、体系工程理论、作战实验方法和大数据方法的连续出现，战争复杂系统理论的研究有了更为科学的方法论手段。

（一）战争复杂系统研究的三条基本途径

任何研究活动都是由目的牵引的，都与所要解决的问题密不可分。在确定了目的之

后，研究的技术途径就应该根据所研究系统的本质来确定。简单地说，不同的研究对象应该采用不同的方法学：以武器装备为主的体系研究可以采用确定性建模方法，并且结合处理不确定性复杂问题的有关方法；而对包含"人"的行为模拟的作战过程、经济行为、政治决策行为的研究，则可以采用"人工生命"的方法建模，以反映其中"人"的适应性作用。一般来说，采用战争复杂性思维方式指导军事系统工程方法研究通常有自顶向下分析、自底向上涌现和综合集成3种不同的方法学。

一是基于系统工程的分析方法。这是一种自顶向下分析的方法，即将研究对象看成是一个可分解的系统，对系统进行适当地分解，在适当的层次上通过对系统整体目标的研究，找到解决问题的途径。这种方法对以武器装备为基础的系统比较适合，也非常有效。但要研究更复杂的武器装备体系对抗、作战体系对抗等问题，如果还是简单分解，就可能导致系统整体性丧失，难以得到所需的结果。基于系统工程的分析方法是一种传统的方法，在军事运筹学、系统工程、决策分析等学科领域中已经有了很多的研究成果，例如单一分析、灵敏度分析等。其中，探索性分析方法最为典型，从一定意义上讲，探索性分析是一种更加合理与全面的灵敏度分析，它是基于系统整体性与不确定性的一种分析方法，适合于战争复杂系统的分析。国防大学的杨镜宇教授、军事科学院的胡剑文研究员等提出了探索性仿真分析方法，在面向武器装备体系效能评估的仿真实验分析机制，以及基于探索性分析策略的系统效能及能力评估等方面进行了深入研究。这些方法对于解决一些战争复杂系统条件下的体系分析，例如武器装备体系效能分析、作战体系对抗决策方案分析等，可以取得比传统分析方法更好的结果。

二是基于"人工生命"的综合方法。这是一种自底向上涌现的方法，即将研究对象尽可能地从最基本的实体层次进行建模，通过系统中各个实体的独立行为和相互作用，不断演化产生出综合的效果，也就是产生出系统的涌现性。但是，由于在系统内部如何确定最基本的实体及其行为，并通过这些底层的实体最后达到整体性效果，在目前还是一个公认的难题。现在比较多的是采用基于Agent的人工生命方法来模拟各个实体的智能行为，这也许是解决目前在传统作战模拟中遇到的复杂问题的一个可行途径。国防大学的研究团队以战略危机决策等相关问题为牵引，通过对特殊对象的研究获得启发，尤其是对分层次的信息交互作用、认知适应能力表达的研究，形成对战争复杂系统更为合理的建模与仿真方法。在军事领域，选择了基于Agent的作战模型作为参照，建立了以指挥决策、信息交互为核心的作战群体模型，可以初步实现更复杂的作战行为；在社会领域，采用基于Agent的建模方法进行了民意模型和舆论传播模型的研究。从研究成果看，基于人工生命的思想，以复杂适应系统理论为指导，采用Agent建模方法进行战争复杂性研究是可行的。

三是面向战争研究的综合集成法。我国著名学者钱学森提出处理开放的复杂巨系统的方法论是"从定性到定量综合集成方法"（Meta-synthesis）的论点，这是从定性到定量反映战争复杂系统特征的综合手段，后来又发展为"从定性到定量综合集成研讨厅体系"的实践形式，简称为综合集成研讨厅体系。运用这套方法论，国防大学的司光亚教授指出战争系统是典型的复杂巨系统，从动态性、对抗性、整体性三位一体出发，才是构建能够反映战争复杂系统特征和演化规律的基本途径，其所谓结果只是系统诸多演化轨迹的一种可能而已，战争模拟是艺术与技术的统一，也即定性与定量研究的统一。军事科学院的黄谦研究员针对危机决策模拟问题，探讨了多智能体对各种不同类型知识模块的封装和组织，研究了智能化的战略决策综合集成模拟与研讨环境，可以支持个人研究、分组研讨协作、多组对抗模拟，为进行战略决策、危机反应研究搭建一个可以不断增长的公共平台。国防科技大学的于淼教授在其专著《枢纽态势论——信息时代的工程化作战筹划方法理论》中指出运用定量定性相结合的分析方法对态势空间进行评估，可以确定战争中的最优枢纽态势，基于枢纽态势的作战筹划方法可以帮助提高"机器的思维水平"，从而提高决策支持系统的智能水平，也为综合集成智能辅助决策、智能态势评估的战略博弈系统研究提供了理论基础。

（二）认识战争复杂性的四种重要手段

一是网络化分析。战争系统是网络化的系统，关系是核心，遵从网络运行的内在规律。任何军事复杂性问题需从网络视角出发，观察系统网络结构组成，了解交互影响关系，关注演化发展情况。网络信息体系的构建，使得军事网络链接的作用突然强化，"去中心化"现象普遍产生，网络结构加速改变，其衍生的作战理念和作战指导规律也随之演进，国防科技大学的谭跃进教授的团队长期对作战网络的建模、网络的自适应同步、网络的抗毁性等进行跟踪研究，使得我军军事网络理论研究逐步从网络中心战向分布式网络化作战方向发展。同时，国防大学的研究团队认为网络化思维更强调从静态到动态，网络化思维是一种创新的思维，网络连接关系的改变，也会使得军队体制编制和指挥方式发生变化，例如"作战云"概念的出现。

二是体系化设计。战争复杂性决定了战争系统是复杂体系，具有适应性、涌现性、不确定性等特征。战斗力只存在于体系之中，只有对体系进行设计，通过体系组合出最适合的系统群，共同形成具有统一目标的体系能力，才能达成想要的体系作战效果。国防科技大学的张维明教授团队认为体系工程的研究在其发展历程中形成了两种不同的探索路径，一种途径是"软"系统思维，即运用系统思维解决非系统问题的定性研究技术，另一种是"硬"系统思维，即将体系问题结构化，采用数学模型和定量方法解决。体系作为一个"活"的系统，体系能力具有相对性，只能借助于对手通过动态对抗表现出来。作战体系乃至战争体系的评估是公认的难题，体系仿真试验床是一种新颖的体系评估思路和方法。例如国防大学的体系仿真试验床可用于武器装备体系能力分析和体系贡献度评估、作战体系能力和兵力规划、体系作战概念分析等方面，能够深入分析体系能力的动态运行机理，从体系运行机理层面去回答诸如战斗力生成、体系能力短板缺陷、以及体系能力演化等问题，探索新概念、新理论、新方法，从而可以提高对战斗力生成模式的理解和把握，提高战略规划的科学性。

三是虚拟化实践。战争复杂系统虚拟化的本质在于认知，重点在于制造体验。模拟仿真现在被认为是继理论推导、科学实验之后认识世界的第三条途径，模拟仿真的技术基础是科学计算。作战实验室就是利用虚拟化手段，让虚拟战争在真实空间中实现预演。军事科学院、国防大学等科研院所通过联合作战实验中心、联合作战演训中心等组织机构，建立战争实验室，开展作战实验研究，不断开发作战概念、分析战略问题、评估作战方案、组织模拟训练、检验作战效能、优化作战体系、牵引装备建设。制造虚拟战争主要依靠战争模拟系统，有了计算机战争模拟，通过作战实验产生虚拟战例，就可以不断进行未来战争的预实践。跨空间来思考战争是战争复杂系统虚拟化的核心，空间思维使得系统的模拟从单一的物理空间扩展到赛博空间和认知空间，物理空间、赛博空间和认知空间相互结合，才能创造出独特的虚拟认知体验，这种虚拟化的方式有助于建立新的战争认知概念和理论。

四是数据化挖掘。战争复杂系统需要用定量的方法获取数据，通过大数据破除战争迷雾。数据化主要有四种形式：个人行为的数据化、人与人关系的数据化、人与物关系的数据化和物与物关系的数据化。数据化管理的基本流程主要分为四步：收集数据，通过各种手段对数据进行采集；整理数据，将收集的数据进行校验归类和"清洗"，剔除无效数据，补全缺失数据；分析数据，根据决策需要，从基础数据库中选取相关数据，并采用各种方法进行分析和表现；数据决策，利用数据进行相关辅助决策。现代战争中，"从数据到决策"的核心改变是计算机可以通过大数据自主做出决策，其中算法又在大数据挖掘分析和分析结果取舍判断中起着主导作用。军事大数据的应用价值主要体现在提供可视化的战场环境信息支持、提供更科学的作战决策情报信息支持、提供联合作战部队自主协同的信息支持、提供更翔实的战场救护与后勤保障信息支持，全军目前从军委业务机关到相关军兵种机关，再到各类型试验、训练基地、靶场，都逐步重视数据中心建设，开展数据的有效管理，提供优质数据服务。此外，对于仿真大数据挖掘，是在海量演训数据基础上开展的仿真数据抽取、动态测量研究，这是大数据研究思维的具体体现。

网络化、体系化、虚拟化和大数据是应对战争复杂系统最值得关注的、最有代表性的现代科学思维方法。它们的共同特点在于将战争看成是复杂系统，特别强调战争的适应性、不确定性、涌现性和非线性等复杂性特点，采用复杂网络、大数据和认知科学等现代科学方法和作战实验作为主要技术手段，通过综合运用这四种方法手段，可以解决军事系统工程中面临的复杂性问题。

二、体系工程方法及其军事应用

体系工程方法是以系统科学为指导，从整体与局部的关系、结构和演化的角度来研究多系统综合集成问题的；传统的系统工程方法则是在体系开发的牵引下，来指导既有系统优化及新系统设计验证等。系统工程重点解决既有系统和新系统的需求分析、系统开发、集成与测试方面的工作；体系工程重点解决对既有系统和新系统的多系统的综合集成问题。战争复杂系统作为复杂巨系统，需要解决诸多军事系统的综合集成与优化配置问题。面对新的军事威胁与挑战，军事装备体系的发展建设必须适应一体化联合作战的特点和规律，实现整体作战效能。体系工程研究可以从装备能力需求出发，规划装备体系的总体构成、规模结构、技术水平等相关内容，为我军装备体系的可持续发展提供科学手段。同时，运用体系工程方法对当前存在的和正在建设的装备体系进行评估及优化，可以实现装备体系的合理配置和集成，通过设计、评估、对比不同武器装备体系结构方案，进行武器装备体系建设方案的优选与改进，有助于提升装备体系整体建设的效果。因此，体系工程方法可广泛应用于军事体系建设发展的需求论证、能力规划、效能评估、综合集成与优化等诸多领域。

（一）战争复杂系统的体系工程研究

网络信息体系对抗条件下的现代战争，具有高度复杂性和不确定性，需要用体系的思想来谋划战争复杂系统的建设发展和能力生成，将体系工程的理论方法运用于解决战争复杂性问题，需要深入探究军事体系的内涵，确立军事领域体系工程研究的新范式。

国防大学的研究团队在国内率先开展了战争复杂性建模与仿真研究，从战争复杂性角度提出了"战争工程"的概念，构建了战争模拟综合实验环境，并主持召开了数届"战争复杂性与信息化战争模拟"研讨会，有力推动了战争复杂体系的研究，指出体系工程是以系统科学为指导，为实现对体系的设计论证、建设实施、管理控制、评估分析而建立的系统工程方法。其研究内容包括：体系需求分析，研究体系需求的获取、分析、说明、验证与管理等方面；体系研究设计，利用复杂系统理论来研究分析体系规划建设的模式规律和特点；体系管理控制，研究体系决策控制、状态监测、异常处理等问题；体系评估评价，研究体系状态、效果等内容的综合评估方法；体系仿真实验，研究利用仿真手段支持体系工程的建模、仿真和实验的方法。并指出，军事复杂体系评估的相关研究应重点关注四类问题：一是体系适应性的研究问题，为体系综合集成顶层设计提供辅助；二是体系演化中的异常状态分析问题，为体系演化风险控制提供支撑；三是体系能力探索性分析问题，支持体系综合论证评估；四是体系仿真问题，为体系工程提供试验研究平台。

国防科大的张维明教授团队率先将体系结构框架理论引入到 C^4ISR 及一般的武器装备体系需求研究中，对体系、体系工程、体系顶层设计、体系集成与构建，以及体系演化与健壮性、适应性评价等进行了深入探索，推动了国内体系工程研究的全面发展。沙基昌教授基于复杂体系理论提出"战争设计工程"理论，通过综合专家智慧和体系仿真技术来研究未来战争，这是体系工程在军事领域应用的全新理论。

（二）武器装备体系论证工程研究

需求论证是武器装备体系建设的首要环节，直接决定着武器装备体系的发展方向和体系作战能力。武器装备体系需求论证工程作为武器装备体系论证和发展研制的基础，是军队院校及相关科研机构在体系工程领域研究最多的，也是最广泛的，涉及武器装备体系需求获取、分析建模、验证及管理等。沈寿林教授在 2002 年就提出了装备采办体系需求仿真论证的 HLA 框架。国防科技大学的研究团队针对武器装备体系能力需求的建模与分析方法，运用 UML、DoDAF 等开展了一系列的研究，杨克巍等还编写了国内首部体系需求工程著作《体系需求工程技术与方法》，对体系需求获取与表示、体系需求分析建模、体系需求管理和体系需求演化等方面进行了全面阐述。装甲兵工程学院的郭齐胜教授团队结合多年的理论研究与工程实践，对装备需求论证的理论与方法进行了总结，提出了装备需求论证工程化理论，建立了装备需求论证方法体系，包括装备需求映射方法、任务需求分析方法、能力需求分析方法、装备体系需求分析与评估方法、装备型号需求分析与评估方法、装备技术需求分析与优化方法以及装备需求论证工具和配套资源等。这些研究成果为我军武器装备体系需求论证工程理论方法乃至军事体系需求总体论证方法论的形成、发展、成熟提供了重要的支撑。

军事科学院的评估论证研究中心团队认为体系工程的研究主要是解决体系的产生和体系的演化两方面的问题，即面临新的使命环境时研究如何构建新的体系以及研究如何对现有体系进行分析和改造以促进体系的演化，从而适应使命环境变化的要求。体系工程的关键技术是体系集成技术和体系演化技术。体系工程的方法可以应用于解决武器装备体系工程中的诸多问题，即以体系开发、管理和应用理论、方法、技术为具体实现途径，以武器装备体系整体优化为目标，对武器装备体系进行规划、研究、分析、设计、开发、试验、管理、使用、评估和优化。

（三）复杂军事系统研制与项目管理

在军事需求牵引下，我国的武器装备研制工业部门针对复杂军事系统的立项、预研、试验、定型等工程项目管理和体系建设，基于体系工程理念推动了相关理论方法的应用实践。比较有代表性的单位包括中国航空工业集团、中国船舶工业系统工程研究院、中国电子科技集团等。

中国航空工业集团的张新国团队深入研究了复杂系统工程、系统工程与现代管理思想和方法的融合，构建了在复杂性挑战下流程管理思想的方法体系，指出在宏观的整体进化中，流程管理思想更加依赖功能、结构和流程的整体迭代，在微观的流程改进中，通过控制流程的变异、改善一致性，以提高流程的可预测性。这种基于流程的综合协同管理框架在研制、开发我军大型航空装备系统项目管理中发挥了重要作用。

中国船舶工业系统工程研究院的张宏军团队针对海军大型信息体系集成建设积累了大量成功的经验，通过对体系工程发展的长期跟踪与思考，摸索出一套体系工程建设的经验方法。近年来，顺应国家大国海洋战略，提出"智慧海洋"建设的具体路径，指出需要从体系设计、集成验证、虚实共建三个方面按照体系工程方法推进建设工作，具体装备的建设则可按照现有系统工程方法开展工作。通过需求开发、功能分解、方案设计、仿真评估进行持续不断的体系设计与深化，通过原型系统集成与验证、区域示范集成与验证、体系整体集成与验证、效能评估与迭代优化进行多层次的体系集成与验证，通过信息物理系统技术（Cyber Physical System，CPS）协同推进"智慧海洋"虚拟空间建设，强化虚实空间互动与协同推进。

中国电子科技集团长期从事大型复杂军事信息系统建设，基于体系工程理念，借鉴相关先进管理工具，开展了专家组织管理、需求分析管理、任务分解管理、业务流程管理模式的研究与实践。为确保论证专家队伍稳定、思想统一、衔接有序、高效协同，实现"1+1>2"的群智涌现效果，构建了基于"专家集群"理念的体系化论证管理模式。为应对外部环境变化要求，实现自身可持续发展，建立了基于SWOT分析的需求分析管理模式。为解析大型复杂军事信息系统重点建设的核心能力，构建了基于 WBS 思想的任务分解管理模式。为实施覆盖大型复杂军事信息系统核心能力建设全过程的闭环业务流程管理，建立了基于"PDCA"理念的全闭环业务流程管理模式。通过工程实践表明，基于体系工程理念开展项目管理可以有力推动复杂军事信息系统核心能力建设的转型升级，保障信息化装备更新换代和技术的持续创新发展。

三、大数据研究方法及其军事应用

21 世纪，伴随着信息技术和互联网的爆发式发展，人类进入大数据时代。大数据是指无法在一定时间范围内用常规软件进行捕获、管理和处理的数据集合，是需要新处理模式才能具有更强的决策力、洞察力和流程优化能力的海量、高增长率、多样化的信息资产，具有数据量大（Volume）、速度快（Velocity）、类型多样（Variety）、价值大（Value）等典型"4V"特征。大数据通过更多（全体数据）、更杂（多样数据）、更好（相关分析）的数据分析，实现战争能力从还原论思维向复杂性思维的变革，为战争复杂系统研究带来理念上的颠覆性改变：一是从局部到全体，将网络化大数据作为分析对象，避免采样偏见，强调从整体关系、全时空进行研究。二是从因果到关联，更强调相关性而非因果性，网络化关联越多，数据价值越大。从个体数据到大数据，复杂系统不等于各系统组成之和，大数据也不等于各分系统数据之和，而在于相互之间的关联数据，关联越多，价值越大。三是从简单到深入，更强调深度分析和级联分析；可先有意识地采集数据，后进行深入分析。四是从单纯到繁杂，接受数据的繁杂和不精确，用概率和多样性说话，而不是迷信精确。

大数据思维理念的变革，为战争复杂系统研究带来了新的机遇和挑战，并带动国内相关理论和方法研究实现跨越式发展。主要体现在以下几个方面：

（一）战争复杂性问题的大数据研究范式

随着大数据思维理念的逐步树立及大数据相关技术在军事系统工程领域的广泛应用，基于关联分析、不依赖于具体理论模型的大数据分析方法，被认为是军事系统工程研究战争复杂系统的一种新范式。中国工程院院士何友团队定义军事（国防）大数据为保卫国家主权、统一、领土完整和安全而开展的军事活动所生成的数据资源，与军事有关的政治、经济、科技、外交、教育等方面的活动所生成的数据资源，大数据技术及其支撑下的应用系统的总称，而国防大数据具有超复杂性、超保密性、高机动性、高安全性、强对抗性、强实时性等特点，给军事大数据建设带来了挑战。2013 年 9 月，中国科协主办了大数据时代对建模仿真的挑战和思考新观点新学说沙龙，由中国工程院院士李伯虎和国防大学胡晓峰教授担任本次沙龙的领衔科学家，来自全国近 20 家科研机构的专家学者，就大数据给建模仿真领域带来哪些困惑、挑战和机遇，以及大数据时代建模仿真理论进行了深入探索，与会专家普遍认为，传统基于确定性因果关系建模的系统工程研究方法难以反映战争复杂系统自适应性、不确定性、涌现性等复杂性特点，而大数据与以体系作战为代表的战争复杂系统有着密切联系：大数据追求全体样本，而不是随机样本，正好刻画了复杂系统的整体性；大数据重在寻求关联性，而非因果性，这也正好指明了研究复杂系统的突破口。因此，大数据分析方法成为继为科学实验、理论推导、建模仿真之后科学研究的第四范式这一论断得到与会专家的广泛认同。大数据分析不再靠似是而非的理论，基于过多假设的模型等进行分析，而是从以数据计算为中心的数学模型方式，转变为以海量数据处理为中心的数据模型方式。国防大学胡晓峰教授在《战争科学论》中指出，"大数据研究挑战了传统认识论对因果性的偏爱，用数据规律补充了单一的因果规律，实现了唯理论和经验论的数据化统一，使得一种全新的大数据认识论正在形成"，而大数据的核心本质是"洞见"，即从数据中获得更高层次概念的"见识"，从而实现对战争复杂系统的深度认知和管控。

研究范式的变革，意味着大数据作为军事系统工程的基础设施，成为研究战争复杂性的基础性条件，受到越来越广泛的重视。而由于军事领域的特殊性，军事大数据（或国防大数据）有着与传统领域不同的内涵和建设方式。2017 年发布的《大数据应用蓝皮书：中国大数据应用发展报告 No.1（2017）》中指出，军事大数据将成为抢占未来战争制高点的基石。可以说，军事大数据的建设在一定程度上决定了战争复杂系统研究的广度和深度。目前，国内主要有以下几种支撑军事系统研究应用的数据积累和建设方式：

一是基于泛在感知的真实军事大数据建设成为军事系统研究应用的基础支撑。随着国内对军事大数据需求日益增加和明确，通过传感探测、记录的全维度真实军事大数据，如情报大数据、武器装备及管理大数据、作战训练及管理大数据等越来越受到重视，各类大数据平台开始在各自领域发挥重要作用。不同于以往面向编制或性能数据的静态采集，现在军事大数据更加注重运用泛在感知手段，强化动态情报数据、装备运用数据、对抗演习数据等能反映战争复杂系统特点的全维度动态交互数据建设，数据采集形式也从单一的表格、图像、文字等向多种数据形式并存、相互融合验证的采集方式发展。虽然目前真实军事大数据建设受体系、机制等因素影响仍存在难以共享使用的问题，但随着数据量的积累和共享机制的顺畅，必将会为战争复杂性机理研究提供宝贵的资源条件。

二是模拟、实验、推演等仿真大数据成为战争复杂性研究的重要基础。国防大学研究团队认为作战仿真大数据，尤其是人在回路的仿真大数据是蕴含战争复杂性规律的富矿，将其作为研究战争复杂性的重要基础。仿真数据与实际探测数据具有相似性，动态仿真数据是实际系统演化过程的数据映射，人在回路体现人在战争复杂系统中的决定性因素。尤其是能够涵盖陆海空天电网多维战场空间复杂交互关系的大型仿真系统，人在回路的战争推演和探索性仿真，会产生海量数据，其中不仅有对抗推演的过程及结果数据，而且包含参演人员在作战指挥中产生的指挥行为数据，为和平年代研究战争复杂性机理提供了重要的基础条件。

三是对抗生成网络生成的虚拟训练数据为战争复杂性研究提供很好的数据补充。即使能够通过各种途径采集真实军事大数据、通过模拟、实验、推演产生仿真大数据，数据样本稀缺仍然是军事大数据的显著特征，尤其是在作战训练与管理、人在回路的作战模拟方面，目前的数据积累仍不能满足战争复杂系统研究的需求。对抗生成网络作为一种数据生成和增强方法被认为是解决军事数据样本稀缺的有效补充手段。陆军装甲兵学院等相关团队尝试利用对抗生成网络扩充生成指挥信息系统模拟数据，国防科技大学相关团队提出利用对抗生成网络解决高端武器装备数据生成方法及雷达情报识别等问题，国防大学吴琳、贺筱媛等尝试利用对抗生成网络扩充作战仿真数据样本研究防空体系能力评估问题，研究生成虚拟对抗智能博弈数据，在解决军事大数据稀缺方面进行了有益的探索。

（二）从数据到决策的大数据智能手段

大数据助力战争复杂系统研究的核心密码是算法，算法的基础是机器学习，大数据智能方法将战争复杂系统、数据和学习算法巧妙连接起来，颠覆了传统战争复杂系统研究的手段方法。大数据智能是以人工智能为手段对大数据进行深入分析，探析其隐含模式和规律，实现从数据到知识，进而到决策的理论方法和支撑技术。潘云鹤院士认为"大数据"必然走向"大知识"，并推动人类对复杂系统认识和控制能力的"大变化"。随着国家大数据战略在军事领域的持续推进，大数据智能成为推动军事智能化发展的强大动力，基于大数据智能提升开发和使用大数据的能力，成为影响战争胜负的战略工程。

大数据智能从传统"以规则教"的学习推理方法，到"数据驱动"的知识挖掘方法，又迈向数据驱动和知识驱动相结合的新时代，推动国内战争复杂系统领域研究从表象和特征深入到内在演化机理规律的研究。比如，在面向复杂战争系统的作战情报分析领域，中国科学院软件所胡晓惠团队提出一种面向大数据分析与决策的复杂多源信息数据表示与处理方法，实现一套从信息获取到内容分解再到决策支持的完整体系，推动大数据技术在情报信息领域的态势感知应用，增强情报信息认知能力，提升决策有效性。再如，在复杂战争体系能力评估领域，国防大学胡晓峰教授认为基于大数据作战体系能力评估应该基于整体、动态、对抗的评估理念，实现指标体系构建从"指标树"到"指标网"、从"简单和"到"涌现和"、从"单一值"到"结果云"的转变，以支撑对战争复杂体系演化机理的洞察；司光亚教授等研制了一个"武器装备体系效能评估的仿真数据管理与挖掘分析"原型系统，实现对武器装备体系效能及生成机理的深入挖掘，研究成果在主战和主建两个应用领域得到了有效运用，对科学规划装备发展顶层设计，作战方案科学评估，以及推进武器装备建设与实战化有机融合等方面发挥了积极作用。再比如在面向战争复杂系统的智能决策和规划领域，大数据与深度学习等人工智能技术的结合，推动复杂博弈智能的快速发展，2017年中国科学院自动化所团队"先知1.0系统"以3∶1击败由大赛军队组和地方组8名成员组成的编队，取得人机对抗的胜利；2019年国防科技大学基于智能系统工程思想，融合知识推理、监督学习、半监督学习、集成学习、强化学习等一系列方法构建的"战颅"系统，通过积极对抗和人人对抗的大数据训练，最终以全胜战绩赢得人机挑战赛冠军。

（三）军事系统开发的大数据应用生态

传统军事系统开发模式往往是严格遵循预先计划的需求、分析、设计、编码、测试等步骤顺序完成的瀑布式开发方式，这种"交钥匙"的系统建设和研究方式往往会因为前期需求和设计不清导致后期需求变化难以调整，代价高昂，无法满足具有自适应性、不确定性、非线性、涌现性等复杂性特点的战争复杂系统研究需求。大数据方法注重系统建设全寿命周期的数据采集、分析和应用，将军事系统工程开发和应用有机耦合在一起，利用系统应用运行的全维生态数据反馈提升系统能力，推动了军事系统工程由瀑布式向螺旋式开发模式的转变。

一是基于大数据的螺旋式工程建设方法更符合智能发展规律。因此，智能化复杂系统工程建设必须抛弃传统的"计划-需求-设计-编码-测试-运行维护"的瀑布式系统工程方法，采用更符合智能成长规律的新的螺旋迭代系统工程模式，在不断迭代中逐步成长，实现智能系统能力的生成。国防大学胡晓峰教授一直提倡智能化复杂系统工程建设的"婴儿理论"，认为面向战争复杂系统的智能系统建设不能通过搭积木的方式简单拼凑（木偶）或者一次性交钥匙的方式进行建设，而是要从开始就要面向整体建设，哪怕开始的智能很初级（像婴儿），但可以通过不断应用试错和迭代升级实现系统功能的进化（成人）。而复杂智能系统的成长需要一个能够进行不断试错、进化趋优的系统生态。

二是基于大数据的系统生态成为应对战争复杂性的有效手段。系统生态概念通常用于人造生态系统，来源于生物学的生态系统，是用"活"的理念来看待复杂系统，能够更为贴切地描述复杂系统之间的关联关系和作用机理，并按照生态的特征和规律来构建和管控生态系统。随着互联网、大数据和云计算的发展，越来越多的企业都将生态化作为企业发展战略。腾讯2018年提出了"从连接人与人，到连接人与物，连接人与服务"的生态链条概念，力图打造"提供最有效的数字接口，最完备的数字工具箱，以及共建最有创新活力的数字生态"。阿里巴巴集团作为国内电商巨头，提出了"阿里巴巴不是公司，而是生态体"的发展理念，指出生态体的价值来源于生态网络中节点的数量，经过十多年的发展，阿里巴巴已经演化成涉及电子商务、金融、支付、物流、云计算、人工智能等多样化的全球网络生态体。构建复杂的工程系统，尤其是有人参与的社会复杂系统，很难一蹴而就构建一个完美的系统，借助生态系统的进化趋优不失为一种好的思路。复杂系统的生态化几乎都是遵循相似的发展路径，打造开放的应用平台，汇聚使用者的注意力来扩展平台的规模，增强业务多样性，形成完整的生态链并持续推动生态的进化，战争复杂系统的研究也不例外。目前，基于大数据采集、处理、分析、服务于一体的大数据云服务平台，已成为战争复杂系统研究的基础条件。

三是应用生态推动战争复杂性研究成果的落地应用。国内很多团队已开始通过合作、竞赛等方式打造各自的战争复杂系统研究生态，推动相关成果的落地应用。如国防大学研究团队依托战略战役兵棋系统和仿真试验床常态化运用，着力打造面向体系能力评估和智能建模仿真的系统研究生态，该团队以兵棋推演和体系对抗仿真实验为基础，结合复杂网络、数据科学等最新理论进展，创新性提出了一种基于仿真推演大数据的武器装备体系复杂性机理体系能力分析新技术，并多次完成了作战方案、战略规划及建设绩效等评估任务。中国科学院自动化所连续举办多届先知兵圣系列兵棋大赛，着力打造智能博弈系统研究生态，国防科技大学联合中国指控学会和华戍防务，基于开源的墨子平台开展全国兵棋大赛，打造军事智能决策系统研究生态，相关团队打造的智能系统取得了较好的效果。

四、复杂网络方法及其军事应用

军事复杂体系因其整体、动态、对抗特征，涌现出高度复杂的网络交互关系，了解和控制这个复杂网络需要利用网络科学的理论和方法。在社会科学中，以对社会行动者之间的互动研究为基础的结构性方法被称作社会网络分析，它是随着社会网络科学，特别是军事网络科学的发展而新兴起来的定量分析方法，主要通过研究网络关系，把个体间关系、"微观"网络与大规模的社会系统"宏观"结构结合起来，从而分析和解决社会科学中的军事问题。复杂网络方法因其可以直观、科学地分析现实军事体系结构特征和演化特性，在军事应用中发挥着重要的作用，比较有代表性的应用场景包括军事指控网络效能评估、军事组织结构网络描述、关键基础设施级联失效建模、社会群体行为关系分析等。

（一）军事组织结构建模的复杂网络描述

作战体系通常是由对抗双方的传感器、指挥控制系统、作战火力平台、通信设施等实体建立起来的复杂系统。对于该系统，从拓扑角度来看，可以将实体抽象为节点，实体之间的交互关系抽象为连边，从而形成作战网络描述模型，复杂网络方法就成为描述作战网络结构特征的有效手段。实际网络都兼有确定和随机两种特征，确定性的法则或特征通常隐藏于统计规律之中，在军事体系复杂网络研究中，常用的典型统计特征主要包括：度和度分布、聚类系数和平均聚类系数、平均最短路径长度、连通度、网络结构熵等。

战争科学属于社会学研究的范畴，军事体系组织结构的复杂性决定了很多作战网络都具有复杂性特征。借鉴社会网络分析方法的思路理念，可以形成对军事体系组织结构网络关系进行建模与分析的方法，从基于解析计算的静态复杂网络结构建模与分析、基于仿真实验的动态复杂网络对抗分析和基于超网络的多层异构网络结构建模与分析等角度开展研究。复杂网络动态演化分析方法运用的基础是对复杂网络结构的建模与分析，即在初始网络结构模型建起来后对其动态演进过程中网络特征状态变化情况进行分析。通常，解决复杂网络动态演化分析的方法有三类：基于图论的方法、基于解析的方法和基于仿真的方法。基于图论和基于解析的方法可将小规模的作战网络演化问题转化为数学问题求解，基于仿真的方法则更适用于大规模作战网络动态演化的采样与分析。

国内的相关军事院校如国防大学、国防科技大学、空军工程大学等对军事体系组织结构的网络化建模开展了长期的研究，并取得了不少成果。主要包括两类：一类是将节点及连边关系视为同质的，从而构建出作战体系整体物理网络或其功能网络（预警网、指控网、火力网等）。例如：国防科技大学的阳东升教授团队对指控组织网络化建模进行了长期研究。另一类是考虑节点或连边关系的异质特征，基于超网络理论进行军事体系结构建模。随着物理网、关系网、交互网、任务网、指标网等各种异质嵌套网络结构特征描述的需求日益凸显，基于超网络的作战网络结构建模方法逐渐发展成熟，这主要包括两类研究方向：一是运用超网络模型将军事复杂体系中的各类实体节点及其连边按类别看作不同质的子网络，子网络间相互嵌套、交互，可以对体系中多种动、静态因素进行有效描述和分析。二是借助超网络理论研究指标虚拟网络与体系结构实体网络之间的关联关系。例如：考虑作战体系结构与作战能力之间的映射关系，建立作战体系"实体-能力"超网络模型，据此定义能力贡献度的概念，可以分析评估体系的关键能力。在构建出军事体系组织结构网络模型后，可以借助 NetLogo、Pajek 等网络描述软件工具进行网络结构特性分析和演化特性分析。

（二）作战指控网络抗毁性与敏捷性分析

在联合作战背景下的网络信息体系对抗，实体间会通过信息、物质或能量进行动态交互，通信网络关系决定了指挥的效率。在基础通信网络基础之上形成的指控网络为军事网络的核心，其拓扑结构和功能效果对军事体系的整体效能发挥产生重要作用。国内诸多军事院校开展了指控网络的建模及相关抗毁性、敏捷性分析等研究，比较有代表性的包括国防科技大学和国防大学。

国防科技大学的谭跃进教授团队针对复杂网络的抗毁性进行研究，结合相关军事应用问题，开展了广泛的探索，指出：军事指挥控制系统由原先以指挥控制为中心，演变为以通信、平台（战车、飞机、舰艇等）、网络为中心，交战双方围绕网络系统展开较量，网络的抗毁性研究（例如指挥通信网络）显得尤为重要。评估复杂网络的抗毁性可以采取解析和仿真两种方法。解析的方法需要综合利用图论、概率论、复杂性理论、统计物理等理论方法建立复杂网络抗毁性的解析模型，包括静态结构抗毁性模型和动态级联失效模型等；仿真的方法主要采用基于 Agent 建模仿真方法，建立复杂网络抗毁性的仿真模型，研究网络的个体行为如何涌现出整体行为。两种方法研究复杂网络抗毁性问题都必须考虑攻击策略的设计或选择、对所攻击网络认识水平的假设（例如零信息条件、完全信息条件和不完全信息条件等）以及网络面临攻击采取的应急措施（例如修复、隐蔽、加强防护等）。这些研究成果对于识别军事网络尤其是指控网络的薄弱环节或关键单元，提出网络优化策略具有重要理论价值。

国防大学研究团队基于仿真的方法开展了指控网络的建模分析及可视化表现等研究。通过建立体系仿真中的指控网络模型，描述现实军事体系中的战略指挥控制中心、战术指挥控制中心、作战单元指控中心等各级各类指控单元及其相互关系，结合演习训练大数据资源，对作战体系的结构层次进行了分析，得出动态作战体系网络在自组织演化过程中会出现指挥层级减少、指挥跨度增加的现象，即作战过程中，作战体系网络将会自组织演化，指挥体制将逐步趋于扁平化。将灵活和自适应能力摆在作战能力需求的重要位置，并强调需注重构建敏捷、弹性指控网络的技术方法研究。

（三）关键基础设施网络的级联效应分析

复杂网络的动力学分析理论用于军事应用最显著的成效当为关键基础设施（如骨干通信网、电力网等）的级联失效分析。例如，现代战争中，对国家电力网的跨域打击已成为削弱对手战争潜力的基本手段。当前网络空间作战视角下关注的电力基础设施信息物理系统，是指国家或地区层面的现代电力基础设施人机物融合的复杂体系，主要包括高压以上的骨干电网系统和与其相关联的调度自动化系统，以及参与其中的电力控制人员的影响，它们是相互紧密耦合并协调运行的人机物融合系统，通过攻击电力网络中的关键节点，极有可能引起电网的级联失效，导致电网大范围的故障。

国防大学司光亚教授等人长期对这种跨域网电空间建模与仿真进行了跟踪研究，针对电力网，建立了电力基础设施控制网、物理网与级联失效模型，明确电力基础设施控制网络、物理网中的级联失效是指故障在其信息域监控系统和物理域电网系统之间相互作用并跨域传播的过程，从物理域至信息域的物理关联，以及在各种不确定因素的作用下，故障还有可能在物理域和信息域之间相互作用，激化并跨域传播，从而形成更为严重的级联失效。

基于复杂网络构建的关键基础设施模型，通常是将关键基础设施的组件抽象为节点，组件之间的关系抽象为边，构成一个拓扑网络，以不同的策略使部分节点失效，通过网络指标的统计数据来分析网络的依赖关系，或是通过使节点和边具有生产、接收和传输流的能力，边的流量限制以及关键基础设施的运行机制，反映关键基础设施内部及不同关键基础设施之间的流特性，从而反映真实物理现实中关键基础设施之间的业务关系。进一步，构建跨域关键基础设施网络模型，可以用网格平面表示不同层次的关键基础设施网络，网格上的节点表示基础设施实体，节点间的连线表示基础设施间的关联、依赖关系，不同层次的基础设施间的依赖关系（包括物理依赖、信息依赖、地理空间依赖、政策依赖、社会依赖等），关键基础设施网络的动态演化和级联失效过程就可以通过上述依赖关系定性或定量描述，结合仿真实验分析，寻找关键基础设施网络上的核心脆弱节点，可以得出关键基础设施网络上突发事件的合理应急处理策略。

（四）社会群体行为的网络关系仿真分析

国防大学在社会仿真方面较早开展了相关研究，通过仿真政治、经济、民意、舆论等社会现象，构建在战争或准战争背景下真实度较高的战争环境，并评估军事行动带来的间接广泛的社会效应。例如，利用小世界和无尺度网络模型，建立了人际关系网络模型并开展相关仿真实验，通过这种军事应用实践，验证了复杂网络方法在构建特定地区民众就当前发生的危机事件因交流而形成的人际关系网络是可行的。

社会群体行为分析中，比较典型的是网络舆情传播分析。网络舆情传播是指以互联网为平台的舆论传播活动，由于网络传播同时具有人际传播和大众传播特点，其快捷性、信息的海量性、互动性等网络特性，使得舆情表达快捷、信息多元互动，对战略层面决策影响较大。在建立网络舆论传播模型中，主要采取了基于 Agent 的方法，包括三类 Agent：网民 Agent、新闻网站 Agent 以及 BBS Agent，在战争复杂系统仿真中，需要充分运用社会网络分析方法建立舆情传播模型，进而运用仿真手段对舆情的传播特性和影响情况进行分析。运用复杂网络理论，通过研究网络舆论的量化表示方法，可以将网民在互联网上的舆论传播行为和网站、BBS 的类型和影响力联系起来，从而制定出网民的行为规则：若网民在人际关系网络中是极端个体，则在网上也倾向于发表意见，并且发表的意见同人际关系网络中的意见一致；若网民在人际关系网络中不是极端个体，则在网上是否发表意见具有从众性。

此外，针对战略模拟中的城市群体行为的建模与仿真主要是采取将复杂网络与 Agent 建模相结合的方法，即运用 Agent 建模方法描述社会群体中个体的行为规则和个体之间的交互关系，运用复杂网络模型生成社会个体之间的复杂人际关系网络，系统则在大量个体 Agent 之间的局部交互作用下涌现形成复杂的高层社会整体行为特征，并通过数据可视化软件平台对网络关系及其特征进行展示。

五、作战实验方法及其军事应用

作战实验作为研究战争问题的科学实验，是和平时期进行战争研究最重要的手段之一。通过演习演练、兵棋推演、作战仿真、研讨博弈等战争实验预实践，可以评估在联合任务环境下的作战能力，检验装备与技术能否匹配新时期军事战略目标，验证新军事思想与作战理论能否适应未来战争需要等。作战实验的目的就是为了探索创新作战概念并确定这些创新的作战概念需要哪些能力。因此，作战实验的概念、内涵和外延都发生了相应的变化，作战实验进一步将概念开发、联合能力建设、能力缺乏的解决办法等军事转型中重点关注的内容作为其探索的焦点，将体系开发特别是如何确认体系中的缺板和短板系统作为其特别关注的内容。目前，主要的作战实验方法包括三类：探索性仿真实验方法、兵棋推演作战实验方法和基于 LVC 的作战实验方法。

（一）人不在回路的探索性仿真实验

在信息化条件下，战争结果的不确定性大大增加，战争中的蝴蝶效应越来越明显。在针对战争复杂系统所进行的分析工作中，出现了大量不确定的变量，这些变量之间相互关联，各个变量与战争结果之间的关系也不甚明确，传统的敏感度分析等统计学手段已难以满足分析的需要。随着计算机技术的不断发展，出现了探索性分析方法（Exploratory Analysis），该方法可以较好地解决上述问题。

探索性分析方法的长处在于对问题空间进行广泛探索，处理不确定性问题；而实体建模仿真的优势在于能够较好地描述过程，适合对问题进行深入的研究，对于相互关系紧密、难以分解的系统处理较好，将这两种方法相结合，取长补短，就形成了探索性仿真分析方法，而探索性仿真实验就是运用探索性仿真方法进行实验的一种方法。

胡晓峰、司光亚、杨镜宇等在探索性分析的基础上，于 2005 年最早提出探索性仿真分析的方法，随后又在 2007 年初步提出了探索性仿真实验的实施方法，并提出了一些关键问题的解决思路和技术途径。之后，其研究团队对探索性仿真实验开展了相关研究，引入了数据耕耘的思想，提出了数据耕耘是一种基于协同的探索性仿真分析方法，并构建了基于数据耕耘的探索性仿真分析框架。在此框架下，作战模拟可以看成一系列相关的实验设计提炼过程，其目的是探寻不同层次输入参数对想定（输出）的敏感度，体系对抗的模拟贯穿了对想定空间、参量空间、样本空间的不断反复的循环提炼过程。

信息化条件下的战争是一种典型的复杂系统，而探索性仿真实验又是解决复杂系统问题的一件"利器"，因此其重要的军事应用就是从整体上对体系能力进行分析、优化。耿振余、毕义明等针对作战体系优化问题，将探索性分析方法与体系对抗仿真相结合，并基于此方法描述了作战体系优化过程，初步具备了探索性仿真实验的思想，成为探索性仿真实验军事应用的一种新思路。国防大学研究团队针对体系分析需求下的战场复杂信息环境仿真中的通信网络和复杂电磁环境两个问题进行整体分析，将探索性仿真实验与复杂网络理论相结合，提出了相应的解决问题的思路。

要成功地实施探索性仿真实验，离不开相应的支撑平台，因此，开展理论研究的国防大学和海军指挥学院都构建了相应层次的探索性仿真实验平台，并对相关的工程实践开展了一系列研究。例如，国防大学研制了基于体系仿真试验床的战争分析综合仿真实验环境，该系统主要基于探索性分析方法进行实验设计、运行和分析，由仿真实验设计系统、仿真实验运行系统和仿真实验综合分析系统组成，是一个探索性仿真实验分析平台。

探索性仿真实验方法作为一种研究战争复杂系统的重要手段，能够将探索性分析方法与建模仿真方法的优势相结合，可在一定程度上描述所研究问题的确定性与不确定性特征，较为适合人不在回路的大样本可重复的作战实验应用场景。

（二）人在回路的兵棋推演实验

兵棋推演方法通常包括三类：一是往复式对抗推演方法，这通常是一种针对某一问题进行反复推演的实验方式，它可以在一个作战阶段，围绕一个问题反复推演，研讨对策，直到问题获得解决，再进入下一阶段或问题的研讨推演，并且在各次推演中可以重新设置推演的初始态势；二是连续式对抗推演方法，这通常是一种针对某一方案进行连续推演的实验方式，即一个回合接一个回合地连续推演，虽然在推演中也可能停下来研讨，但不在一个阶段下反复推演，而是连续推演完一个完整的作战方案，在各阶段推演中通常不可以重新设置本阶段的初始态势，前一阶段结束时的态势即为下一阶段开始时的态势；三是混合式对抗推演方法，即在对抗推演过程中，可能在某些阶段上采用往复式对抗推演方法推进，而另一些则采用连续式对抗推演方法推进，也可能是在往复式对抗推演中局部利用了连续式对抗推演方法，或在连续式对抗推演中局部利用往复式对抗推演方法。

兵棋推演实验的基本过程主要包括三部分，分别是兵棋推演设计、兵棋推演运行和兵棋推演分析。兵棋推演设计重点是针对推演问题设计相应的解决方案，兵棋推演运行侧重于对推演过程的控制，兵棋推演分析则是从推演数据中获取综合分析结果。将分析结果反馈至推演运行，可作为调整推演运行与控制方式的依据，同时推演运行状态也是对推演设计的直接反映，通过从分析结果到推演设计的回溯基本上较好地保证了两者间的对应关系。

国防大学是国内兵棋推演研究的典型代表，其兵棋推演作战实验方法可用于作战方案辅助筹划和评估。例如，组织联合作战方案兵棋推演评估流程通常包括4个步骤：明确评估目标、组织方案推演、定制化评估和优化优选方案。明确评估目标阶段主要由评估人员接收联合作战方案，与指挥员和指挥机构对接，明确评估问题域和评估目标；组织方案推演阶段通常划分为推演准备和推演实施两个环节；定制化评估阶段通常划分为评估准备和数据分析两个环节；优化优选方案阶段主要由指挥员根据实际，对作战方案进行比对优选或优化。作战方案评估比对是一个主观的过程，指挥员和参谋人员依据评估标准，对制定出的各个作战方案进行比较，最终选定最优作战方案。针对作战方案辅助筹划和评估的兵棋推演作战实验，关键在于将作战方案、计划转化为可供兵棋推演系统执行的指令并可进行战场态势显示和对实验结果进行可信评估。

兵棋推演作战实验方法作为一种"指挥员"在回路中的作战模拟实验手段，指挥员能够参与作战模拟系统的运行，并在对抗情况下进行分析或演练，这种对抗性、批判性和博弈性的模拟方式往往能够最大限度地刺激指挥员的主观能动性和创造性，体现出战场态势发展的高度不确定性。

（三）虚实融合的 LVC 联合实验

L（Live），实兵训练，真实的人操作真实的系统，表现为传统的实兵演习、首长机关作业演习以及训练靶场的武器装备作战试验等。V（Virtual Simulation），虚拟模拟，真实的人操作虚拟的系统，表现为决策指挥训练以及模拟器技能训练等。C（Constructive Simulation），推演模拟，又译为构造模拟，虚拟的人操纵虚拟的系统，表现为计算机兵棋推演、计算机作战模拟和武器装备系统仿真等。LVC 训练综合了实兵训练、虚拟模拟器训练和推演模拟训练三者的优点，是一种既贴近实战又节约经费的训练方式。采用分布式仿真体系结构，将分散在不同地域的实兵系统和模拟系统互联起来进行 LVC 训练，是解决目前我军联合作战训练诸多问题的有效手段。

构建 LVC 训练环境，需要将不同的系统互联在一起共同运行。一般而言，由于不同系统建立的时间、实施的部门、采取的手段等各不相同，系统与系统之间在数据格式和运行方式等方面存在诸多差异，如果要将这些异构系统互联进行联合运行是一项复杂的系统工程，需要解决诸如数据相互识别、联合运行逻辑校验、系统灵活扩展组合等技术问题，因此，需要合理的体系结构支撑。目前多系统互联的体系结构主要有基于 DIS 或 HLA 的单联邦体系结构、基于 DIS 或 HLA 的多联邦互联体系结构、基于 TENA 的体系结构以及多技术体系的混合体系结构等。国防科技大学对 DIS、HLA 等技术进行了长期的研究，设计开发了符合国内军事用户需求的 RTI 解决方案，同时，军兵种的各类试验鉴定靶场、相关科研院所也对一体化联合训练、试验中涉及的 TENA 体系结构、各类型装备训练模拟器等开展了广泛的研究，相关成果已逐步运用到军兵种的系列演习和与武器装备研制工业部门的装备体系联合仿真试验中。

从目前军事领域各层级需求来看，从军委机关到各战区，再到任务部队，开展实战化训练都需要一个 LVC 环境，以提供战略对抗研讨、仿真推演评估、实兵实装对抗等多样化训练场景。在军委高层，侧重于训练高层指挥机构的联合作战指挥能力，通过多方视角分析、弱点测试、竞争性假设等多种对抗研讨组织方式，使受训者"沉浸"于战略对抗决策环境中；在战区层面，侧重于训练战区指挥员和指挥机构的作战筹划能力，运用兵棋推演系统或各类半实物模拟信息系统，使受训者学会在指挥流程关键决策点做出科学决策；在部队层面，侧重于训练部队战术层面遂行作战任务的能力和检验武器装备的真实技战术水平，通过虚实结合的各军兵种体系对抗演习训练，达到战训一致，并能通过仿真实验分析获取部队模拟实装训练水平的真实情况，及时反馈至装备和作战部门，不断改进装备、优化战法。

六、综合集成方法及其军事应用

综合集成方法是从整体上研究和解决问题的方法，采取人机结合、以人为主的思维方法和研究方式，对不同层次、不同领域的信息和知识进行综合集成，达到对系统整体的定量认识，体现了"精密科学"从定性判断到精密论证的特点，也体现以形象思维为主的经验判断到以逻辑思维为主的精密定量论证过程。所以，这个方法是走精密科学之路的方法论。它的理论基础是思维科学，方法基础是系统科学与数学，技术基础是以计算机为主的信息技术，哲学基础是实践论和认识论。实践证明，这套方法论在应用中是有效的，并可随着应用的发展而不断发展。比较有代表性的应用场景包括武器装备体系综合集成与效能评估、军队战略规划论证与评估、战争模拟对抗训练等。

（一）军事系统工程中的综合集成思想

著名科学家钱学森在开创我国航天事业的同时，开创了一套既有普遍科学意义，又有中国特色的系统工程管理方法与技术。20世纪80年代中期，他以"系统学讨论班"的方式开始了创建系统学的工作。20世纪80年代末到90年代初，结合现代信息技术的发展，钱学森先后提出"从定性到定量综合集成方法"及其实践形式"从定性到定量综合集成研讨厅体系"（二者合称为综合集成方法），并将运用这套方法的集体称为总体设计部。综合集成方法的实质是把专家体系，数据、信息与知识体系以及计算机体系有机结合起来，构成一个高度智能化的人机结合与融合体系。综合集成方法可以在科学层次上建立复杂巨系统理论，即综合集成的系统理论。这套方法论在实践中不断应用、发展，最典型的当属由中国航天工业总公司710所、中国科学院自动化所、华中理工大学系统工程所三方联合研究开发的宏观经济职能决策支持系统（MEIDSS），它用于支持宏观经济决策，为决策者或决策部门把握经济发展状态、预测经济发展趋势，监测经济系统运行和规划经济发展提供定量参考依据，也为国家制定军事发展战略提供间接的经济领域决策支持。

随着科学技术的进步，中国航天系统科学与工程研究院在于景元等著名系统工程专家的引领下不断创新、发展钱学森综合集成思想在系统工程实践中的应用，综合集成方法使系统工程应用从简单系统与知识系统逐步过渡到人机结合的智能系统。中国科学院自动化所戴汝为等指出，在研制智能系统时，应强调的是人类"心智"与机器的智能相结合。从体系上讲，在系统的设计过程中，把人作为成员综合到整个系统中去，充分利用并发挥人类和计算机各自的长处形成新的体系是今后需要深入研究的问题。"从定性到定量综合集成研讨厅体系"本质上可归为一类开放巨型智能系统，在系统中包含了人和大量的专家系统，由于知识结构以及经验的不同，对于同一个问题，可能会有不同的看法，得出的结论也会不尽相同，通过研究能处理矛盾的标记逻辑程序理论及分布式专家系统中解决矛盾的方法，发展计算机运行的"微观"理论，可以在一定程度上解决上述问题。这样，研讨厅体系中的人可以进行高层次上的协调和决策，具体的推理等工作则交由机器来完成。随着分布式人工智能领域与计算机软件领域兴起的智能信息 Agent 技术所建立的 Multi-agent System 可以综合多种 Agent 技术，从而使 Agent 具有智能、分布性、适应性、反应性、移动性、群体性与方便的人机交互与协作，这为构建集成人的智慧与计算机的高性能的大规模、开放式专家群体参与的人机协作智能信息系统——研讨厅创造了技术条件。在此基础之上，国内的操龙兵、戴汝为提出了基于智能信息主体的综合集成研讨厅软件体系，采用智能移动 Agent 封装支持宏观经济决策的研讨厅中的任务、应用、算法、交互、角色、控制与管理，以及数据操作，从而综合了高新信息技术、数据融合、知识与信息以及专家群体智能。军事科学作为社会科学的研究分支，在跟踪宏观经济领域开放巨型智能系统研究基础上，国防大学司光亚教授等提出了一种基于大数据的从定性到定量综合集成的武器装备体系复杂性机理及效能评估方法，这是在海量数据资源基础上构建的人机智能协作军事研讨空间，实现对武器装备体系效能从定性到定量的综合集成分析。

（二）军队建设论证及战略评估应用

原总装备部机关提出：装备体系是根据军事需求、经济和技术可能，由一定数量和质量相互关联、功能互补的多种装备，按照装备的优化配置和提高整体作战能力的要求，综合集成的装备类别、结构和规模的有机整体。为此，原总部机关成立了武器装备体系技术研究的专业组织，结合发展战略研究和规划论证，提出了涵盖需求分析、体系结构设计、体系评估等方面的武器装备体系技术研究关键技术体系，国防科技大学、国防大学、中国电子科技集团等单位，根据相关工作需要，也相应研制形成了一些支持体系需求分析、体系结构设计、体系开发与演示验证、体系仿真分析与评估优化的软件工具，体系工程的集成研究由一些典型领域向各军兵种乃至全军武器装备体系建设拓展，依托军队有关论证机构和装备研究机构，建立了从事武器装备体系综合集成研究的重点实验室，并且军事科学院、国防大学、国防科技大学、中国科学院等单位也相继设立了从事相关领域体系综合集成研究的专业机构或组织，初具规模。

军队战略规划总体论证及评估是一个复杂的军事系统工程，目前主要由军委战略规划办牵头组织。军队战略规划及评估问题通常具有高度复杂性，从战略设计到战略实施再到战略评估，需要对军队发展战略制定、军队建设发展规划和编制制定以及军队建设发展成效评估等高层战略问题进行决策，这种决策过程遵循从定性到定量综合集成的规律。军队战略规划总体论证需要充分考虑军队现有状况、科技技术发展和战略态势发展的可能性，针对未来战争需求和我军作战概念发展的基本方向，以充足的材料论据和严密的科学方法，通过逻辑推理及定性定量综合分析，对军队发展战略方向进行宏观决策研究。

军队战略规划总体论证是由抽象到具体的过程，所论证的问题逐步由非结构化变为半结构化，再转化为结构化问题定量求解，最终由定量求解评估结果反馈定性分析，是一种概念和知识创新的循环聚焦过程。所采取的研究方法具有不同的层次结构和类别，具备不同的优缺点，较低层次的数据分析方法是较高层次专家研讨分析方法的基础，较低层次的论证分析方法所获得的结果是较高层次论证分析方法的论证分析依据，同时，较高层次的论证分析方法又对较低层次的论证分析方法提供间接或直接的指导，保证论证分析的方向或性质的正确。其中：定性方法通常以科学的哲学原理和思想、思维科学、认识论为基础，适于解决战略规划论证的高层次、非结构化问题，例如提出战略规划的指导原则与指导思想等，这在全军武器装备体系发展建设战略研究中具有重要的作用；定量方法通常用来解决一些具体的定量分析问题，例如计算战略规划论证评估指标体系中的某些指标（效能指标、成本指标等），只要建立了相应的计算评估模型，就可进行战略评估分析。而综合集成研讨方法把专家定性分析与计算机定量计算结合起来，适于处理战略规划复杂大系统深层次问题，不仅把握问题的方向，还给出问题属性的定量依据。因此，结合专家系统、智能化决策支持系统，嵌入适用的定性方法、定量方法，建立相关的模型库、方法库、数据库、图形库、资料库、文件库，建设战略规划总体论证研究的综合集成研讨厅，是目前军队战略规划与评估研究的有效途径。

（三）战略模拟综合集成研讨环境构建

综合集成方法为战略问题运筹分析提供了科学的指导原则，军事科学院张最良研究员、黄谦研究员在20世纪90年代中期开展的深化国防科技发展战略的研究，以综合集成方法为指导，定性与定量结合，提出了从体系对抗要求出发，以武器装备体系建设为中心发展我国武器装备的总体思路，为研究制定我国武器装备科学发展的战略提供了有效的支持。高层战略决策模拟训练不同于面向指挥训练的战役战术训练模拟，也不同于面向武器系统平台的系统仿真。研究高层战争问题要从战争的全局出发，涉及战争系统的各个要素，不仅包括军事，还包括政治、经济、外交等多个方面。在国外开展的战略层次模拟活动常采用讨论式对抗模拟（Seminar Gaming）的方法，钱学森等人在提出"从定性到定量综合集成研讨厅"方法的过程中相当重视对国外作战模拟领域，特别是国防系统分析领域研究成果的总结，包括几十年来世界学术界讨论的Seminar经验和CI及作战模拟。

针对军队高层战略决策模拟训练这类复杂性问题，国防大学从1998年起就提出了建立综合集成研讨与模拟环境的方法，并结合我军高层决策问题研究与训练的需要，对该问题进行了持续研究和原型系统开发，形成了面向战争高层决策的"决胜"系列平台，即利用计算机营造的面向高层战争问题研究与决策训练的支持环境。该系统用于决策模拟训练可以增强高级指挥员的战略意识，拓宽战略视野，提高思考、研究重大战略问题的能力和参与高层决策的能力；用于战略问题分析可以直接服务于对重大战略问题的研究，为论证人员提供一个定性与定量相结合的研究环境与技术支撑平台。在复杂性科学方法论指导下，特别是在综合集成研讨厅方法论的指导下，司光亚教授出版了《战略训练模拟系统原理》专著，设计了战略训练模拟系统，采用现代信息技术，构建了一个"按需服务"（X Service On Demand，XOD）的综合集成概念框架，X代表可以在综合集成框架下提供的各种服务，包括按需数据库服务（Database On Demand，DOD）、按需信息服务（Information On Demand，IOD）、按需协作服务（Cooperation On Demand，COD）、按需仿真服务（Simulation On Demand，SOD）、按需知识服务（Knowledge On Demand，KOD）等。"按需服务"强调综合集成研讨环境对研究过程中各种要素的综合和集成，强调按照战争复杂体系分析问题和过程的需要为用户提供更加智能化的、更加综合的决策支持与辅助。类似于"决胜"平台的研究，不仅仅是定位于开发一个单纯的软件系统，而是定位于建设战争模拟训练生态，形成研究战争复杂问题的公共环境。这种开放式的生态环境通过公共的硬件平台、公共的综合模拟系统、公共的方法库、模型库、知识库、多个领域的专家群体来共同研究复杂问题，支持多种要素的综合集成来共同解决各种具体问题。同时，战争模拟训练生态是一个能够不断学习积累、自我增长的生态系统。一方面系统的基础数据库、模型库、知识库不断完善和丰富；另一方面，系统功能也在高水平的研究过程中不断增长，继而对研究者的支持也将不断增强。

第三节　展　望

一、数字孪生体与军事平行系统

随着物联网、大数据、人工智能等新技术的迅速发展，武器装备趋于数字化、无人化和智能化，现代战场向着立体化、网络化演变，从传统三维空间战场延伸至多维多域战场，未来战争将是高科技武器之间的对抗。为应对跨域联合作战能力生成的需要，各国军队抢占科技制高点，加快推进高新技术武器装备的研发。武器装备系统的制造应用也向着数字化、智慧化方向发展，逐步转变以往线性的、以文档为中心的装备采办流程，形成以数字模型为中心的动态数字装备系统，从装备模型数据管理发展至全生命周期的数据管理。但武器装备的复杂性以及战场环境的动态变化，对实现装备全生命周期中多源异构动态数据的有效融合与管理、装备优化研发与战场高效应用带来了挑战。数字孪生作为数字工程的主要范式，以数字化形式在虚拟空间构建与现实实体相一致的虚拟实体，建立跨层级、跨尺度的现实世界和虚拟世界的沟通桥梁，可以实现物理世界与信息世界交互共融，为武器装备建设发展和战争系统的设计提供手段。而平行控制作为以数据驱动的计算控制方法，可以利用人工系统进行建模和表示，通过计算实验进行分析和评估，从而借助平行执行实现对战争复杂系统的控制。因此，从当前技术发展趋势和应用状况看，未来可重点关注以下方向。

（一）运用数字孪生技术，实现新型武器装备系统全寿命周期管理

传感技术与物联网技术的发展使武器装备数字化成为可能，但信息获取数据量的倍增，且具有高速、多源异构、易变等大数据特点，造成设计、研制、测试、运行、维护等全寿命周期成本大幅度增加。同时，增加了武器装备系统复杂性和风险度，一方面大大增加了故障、性能退化以及功能失效发生的概率，另一方面对交付能力、经济性和持

续保障性提出了更高要求。因此，新型武器系统的全寿命周期管理逐渐成为研究的焦点。数字孪生技术可以利用武器系统的物理模型、历史运行数据，特别是传感器的实时数据更新，建立包含设计、建造和维护等信息的装备数字孪生体，通过操纵数字孪生体进行模拟、仿真和预测面向新型武器系统全寿命周期过程，解决虚拟世界和现实世界链接交互的问题。针对武器装备设计研发，重点对装备的材料、结构、外形、功能和性能进行仿真研究，结合军事平行系统技术，进行设计方案的推演和评估，同时，根据数字孪生产品的虚拟模型和实体模型实时交互产生的大量数据，建立相应的装备设计知识数据库，为装备更新换代提供数据储备。在装备制造阶段，在虚拟空间中复现装备及其生产系统，重点实现装备和生产系统的虚拟模型和实体模型实时交互，研究面向装备制造的数字孪生车间，在生产制造中构建设备集群平行系统，实时和远程监控控制装备制造全过程，实现自主优化装备制造，提升生产效率。在装备维护阶段，模拟武器装备在各种现实环境下的状态和功能，重点研究虚实交互反馈、数据融合分析、决策迭代优化等技术手段，同时观察武器装备外部的变化情况和内部零件的变化情况及其工作状态，研究基于平行系统的装备运行维护技术。此外，结合不同战场环境的历史监测数据进行虚拟战斗，研究装备的操作性和有效性，可以预测装备寿命以及状态评估，提高装备性能，进而减轻全寿命周期维护负担。

（二）设计军事平行系统，实现战争复杂系统的模拟再现与管理控制

信息化、智能化是未来战争的核心，战争特点更加呈现"非对称性""非接触性"与"非线性"，远程的非接触打击将成为主要作战样式，以无人机、无人运输车、无人潜航器为代表的无人作战系统将是未来战场上武器装备发展的重点。在未来战争中可能出现以有人装备为核心、众多无人装备参与的作战群。而指挥员和作战人员远离战场，一方面无法接触动态复杂变化的战场环境，另一方面需要对无人作战群实施远程指挥控制。因此，新型作战样式要求创新作战指挥手段，军事平行系统的虚实融合模式将成为战争仿真的有效形式。利用部署于太空、空中、地面、海面、作战人员与装备上的传感器以及其他侦测技术手段等实时收集战场信息，全面构建战场要素数字孪生体对象，使数字孪生体成为战场组成的一部分。通过战场与装备虚拟映射的方式，为指挥员和作战人员提供虚拟战场环境，利用虚拟装备完成指挥任务，辅助战争决策，实现战争效果显性化，从而达成作战目标。需要重点研究物联网技术下，虚拟装备与实体装备的互动能力，控制装备先知、先觉及共智等能力。通过不同决策层面构建虚实交互关系，综合考虑战场环境、作战装备、作战人员、支援装备等因素，解决当前备战与未来作战任务的研究需求。另外，战争涉及经济因素、政治因素、军事因素、科技因素、文化因素等不同领域，需要研究不同因素影响下的平行系统构建方法，基于军用数据链获取多域战场数字孪生体的数据，实现虚拟空间内全维度多方位的战争模拟，进而可以通过军事平行体系对抗平台进行模拟推演，针对不断形成的新型战争形态进行部分甚至是完全的虚实融合战争研究与战争设计。

此外，智能制造是新一轮科技革命的核心，需要着力推进"数字化装备"向"智能化装备"、"数字化战场"向"智能化战场"演进，从以装备系统数据化为核心的数字化

向以数据业务化的数智化发展，构建端到端全要素、全场景、全生命周期的数智孪生体，实现数字化技术、智能技术与信息技术的融合。

二、战争复杂系统的认知建模

随着智能浪潮的汹涌而至，军事智能技术催生新一轮的军事变革，一大批无人作战平台和智能化武器装备不断出现并投入实战，引起战争形态、作战样式及制胜机理不断演变，推动战争逐步进入智能化时代。不同于机械化、信息化军事变革对物理域、信息域的变革，以认知智能为核心的智能化军事变革将冲破传统战争中人与武器装备的"二元"要素，呈现"人""机器""武器"的"三元"特征，智能机器人成为战争主体的构成要素，开始冲击和颠覆传统的以人为主的认知空间，战争的较量成为知识和算法的较量，战争要素和战争形态发生前所未有的深刻变化，推动战争样式从"网络中心战"向"决策中心战"和"认知中心战"转变。战争空间的扩展、战争主体的变化及战争样式的变革，为战争带来了更高的复杂性，传统基于专家经验或理论推导、数值计算、模型分析和模拟仿真等系统分析方法，难以满足智能化条件下战争复杂系统建模仿真和认知管控的需求。

认知智能技术的发展为战争复杂系统研究带来了新的机遇。尤其以深度学习为代表的人工智能技术，通过结合增强学习、策略搜索、博弈对抗等技术方法，在没有人的干预下，成功实现了经验直觉等隐性知识的自发现，在视频游戏、围棋、德州扑克、即时战略类游戏等复杂系统中实现了类人甚至超人的决策能力。这无疑启发了一种全新的基于认知智能的复杂系统深度理解和管控方法，即复杂系统认知仿真方法。其概念可以概括为：通过捕捉与复杂系统交互过程中产生的经验、直觉、想象、灵感等非形式化知识，与形式化知识一起，构建能够反映复杂系统特征的模型，实现对复杂系统的深度理解和仿真，进而实现对复杂系统的演化预测和管理控制。

认知建模方法将颠覆传统战争模拟仿真理论和方法，将成为深度认知和管控战争复杂系统的新途径。一是颠覆传统以结构和功能相似性为基础的仿真建模理论，以行为规律相似性为基础，实现战争复杂系统特征规律的描述和仿真。认知仿真模型使用的深度神经网络与战争复杂系统具有天然相似性，均具有自适应、不确定和涌现性等复杂系统特征，神经网络通过不断学习优化权重，以不断适应不同输入数据的特征，并涌现出对战争复杂系统高层概念的抽象和整体规律的认知。因此，用深度神经网络的黑箱模型来模拟战争复杂系统的黑箱，相似性不再是结构的相似性，而是规律行为的相似性，这是以行为规律相似性的战争系统仿真建模的理论基础。二是颠覆单纯基于特征构造和显式规则的知识建模方法，综合符号主义、连接主义和行为主义等多种知识获取方法，实现逻辑推理和经验直觉的融合建模。战争复杂系统所具有的适应性、不确定性和涌现性，使基于显式知识规则的传统逻辑推理方法一再遇到瓶颈，而得益于对复杂系统的强大探索能力和知识抽取表示能力，深度强化学习方法提供了一种对经验、直觉、记忆、灵感和想象等非形式化隐性知识建模的工具。战争复杂系统的认知建模必须综合考虑规则、逻辑、经验、直觉、想象、记忆、遗忘等一系列的认知模式，将人类总结的显性知识和经验直觉等隐性知识融合起来，构建完备的战争复杂系统知识模型体系。

高速发展的智能技术在驱动战争形态演变的同时，也进一步增强了人类获得认知、积累知识的能力，从而提供了用认知仿真方法去深入理解复杂系统的新思路，以不断改变对复杂系统的认知能力。持续深入地研究认知建模仿真，会使人们逐步认识和理解复杂系统的运行规律，在掌握和控制复杂系统的道路上不断进步；同时这些认知也可能会激发出更复杂的演化，导致复杂系统产生出更多的新问题，使得对复杂系统的认识和管理更加困难。因此，深入地研究认知建模与仿真问题是解决复杂系统问题的一条可行途径，但同时也必须从复杂系统观点出发，从理论上有所突破，才有可能取得较大的进展。

三、面向战争设计的兵棋推演实验

近年来，战争形态趋于多元化，美军新型作战概念、作战理论层出不穷，其"混合战""多域战""马赛克战"等作战理念和作战构想给研究未来战争的样式和走向带来了严峻的挑战。美军的"第三次抵消战略"强调首先要提出作战概念，然后进行仿真测试，最终通过实战演习再对它们进行验证，从而使美国的传统威慑能力登上一个新的台阶。未来战场涉及的参战力量、作战范围必将更加广阔，战争设计需要推演，战争研究的新范式就是推演实验，迫切需要仿真推演实验能够模拟全域全谱战场环境，其推演实验平台必须能够支撑大规模仿真实体和海量数据信息的采集、处理与分发，尽可能还原战场实时态势的高度复杂性。于我军而言，如何科学合理的设计推演实验、构建推演平台，验证新型作战概念，生成应对威胁的新质作战能力，是研究战争复杂系统、创新军事系统工程方法的主要方向之一。但是，目前我军在推演应用中仍然面临着不少挑战。一是全军尚未形成兵棋推演文化，兵棋推演容易被误认为是大型军事游戏；二是兵棋推演缺乏假想敌，较难形成真正的"背靠背"对抗；三是实战型、分析型兵棋推演不够，推演容易陷入流程化的指挥训练；四是兵棋推演数据规则知识积累不够，兵棋推演结果的可信性容易受到质疑。因此，从军事系统工程角度，我军的推演实验应当着重从以下方面进行发展。

（一）构建适应未来战争的兵棋推演系统

现代兵棋推演大多是基于计算机仿真系统进行的，传统的基于相似原理构建作战模型、基于实战经验生成作战数据的方法，在推演未来战争的兵棋推演系统建设方面需要进一步发展。首先，推演的模型要向新的领域不断拓展。要适应未来多域作战、全域作战的特点，加大在网电、太空、深海、无人等新领域、新空间建模仿真的支撑能力，加大对战场智联网络、社会宗教地理信息环境、国家关键基础设施等新的作战环境建模，对无人平台、空天飞机、全球快速打击系统、定向能武器、电磁脉冲武器等新的作战平台和武器装备建模，对分布式杀伤、无人蜂群、马赛克战等新的作战样式建模。同时，还要适应未来战争跨域作战机理，不再局限于物理毁伤效果等传统作战效果，更加关注对信息火力一体战、跨域机动战、认知电子战，甚至是混合战争、灰色地带等跨领域作战效果的建模仿真，以及多领域多空间跨域交互、软硬效果传递、级联的建模仿真。只有这样，推演的模型才能反映未来战争的新机理、新特征。其次，推演的数据要通过演习或者试验进行校核。设计未来战争，需要按照未来作战思想，指挥未来作战力量，基于尚未列装的武器平台进行推演实验，如果说针对当前战争推演的数据还可以来自实战，那么未来战争推演的数据从何而来就是个问题。为此，应该转换理念，采用"像作战一样试验"的思路，将内外场试验数据、高分辨率仿真数据与推演系统综合集成，虚实互补进行推演数据校验，将其作为推演系统数据的基础，不断增强推演设计未来战争的科学性。

（二）逐步形成兵棋推演研究设计未来战争的机制

战争系统是一种复杂的适应系统，既是科学也是艺术，单一工具、单一方法不能完全解决问题，需要一个定性与定量相结合的支持框架，而兵棋推演正好具有这种特征。兵棋推演作为计算工具，更是谋略工具，可以把指挥艺术和量化计算相结合，可以将多种运筹分析方法、系统分析方法与推演人员的决策知识相结合。推演的过程就是聚焦问题不断接近答案的过程，边分析边推演，反复回溯、不断聚焦，反复分析、不断校准，从而获得对问题的洞察力，使得分析结果的可解释性得以保证。因此，在全军大力提倡、加快推进兵棋推演应用，可以逐步培育形成一种兵棋推演文化。不仅在大项活动中用兵棋推演论证作战方案、训练指挥能力，更要通过兵棋推演大赛这种形式引导广大官兵采用兵棋推演研究未来战争问题，并最终形成一种新的定性定量相结合的研究范式。针对不同场景，不断探索兵棋推演的方式方法，逐步形成规范和相应的运行机制。

（三）建立专业化兵棋推演蓝军

战争不确定性的一个主要因素在于对手的不确定性，要设计推演未来战争，就需要与具有未来决策思维、未来作战概念、未来力量编组以及未来装备平台的对手进行对抗，在博弈对抗中验证评估我军未来作战概念是否合理、组织结构是否敏捷、作战能力是否够用。依靠博弈对抗，提出竞争性假设，促进构想迭代开发；站在对手角度，提出批判性建议，优化完善概念设计；穷尽压力测试，进行弱点对策分析，降低概念制定风险等。因此，在以对抗推演为主要范式的未来战争设计中，专业化蓝军建设十分重要，"知己知彼百战不殆"，设想和模拟未来主要作战对手的武器装备发展、作战概念创新、作战方式演化，成为未来战争设计的起点和基础。按照假想敌的思维方式和作战样式打造的专业蓝军进行对抗博弈，可以支撑未来战争设计，并可进行批判性审查和弱点测试。可以为未来作战概念、方案、战法等实验论证分析创造假想敌，模拟未来的战争场景和战争进程，为军委、战区和院校研究及设计未来战争，提供高度逼真的虚拟环境，提高研究的针对性和科学性。

（四）"智能+推演"人机融合创新设计未来战争

由于战争具有高度不确定性和不对称迷雾，过去的历史数据和先验知识无法反映未来战争的规律，单纯基于数据或者基于传统人工智能不能完全解决问题，兵棋推演由于天然的强对抗博弈特征，将其与机器学习相结合，将是探索未来和在探索未来中进行学习的一种天然认知框架。将人工智能和兵棋推演相结合，不仅用来训练人类，还可以用来训练无人部队，通过使用"弱 AI"完成数百万次特定任务的推演迭代，获取构建军事 AI 应用程序所需的对抗数据。这种将传统兵棋推演与狭义人工智能相结合的框架，可以快速培育高质量决策算法，实现新型作战概念的创新。首先，它能提供更具适应性的专业化学习训练环境，通过跟踪对抗人员提出的问题以及与兵棋推演的交互结果，可以了解对手的作战方式以及需要改进的地方。其次，它为测试新的 AI 算法提供了平台，推演的次数越多，获得的用于优化 AI 算法的数据就越多，最终，一旦有充足的对抗数据，兵棋推演可在参考性学习的基础上自博弈来模拟未来战争并提出新战术，这些新的战术可以用于作战行动方案，也可以通过兵棋推演竞赛的形式测试检验这些算法的有效性。未来，一旦形成了"兵棋推演+智能学习"的创新生态，就可以持续迭代，将推演人员、分析人员的知识通过增强学习等智能方法不断演进更新，具有智能特征的兵棋推演就可用来测试作战条令、挖掘战争规律、探寻短板弱项、形成作战规则，创造出新的算法和战法，推动战争形态的转变和颠覆。

四、物理信息社会系统与社会仿真

近年来，"混合战争""灰色地带"等非传统战争形态和作战样式已成为备受关注的问题。美国主要智库纷纷以此为题组织研究，政府和军队也接连发表报告和白皮书称美国在"灰色地带"面临着来自中国、俄罗斯及伊朗等国的激烈竞争和挑战，应将"灰色地带"作为与对手进行战略竞争的重要战场，积极采取综合性的攻防手段来击败对手。在战略与安全领域，"灰色地带"主要是指介于战争与和平之间的一种状态，存在烈度高于和平的对抗，但又并未跨越战争的门槛，特点是"冲突性质模糊、参与者不明以及相关政策和法律框架不确定"。所涉及的手段及活动领域具有综合性，往往是经济、军事、外交、法律等各种手段的综合运用，涉及陆、海、空、天及网络等多个领域，可以采用的手段包括网络战和信息战，情报、渗透和破坏活动等。对象往往是对手国家的关键基础设施、国家治理管理体系等，具有突发性、关联性和体系性等特点。

从未来战争的社会属性角度，考虑到军事系统分析的复杂性特征，需要在以下三个方面进一步展开研究。

（一）非常态条件下国家关键基础设施的弹性分析

基础设施体系是国家实现经济效益、环境效益和社会效益的重要承载。传统的关键基础设施分析大多以通信、电力、交通等单一领域基础设施分析为主，主要以脆弱性分析为主，基于获取系统完整监测数据和对常态下的大概率事件评估预测。由于关键基础设施在未来混合作战中是一个相互关联的综合体系，需要重点分析评估通信、电力、交通等关键基础设施体系级联失效研究。另外，未来国家关键基础设施安全需要从常态意外、故障视角转向非常态故意、破坏、对抗乃至作战转变，以颜色革命、灰色地带、特种作战、反恐作战为主正逐步成为关键基础设施作战的主要样式，与传统的陆、海、空战场相比更具备混合战争的特点，在作战时并非是单纯的火力打击，还包括心理战、舆论战、网络战、电磁战等多种形式。非常态和故意破坏等"黑天鹅"数据稀少甚至缺乏，无法获得完备的监测数据，使其建模与求解困难，难于进行小概率事件预测。因此，针对非常态条件下关键基础设施体系仿真推演与动态监测相结合进行建模与分析评估方法的研究，重点研究关键基础设施的弹性。特别是关键基础设施体系结构复杂，具有强耦合、参数时变等严重的非线性特征，加之各系统组件间风险传递的级联关系，使得各种攻击的影响范围更加广泛，危害也更加严重。系统的弹性动态变化，系统组件间互相博弈，在不同的空间和时间段，由冗余设置所带来的系统内生的弹性能力和由外部恢复操作所赋予的弹性能力相互作用，造成复杂问题集中的人工智能很难在现实世界中实现。因此，系统弹性能力的精准评估预测问题面临巨大挑战，是未来军事系统工程在复杂系统领域拟解决的关键科学问题。

（二）智能物联网建模研究

智能物联的出现将成为未来战场信息化建设的重要部分，特别是未来军事智能技术的发展，分布式防御、无人蜂群作战等作战概念的提出，未来战场分布传感器和智能到端的战场智能物联建设尤其会产生重要影响。扩展了战略及战场信息网络的范围，强化了战场感知及反感知的能力要求，使体系化作战能力更强。因此，未来作战从某种程度上讲就是"基于智联网的作战"，针对智能物联的系统分析将成为军事系统分析的重要方向，重点研究复杂物联网的动力学机理、复杂体系演化仿真。未来战场将由智能设备、便携式传感器以及智能无人系统，不间断产生大量的可操作数据，形成 Internet of Military/Battlefield Things，这些智联设施通过云计算构成自主灵敏的侦察预警体系、智能高效的指挥控制体系、人机一体的打击力量体系和精准灵活的安全防卫体系。军事系统工程方法研究智能进化异构物联网的发现、组成和适应性等智能驱动网络架构；研究适应未来作战下战场物联网的人机交互设备、软件以及沉浸式感知研讨、穿戴式远程指挥等理论方法等。

（三）基于 CPSS 的社会仿真分析

未来战争是一个军事社会综合体系，也就是一个社会物理信息系统（Cyber Physical Social Systems，CPSS），其在信息物理系统（Cyber Physical Systems，CPS）的基础上，进一步纳入社会信息、人工系统信息，将研究范围扩展到了社会网络系统，包含了将来无处不在的嵌入式环境感知、人员组织行为动力学分析、网络通信和网络控制等系统工程，使物理系统具有计算、通信、精确控制、远程协作和自治功能，其注重人脑资源、计算资源与物理资源的紧密结合与协调，通过智能化的人机交互方式实现人员组织和物理实体系统的有机结合。由于战场智能网可以通过搭建天基卫星、航天器系统、空基飞行器系统和地基网络环境，对物理和社会信息进行获取、融合、传输、分析、诊断等，从而对资源进行整合，为系统的感知、评估、决策能力提供了坚实的保障。需要对其中的个人、组织、机构等基本实体的行为及其之间的交互进行建模，刻画战争危机条件下的社会政治经济动态，反映作战行动在非军事领域中的间接效果和连锁反应。通过社会仿真，可以研究作战行动对国家关键基础设施产生的影响，对国家政治、经济、军事体系运行产生的影响，对民意和舆论传播产生的影响和对国际政治生态产生的影响，从而评估战争的社会效果。利用信息分析和博弈论来探测敌人的行动，促使敌人做出反应，最终揭示其内在目的。涉及跨多个领域融合数据流（新闻报道、财务数据、政治记录、社会媒体、军事活动）感知，通过在复杂环境的OODA循环中添加动态的、自适应的元素，以有目标的方式刺激并揭示对抗行为。包括针对性的信息收集（如与当地民众互动）、基本保护服务（如关键基础设施的安全）、主动任务（军事、安全部队）。需要重点关注CPSS的复杂性，多领域网络系统形成的复杂网络系统，具有复杂系统的非线性基本动力学特征；关注CPSS的自组织性，系统可以自增长，具有一定的盲目性；关注CPSS的临界性，级联失效，可能产生连锁反应。

参考文献

[1] 胡晓峰.战争科学论[M].北京：科学出版社，2018.

[2] 胡晓峰.战争工程论[M].北京：科学出版社，2017.

[3] 张最良.军事战略运筹分析方法[M].北京：军事科学出版社，2009.

[4] 沙基昌，毛赤龙，陈超.战争设计工程[M].北京：科学出版社，2009.

[5] 王飞跃.国防装备与系统的未来变革：从3D打印到军事平行体系[J].国防科技 2013，34（3）：1-9.

[6] 司光亚，王艳正.网络空间作战建模仿真[M].北京：科学出版社，2019.

[7] 沈寿林.作战指挥决策运筹分析[M].南京：南京陆军指挥学院，2005.

[8] 沈寿林.战斗复杂性及实验[J].军事运筹与系统工程，2010，24（3）：35-40.

[9] 谭跃进，陈英武，罗鹏程.系统工程原理[M].北京：科学出版社，2010.

[10] 杨克巍，赵青松，谭跃进.体系需求工程技术与方法[M].北京：科学出版社，2010.

[11] 张维明，杨国利，朱乘，等.网络信息体系建模、博弈与演化研究[J].指挥与控制学报，2016，2（4）：265-271.

[12] 张新国.基于流程的协同综合管理框架与体系[J].航空制造技术，2008（2）：70-74.

[13] 张宏军，何中文，程骏超.运用体系工程思想推进"智慧海洋"建设[J].科技导报，2017，35（20）：13-18.

[14] 胡晓峰，杨镜宇，司光亚，等.战争复杂系统仿真分析与实验[M].北京：国防大学出版社，2008.

[15] 于淼.枢纽态势论：信息时代的工程化作战筹划[M].北京：军事科学出版社，2013.

[16] 胡晓峰，张斌.体系复杂性与体系工程[J].中国电子科学研究院学报，2011（5）：446-450.

[17] 张维明，修保新.体系工程问题研究[J].中国电子科学研究院学报，2011（5）：451-456.

[18] 邓鹏华，思彤，毕义明，等.武器装备体系工程研究综述[J].第二炮兵工程学院学报，26（4）：93-100.

[19] 郭齐胜. 装备需求论证理论与方法[M]. 北京：电子工业出版社，2017.

[20] 游光荣，张英朝. 关于体系与体系工程的若干认识和思考[J]. 军事运筹与系统工程，2010，24（2）：13-20.

[21] 张新国. 基于系统论的流程方法论体系研究[J]. 航空科学技术，2008（1）：3-6.

[22] 李庆剑，杨巍，马亭. 基于体系工程理念的大型复杂军事信息系统核心能力建设工程管理模式研究[J]. 中国电子科学研究院学报，2018（4）：481-485.

[23] 胡晓峰，贺筱媛，徐旭林. 大数据时代对建模仿真的挑战与思考：中国科协第 81 期新观点新学说学术沙龙综述[J]. 中国科学信息科学，2014，44（5）：676-692.

[24] 中国科协学会学术部. 大数据时代对建模仿真的挑战与思考[M]. 北京：中国科学技术出版社，2014.

[25] 郭勇. 基于大数据技术的情报侦察[J]. 航天电子对抗，2019，35（2）：11-14.

[26] 郭斌光，黄胜. 基于大数据的军事情报分析与服务系统架构研究[J]. 中国电子科学研究院学报，2017，12（4）：389-393，413.

[27] 李景龙. 情报生产如何应对"大数据"挑战[N]. 解放军报，2013-10-15（8）.

[28] 王孝彪，刘东，崔震，等. 面向人工智能的装备体系广义复杂系统观点与研究结构[J]. 中国电子科学研究院学报，2015，10（5）：533-540.

[29] 吴红朴. 大数据：军事装备建设的金钥匙[N]. 科技日报，2015-10-20（12）.

[30] 李一，冯楠，谭顺成. 基于云的装备实验数据中心架构设计[J]. 海军航空工程学院学报，2019，34（2）：217-222.

[31] 朱晓庆，作战任务规划大数据建设探析[J]. 科学技术创新，2018（28）：85-86.

[32] 张强. 作战大数据建设的困境与出路[N]. 解放军报，2013-05-30（10）.

[33] 夏侃. 创新大数据军事训练思维[N]. 解放军报，2017-08-29（7）.

[34] 李晓松，雷帅. 唤起沉睡的军事管理数据[N]. 解放军报，2019-09-13（4）.

[35] 章原发. 大数据生态系统在海军作战中的应用[J]. 国防科技，2015，36（3）：101-103.

[36] 胡晓峰，杨镜宇，张昱. 武器体系评估理论与方法的探索与实践[J]. 宇航总体技术，2018，2（1）：1-11.

[37] 司光亚，王飞，刘洋. 基于仿真大数据的体系分析方法研究[J]. 系统仿真学报，2019,31（3）：511-519.

[38] 郭若冰，司光亚，贺筱媛. 迎接智能化时代军事指挥面临的新挑战：全军"战争复杂性与信息化战争模拟"研讨观点综述[J]. 中国军事科学，2016（5）：149-156.

[39] 殷小静，胡晓峰，杨镜宇. 面向作战体系的生成对抗网络应用研究[J]. 火力与指挥控制，2019，44（11）：1-15.

[40] 向南，张雄涛，豆亚杰，等. 基于生成对抗网络的高端装备研制数据脱敏方法[J]. 系统工程与电子技术，2020，41（6）：1310-1316.

[41] 朱克凡，王贵杰. 小样本条件下的SCGAN-CNN低分辨雷达目标一步识别算法[J]. 系统工程与电子技术，2020，42（1）：67-73.

[42] 张金芳，胡晓惠，张慧，等. 卫星影像大数据情报分析与应用[J]. 大数据，2016，2（5）：43-53.

[43] 伍文峰，胡晓峰. 基于大数据的网络化作战体系能力评估框架[J]. 军事运筹与系统工程. 2016，30（2）：26-32.

[44] 刘洋，胡晓峰. 基于仿真数据的作战体系结构层次分析[J]. 军事运筹与系统工程，2014，28（1）：

65-69.

[45] 曾宪钊.网络科学[M].北京：军事科学出版社，2006.

[46] 马力,张明智.基于复杂网络的战争复杂体系建模研究进展[J].系统仿真学报,2015,27(2):217-225.

[47] 谭跃进，张小可，杨克巍.武器装备体系网络化描述与建模方法[J].系统管理学报，2012，21（6）：781-786.

[48] 朱江，刘大伟，陈俊.作战体系超网络模型及应用[J].指挥控制与仿真，2013，35（2）：13-16.

[49] 彭军.联合作战网络信息体系抗毁性仿真分析模型研究[D].北京：国防大学，2017.

[50] 朱涛，常国岑，张水平，等.基于复杂网络的指挥控制级联失效模型研究[J].系统仿真学报，2010，22（8）：1817-1820.

[51] 肖宝亮，张明智，贺筱媛.关键基础设施建模与仿真研究综述[J].系统仿真学报，2015，27（7）：1401-1409.

[52] 刘常昱，胡晓峰，罗批，等.基于Agent的网络舆论传播模型研究[J].计算机仿真，2009，26（1）：20-23.

[53] 杨镜宇.战争分析仿真实验系统[M].北京：国防大学出版社，2014.

[54] 张明智，邓晶，杨镜宇.基于使命模式的仿真想定动态提炼研究[J].系统仿真学报，2012，24（7）：1355-1360.

[55] 胡润涛，胡晓峰.基于数据耕耘的探索性仿真分析框架设计[J].计算机仿真，2009，26（1）：8-10.

[56] 胡润涛.武器装备体系探索性仿真实验分析方法研究[D].北京：国防大学，2009.

[57] 耿振余，毕义明.作战体系优化方法[J].火力与指挥控制，2006，31（7）：27-29.

[58] 张斌，胡晓峰，张昱，等.基于效能评估的复杂电磁环境探索性仿真方法[J].系统仿真学报，2009，21（24）：7715-7726.

[59] 李斌，李春洪，刘苏洋.探索性仿真实验方法及其军事应用研究现状[J].国防科技，2011，266（1）：5-10.

[60] 胡晓峰，杨镜宇，张明智，等.战争复杂体系能力分析与评估研究[M].北京：科学出版社，2019.

[61] 张昱，张明智，胡晓峰.面向LVC训练的多系统互联技术综述[J].系统仿真学报，2013，25（11）：2515-2521.

[62] 王寿云，于景元，戴汝为，等.开放的复杂巨系统[M].浙江：浙江科学技术出版社，1996.

[63] 戴汝为，李耀东.基于综合集成的研讨厅体系与系统复杂性[J].复杂系统与复杂性科学，2004，1（4）：1-24.

[64] 于景元，刘毅，马昌超.关于复杂性研究[J].系统仿真学报，2002，14（11）：1417-1424.

[65] 于景元.钱学森的现代科学技术体系与综合集成方法论：祝贺钱学森院士九十华诞[J].交通运输系统工程与信息，2001，1（4）：267-275.

[66] 操龙兵，戴汝为.综合集成研讨厅的软件体系结构[J].软件学报，2002，13（8）：1430-1434.

[67] 司光亚.战略训练模拟系统原理[M].北京：国防大学出版社，2011.

[68] 陶飞，刘蔚然，刘检华，等.数字孪生及其应用探索[J].计算机集成制造系统，2018，24（1）：1-18.

[69] 刘大同，郭凯，王本宽，等.数字孪生技术综述与展望[J].仪器仪表学报，2018，39（11）：1-10.

[70] 段伟.平行仿真的内涵、发展与应用[J].指挥与控制学报，2019，5（2）：82-86.

[71] 朱丰，胡晓峰，吴琳，等.从态势认知走向态势智能认知[J].系统仿真学报，2018，50（3）：761-771.

[72] 胡晓峰，贺晓媛，陶九阳.认知仿真：是复杂系统建模的新途径吗[J].科技导报，2016，36（12）：46-54.

[73] 陶九阳，吴琳，胡晓峰.面向复杂系统理解与管控的认知仿真方法[J].科技导报，2018，36（12）：55-65.

本章作者：司光亚、杨镜宇、郭圣明、夏璐、付琼莹。

第四章　钱学森军事系统工程思想与武器装备建设

钱学森是我国系统科学与系统工程的开创者和奠基人，为创立、丰富和发展系统工程思想做出了突出贡献。他在这一领域中所取得的成就，是钱学森科学精神、科学思想、科学方法的重要组成部分。本章从军事系统工程理论形成的历史背景、钱学森军事系统工程思想的形成与发展、钱学森军事系统工程思想对武器装备建设的影响、如何坚持用系统工程思想正确把握武器装备建设发展的关键问题，以及在武器装备建设领域贯彻钱学森军事系统工程思想需着重把握的问题等方面进行深入研究，对于推动新时代武器装备建设在习近平强军思想指引下创新发展具有十分重要的意义。

第一节　引　　言

钱学森是国内外享有崇高声誉的著名科学家，是我国军事运筹学、军事系统工程的主要创立人和军事系统学的主要倡导者之一，为丰富和发展我军的军事系统工程做出了巨大贡献。自1955年10月克服种种阻挠与困难，毅然决然地回到祖国后，钱学森全身心地投入我国国防科技事业，深入开展军事运筹学和军事系统工程研究，积极倡导并着力推动军事运筹学和军事系统工程在军事领域的广泛运用，对我国国防科技发展和武器装备建设提出了许多创新思想与理论。这些创新思想与理论对我国国防科技发展和武器装备建设发挥了重要作用，并将推动新时代武器装备建设创新发展。

20世纪50年代，钱学森先在美国创建了工程控制论，回国后又大力推动运筹学的研究。从20世纪70年代开始，钱学森致力于系统工程的研究与推广，将多年的理论思考和丰富的实践经验加以集中升华。钱学森指出："所谓现代科学技术新成果特别是指运筹学的发展和电子计算机的发展，由于这两个发展带来了一大类组织管理技术的迅速成长，也就是各种系统工程的成立和各方面的应用。与军事直接有关的一门系统工程就是军事系统工程。"1978年，根据钱学森的建议，我军首次组织了"全军反坦克武器系统论证研究"，为制定科研发展规划和武器装备体制提供了支撑。1981年，在军事学术界成立了军事系统工程专业委员会，1984年成立了军事运筹学会，1992年成立了国防系统分析专业组，这些学术研究机构的相继成立，进一步推动了军事系统工程在军事领域的发展和应用。与此同时，在武器装备论证和规划计划方面，军事系统工程的方法和手段也得到了非常广泛的应用。

在我军军事系统工程研究工作中，钱学森始终致力于系统科学与工程理论方法的研究与探索，同时提出了一系列新思想、新观点、新理念，有力指导了我国军事系统工程领域的研究与实践。在他的积极倡导下，我军军事系统工程和军事运筹学研究逐步得到发展，相继建成了一定规模的军事系统工程基础设施，培养造就了一支具有一定水平的科研攻关队伍，取得了一大批有价值的研究成果，为我国军事系统工程的发展奠定了良好的基础，在促进我国国防科技和武器装备建设、实现管理决策科学化进程中发挥了无可替代的作用。军事系统工程研究成为军队战斗力形成与提升的重要支撑。

第二节 钱学森军事系统工程思想产生的历史背景

钱学森是我国系统科学与系统工程的开创者和奠基人，他从系统思想到系统实践的整个过程，在工程、技术、科学直到哲学的不同层次上，都做出了开创性的贡献。他的这些成就和贡献具有非常重要的科学价值、实践意义和现实意义。

20世纪中期，在工业发达国家相继出现了计算机技术、航天与核技术以及电子通信技术等，在这些技术的推动下，武器装备建设发展出现了前所未有的重大变革。在高新技术武器装备的研究、开发、试验与生产过程中，出现了工程开发组织管理的新理论和新方法，从而导致了组织管理技术的创新与变革，同时孕育了系统工程的诞生。系统工程理论、方法在世界范围内蓬勃发展，在现代工程特别是军事工程领域得到广泛应用，取得了令人瞩目的成果。

一、钱学森军事系统工程思想的起源

以军事运筹学为基础理论的军事系统工程起源于第二次世界大战后，是指把早期军事运筹理论方法应用于未来武器系统选择和评价的实践当中。美国兰德公司把这种研究方式称之为系统分析，而苏联则称之为军事系统工程。作为一门军事应用学科，其任务就是在军事基础理论的指导下，综合运用军事运筹学及系统科学、计算机科学等相关学科的成果，研究解决有关进行各类军事活动、实现国防资源有效配置和系统结构优化的组织管理技术问题。

20世纪50年代初期，系统工程仅在美国等工业发达国家的少数高新技术研发单位中开始研究与探索。但早在1948年，钱学森就在美国发表了题目为《工程与工程科学》的论文，他明确指出："当代，科学与技术研究已经不再是没有计划的个人活动，任何一个大国的政府都已经认识到，这种研究是增强国力和国民福利的关键所在，因此，必

须严密地加以组织。"1954年,他在完成《工程控制论》的过程中,又进一步形成了很有创意的系统思想,在《控制论》研究中做出了开创性的贡献,超前建立了现代系统工程与系统科学的理念,使其跻身于世界系统科学早期研究者和开拓者之列。

二、钱学森军事系统工程思想产生的动因

一切技术的建立和发展都需要一定的历史条件,军事系统工程也不例外,基本条件早在第二次世界大战中就具备了,因此军事系统工程的发展从那时起就已经开始了。

第二次世界大战前夕,英国面临着如何抵御德国飞机轰炸的问题。当时,德国拥有一支强大的空军,而英国则是个岛国,国内任一地点离海岸线都不超过100km,这段距离德国飞机只需飞行17分钟。英国要在这极其短暂的17分钟内完成预警、起飞、爬高、拦击等动作,这在当时的技术条件下是很难完成的。为此,英国的无线电专家沃森·瓦特研制了一种新型无线电装置,它能在很远的距离探测到来袭的飞机。这样,英国防空部队就有时间来做好反空袭工作,使英国飞机能在防空圈外,甚至海上拦击敌机。这种新型无线电装置就是我们现在熟知的雷达。然而,在几次防空演习中,雷达装置虽然能够探测到160km远的飞机,但却没有一套快速传递、数据处理和信息显示的设备,所以探测到的信息无法及时提供给指挥作战人员使用。这个问题使英国雷达研究人员认识到,要想成功地拦击敌机,光有探测用的雷达是远远不够的,还必须研制一套用于信息传递、处理与显示的设备,配套使用才能发挥武器系统的威力。这种系统化的要求与概念,促使英国雷达研究单位在1939年建立了世界上第一个研究小组并自觉地按照系统的观点,用系统工程方法分析和研究作战中雷达使用问题,这个小组,当时称为作战分析小组,后称运筹学小组。有了这个小组在系统分析工作上的贡献,英国防空预警雷达的功能才能充分发挥出来。

在第二次世界大战期间,英美两国还在反潜、反空袭、商船护航、布置水雷等多项军事行动中使用了系统工程的方法,并取得了良好的效果。

从20世纪50年代开始,以热核武器和洲际导弹的出现为标志的现代军事手段的发展,促进了军事学术思想和作战方法发生新的变革。60年代初,当时的美国国防部长麦克纳马拉为了改变美国在战略核武器方面落后于苏联的状态,提出著名的"麦克纳马拉战略",对美国的战略方针、组织机构、预算规划、武器管理等进行了系统的改革,并取得明显成效。麦克纳马拉用来实现他的思想的一套方法就是军事系统工程。

此外,西欧各国、日本和苏联也非常重视军事系统工程。军事系统工程方面的专业机构,已成为现代化军队不可缺少的业务部门。

三、钱学森军事系统工程思想的孕育发展

作为一种现代工程技术,系统工程诞生于20世纪40年代。但根据国内有关研究资料推算,系统工程诞生的实际时间还要更早一些。1939年,英国雷达研究部门建立了世

界上第一个有组织的、自觉按照系统的观点用系统工程方法分析和研究作战中雷达使用问题的小组，这是军事系统工程的起点。1939年，钱学森获得博士学位后，正式参与了美国喷气推进技术、火箭和导弹的研究，并很快置身于核心部位。火箭、导弹是当时最尖端的新技术，是萌发现代系统工程思想的沃土。这个时期的钱学森仅仅是个自然科学家，具体从事航空、航天领域的"硬"工程技术和"硬"科学研究，而系统工程则属于社会技术，二者之间有着本质上的区别。但系统工程与工程技术均具有实践性这一共性特点。置身于航天系统工程迅速形成前夕的大环境，过人的工程技术直觉，为钱学森接受形成中的系统工程思想提供了极为有利的条件。在此期间钱学森曾提出，火箭、导弹技术同其他类型的武器所要求的技术完全不同，必须委托给军事部门的一个新团体。对照钱学森后来做出的一系列有关系统工程的论述，他当时所说的这种新的思想方法包含了系统思想和系统方法，他所说的新团体的组织管理技术就是系统工程。也就是说，钱学森的系统工程思想在这个时期就已经开始孕育形成。

国外常常把复杂工程系统的工程工作和大企业组织的经营管理工作统一综合为一门科学，称为"运筹学"。而运筹学在我国的发展始于1955年，当时已经形成这样一个认识：我国有计划按比例的经济建设十分需要运筹学。为了普及推广系统工程知识，1980年，钱学森在中央电视台举办的系统工程讲座中讲了第一讲，他在题为《系统思想和系统工程》的讲座中回忆了我国当时开展运筹学和系统工程研究的过程：1956年，在中国科学院力学研究所建立了我国第一个运筹学研究室；1960年年底，中国科学院力学研究所与中国科学院数学研究所的两个运筹学研究室合并成为数学研究所的运筹学研究室。华罗庚教授从20世纪60年代初期起在我国大力推广"统筹法"，并取得显著成就。与此同时，随着国防尖端技术研究工作的发展，我国在工程系统的总体设计组织方面也取得了丰富的实践经验。1978年5月，中国宇航学会在北京召开了军事运筹学学术会议。1978年9月，我国科技工作者提出了利用系统思想把运筹学和管理科学统一起来的见解，并正式提出了系统工程是组织管理技术的思想。1979年10月，中国科学院、解放军总参谋部、解放军总后勤部、军事科学院、军事学院、国防科委和各军兵种的150名代表，在北京举行了系统工程学术研讨会。正是在这次会议上，我国21名知名科学家联合向中国科协倡议成立中国系统工程学会。随后，清华大学、上海交通大学、国防科技大学等相继成立了系统工程的研究室、研究所或系，国防科技大学开始正式招收系统工程专业的本科生。

第三节 钱学森军事系统工程思想的形成与发展

作为现代工程技术，系统工程是为适应日益大型化、复杂化的社会实践活动的组织管理需要而产生的。最强大的推动力来自三个方面，即：战争实践的需要，推动军事系统工程问世；大型复杂工程技术研制的需要，推动工程系统工程诞生；大型企业经营管理的需要，推动企业管理系统工程产生。而社会实践活动的大型化和复杂化，要求系统思想不仅能定性，而且能定量分析。因此，系统工程的产生成为必然。

一、系统、系统工程与军事系统工程

从辩证唯物主义观点来看，客观世界的事物是普遍联系的，世界是普遍联系的整体，任何事物内部各要素之间及事物之间都存在着相互影响、相互作用和相互制约的关系。研究钱学森军事系统工程思想，首先要研究什么是系统、什么是系统工程、什么是军事系统工程。

（一）系统

系统作为一个概念不是自然产生的，而是来源于人类的社会实践经验。人类自有生产活动以来，无时无刻不在与自然系统打交道，人类在知道系统思想和系统工程之前，就已经拥有辩证的系统思维了。朴素的系统概念包含了系统思想的萌芽。因此，系统能够反映和概括客观事物普遍联系这个客观事实和本质特征，人类社会中最基本和最重要的概念就是系统。

人们通常把极其复杂的研究对象称为系统。所谓系统，就是由相互作用和相互依赖的若干组成部分结合成的具有特定功能的有机整体，而且这个系统本身又是所从属的一个更大系统的组成部分。也就是说，系统是指由相互关联、相互制约、相互作用的一些部分组成的具有某种功能的总体。正是从系统思想出发并结合现代科学技术的发展，钱学森明确指出："系统科学是从事物的整体与部分、局部与全局以及层次关系的角度来研究客观世界的。"从系统角度来研究客观世界，系统是系统科学研究和应用的基本对象。

系统在客观世界是普遍存在的，客观世界包括自然、社会和人。自然科学是从物质、物质结构和物质运动的角度研究客观世界的，而社会科学是从人类、人类社会及其发展的角度来研究客观世界的。系统结构、系统环境和系统功能是系统的三个基本概念。系统结构是指系统内部，系统环境是指系统外部，而系统功能是指系统整体性的外在表现。系统结构和系统环境以及它们之间的关联关系，决定了系统的整体性和功能。这是一条非常重要的系统规律，也是系统研究和应用的核心问题。

（二）系统工程

人们普遍认为，系统工程是组织管理系统的技术，它从系统整体出发，根据总体目标的需要，以系统方法为核心并综合运用有关科学理论和方法，以计算机为工具，进行系统结构、环境与功能的分析和综合，包括系统建模、仿真、分析、优化、运行与评估，以求得最好的或满意的系统方法并付诸实施。

由此可见，所谓系统工程，就是从系统的认识出发，设计和实施一个整体，以求达到所期望的一个效果。系统工程是组织管理系统的规划、研究、设计、制造、试验和使用的科学方法，是一种对所有系统都具有普遍意义的科学方法。系统工程的各个分支就是各门专业，如工程系统工程专业、科研系统工程专业、军事系统工程专业等。

在长期组织国防科技和尖端武器科研生产的实践中，钱学森始终认为，现代军事科学的研究必须运用现代科学与技术，并且是定量与定性相结合、人机相结合的方法，同时也必须是自然科学与社会科学相互结合的方法。越是基础的技术与工程问题，运用定量方法的比重就越大。反之，高层次的、顶级的决策问题，定性方法的比重较大，但也需要与定量分析相结合，使高层决策更具科学性。他反复强调，必须要用军事系统工程这一新的科学、技术与方法来进一步加快实现我国军事科学的现代化和科学化。只有这样，才能很好地解决新一轮军事技术革命引发的一些重大的军事乃至社会领域中出现的新情况和新问题。而直接为系统工程提供理论方法的有运筹学、控制论、信息论、系统学以及数学与计算机技术等。由于实际系统不同，具体到某类系统上，还要用到与这个系统有关的科学理论、科学方法与科学技术等。例如，如果用到社会系统上，就需要社会科学、人文科学等方面的知识；如果用到军事领域，则就需要作战、指挥、武器系统运用等方面的知识。因此，系统工程不同于其他技术，系统工程是一类综合性的整体技术，是一种整体优化的定量技术，是一门综合集成的系统技术，是从整体上研究和解决问题的科学方法。

系统工程的应用首先从工程系统开始的。当人们用系统工程组织管理复杂系统和复杂巨系统时，处理工程系统的方法就不够用了，在这种情况下，系统工程自身也要发展，于是产生了综合集成方法，综合集成方法的提出推动了系统工程的发展。由于有了综合集成方法，系统工程便用来组织管理复杂系统和复杂巨系统，这类系统工程称之为复杂系统工程。

（三）军事系统工程

战争是由许多部分构成的不可分离的有机整体。在人类全部的社会实践活动中，没有比指导战争更强调全局观念、整体观念，更强调从全局出发、合理地使用局部力量，最终求得全局最佳效果的实践活动了。这正是系统工程的精华所在，我们沿用"工程"一词最早的含义，把执行服务于军事目的的活动称为"军事系统工程"。

由此可见，所谓军事系统工程，就是系统工程在军事上的具体应用，其目的是运用系统科学的理论和定量与定性相结合的方法，对军事系统实施合理的筹划、研究、设计、组织、指挥和控制，从而使军事系统的各个组成部分综合集成为一个协调的整体，实现军事系统功能与组织的最优化。

加强军事系统工程学研究，既是军事实践的迫切需求，也是创新发展军事科学体系的现实需要。一切技术的建立和迅速发展都需要一定的历史条件，军事系统工程的发展条件在第二次世界大战中就已经具备了。钱学森始终认为从军事系统工程角度分析，军事工作的内容可分为参谋业务、武器装备训练使用、后勤业务、建立指挥系统、战略研究等不同的方面。从国防领导体系的角度看国防事业中的领导工作结构问题，它可以分为养兵、用兵和国防建设战略问题等。

二、钱学森系统思维与系统思想

钱学森是我国系统工程和系统科学事业的开拓者和奠基者。在钱学森辉煌的科学生涯中，他的研究领域有应用力学、喷气推进与航天技术、工程控制论、物理力学、系统工程、系统科学、思维科学、人体科学、科学技术体系与马克思主义哲学等。在钱学森丰富的科学历程中，有一个非常突出的特点，那就是他的系统思维和系统思想。20世纪70年代末至今，是钱学森系统思维、系统思想非常活跃的时期。他一方面着眼社会实践的应用，另一方面追求理论与方法的创新，他的系统思想、系统方法、系统理论与系统应用，都有了新的发展，进入了新的阶级，达到了新的高度。

钱学森的系统思想，首先表现在他提出了一个清晰的现代科学技术体系结构，同时又进一步建立了系统科学体系结构。概括起来，主要有三个层次的知识结构：

（1）处在工程技术或应用技术层次上的是系统工程，这是直接用来改造客观世界的工程技术，但和其他工程技术不同，它是组织管理系统的技术。

（2）处在技术科学层次上，直接为系统工程提供理论方法的有运筹学、控制论、信息论等。

（3）处在基础科学层次上，揭示系统客观规律的便是系统学和复杂巨系统学。

钱学森这一完整科学体系的建立，对系统科学的发展和应用具有十分重要的意义。

钱学森在系统理论上的成就，是以他长期的系统工程实践为基础的。在开创和发展我国导弹和航天事业的过程中，钱学森不仅成功运用了工程系统工程，而且又提炼成一般系统工程。1978年9月27日，钱学森和许国志、王寿云在上海《文汇报》发表的《组织管理的技术——系统工程》一文中明确指出："系统工程是组织管理系统的技术，是对所有系统都适用的技术。"这篇文章对系统工程在我国的推广和应用，起到了很大作用。此后，系统工程的应用范围越来越广泛，所处理的系统也越来越复杂。在大力推动系统工程应用的同时，钱学森一直高度重视系统工程方法的探索和研究。随着系统学的不断丰富和发展，特别是综合集成方法论的提出，为复杂巨系统的组织管理提供了有效的科学方法，这就开创了复杂巨系统工程，这是钱学森对系统工程的又一重大贡献。

三、钱学森军事系统工程思想

钱学森是国际上公认的著名科学家，也是我国军事运筹学、军事系统工程的主要创立人之一。他的系统科学思想和从定性到定量的综合集成理论，是指导我们发展军事系统工程、军事运筹学及军事系统学的重要基础和力量源泉。

1948年，钱学森在《工程与工程科学》中提出，科学从实践中来，到实践中去，突出强调技术科学对应用研究的重要性。1954年出版的《工程控制论》中，钱学森将系统工程实践与控制理论相结合，提炼出一个对系统工程具有指导作用的技术科学理论，即工程控制论。《工程控制论》一书先用英文出版，接着用中文出版，在国际学术界引起了极大的震动，先后被多个国家翻译出版。

1955年，在周恩来总理的直接关怀下，钱学森冲破美国政府的重重阻力毅然回到了魂牵梦萦的祖国。其实，早在回国之前，钱学森就察觉到运筹学的重要性，特别强调："系统工程是一门工程技术，而运筹学正是研究如何将系统理论应用的一门技术科学。"钱学森回国后，第一时间在中国科学院力学研究所设立运筹学研究小组，以后又扩大成了一个研究室。他在1957年发表的《论技术科学》中，专门把运筹学作为技术科学的一个新发展方向做了介绍。1959年，他建议在国防部五院科技部设立作战研究处，重点研究运筹学在组织管理中的应用，这是中国第一个军事运筹学研究机构。1961年，在钱学森的积极建议和亲自组织下，国防部五院与中国科学院合作建立控制理论研究室。运筹学的快速发展是系统工程应用于中国未来武器系统规划、管理等研究的理论基础，对我国国防系统研究工作具有重要的指导作用。

从1955年回国到20世纪70年代末，这一时期钱学森的主要精力集中在开创我国的火箭、导弹研制工作和发展航天事业上，当然，这也是系统工程的重要内容，是实践的系统工程。在周恩来总理、聂荣臻元帅等人直接领导下，以钱学森为技术主将的科技英才团队，在当时十分困难的条件下研制出"两弹一星"，创造出举世瞩目的奇迹。而这样的重大工程实践没有一套科学的组织管理技术是难以完成的。因此，钱学森在开创我国航天事业的同时，也开创了一套既有中国特色又有普遍科学意义的系统工程管理方法与技术——航天系统工程，实践也证明了这套方法的科学性和有效性。

从20世纪70年代开始，钱学森开始致力于系统工程的研究与推广，他把多年的理论思考和丰富的实践经验加以集中升华。1978年9月27日，接近古稀之年的钱学森"老骥伏枥，志在千里"，他与许国志、王寿云联名在上海《文汇报》发表重要文章《组织管理的技术——系统工程》，阐明了运筹学与系统工程的关系，明确提出了系统工程是组织管理系统的技术，是对所有系统都适用的技术与方法。钱学森正式将系统工程思想推向科学界，具有里程碑的意义，这是系统工程在中国的进军号角。以此篇著名文章为起点，钱学森随后又发表了一系列文章、讲演，从不同角度和不同侧面深刻阐述了系统工程的理论、观点和方法。随后，在钱学森、宋健、许国志、关肇直等知名科学家的大力推动下，1980年1月18日，中国系统工程学会在北京正式成立。钱学森担任中国系统工程学会名誉理事长直至他生命的终点。

从1978年开始，钱学森大力宣传和推广系统工程理论和方法。1978年的5月至6月，钱学森先后在北京、成都、昆明等地以"系统工程"为主题，做了多场专题讲座。他总结自己多年组织领导国防尖端科技事业的经验与体会，认为"做好一项复杂的工程技术研究，必须有一个通观全局的技术参谋部门，这个我们叫总体部门，管总体"。他指出："党的领导、总体部门跟机关是解决现代化的高度复杂的科学技术工作的组织形式。"同时明确指出："这样的组织形式体现了现代科学特点的，高度的复杂性、综合性。"

钱学森在积极呼吁成立国家级总体设计部的同时，还强烈建议军队也要设置类似的机构，对国防和军队建设的长远问题进行科学规划和设计，从政策理论和组织体制上为军事系统工程的发展奠定了良好基础。

第四章 钱学森军事系统工程思想与武器装备建设

1978年9月27日，钱学森与许国志、王寿云在上海《文汇报》发表题为《组织管理的技术——系统工程》的文章，提出要大力发展组织管理的科学方法。这篇文章在中国掀起了研究系统工程的热潮，是中国系统工程发展的重要里程碑。钱学森指出：我们把极其复杂的研制对象称为系统，即由相互作用和相互依赖的若干组成部分结合成具有特定功能的有机整体，而且这个系统本身又是它所从属的一个更大系统的组成部分。这就要求以一种组织、一个集体来对这种大规模社会劳动进行协调指挥。在我国国防尖端技术科研部门建立的这种组织就是总体设计部。总体设计部的实践，体现了一种科学方法，这种科学方法就是系统工程（systems engineering），系统工程是组织管理系统的规划、研究、设计、制造、试验和使用的科学方法，是一种对所有系统都具有普遍意义的科学方法。他同时指出：系统工程在国家社会经济各个领域有广阔的应用前景。系统工程的重点在于应用，在不同的领域还需要相应专业基础。

钱学森认为，系统工程是一个总类名称，因体系性质不同，还可以再分类，如工程体系的系统工程（像复杂武器体系的系统工程）称为工程系统工程，生产企业或企业体系的系统工程称为经济系统工程，科学技术研究工作的组织管理称为科学研究系统工程，打仗的组织指挥称为军事系统工程，后勤工作的组织管理称为后勤系统工程等。

钱学森在《组织管理的技术——系统工程》这篇具有里程碑意义的论文中，明确提出军事系统工程的概念，1979年7月24日，他在中国人民解放军总部机关领导同志学习班上又特别强调指出："与军事直接有关的一门系统工程是军事系统工程。"

为推动军事系统工程思想理论的发展与应用，1998年3月，原总装科技委组织召开"军事系统工程学研究发展20年报告会"，这是一次具有里程碑意义的重要会议，标志着我军军事系统工程研究取得了丰硕成果，同时也标志着我军在这一领域的研究进入了新的发展阶段。钱学森非常关心这次会议，亲笔写了书面发言稿，明确阐述了关于学科体系划分的看法，即一个大学科部门可分为三个层次：基础理论层次、技术理论层次和应用技术层次。他明确指出："军事科学是一个大的科学部门，在军事科学领域基础理论层次是军事学，技术理论层次是军事运筹学，应用技术层次是军事系统工程。"这一重要思想观点，为我们深入开展军事系统工程研究提供了有力指导。

钱学森认为，处于应用技术层次的军事系统工程学是研究应用科技方法和手段，进行军事活动组织与管理的新兴军事学科。它要研究的不是军事学术思想、军事战略这些根本性问题，而是在这些根本性问题解决以后，如何更好地去贯彻执行的问题，也就是技术性问题。由于军事活动具有多样性，因此军事系统工程不是一个单一学科，而是一个学科群。按照组织与管理的对象区分，它可以包括一系列分支学科。如作战系统工程、武器装备建设系统工程、指挥自动化系统工程等。

钱学森的这一重要思想为我军军事系统工程学科建设与发展进一步指明了方向，提出了更高的要求。我军在武器装备发展研究、战略模拟训练等方面，按照钱学森有关军事系统工程研究的方法思路，建设多种形式的"定性与定量相结合的综合集成研讨厅"，为领导机关科学决策提供了许多有价值的建议，标志着我军军事运筹学和军事系统工程学的研究与发展达到了一个新的高度。

第四节 钱学森军事系统工程思想对武器装备建设的影响

钱学森长期担负我国国防尖端科技事业的技术领导工作，一直十分重视军事系统工程的研究与应用，这既与他从事的国防科技工作和军事系统工程有着必然的联系，同时也出于他对国防和军队现代化建设事业的关切。通过对军事系统工程的研究和应用，可以推动国防科技和武器装备现代化建设，从而更好地发挥科学理论在国防和军队现代化建设中的理论先导作用。

一、钱学森军事系统工程思想的实践运用

系统工程与系统科学是当今世界上最有影响力的一种综合性基础性学科，随着以计算机技术为核心的信息技术的飞速发展，系统工程已经渗透到武器装备建设的方方面面，从武器装备发展规划计划到一个具体项目的研究论证，从长期的军事科技战略的制定到短期的科研项目的组织实施，都离不开系统工程与系统科学方法。

20世纪50年代，钱学森首先在美国创建了工程控制论，回国后又大力推动运筹学的研究。如果说这是他早期对系统理论的贡献，那么创建系统学则是他对系统理论的新贡献。与此同时，在系统应用方面，他又将系统工程推进到复杂巨系统工程。这两方面的成就都是具有里程碑意义的工作。

1979年7月，钱学森在中国人民解放军总部机关领导同志学习班上尖锐指出："在我军装备科研管理工作中，时常存在这样一种情况：有时一种新型武器系统已进入研制定型阶段，可是对它的使用方式却尚未确定；有时一种新武器系统已经研制完成，却还在争论是否需要这种装备；有时一种新型武器系统刚刚交付部队，却发现在战术使用和技术性能方面存在较大缺陷，不得不压缩武器装备生产数量。武器装备科研生产管理的这种落后状况，严重影响着国防科技和我军武器装备建设的质量和效益。如何改变这种状况，是我军实现现代化所面临的又一个重要课题。"钱学森运用系统工程的方法科学论证新型武器装备使用方法，确定武器装备战技指标，他的这一重要论述，对指导国防科技和武器装备建设具有很强的指导意义。

在我国，最早应用系统工程并取得显著成就的是航天系统，从运载火箭到卫星，从常规导弹到战略武器，每一类型号都有一个总体部，实践证明是非常有效的。钱学森曾多次指出，总体设计部的实践，体现了一种科学方法，这种科学方法就是系统工程。

1979年7月，钱学森在中国人民解放军总部机关领导学习班的讲课中明确提出："军队要建立一个高度集中的领导机构，利用系统工程的原理和方法，设计一个全面统一的整体规划，全面地制定标准化与通用化计划才能真正实现高度集中的自动化。"他认为，"我军要建立必要的系统工程工作队伍"，"这又包括两个方面，一是在有关的部门配备军事系统工程的专业人员——他们要与本部门的其他人员密切协同配合，共同完成上级

交给的任务；再一个方面是在我军设置研究和运用军事系统工程以及发展各种军事系统工程理论的专门单位。例如，在军事科学院、在各军兵种都应该有军事系统工程的研究单位；各兵种的单位除研究战术外，还要对新武器的研制提出论证和战术技术要求"。

随后，钱学森和当时的国防科工委科技委主任朱光亚一起，向中央军委建议组建一个为国防科技和武器装备发展提供科学决策支撑的单位，以期在国防科技和武器装备建设发展中发挥"思想库"和"智囊团"的作用。在钱学森的积极倡导下，国防科工委科技委向国防科工委党委及中央军委副秘书长张爱萍提交《关于组建武器系统工程研究所的请示报告》，1985年9月12日，中央军委正式批准成立系统所，1986年3月18日，我国国防科技和武器装备的决策咨询机构——原国防科工委系统工程研究所正式成立。其主要任务是根据军事战略方针，结合我国国防科技和武器装备建设实际，运用控制论和系统工程的方法，开展国防科学技术和武器装备发展战略研究，为领导决策提供技术支持。在钱学森"以系统工程思想建所和开展研究工作"的思想指导下，系统工程研究所主要开展以决策咨询研究为核心的系统工程、自动化技术和信息技术三大学科交叉研究工作，逐步形成以国防系统分析、军用共性软件、军用人工智能为主要内容，由系统工程、软件工程、知识工程三者结合的研究体系，为加强国防科技和武器装备发展的决策与管理提供了强有力的技术支撑。

在系统工程研究所筹建和建设初期，钱学森对系统工程研究所的专业建设、人才队伍甚至是选人标准等，都提出了明确的意见和建议。在当时我军百万大裁军的背景下，能够从航空、航天、电子、船舶和兵器等领域以及有关工程技术研究机构抽调一批系统工程技术方面的精兵强将，并招收包括理工科、经济学等专业在内的一批研究生，在中国人民解放军编制序列中新组建这样一个从事军事系统工程研究的专门机构，可见军事系统工程研究工作的重要性和钱学森等老一辈科学家对国防科技与武器装备建设的期望之高。

钱学森在军事系统工程理论研究方面孜孜以求，辛勤耕耘，不停地探索和前进。1990年，他与于景元、戴汝为联名在《自然杂志》第1期发表重要文章《一个科学新领域——开放的复杂巨系统及其方法论》，把我国的系统工程与系统科学研究提升到一个新的高度。

二、钱学森军事系统工程思想为装备建设提供科学指导

认识来源于实践。在应用技术层次上军事系统工程产生于国防和军队建设的客观需求，在军事系统工程的发展过程中，持续不断地深化拓展其服务和应用范围。

早在20世纪70年代末，钱学森根据世界科学技术发展及我军现代化的需求，敏锐地提出建立军事运筹学和军事系统工程学的倡议，为军事理论研究和武器装备建设开辟了新的领域，提供了科学的指导。

加强军事系统工程研究是军队战斗力形成和提升的重要支撑，是提高国防科技和武器装备建设综合效益的重要举措。随着军事系统工程在武器装备建设中不断运用，钱学

森军事系统工程思想也得到人们的广泛重视。军事系统工程的研究与应用为解决国防和军队现代化建设及军事斗争准备中的许多重要问题（如国防科技发展战略研究、武器系统论证、武器装备建设发展、军队训练模拟化、作战指挥自动化以及军队管理信息化等）做出了重要贡献，军事系统工程研究取得了显著的军事效益和经济效益。

回顾我军军事系统工程的发展历程，始终伴随着国家和军队现代化建设的伟大进程而不断深化发展。20世纪50年代以来，在党的历代领导人的英明决策和正确领导下，在钱学森等老一辈科学家的运筹组织下，我国国防科技和武器装备建设取得了举世瞩目的成就，研制成功了以"两弹一星"为代表的一系列高新技术武器装备，组建了研究、开发、试验与生产配套的国防科技体系，从而使我国跻身于世界军事尖端技术发展国家的行列。

面对新的形势和任务，国防和军队建设面临一系列新情况、新问题，需要运用新的理论和方法抓紧研究解决。1979年7月24日，钱学森在中国人民解放军总部机关领导同志学习班上指出："所谓现代科学技术新成果特别是指运筹学的发展和电子计算机的发展，由于这两个发展带来了一大类组织管理技术的迅速成长，也就是各种系统工程的成立和各方面的应用。与军事直接有关的一门系统工程就是军事系统工程。"为更好适应形势任务发展的需要，全军各大单位和国防工业部门相继成立研究机构，积极运用系统工程的理论和方法，认真研究解决武器装备发展战略、重大型号项目论证与管理，作战运筹分析、部队作战训练以及后勤保障等军队现代化建设的重大问题，有关军事院校也先后设立了军事系统工程和军事运筹学专业。1978年，根据钱学森的建议，我军首次组织了"全军反坦克武器系统论证研究"，为制定科研发展规划和武器装备体制提供了支撑。1981年，在军事学术界成立了军事系统工程专业委员会，1984年成立了军事运筹学会，1992年成立了国防系统分析专业组，这些学术研究机构的相继成立，进一步推动了军事系统工程在军事领域的发展和应用。与此同时，在武器装备论证和规划计划方面，军事系统工程的方法和手段也得到了非常广泛的应用。

在我军军事系统工程研究工作中，钱学森始终致力于系统科学与工程理论方法的研究与探索，同时提出了一系列新思想、新观点、新理念，有力指导了我国军事系统工程领域的研究与实践。在他的积极倡导下，我军军事系统工程和军事运筹学研究逐步得到发展，相继建成了具有一定规模的军事系统工程基础设施，培养造就了一支具有一定水平的科研攻关队伍，取得了一大批有价值的研究成果，为我国军事系统工程的发展奠定了良好的基础，在促进我国国防科技和武器装备建设、实现管理决策科学化进程中发挥了无可替代的作用。军事系统工程研究成为军队战斗力形成与提升的重要支撑。

三、钱学森军事系统工程思想促进武器装备建设创新发展

恩格斯曾经指出：一旦技术的进步可以用于军事目的并且已经用于军事目的，它们便立刻几乎强制地，而且往往是违反指挥官的意志而引起作战方式的改变甚至变革。钱

学森作为国防科技领域的大师和人民科学家，倾注如此巨大的热情和精力研究军事系统工程建设问题，充分体现了他对国防和军队现代化建设的深切关心和基于对客观规律认识而产生的高度历史责任感，他自觉运用马克思主义哲学，着眼武器装备建设重大现实问题，运用先进科学方法创新军事科学理论的勇气和求实精神，激励着新一代国防和军队科技工作者为实现党在新时代的强军目标做出新的更大贡献。

20世纪50年代至70年代后期，钱学森在我国导弹和航天领域创造性地开展现代尖端科学技术发展的组织管理工作，形成了具有中国特色的航天系统工程思想和方法。他在主持引进系统工程为核心的大型武器装备系统的项目管理技术与方法的时候，十分重视研究我国的国情和工程实施的具体环境，组织推行了一系列行之有效的系统工程管理理念和技术，有效地加速了我国导弹航天事业的发展步伐，推进了具有中国特色的航天系统工程的建设与发展。在开创我国航天科技事业的伟大征程中，钱学森提出的一系列有创见的理论和技术，把理论创新、技术创新、体制创新和管理机制创新有机地结合起来，推动了我国航天科技事业健康发展。

在开创我国导弹与航天事业的同时，钱学森深刻地认识到，系统工程的理论、方法对我国工程科学特别是军事工程科学具有极其重要的作用。在创建我国导弹与航天工程的关键时期，钱学森紧密结合我国国防科技发展和武器装备建设的实际，大力发展系统工程，指导国防科研部门的科技人员深入研究探索和积极发展运用系统工程的理论、方法，取得了一系列重大自主和原始性创新成果。

加强武器装备建设是一个复杂的系统工程，必须用体系建设的思想进行规划，使其实现整体最优。随着以信息技术为核心的高新技术的迅猛发展，新材料、新技术和新型武器装备层出不穷，军事系统工程对于新武器系统概念的发展显得尤为重要。

面对新的形势和任务，特别是面向国防科技和武器装备工程研制的仿真技术，必须根据新的要求扩展到需求分析、费效评估、立项论证、武器试验以及定型的整个研制过程，并列入国防科技发展计划中，大力加强技术开发与应用研究。此外，确定武器装备的战术技术指标，既要考虑需求又要考虑技术与经济上的可行性，既要重视需求牵引又要重视技术推进。也就是说，如何选定合理的战术技术指标，确定合理的技术方案，既能满足作战要求又适合国情军情以及经济基础与技术能力。所有这些，都是系统工程的重要应用领域。

从1954年钱学森出版《工程控制论》，到1956年在中国科学院力学研究所建立我国第一个运筹学研究组，经过半个多世纪的应用与发展，军事运筹学及军事系统工程研究与应用已经成为世界发达国家军队组织管理与军事指挥决策的必要环节，其内容也不断扩展到军事领域的各个方面。

近年来，我军军事系统工程的研究和应用有了很大的发展，但与发达国家相比，军事系统工程的研究与应用在国防和军队建设中的作用还没有得到充分发挥，与新时代国防和军队建设要求还有较大差距。因此，必须着眼实现党在新时代的强军目标，不断拓展军事系统工程的应用领域，着力解决国防和军队建设方面的重大课题。

第五节 坚持用系统工程思想正确把握武器装备建设的几个关系

党的十八大以来，面对中华民族由大向强历史进程中的国家安全发展需要，习近平主席深刻把握世界军事发展大势和我军所处的历史方位，着眼实现党在新时代的强军目标，对推进新时代武器装备建设先后做出一系列决策部署，吹响了科技制胜的时代号角，规划了宏伟发展蓝图，为强军兴军注入了强大动力。在习近平强军思想的指引下，我国国防科技和武器装备建设取得了令人瞩目的成就。但是，我们也要清醒地看到，当前我国国防科技和武器装备建设发展水平与全面建成世界一流军队的目标之间还有一定差距。因此，我们必须积极适应建成世界一流军队的要求，着眼实现党在新时代的强军目标，贯彻落实创新驱动发展战略、科技兴军战略，认真理解钱学森军事系统工程思想的本质内涵，坚持用系统工程思想正确把握武器装备建设的几个关系。

一、正确把握搞好基础研究与提高应用技术能力的关系

基础研究是整个科学体系的源头，是所有技术问题的总开关，具有不同于其他领域创新的特殊性。在组织尖端武器科研生产的实践中，钱学森对基础研究与应用技术之间的关系有着非常明确的认识。他明确提出，基础科学要"拉开距离，先走一步"。他同时指出，技术科学是科学基础理论转化为实际应用的中间环节，是基础科学与工程技术之间的桥梁。因此，我们必须始终坚持以钱学森开创的创新性基础和应用基础研究为根本道路，创造丰厚的科学储备，为推动国防科技发展和武器装备建设做好科研准备工作。

从我国发展的战略全局看，走新型工业化道路，转变经济增长方式，维护国家安全和发展利益，比以往任何时候都要更加迫切地需要坚实的技术基础和有力的技术支撑。近年来，经过国家大力投入和持续建设，科研条件有了明显改善，但目前我国科技的总体水平同世界发达国家的先进水平相比仍有较大差距，特别是在一些重点领域和关键技术上还需要重点突破，自主创新发展的能力急需提高。因此，必须把基础研究作为推动武器装备创新发展的先导工程，放在优先发展的战略位置来抓，保持足够、稳定的经费投入，建立宽容失败、鼓励创新的环境，推动国防科技和武器装备建设科学发展。一是要坚持以习近平强军思想为根本遵循和根本指导，充分发挥理论的先导作用，切实加强基础理论研究，下大力研究破解重大理论问题和重大现实问题，尤其要聚焦武器装备建设的突出矛盾和问题，坚持边研究边探索、边实践边完善，务求尽快破题求解，以理论创新引领和推动实践创新，为推动武器装备建设科学发展提供重要支撑保证。二是要加强统筹规划和需求对接，着力突破制约武器装备发展的瓶颈，提高核心关键技术的自主创新能力。要强化科研生产基础条件建设的整体谋划与宏观管理，深化装备科研生产能力需求研究，加强军队与政府有关部门之间在科研基础条件建设上的协调，提高武器装

备建设经费使用效益。三是要按照武器装备创新发展的要求，优化国防科技重点实验室等创新平台建设布局和结构，提高平台的开放、共享程度和运行质量。同时，要进一步深化研究国防科技与民用科技在科研基础条件的统筹、国防科技重点实验室和国家重点实验室建设的统筹等政策制度，进一步整合资源、盘活存量，避免重复建设，集中打造一批处于国际前沿的研究中心、实验基地和科研平台，带动科研条件建设整体水平提高。四是要按照市场经济规律，加强信息沟通，强化公共服务，促进国防科研条件设施设备的高效利用，大幅度提高国家投入效益。同时，要建立培养符合科技创新人才的制度机制，激发创新精神，培育创新人才，打造创新团队，在重点领域刻苦攻关，实现重大技术突破。

二、正确把握促进国防科技自主创新与完善国家科技创新体系的关系

钱学森始终站在世界科技发展前沿，深入思考我国科学技术发展特别是国防科技发展的重大问题，提出了一系列引领未来的战略思想。在他从事科学研究和工程实践的过程中，始终保持创新锐气和探索勇气，由此开辟了一个又一个科学研究新领域，取得了大量原创性成果。

国防科技自主创新是国家科技创新体系的重要组成部分，国防科技自主创新的能力与水平，能够充分反映整个国家科技创新体系的能力与水平，国防科技自主创新是国家科技创新体系的战略高地。因此，必须正确把握国防科技自主创新与完善国家科技创新体系的关系，通过国家科技创新体系的发展带动国防科技自主创新能力的提高，同时通过国防科技自主创新能力的提高促进国家科技创新体系的发展。一是从世界科技发展历史看，最先进的科学技术往往最先产生或应用于国防科技和武器装备建设领域。许多对当代社会影响巨大的高新技术都是由国防科技项目演变发展而来。例如：先有美国军用DAPANET，后有国际互联网；先有核武器，后有核电站；先有大型军用运输机，后有波音707和后续民用飞机系列。所有这些，都充分凸显了国防科技自主创新的重要带动作用。从我国国防科技创新发展的成功实践看也是如此。如20世纪五六十年代的"两弹一星"，20世纪八九十年代以来的高新技术武器装备、载人航天、核电站、高技术船舶，都是我国科技自主创新最突出的领域，也是我国科技自主创新体系中的"王牌"。二是从国防科技自身特点看，它具有前沿性，代表着科技发展的最新水平，体现着科技的发展方向；具有全局性，其重大突破往往开拓出广阔的科技和产业发展空间；具有系统性，许多国防科技项目都是庞大而又复杂的系统工程，可以对诸多科技领域乃至管理科学进行集成整合。三是随着以信息技术为核心的高新技术的迅猛发展，国防科技领域出现了许多新的特点，信息技术、航空航天技术、海洋技术等战略高技术发展正面临新的跃升，国防科技发展的系统性、整体性更为突出，民用科技对国防科技发展的推进作用日益突出，国防科技与民用科技双向互动的新格局正在形成。因此，先进的国防科技是国家科技、经济和综合国力优势的重要基石，国防科技自主创新是国家科技创新体系的战略高地。

三、正确把握坚持自主创新与搞好学习借鉴的关系

在发展我国国防科技和尖端武器研究生产实践中，钱学森始终以战略科学家的眼光和技术科学家的缜密策划，特别强调坚持自力更生和自主创新，从而使我中国在尖端技术的发展途径上从追赶型转变为赶超型。

实践证明，在武器装备建设发展过程中，自力更生、自主创新和学习借鉴、对外引进是我们必须处理好的一个重要关系。我们必须站在世界科技发展的前列，独立自主而又积极扩大对外开放，自力更生而又广泛借鉴国外先进技术，在一些重要领域和科技前沿拥有自主创新能力和自主知识产权，大力提高核心竞争力，努力在世界高新技术领域占有一席之地。我国是一个发展中的社会主义大国，在一些战略性、基础性的重大科技项目上，必须依靠自己，必须拥有自主创新能力和自主知识产权。唯有自己掌握核心技术，拥有自主知识产权，才能将祖国的发展与安全的命运牢牢掌握在自己手中。一是要认真学习借鉴世界各国尤其是西方发达国家的先进科技成果，在坚持自力更生、自主创新的基础上，有重点地引进一些国外的先进军事技术和武器装备，提高我国国防科技水平和武器装备发展的起点。二是武器装备的现代化靠买是买不来的，特别是一些国防尖端技术，不可能从国外直接拿来，即使一时可以从国外引进，但如果我们不能进行有效的学习、消化和新的创造，最终还是会受制于人。因此，在确定引进项目的过程中，要根据我国国防科技和武器装备发展的实际需要，选择那些能够有效提高我们的研制起点和能力，能够满足我国国防科技和武器装备建设急需的军事技术与项目。三是对于确定引进的军事技术和武器装备，不能只是简单地照搬照抄，而必须结合我国国防科技和武器装备建设实际加以消化、吸收和再创新，坚持走有中国特色的国防和军队现代化建设之路，坚持把自主研制、自主创新与学习借鉴、对外引进紧密结合起来，形成自己独特的军事技术优势，以免受制于人。特别是对那些影响国家发展和安全战略全局的尖端科技，必须主要依靠我们自己的努力来取得突破，这样才能牢牢掌握发展的战略主动。

四、正确把握加强原始创新与先进技术再创新的关系

基础科学的创新是原始创新，它表现在基础研究中的新发现、新观点、新规律、新原理，不仅引发了自然科学的变革，而且也日益渗透到军队建设、国防科技和社会科学领域的方方面面。钱学森在这个前沿领域独树一帜，先后提出了一系列新思想和新观点，他用自己的科技创新实践和在系统科学与思维科学上的创新，丰富了人类关于科技创新的理论，为推动我国国防科技和武器建设发挥了重要作用。

进入新世纪，国际军事竞争正在向更深层次、更广范围上全面展开，世界军事强国都把夺取科技优势作为赢得战略主动的决定性因素，把技术优势作为军事战略的重要基石，把提高科技创新能力作为夺取军事竞争优势的战略选择。同时，一批新兴技术正在迅猛发展，并不断取得重大突破。为抢占先机，世界主要国家都在积极探索新原理、新

发现、新技术在军事上的应用，新型武器装备层出不穷。这些创新发展的武器装备，成为信息化战争的重要作战力量，并对国际战略格局、军事力量对比等产生了十分重大的影响。因此，必须正确把握加强原始创新与先进技术再创新的关系，积极推进武器装备建设科学发展。一是要加紧构建以原始性创新为先导的技术创新体系，根据技术发展的内在规律，在技术的发展阶段和整体布局上科学安排应用基础研究、应用研究、先期技术开发和技术的综合集成，实现从理论突破到技术创新应用的有机衔接、相互促进。二是要紧紧围绕国防科技和武器装备体系建设的要求，在技术领域的设置上正确处理重点技术与一般技术、通用技术与专用技术、传统技术与高新技术的关系，做到统筹兼顾、合理布局，实现各类技术、各类学科相互支撑、协调发展。三是要进一步完善技术创新体系的制度机制，加大原始性创新的力度，着力在一些重要领域和科技前沿掌握关键核心技术，拥有自主知识产权，努力构建既能使国防科学技术储备不断增加、又能使之快速转化的武器装备创新体系。

五、正确把握促进科研成果转化与培育新的技术增长点的关系

钱学森关于军事系统工程理论的一系列开创性研究，自始至终贯穿着一个重要思想，就是要把现代科学技术成果尽快转化应用，促进军事科学应用于军事实践。钱学森的这一重要思想充分体现了技术进步推动军事发展的客观规律要求。我国很多新技术起步并不晚，但是由于创新技术成果转化慢、转化难、转化效益低等问题没有得到有效解决，从而时常出现科研起步时领先、应用时已经落后的现象。因此，如何尽快建立完善的、符合市场规律和转变战斗力生成模式要求的科研成果转化政策制度，进一步调动科研人员的积极性，这是当前必须认真研究解决的一个重大现实问题。一是要促进军民技术双向转化，妥善解决国防知识产权归属与利益分配的问题，制定国防知识产权管理办法，正确处理国家投入、单位资源、团队贡献三者的关系，着力解决创新者的后顾之忧。二是要加快实施军民标准通用化工程，打破军民技术标准壁垒，完善国防科技成果降密解密制度，切实提高技术成果双向转化的效率和效益。三是要紧密结合军事战略需求，对技术发展的方向、应用前景等进行深入研究与思考，对投向、投量进行科学谋划，切实把具有战略影响的领域和关键技术筛选出来，一旦定下决心，就要加大投入持续攻关，务求必成，努力培育武器装备建设新的技术增长点。

六、正确把握完善激励机制与搞好政策制度保障的关系

钱学森高度关注国家科技政策制度建设，提倡运用激励机制促进科技进步。1987年，他提出了"科技奖励是一项国家系统的科技工作"，并建议创立"科技奖励学"。为适应国家科技工作的形势要求，促进科技进步更好发展，1999年，国务院颁布实施了《国家科学技术奖励条例》，设立国家最高科学技术奖。党中央、国务院每年在人民大会堂隆重召开国家科学技术奖励大会，国家主席亲自为最高科学技术奖获得者颁发证书，充分

体现了国家对科技奖励工作的高度重视。

近年来，我军着眼实现党在新时代的强军目标，不断满足军事斗争准备需要，持续激发科研活力，武器装备建设取得了明显成效。当前，我国国防科技和武器装备建设进入创新发展的新阶段，但一些深层次的矛盾和问题已经阻碍了创新活力的激发，从而影响了装备科研创新的良性发展。因此，要着眼激发武器装备发展的活力，建立和完善激励机制，进一步搞好科技创新政策制度保障。一是要打破国防科技工业自我封闭的体系，降低地方高等院校、科研院所全面进入武器装备科研生产领域和"民参军"的门槛，为国防科技基础研究和武器装备发展注入新鲜血液。同时，要着眼提升竞争的广度深度，在装备预研、研制、订购、维修各个阶段，大力推行分类别、分层次和一体化竞争。二是要推进共享协作，充分发挥军工集团系统集成创新的中坚作用，中国科学院、高等院校科技原始创新的孵化作用，军内科研单位发展需求论证的支撑作用，以及民营企业灵活创新机制的激励作用，形成强大的凝聚力和创造力。三是完善国防知识产权制度，通过完善政策制度和采取一系列有力举措，使我国具有自主知识产权的产业不断发展壮大起来，最大限度调动科技创新的积极性，提高科技成果拥有者转化的意愿，促进科技成果向现实战斗力的转化。四是要加强信息交互，不断拓展信息沟通渠道，建立军地信息对接机制，吸纳更多的地方高校、科研机构和民营企业的专家进入装备科研领域相关专家组，组织军事专家面向民营企业有针对性地开展交流对接，让各有关方面有机会把更多技术成果及时提供给军方。

七、正确把握弘扬敢为人先的创新精神与坚持团结协作的关系

在长期的科研工作实践中，钱学森勇于探索实践，敢于开创科学技术未知领域，他以敢为人先、敢立潮头、敢于超越的勇气，不断探索科学新领域，研究别人没有研究过的科学前沿问题。在科研工作实践中，钱学森大力提倡集智攻关、团结协作的协同精神，一直强调协同攻关、总体设计，并将其应用于社会系统工程理论与实践之中，做到了身体力行、创新发展。他潜心学术研究，在构建现代科学技术体系过程中，凝聚了一大批不同领域、不同学科、不同研究专长的专家学者，共同推动和促进学术协同创新发展。1995年1月2日，钱学森在致王寿云（时任国防科工委科技委常委兼秘书长）等六同志的信中强调指出："如果不创新，我们将成为无能之辈。"

在身体力行鼓励大胆创新的同时，钱学森还一直大力提倡团结协作、发扬技术民主、敢于承担责任，并成为协同精神的自觉倡导者和践行者。在组织国防科技和尖端武器科研的实践中，钱学森一贯重视集体力量，充分发挥集体智慧，提倡互相合作，反对单打独斗，反对个人单干。他强调指出："任何科学研究活动都是一项社会活动，必须有集体间的交流和研讨，而今天这种交流和研讨已经发展到了全球性的规模。现代科学技术不是一个人的工作，一个人再有天大的本事，他也创造不了全世界，都要互相之间帮助、协同。"他认为，现代科学技术研究的对象本身就不是孤立存在的一个个单独事物、现象，而是研究事物和现象的发展过程，研究事物相互之间的联系。这就使得现代科学技术变成了一个个

严密的综合体系，从事科学研究是一项复杂的系统工程。这个特点也决定了从事现代科学技术研究的人员不能各自为政，而是要团结协作，相互合作，协同前进。

创新是民族进步的灵魂，是国家兴旺发达的不竭动力。推进国防科技和武器装备建设科学发展，既要大力弘扬敢为人先的创新精神，同时也要坚持集智攻关、团结协作，下大力气激活创新发展的"一池春水"。一是要建立武器装备科研协同创新的体制机制，重点解决科技管理体制、需求生成机制、科研计划体系等方面问题，完善协同创新模式，营造公平竞争的协同创新环境，提高科研整体效益，让机构、人才、资金、项目等都充分活跃起来，形成推动科技创新的强大活力。二是要打造融合创新的科研平台，积极引导社会力量积极参与武器装备研发，联合科研院所、高等院校与民营企业建立产业联盟、创新中心，推动军、地科研单位，以及民营企业和民口配套单位等实现优势互补，促进形成产、学、研、用一体的创新业态。三是要打造共享科研资源，搞好科研生产基础条件建设的整体谋划，不断扩大重点实验室的开放交流，推动建设一批高水准的联合研究中心、实验基地和科研平台，带动科研条件建设整体水平提高。

八、正确把握鼓励科研创新与宽容失败的关系

科研工作是一个极具挑战性的领域，风险与失败无处不在。1962年3月，我国自主研制的第一枚"东风二号"导弹首飞失败。面对全体参试人员低落的情绪，钱学森深情地说："科学试验如果次次都能成功，那又何必试验呢？经过挫折和失败，会使我们变得更聪明。"为了充分发挥技术人员的才智，钱学森总是与他们共同探讨重大技术问题，并且诚恳地说："你们提的建议如果成功了，功劳是大家的；失败了，责任由我来承担。"这充分展示了钱学森作为科学大师的高尚情怀和品质风范。

习近平主席深刻指出：创新是引领发展的第一动力。抓创新就是抓发展，谋创新就是谋未来。适应和引领我国经济发展新常态，关键是要依靠科技创新转换发展动力。党的十八大提出的实施创新驱动发展战略，实际上就是推动以科技创新为核心、体制机制创新为保障的全面创新。武器装备建设领域要实现创新发展，必须始终坚持把习近平主席关于创新驱动发展的重大战略思想作为根本遵循，认真学习领会，全面贯彻落实。同时，要把鼓励创新作为重要抓手，进一步明确科技创新的目标方向和方法路径。一是坚持以创新为根本驱动力，坚决破除体制机制障碍，最大限度地解放和激发科技作为第一生产力所蕴藏的巨大潜能，加快实现从以要素驱动、投资规模驱动发展为主，向以创新驱动发展为主转变。二是要把握创新的特点规律，坚持科学推进。科技创新过程是一个完整的系统工程，只有打通从基础研究、技术开发到推广应用的整个链条，形成一个完整的工程体系，创新才能具备强大的生命力。三是要建立宽容失败的评价机制。任何一个基础研究领域的重大突破都离不开长期的积累和多次的失败、挫折，这是科学发展的必然规律。在武器装备科研生产过程中，要能够坚持容忍失败，既要鼓励科研人员有奇思妙想，又要宽容在探索实践中的失败。同时，要建立科学的评价体系，提倡各类科技计划的实施不以论文、专利数量为项目目标，注重原创成果的取得，允许一定的失败比例，科学看待失败。

第六节　贯彻系统工程思想推进新时代武器装备建设创新发展

党的十九大报告指出："坚持政治建军、改革强军、科技兴军、依法治军，更加注重聚焦实战，更加注重创新驱动，更加注重体系建设，更加注重集约高效，更加注重军民融合，实现党在新时代的强军目标。"贯彻落实党的十九大提出的战略目标，推进武器装备建设创新发展，必须始终坚持以习近平强军思想为引领，坚持面向战场、面向部队、面向未来，深刻把握理技融合、研用结合、军民结合的战略途径，紧紧围绕提高国防科研能力和武器装备建设水平，创新工作机制，改善人才结构，优化资源配置，统筹协调发展，不断提高武器装备建设的质量和效益。

一、坚持战斗力标准

1986年12月18日，钱学森在全国政协学委会报告会上明确指出：科学技术成为生产力的精华，没有科学技术就谈不上生产力，这就是"智力战"，21世纪是智力战时代。

军事技术的每一次突破，都是推动旧有作战力量体系逐步瓦解和促进新型作战力量体系逐步形成的动力。新型武器装备被大量运用于实战，新型武器平台技术和智能弹药技术层出不穷，人的创新智能以科技结晶的方式，极大地表现在在高度智能化体系化的武器装备之中，使传统意义上"人与武器装备最佳结合"的内涵发生了质的改变，对于新质战斗力的形成产生了前所未有的深刻影响。因此，牢固树立战斗力这个唯一的根本的标准，是实现党在新时代强军目标的必然要求。一是要坚持聚焦备战打仗，坚持战斗力标准。要牢牢把握党在新时代的强军目标，把聚焦备战打仗、坚持战斗力标准作为衡量武器装备现代化建设的重要尺度，落实到武器装备现代化建设的各个环节和全过程，深深植根于科研人员自觉行动之中。必须以作战需求牵引基础研究和战略前沿技术探索，在战略必争领域形成独特优势，进一步完善科研项目聚焦备战打仗、科研成果部队应用、科研问题跟踪反馈、科研服务及时到位等制度机制，集中力量解决国防科研与作战脱节的突出问题。二是把握战斗力标准的时代要求，加快推动战斗力生成模式转变。转变战斗力生成模式是一项复杂的系统工程，推动这一工程的基本动力是战略规划力、技术推动力、理论牵引力、管理保障力和创新源动力。当前，我军已经进入依靠科技进步和创新驱动加快转变战斗力生成模式的新的历史阶段，自主创新是实现军队现代化建设跨越发展、有效履行新时代我军历史使命的重要途径，是贯彻落实科技强军战略的必由之路。因此，必须通过国家中长期重大专项、武器装备型号研制和国防关键技术攻关，把国防科技自主创新始终作为战斗力生成模式转变的重要因素、构成要素和实现途径。三是适应信息化战争对战斗力建设的要求，不断升级装备和搞好武器装备赋能。战斗力是各种新型武器装备综合作用而产生的作战能力。特别是随着以信息技术为核心的高新技术的迅猛发展，物联网、云计算、大数据等新一代信息技术的"井喷式"涌现，高度发达的人工智能已经走上战场，无人化武器装备被大量运用于实战。此外，网络攻防、电磁攻防与火力打击形态的实体攻防相叠加，使战争攻防作战机理的复杂程度发生了前所未有的深刻变化，尤其是体系对抗的技术机理、武器弹药的杀伤机理、基于信息系统的攻防作战机理和信息赋能机理等，对于战斗力的生成和提高产生了前所未有的深刻影响。因此，必须不断升级装备，做好武器装备赋能，推动武器装备创新发展。四是着眼战斗力建设对军事人才的新要求，不断增强人才素质和完善素质能力。在战争制胜的问题上，人是决定性因素。无论时代条件如何发展、战争形态如何演变，这一条永远不会改变。当代科学技术在军事领域的应用，推动着战争形态向信息化智能化战争转变，大国的军事较量集中表现为新知识、新技术的较量。科技较量要求军人素质从"体能型"到"技能型"再到"智能型"的革命性提升。因此，军事人员的科学文化素质、智能水平和技能高低等综合素质直接关系到战争的胜负。只有具备较高的科技文化素质，具备以信息化智能化技术为主体的多维知识结构，才能熟练掌握信息化智能化武器装备，驾驭未来的一体化联合作战。因此，掌握信息化智能化武器装备的人才是引领战斗力建设发展的重要资源和推手。

二、坚持需求牵引

坚持需求牵引是钱学森军事系统工程思想的一个重要观点。1985年8月3日，钱学森在给时任济南军区作战部部长冯玉军的信中指出："21世纪我们的军队要打什么仗，从而要什么武器装备。"聚焦实战是军队建设的核心目标和根本牵引，在武器装备发展上，必须注重武器装备的实战实用性，必须满足我国面临的主要威胁对装备的需要，满足我国不同战略方向对武器装备的需要，满足打赢信息化战争、实施一体化联合作战的要求，满足应对主要战略对手和作战对象的需要。

贯彻钱学森军事系统工程思想，推进新时代武器装备建设创新发展，必须认真研究未来战争制胜机理，认真研究我们的作战对手，认真研究武器装备建设需求。

一是要紧紧瞄准未来的战争要求。坚持瞄准作战对手，着眼未来作战要求，未来打什么仗就发展什么武器装备，把作战需求贯彻到武器装备研制生产全过程。按照设计武器装备就是设计未来战争的要求，把作战需求作为一以贯之的指导原则，真正落实到武器装备研制全过程，探索形成与时代发展同步伐、与国家安全需求相适应、满足未来作战要求的作战需求体系。同时，要建立需求对接机制，健全国防科研需求联合生成机制，统筹组织编制体制、作战思想、训练等领域对装备建设的需求，形成武器装备建设领域联合需求生成机制，及时把武器装备研发需求转换为可面向社会发布的技术攻关需求，打通从作战需求到装备需求再到技术需求的生成链条，推动需求相互印证、迭代发展，为制定武器装备科研规划计划提供明确牵引和有力指导。

二是要坚持作战需求的根本牵引。立足现有武器装备打胜仗是我军一贯遵循的基本原则。但是，我们不能因循守旧而降低对武器装备发展的要求。意大利军事思想家杜黑说过："一个想要制造一件好的战争工具的人，必须首先问问自己下次战争将是什么样的"。因此，我们必须把作战需求贯彻到国防科技和武器装备发展全过程，确保研发和生产的武器装备适应能打仗、打胜仗的要求。一方面，要紧紧瞄准"备战打仗，决战决胜"要求，以未来作战需求为牵引，做到未来打什么仗就发展什么武器装备，确保研发和生产的武器装备适应能打仗、打胜仗要求。另一方面，要把作战需求牵引作为装备转型建设的系统工程，建立健全一套科学实用的作战需求生成机制、程序、方法和手段，综合考虑作战需求和技术风险、经济风险、进度风险等各方面因素，进行体系设计、体系评估、体系论证，为国防科技和武器装备发展提供基本依据、明确方向和科学标准。

三是要坚持技术推动。在论证武器装备发展时，要综合考虑作战需求和技术风险、经济风险、进度风险等各方面因素，增强武器装备发展的科学性、针对性、前瞻性，尽量避免走弯路。

三、坚持自主创新

坚持自主创新，不断提高自主创新能力是钱学森始终非常关注的一个重大问题。1992年2月29日，钱学森在国防科工委科技委第一届年会上明确提出："我们不能一味地跟着外国人走，他搞什么我们就搞什么。因为我们的国情、目的和他们都不一样。"实践证明，坚持自主创新，不断提高自主创新能力，是我们赶超世界先进水平的根本出路，是我们真正在世界军事高科技领域占有一席之地的重要基石。

贯彻钱学森军事系统工程思想，推进新时代武器装备建设创新发展，必须始终坚持以创新为根本驱动力，实施创新驱动发展战略，在推动创新发展中形成新的动力源、催生新的增长点、助燃新的点火系。一是要紧跟世界新军事革命特别是军事科技发展方向，努力缩小关键领域的差距，形成比较优势。信息技术、生物技术、新能源技术、新材料技术发展日新月异，有些技术一旦取得突破，影响将是颠覆性的，甚至可能从根本上改变战争形态和作战方式。一大批具有前瞻性、引领性、颠覆性的技术正走入军事开发视野。因此，我们必须着眼新一轮科技革命、产业革命和军事革命加速推进的新形势，以作战需求牵引基础研究和战略前沿技术探索，在战略必争领域形成独特优势。二是要以取得比较优势作为衡量创新驱动发展的根本标准，选准科技创新的突破口和着力点，把有限的资源配置到重大技术的攻关上，集中优势力量，大力攻克军事领域的关键技术，掌握一批拥有自主知识产权的核心技术，将国家安全与发展的命运牢牢掌握在自己手中。三是要坚持以创新为根本驱动力，始终瞄准能打仗、打胜仗这个强军之要，瞄准军事斗争准备需求抓创新，不能为了创新而创新，满足部队战斗力需要，推进战斗力增长方式改革，确保战斗力可持续增长。

四、坚持体系建设

建设世界一流军队，推进新时代国防和军队现代化建设，必须运用系统的思维和体系建设的思想，切实搞好顶层设计和总体设计。钱学森创立的总体设计部是助推系统综合提升的主要力量，已经在武器装备建设实践中取得显著成效。1988年10月18日，钱学森在纪念国防科委成立30周年专家座谈会上强调指出："我们国家的科学技术，乃至国防科学技术，当前的问题是什么？我觉得主要是多头、分散。"在国防科技和武器装备建设中，钱学森十分注重体系建设。1989年，钱学森提出了"从定性到定量综合集成方法"，并在国防科技和军事科研领域成功应用。我国于20世纪90年代中期开展的深化国防科技发展战略研究，应用综合集成方法论，定性定量相结合，提出了以武器装备体系建设为中心发展我国武器装备的总体思路，为研究制定我军跨世纪武器装备发展战略提供了有效支持。武器装备是一个复杂的巨系统，必须坚持用体系建设的思想进行规划，使其整体最优。

随着军事技术特别是信息、智能、隐形、无人等新兴技术的迅猛发展，武器装备高新技术含量越来越高，更新换代周期越来越短，且各型武器装备之间的关联度、耦合度越来越强，体系运用特点越来越突出。贯彻钱学森军事系统工程思想，推进新时代武器装备建设创新发展，必须要加强整体筹划，坚持体系建设，采取定性定量相结合的科学方法，择优选定优先发展领域和方向，确立达成国家战略目标的最佳策略，构建国防科研联合需求生成、战略评估、体系分析、规划计划、预算评估一体化系统管理体系，以最优的资源投向投量达成战略目标。一是要根据国防科技和武器装备发展的实际，从分析体系结构入手，瞄准总体布局，提出发展重点，科学勾画国防科技和武器装备现代化建设的结构体系图谱，从而奠定构建武器装备现代化建设发展的战略基础。同时，要从分析军事需求入手，明确适应"能打仗、打胜仗"要求的建设方向，厘清体系架构，找准相互关联，构建武器装备现代化建设战略布局。二是要明确体系发展路径，着眼构建未来一体化联合作战装备体系，提出装备体系能力框架，建立量化的体系贡献率评估方法，解决好装备体系优化增效问题，定量评估体系作战能力贡献率，从而统筹各类武器装备发展，加强标准化、系列化、通用化建设，不断完善和优化武器装备体系结构。三是要贯彻体系建设思想，既要满足当下又要着眼长远，既要突出优势又要补齐短板，既要抓住重点和主要矛盾又要善于科学统筹，正确处理各项建设的关系，从而使各类武器装备形成一个整体协调、搭配合理、相互衔接的完整体系，发挥最大作战效能。四是要科学统筹进攻型武器装备和防御型武器装备发展，协调推进主战装备、信息系统、保障装备发展，加强标准化、系列化、通用化建设，不断完善和优化武器装备体系结构。同时，必须坚持有所为有所不为，突出建设重点，在填补体系空白、补充短板弱项上下功夫，强化统一筹划和顶层设计，推动武器装备建设实现跨越式发展。五是要积极适应先进军事技术和武器装备发展趋势，认真开展武器装备体系研究，以体系总体设计牵引装备研制，努力追赶世界军事强国发展步伐，推动武器装备的体系化、信息化向更高层次发展，实现装备体系和信息系统的深度融合。

五、坚持质量至上

坚持质量至上的指导方针是推动武器装备建设必须始终坚持的重要原则。钱学森是我国系统工程理论与应用研究的创导人，为我国火箭、导弹和航天事业的创建与发展做出了卓越贡献。在发展我国的国防科技和航天事业的伟大实践中，钱学森特别重视军工产品质量建设与可靠性技术，先后完成了"质量与可靠性增长技术"等国家重点攻关项目，为航天等军工系统建立了一整套科学的可靠性设计方法、故障诊断、处理规范，以及一系列严格的质量管理和保证体系，为促进我国国防科技和尖端武器发展发挥了重要作用。

质量是武器装备的生命，是效益的集中体现。武器装备质量既是军事需求、科技创新、资源配置等因素的综合集成，又是法治环境、质量文化、人员素质等方面的全面反映。提升装备质量是一个全局性、系统性工程，必须从国防科技工业和武器装备建设发展的整体层面统筹规划、综合施策、标本兼治、整体推进。一是要始终坚持质量至上的指导方针，正确处理质量与进度、效益的关系，用质量保成功、向质量要效益。要切实发挥好评价机制的指挥棒作用，进一步提高质量工作在绩效考核中的权重，真正把"质量一票否决"要求贯彻落实到位。同时，要坚持把依法治军的要求不折不扣地落实到质量工作中，不断强化法治观念，树立法治思维，让依法办事、按章办事理念深入人心、成为习惯，坚决按照设计标准、工艺规程、检验程序、操作维护规范，一丝不苟地开展工作。二是要按照打仗的标准狠抓质量工作落实，把实战化检验的理念贯穿到质量工作的各个环节。要建立完善装备作战需求生成机制，让作战部门、装备部门、工业部门和使用部队跳进同一个战壕里，真正做到作战与装备紧密结合、需求与可能循环迭代。要建立健全实战化考核体系，建立研制试验、作战试验鉴定、在役性考核层层递进、环环相扣的装备试验鉴定体系，制定科学的试验方法、数据采集手段和评价标准，用贴近实战的方式，把武器装备性能底数摸出来。同时，要健全完善在役装备质量问题反馈和处置办法，及时发现和认真解决存在的突出矛盾和问题，在装备实战化运用中持续改进质量，促进装备质量持续改进提升。三是要努力转变质量管理方式，实现从依靠命令要求向依法行政、从凭经验工作向依照法规制度开展工作、从突击式运动式抓工作向打牢基础、长效致远、稳步推进的根本性转变。要切实抓好法规标准和责任制落实，做到赏罚分明，坚决把有法必依、执法必严的风气树起来，贯彻落实到质量管理的过程和每一个具体环节。四是要加紧推进质量监督管理体制机制创新，建立常态化和规范化的质量工作协调、评价、督察和管控制度。要深入研究高新技术装备质量工作的特点规律，运用系统工程、仿真模拟、风险评估、节点控制、零缺陷管理等先进质量管理方法，加强质量检测能力建设，进一步提高质量工作成效，实现所有环节全覆盖。同时，要积极推进质量基础工程创新，重点是抓好数据工程建设，构建基础产品信息数据库，以及失效分析、环境试验、检验检测、外场故障等信息数据库，为武器装备设计仿真、制造选型和改进改型提供有力支撑。

六、坚持军民一体

钱学森是我国系统科学的开拓者和奠基人，在我国尖端科学技术领域做出一系列开创性贡献。在长期的国防科技组织管理工作实践中，钱学森为我国军事科学体系构建、国防科技工业发展等提出了诸多富有远见卓识的重要建议，特别是他的关于军民结合问题的若干思考，尽管在多年前就已经提出，但对于当前我国军民结合深入发展的理论和实践仍然具有十分重要的现实指导意义。1984年，在教育部组织的全国高等院校工科本科专业目录审定会上，钱学森明确提出："军民结合是可以的，但注意不要放松对军品专业人才的培养。"后来，他在给原国防科工委科学技术委员会副主任兼秘书长聂力的信中谈到，在军民结合问题上，除了平时对国民经济发展尽可能地做出贡献外还应注意两个问题：一是战争与生产的问题，二是战争动员问题。他明确指出，这是"联系到仗怎么打和用什么武器的根本问题"。1992年2月29日，钱学森在国防科工委科技委第一届年会上指出："军工企业要实行'军民结合'，而民用企业也要实行'民军结合'。"这实际上指出了军工企业和民用企业之间在市场机制作用下，通过"军转民""军民两用"和"民参军"，推动军民产品、技术以及管理的有机渗透，促进军民结合深度发展的路径。

我们党根据不同历史时期国家安全和发展实际，不断探索开拓具有中国特色的经济建设和国防建设协调发展之路，先后探索实践了"军民结合""平战结合""寓军于民"和"军民一体"，有力推动了经济建设与国防建设协调发展。历史实践证明，推进军民结合深度发展是兴国之举，强军之策。

军民一体就是把国防和军队现代化建设深深融入国家经济、科技、教育、社会发展体系之中，为提高军队战斗力提供丰厚的资源和可持续发展的后劲。同时，通过军民一体将国防和军队建设的重大成果应用于国民经济各个领域，转化为社会生产力，提高国家核心竞争力，形成军民一体化的国家战略体系和能力。把军民一体发展上升为国家战略，是我们长期探索经济建设和国防建设协调发展规律的重大成果，是从国家发展和安全全局出发做出的重大决策，是应对复杂安全威胁、赢得国家战略优势的重大举措。军民一体主要包括基础设施建设、国防科技工业、武器装备采购、人才培养、军队社会化保障、国防动员等多个方面，主要涉及思想观念、体制机制、人才、技术、信息、资金等方面的融合，形成全要素、多领域、高效益的军民一体深度发展格局，是我国安全和发展相统一的战略需求，是与战争形态信息化、技术形态军民通用化、经济形态高度市场化的时代条件紧密结合的产物。

贯彻钱学森军事系统工程思想，推进新时代武器装备建设创新发展，必须坚持军民结合、寓军于民的方针，充分发挥集中力量办大事的社会主义制度的优越性，积极吸纳、融入、汇集国家和社会各方面的力量，通过社会大协作推进武器装备建设科学发展。一是要牢固确立国家在经济建设和国防建设融合发展中的主导地位，加强军地各领域各部门各层级的统筹协调，综合运用规划引导、体制创新、政策扶持、法治保障等手段，最大程度凝聚经济建设和国防建设融合发展合力。充分发挥军事需求牵引和政府宏观调控作用，完善军事需求牵引规划计划、规划计划引导资源配置的体制机制，在武器装备建设中发挥国家主导作用。与此同时，要在更广范围、更深层次上推进市场化改革，减少政府部门对资源的直接配置和对微观经济活动的直接干预，建立公平开放透明的市场规则，加强市场活动监管，加快建设有序开放竞争的军品市场，找准市场功能和政府行为的最佳结合点，最大程度地体现社会主义市场经济体制的优势。二是要注重加强长效机制构建，突出军方的主导作用，进一步明确军民一体深度发展的原则要求、目标重点、工作步骤，指导武器装备建设有序开展。要积极推进武器装备军民通用标准体系建设，将先进适用的军用标准及时转化为国家标准，积极探索选用先进适用民用标准和国际先进通用标准的方法途径，为吸纳和利用先进民用技术扫清障碍。要强化顶层设计，健全体制机制，切实将军民一体发展战略贯彻到武器装备建设发展目标和过程中不折不扣落实，进一步打破行业壁垒，推动公平竞争，实现优胜劣汰，加快形成全要素、多领域、高效益的军民一体深度发展格局。同时，要积极吸纳民营高新技术企业的人才和技术，确保优势民营企业能够顺利进入武器装备科研生产领域，充分尊重市场对资源配置的决定性作用，营造公平竞争环境，加大分类、分层次竞争力度，在信息技术、自动控制、材料技术等民营企业优势技术领域，通过良性竞争，充分发挥市场调控作用，不断激发武器装备建设发展的生机与活力。三是要进一步完善政策法规体系，在投资体制、军工企业股份制改造、基础设施建设等方面，健全科学合理、衔接配套的政策法规体系。在顶层立法方面，要切实加强前瞻性设计，进一步搞好政策衔接，在武器装备建设领域健全和完善军民一体发展的法规制度，推动军民一体走上依法实施的轨道。在配套制度方面，过时的要废、缺少的要立、不适应的要改，尽快出台竞争择优、许可目录、软件计价等制度规定，彻底扭转一些领域不利于军民一体深度发展的局面。在运行机制方面，要建立完善检查评估、责任追究、工作监察、合同纠纷仲裁等刚性机制，加大国防科技领域军民一体问责力度，对不作为或不按要求推进的进行追责，跟踪问效，形成闭环，确保促进军民一体深度发展的政策法规发挥作用。四是要加强军地协调、需求对接，紧紧围绕"军转民""民参军""军民两用技术产业化""军民资源互通共享"等重点领域，突出解决深层次的矛盾和重点难点问题，加速推进军工和民用技术相互转化，对于可以直接用于武器装备科研生产的民用高新技术产品，建立动态推荐目录，支持二次开发，为武器装备建设发展服务。同时，要立足国防与民用产业发展的双重需要，研究制定军民两用技术发展规划，加速推进军民两用技术相互转化。要促进科研条件的军民共享，进一步推动军用和民用科研机构的开放共享与双向服务，依据科技创新的需要，建立高等学校、民用科研机构与国防科研机构的协作机制，组织重大科研项目联合攻关，加强重要技术储备，实现科技资源的共享。要推动国防科技工业与民用工业基础融合发展，鼓励跨领域的合作攻关和平等竞争，实现国防科技与国家新兴产业技术的有机融合。同时，要立足民用工业基础，结合国家科技重大专项及重大装备研制项目的实施，促进制约武器装备发展和军工能力建设瓶颈问题的解决。要注重运用市场手段优化军地资源配置，积极引导经济社会领域的多元投资、多方技术、多种力量更好服务武器装备建设。

七、坚持人才为本

在长期组织国防科技和尖端武器科研工作的实践中，钱学森高度重视人才队伍建设，先后培养造就了一大批堪当历史重任的一流科学家和工程技术专家。在钱学森的军事系统工程思想体系中，其系统工程学科专业教育思想，自始至终占据着重要的位置，并指导中国系统工程学科专业教育从起步到发展，再到繁盛，一大批系统科学和系统工程的理论创新和应用人才脱颖而出，不仅形成了具有中国特色的系统工程学派，同时也打造了几代系统工程应用和推广的骨干队伍，取得了巨大的人才培养效益和社会主义建设效益。1979年，在钱学森的直接关怀下，国防科技大学和原上海机械学院率先在国内创办了系统工程本科专业。与此同时，在钱学森的亲切关怀和亲自指导下，国防科技大学系统工程与数学系正式成立并开始招收信息系统工程和飞行器系统工程两个本科专业的学生，为军队和国防工业部门培养从事武器装备系统的规划、论证、研制、生产与管理的高级工程技术人才。此外，清华大学、西安交通大学、天津大学、华中科技大学、大连理工大学等五所大学也相继启动了系统工程专业研究生教育。在钱学森的指导和规划下，全国系统工程学科专业教育一开始就得到了高水平、高起点的发展，并有着宏远而务实的蓝图。1986年，钱学森着眼世界军事发展的新趋势明确指出，高技术革命必将带来军事技术的迅速发展，军队将成为知识密集的部门。"现在要求培养一批科技帅才，即一批工程师加科学家加思想家的人才；当帅才的，在领导实现一个明确的目标时，应该从基础应用到工程实践，都能够考虑到"。他主张从系统工程的角度打破专业局限来分析和思考问题，提出："要提倡创新思维，正确与否交给实践去检验。"

当今世界，军事领域竞争非常激烈，而竞争的制高点说到底还是人才的竞争。实践证明，谁拥有一流的人才，谁就会拥有一流的技术，拥有一流的武器装备，拥有一流的军队，谁就抓住了现代战争的制胜权。美军认为："高素质的军事人才是美国军事力量中最重要的决定性因素。"因此，推进国防科技和武器装备建设创新发展，必须有一大批综合素质全面过硬的新型军事人才作支撑。

继承发扬钱学森军事系统工程思想，推进新时代武器装备建设创新发展，必须搞好创新人才群体培养，坚决摒弃落后的科技管理与人事制度，着力营造想干事、敢创新、高回报的创新生态环境。一是要抓好人才群体培养，坚持重用杰出人才。人才是科技创新的根基，谁拥有一流的创新人才，谁就拥有了创新的优势和主导权。要改革落后的科技管理与人事制度，营造想干事、敢创新、高回报的创新生态环境，坚决破除科研管理行政化的做法，因为科研工作不同于行政管理工作，越是创新性强的科研活动，越具有灵感瞬间性、方式随意性、路径不确定性等特点。因此，在管理方法上，也要适应科研创新所特有的灵感瞬间性、方式随意性、路径不确定性的要求。同时，要坚决改进泛行政化的科研管理方式和管理模式，真正让科研管理跟上科技创新的步伐，真正为科研人员解开手脚、腾出时间、让出地方，把科研创新的舞台放心交给他们，让他们在科研创新中唱主角、唱大戏。二是要舍得在人才身上下本钱。"尊重劳动、尊重知识、尊重人才、尊重创造"不能仅仅停在口号上，必须落实到具体的行动中，特别是要体现在成本管理、激励政策等方面，尽快研究出台最大限度激发科研人员创新活力，充分调动广大科研人员积极性、主动性和创造性的相关奖励制度，使广大科研人员在公平公正的一片蓝天下，获得应有的优厚奖励，把习近平主席提出的让科研人员"名利双收"的要求真正落到实处。三是要改善人才队伍结构，以强有力的制度保障和切实可行的实际举措，彻底破解钱学森的"世纪之问"。当前，我国武器装备建设进入了关键时期，我们必须着眼建成世界一流军队的要求，针对世界级科技大师缺乏和领军人才不足等突出问题，切实加强基础学科人才的培养，制定竞争激励和崇尚合作相结合的政策制度，促进人才资源有序流动、合理布局，吸收全社会科技人才资源，甚至包括海外优秀专家学者在内的个人和群体为武器装备建设事业服务的制度机制，着力形成人尽其才、才尽其用、充满活力良好局面。四是要建立武器装备科研生产高层次人才库，组织实施"国防科技创新团队"和"装备科技创新团队"建设，拓展现有军队优秀人才的再培养渠道，努力造就一批高水平的创新型科技人才队伍，对优秀科技创新团队要采取确定方向、稳定支持、自由选题、重点突破的做法给予大力支持。对有志从事技术基础研究和高技术前沿研究、思维活跃的人员的创新活动给予大力扶持。同时，要大力引进杰出的地方科技人才和优秀科学家组成智囊团，在科研机构编制、人事管理制度、工资标准、科研机构审批及科研与生活条件保障等方面，制定和实行优惠政策。

第七节 结 语

钱学森根据中国航天工程的实践和我国国防科技的建设需求，结合国内外科技发展的先进成果，提出了具有中国特色的系统工程方法，并在中国航天事业和国防科技工程中发挥了重要作用。在此基础上，钱学森继续发展系统科学体系，提出了综合集成方法，钱学森所倡导的系统工程在中国得到广泛应用，对中国社会、经济、科技、军事等各领域产生了重要而深远的影响。作为我国航天事业的奠基人和军事系统工程的开拓者与倡导者，钱学森为丰富和发展我军军事理论，推动我国国防科技和武器装备建设发挥了不可代替的关键作用，为中国赢得了前所未有的国际地位，也前所未有地改变了我国国防科技和武器装备发展的历史进程。面对建成世界一流军队的进军号角，开启新时代，迎接新挑战，奋斗新征程，我们必须锐意创新改革，坚持自主创新发展，让钱学森军事系统工程思想在推动新时代武器装备化建设的伟大实践中迸发出新的生机与活力，为实现党在新时代的强军目标做出新的更大的贡献。

参 考 文 献

[1] 糜振玉. 钱学森现代军事科学思想[M]. 北京：科学出版社，2011.

[2] 苗东升. 钱学森与系统工程[J]. 中国工程科学, 2002, 4 (3): 16-20.

[3] 钱学森, 许国志, 王寿云. 组织管理的技术: 系统工程[J]. 上海理工大学学报, 2011 (6): 520-525.

[4] 宋健. 钱学森科学贡献暨学术思想研讨会论文集[M]. 北京: 中国科学技术出版社, 2001.

[5] 宋琦, 赵阳辉. 钱学森航天系统工程管理思想与实践[J]. 辽东学院学报(社会科学版), 2014, 16 (4): 10-14.

[6] 于景元. 从系统思想到系统实践的创新: 钱学森系统研究的成就和贡献[J]. 系统工程理论与实践, 2016, 36 (12): 2993-3002.

[7] 张最良. 钱学森论军事运筹与军事系统工程[J]. 军事运筹与系统工程, 2001 (4): 4-9.

本章作者：禤法宝、杨胜、裴国利、张瑜。

第五章 新时代军事体系建设暨装备体系建设战略指导研究

第一节 引 言

进入新时代,我军深入贯彻习近平强军思想,坚持体系建设的战略指导,把国防和军队现代化建设作为一个系统工程,紧紧围绕国防和军队建设这一重大时代课题,在涵盖新时代军队建设、改革和军事斗争准备各领域展开,提出构建联合作战体系、构建新型军事管理体系、构建现代军事力量体系、构建新型军事训练体系、构建新型军事人才体系、构建国防科技创新体系、构建现代军事政策制度体系、构建军民一体化发展体系等观点,以重点突破带动整体提升,展现出我军独具特色的理论品质和强大的思想力量,极大地丰富了马克思主义军事理论的思想宝库。作为军事体系建设指导理论的重要组成部分,装备体系建设战略指导是最具特色的内容之一,这一理论深入系统科学地回答了新时代我军装备建设的历史性课题。在强军强装实践中,我军深入贯彻习近平强军思想,按照习主席关于装备建设的一系列重要论述,深刻把握信息化战争的本质要求,把装备体系建设上升到战略高度,明确了装备体系建设的目标方向、路线途径、措施要求,对装备建设提出科学指导。新时代我军装备体系建设战略指导,是对传统装备体系化发展思路的创新和升华,体现了装备现代化治理体系的科学内涵,深刻揭示实现装备建设更有质量、更有效率、更可持续发展的必由之路,对于进一步转变装备发展方式、优化装备结构、转换发展动力,推动我军装备建设实现高质量发展具有重大的现实意义。

第二节 新时代军事体系建设暨装备体系建设战略指导研究情况

新时代我军军事指导思想和理论不断发展完善,逐步构成一个系统完整、逻辑严密、相互贯通的军事指导理论体系,其中鲜明的特色就是坚持体系建设的重要战略指导地位，把国防和军队建设看作一个整体，坚持政治建军、改革强军、科技强军、人才强军、依法治军，坚持"五个更加注重"，聚力备战打仗，强化改革创新，狠抓工作落实，为实现党在新时代的强军目标、把人民军队全面建成世界一流军队而奋斗。坚持体系建设的重要战略指导，体现在国防和军队建设上就是全局着眼、整体谋划，系统设计、全面推进，从思想政治建设到战备训练、从联合作战到新型军事管理、从军事力量建设到军事人才培养、从国防科技发展到装备建设等一系列国防和军队建设理论和实践都贯彻了体系建设的思想，形成了一套系统完整的理论体系和建设蓝图，体现了理论逻辑、实践逻辑、历史逻辑的有机统一，形成了具有鲜明特色的新时代我军军事体系建设战略指导体系。

学习贯彻习近平强军思想是我军首要的政治任务和长期战略任务。在学习贯彻习近平强军思想的过程中，按照党中央和中央军委的部署，军地有关单位和部门组织有关专家学者进行了全面系统的学习研究，涌现出一系列有影响力的研究成果。

中共中央宣传部编写的《习近平新时代中国特色社会主义思想三十讲》第二十四讲《把人民军队全面建成世界一流军队》中指出：国防和军队现代化建设是一个系统工程，千头万绪，必须找准战略重点，以重点突破带动整体提升。文中还提出了构建联合作战体系、构建新型军事管理体系、构建现代军事力量体系、构建新型军事训练体系、构建新型军事人才体系、构建国防科技创新体系、构建现代军事政策制度体系、构建军民融合发展体系。这些内容作为新时代我军军事体系建设战略指导的重要内容，各个体系之间各有侧重又有内在联系，统一于政治建军、改革强军、科技强军、人才强军、依法治军的强军布局，统一于打赢信息化局部战争、有效履行使命任务的军队职能，统一于实现强军目标、建成世界一流军队的战略目标。

作为新时代我军军事体系建设指导的一个重要组成部分，装备体系建设战略指导的指导性、实践性相统一，价值论、方法论相融合，是党的军事指导思想发展的重要标志和代表性观点，也是最具特色和创新的思想内容，不仅对我军装备建设发展具有重要的指导作用，而且对国防和军队各领域建设都有重要的指导作用。在学习贯彻习近平强军思想过程中，一些领导和专家坚持实践导向和问题导向，根据工作需要从多个维度多个层次进行研究。

南京政治学院教授时刚、孙健祥在《习近平军事辩证法思想初探》中提出：习主席强调"把战斗力标准贯穿到军队建设全过程和各方面"这一论断坚持系统论的辩证观念，将军队全面建设视作一个系统，并努力做到全面建设与战斗力提升的有机统一。虽然文中提出的是"系统"，其本质实际上指的是体系。这是对新时代我军军事体系建设思想的初步学习和认识。军事科学院王长勤、冯奋强撰文指出：围绕一体化联合作战构建装备体系、适应未来战场环境拓展装备体系、瞄准打赢未来战争固化装备体系、针对国家发展和安全威胁强化装备体系、根据未来作战任务调整装备体系以及运用科学的思维和方法建设装备体系。装备体系化建设，是适需而变、与时俱进的过程，对不同管理层面、管理主体、体系时态、体系层次，有着不同的构建和演进方法，应按照远期构想案、中期框架案、近期集成案和构建路线图的工作流程，逐案、逐步推进。军事科学院系统工程研究院作为军队建设发展需求和总体论证的科研机构，在军事体系建设特别是装备体系建设思想方面的研究成果相对较多，其研究内容深入各项研究工作当中。军事科学院系统工程研究院系统总体研究所肖刚撰写的《装备体系技术研究的现状和思考》中引用习主席的指示："要坚持体系建设、一体运用，调整力量结构布局，打造以精锐作战力量为主体的联合作战力量体系。"并提出：装备体系是构建联合作战力量体系的基石，对装备体系的构成机理、设计优化和效能评估成为了当前军事系统工程领域研究和关注的热点。文章还提出了加强装备体系技术研究的思考，按照理技融合的理念，以作战体系为牵引，聚焦实战、创新研究内容和研究思路；按照基于能力的原则，围绕技术研究所需的核心能力，加强以各类装备体系研究实验室为核心的科研条件建设。要构建支撑装备体系技术研究的大型仿真评估实验环境，加强装备体系的需求生成、设计优化和评估分析技术的研究。

为落实全军装备工作会议精神，原总装备部机关在国防科技和装备战线组织开展了专题研究研讨活动，取得一批重要成果，达到了以研促学、以研促改、以研促谋、以研促思的目的。在这次研究研讨活动中，原第二炮兵装备部围绕"深入贯彻习主席装备体系建设思想，加快构建适应信息化战争和履行使命要求的第二炮兵装备体系"进行专项研究，认为我军装备体系建设指导理论建立在对国际战略格局深刻演变、现代战争制胜机理深刻把握和军事、科技发展大势深刻洞察的基础上，体现了对我国由大向强进程中实现强军兴军的战略运筹，丰富发展了我们党关于装备建设的指导理论，来源于对我军装备建设多年实践的科学总结，立意高远，内涵丰富，是引领强军兴装新征程的科学指导理论，是对装备建设发展目标方向、内在规律和根本要求所做的科学总结和精辟概括，具有鲜明的时代特征，为新时代谋划推进装备体系建设提供了根本遵循和指南。

全军各单位结合工作实践，围绕学习习近平强军思想，对装备体系建设指导理论进行了认真研究，形成了一些时代性、指导性强的理论成果。

2017年《中国军事科学》杂志第六期刊发武警部队领导撰写的《深入贯彻习近平强军思想，加快建设现代化武装警察部队》，文中提出：以先进装备体系推动武警部队现代化，这既是现代化的重要途径，也是实现现代化的重要标志。具体讲，就是实现"两化两能"，即机械化、信息化，多能化、智能化。机械化就是着眼满足全域机动车辆、快速投送、精确多能、高效处置、整体联运需要，体系加强装备建设、系统构建指挥平台、模块整合力量结构、精确规范火力配系，坚持地面、空中、海上立体推进，火力、信息力、突击力、机动力、防护力、保障力有机融合，做到指挥控制有平台、快速投送有能力、反恐处突有手段、完成任务有保障。

陆军指挥学院郭统发表题为《坚持以习近平军事战略思想指导陆军转型建设》的文章，认为：推进陆军转型建设，要紧紧围绕新型陆军战略目标，着眼有效融入联合作战体系，加强体系设计和统筹规划。在装备体系建设上，要以对联合作战体系的贡献率为准绳，统筹主战装备、信息系统、保障装备发展，不断优化完善装备体系结构。

第三节 新时代军事体系建设战略指导的主要内容

我军把国防和军队现代化建设作为一个系统工程,从多个维度对国防和军队建设的方方面面开展系统的研究,提出了全面的要求,形成了新时代我军军事体系建设战略指导。新时代我军军事体系建设战略指导,蕴含着系统工程的理论,涵盖着军队建设目标、建设任务、建设标准等基本内容,明确了新时代国防和军队建设发展的基点、动力、方向、效能和路径等问题,是军队建设指导思想的创新发展,体现了军事指导理论的与时俱进。在国防和军队建设中确立"五个更加注重"的战略指导,其体系建设思想集中体现在"更加注重体系建设"的战略指导上,适应了现代战争体系和体系对抗的本质要求,反映了信息化条件下军队建设的基本规律,是一个完整、发展、科学的体系。强调更加注重体系建设,就需要构建起中国特色现代作战体系、中国特色现代军事力量体系、中国特色军事法治体系、新型军事人才培养体系和新型军事科研体系等一系列重要军事体系,立起国防和军队建设的"四梁八柱",引领国防和军队建设发展方式深刻转型,增强国防和军队建设的质量和效益。

(一)"更加注重体系建设"是"五个更加注重"战略指导的重要组成部分,也是贯穿"五个更加注重"战略指导的灵魂和本质要求。"五个更加注重"战略指导,是在深刻总结国防和军队建设发展经验教训的基础上形成的,集中反映了我们党对新形势下军队发展规律认识的深化,从其整体性上来说,五个方面目标一致、任务明确、系统独立又相互联系、互相支撑,在贯彻运行中涌现出系统效果,本身就体现和贯穿了体系建设的思想,是体系建设这一现代理论体系在军事指导上的运用,具有很强的时代意义和实践意义。一是强调构建联合作战指挥体系。明确指挥体系是作战体系的关键构件,对国防和军队现代化具有重要的牵引作用,要构建平战一体、常态运行、专司主营、精干高效的战略战役指挥体系。二是强调构建新型军事管理体系。推进军事管理革命,坚持以效能为核心、以精确为导向,更新管理理念、优化管理流程、创新管理机制,完善"需求—规划—预算—执行—评估"的战略管理链路,提高军事系统运行效率和军队建设质量效益。突出强调完善权力运行制约和监督体系,加快推动治军方式实现根本性改变。三是构建军事力量体系。贯彻体系建设思想,以对作战体系的贡献率为标准推进建设,统筹各方向各领域建设,统筹作战力量、支援保障力量建设,推动我军力量体系整体提升。四是构建新型军事训练体系。坚持实战实训、联战联训,坚持以训促建、训用结合,大抓实战化军事训练,全面提高训练水平。构建科学完备的训练评估和监察体系,完善训练奖惩制度,不断提高实战化训练水平。五是构建新型军事人才体系。大力实施人才战略工程,加强三位一体新型军事人才培养体系建设,建强联合作战指挥人才、新型作战力量人才、高层次科技创新人才、高水平战略管理人才等各方面人才队伍,推动人才建设水平整体跃升。六是构建国防科技创新体系。全面实施科技兴军战略,坚持自主创新战略基点,依靠科技创新把我军建设转到创新驱动发展的轨道上来。七是构建现代军事政策制度体系。军事政策制度建设必须为能打仗、打胜仗服务。要使指挥、建设、管理、监督等各方面政策制度都符合打仗的要求，贯彻和体现战斗力标准。八是构建军民结合发展体系。加强军民结合的统一领导，完善军民结合组织管理体系、工作运行体系、政策制度体系，逐步实现国家各领域战略布局一体融合、战略资源一体整合、战略力量一体运用，把国防和军队建设有机融入经济社会发展体系。

（二）新时代我军军事体系建设战略指导，围绕构建一体化国家战略体系和能力这条主线，强调要坚持体系布局、体系建设、体系运用，在各项建设中都把体系建、建体系、用体系突出出来，反映了体系建设战略指导这一信息化军队建设的基本特征。军事体系建设战略指导是一个多维度、多层次的指导理论，既有关于战略指导的内容，也有关于具体工作、具体业务建设的内容，贯穿了军队建设的各个领域、各个方面、各个层次，同时又是有机联系、相互衔接，体现了战略指导的广阔视野和深层思考。在具体工作指导上，强调要研究筹划各方向各领域军事战略、军兵种发展战略，积极构建军事战略体系；要完善国防动员体系，建设强大稳固的现代边海空防；要深入研究国家安全战略和军事战略，研究军事斗争重大现实问题，构建有我军特色、符合现代战争规律的先进作战理论体系；深入实施创新驱动发展战略，全面实施科技强军战略，加快构建国防科技创新体系；要从健全评价体系、抓好制度改革、完善服务保障等方面综合施策，打通从基础研究、应用研究、技术开发到军事应用的创新链路，提高科技成果转化运用的速度和效益；建立职责清单，构建高效顺畅的组织管理体系和运行机制，把新体制效能充分发挥出来；健全以创新能力、质量、贡献为导向的人才评价体系，做好尖端人才培养引进工作，等等。这些重要工作指导思想，既独立成篇，又相互联系、互相支撑，是体系建设思想在工作实践上的反映，充分把握了国防和军队建设的内在规律，是指导国防和军队建设的完整理论体系，目的是按照体系建设的要求，贯彻新发展理念，搞好顶层设计，科学组织实施，实现更高质量、更高效益、更可持续的发展。

（三）围绕实现强军目标、建成世界一流军队，把坚持体系建设作为一项重要战略指导思想，强调要坚持体系建设、强化体系建设。关于更加注重体系建设的一系列原则要求，统筹建设一体化的国家战略体系和能力，不仅有总体要求，而且还有具体办法和举措，包括军种建设、机构建设和装备建设等，内容丰富、层次分明，构成了一个完整的思想理论体系，具有鲜明的特色。一是明确了体系建设的目标和方向。体系建设是实现强军目标、建成世界一流军队的客观要求，反映了建设信息化军队、打赢信息化战争的本质规律，必须贯彻体系建设思想，优化装备体系结构，构建中国特色现代军事力量体系，强化信息主导、体系支撑、精兵作战、联合制胜的观念，全军各项建设和工作都要向实施信息化条件下联合作战聚焦，向形成基于信息系统的体系作战能力用劲。二是明确了体系建设方法。体系建设是目标，同时也是方法，把目标和方法有机地统一起来。只有牢固树立信息主导、体系建设的思想，加强体系设计，以对作战体系的贡献率为标准推进各项建设，形成体系优势。比如，在装备发展上，明确要促进装备体系化、信息化、自主化、实战化发展。体系化、信息化、自主化、实战化发展的要求，体现了方法手段与本质的契合、与措施要求的一致、与方向目标的统一。三是明确了体系建设定位。在国防和军队各项建设中，要把自身的"小体系"放在更大的"体系"中思考问题。比如，在后勤建设上，明确现代后勤就是军民结合后勤的理念，坚决破除自成体系、自我保障的传统思维，主动把军事后勤保障的力量之源扎根在经济社会发展的土壤之中，努力构建现代化的军事后勤军民结合体系。在武警部队建设上，明确要加快建设发展，全面贯彻总体国家安全观，按照多能一体、有效维稳的战略要求，加快融入全军联合作战体系、加快构建军地协调联动新格局。这些思想都要求立足全局大体系谋划自身建设小体系，摆正局部和全局的位置，从全局思考局部建设，从整个"大体系"的建设中提高局部"小体系"的建设效益。四是明确了体系建设布局。在构建军民结合体系中，明确要加强军民结合发展集中统一领导，完善军民结合组织管理体系、工作运行体系、政策制度体系，逐步实现国家各领域战略布局一体融合、战略资源一体融合、战略力量一体运用。

第四节　装备体系建设指导理论及其产生的时代背景和理论基础

　　时代是思想之母，实践是理论之源。任何思想体系的产生，都有其特定的社会历史条件，也打着深深的时代烙印。进入新时代，从国家安全和发展的战略高度，我军对装备建设规律进行了系统研究论证，进一步确立了装备"坚持体系建设思想"的战略指导，习主席明确要求：加快构建适应履行使命要求的装备体系，为实现强军梦提供强大物质技术支撑。这一重要思想，揭示了体系建设思想对于促进装备建设深刻变革，推动装备体系结构优化和能力跃升具有重要指导意义。

一、我军装备体系建设战略指导理论产生的时代背景

　　我军装备体系建设战略指导理论不是凭空得来的，而是在深刻总结世界军事强国装备发展经验教训、分析未来作战特点的基础上而形成的，也是针对我军装备发展中的突出矛盾和问题提出来的，具有鲜明的时代性、战略的长远性。20世纪以来，体系思想引起了军事领域的深刻变革，对战争形态和作战方式都产生了重大影响，世界主要国家对军事体系的研究和应用非常活跃，运用体系思想研究军队建设各领域各方面的问题，从而产生了装备体系化发展的思路。作为一种全新的装备发展思路，装备体系建设是以装备体系为研究对象和发展目标的主动式发展思路，不仅对装备建设产生重大的影响，而且也对国防、军队建设和经济社会发展产生重大而深远的影响。

　　从世界范围来看，装备体系建设随着科学技术的进步而发展，引起了世界主要军事强国的关注，其中美军对装备体系研究和应用开展比较早，成效也比较突出。美国国防部认为，体系是为提供预期能力而组合在一起的相互依赖的系统集合，任何一个组分系统的缺失都将降低整体的性能或能力。近年来，美军具有代表性的装备体系发展项目，都是以体系思想为指导进行的重大项目。如，未来作战系统、海军未来远征作战体系、

弹道导弹防御体系以及全球对地观测体系等，以上项目都产生了较好的效益，对美军整个作战体系的建设都起到重要的支撑作用。

从我军发展来看，长期以来，我军从自身建设实际出发，统筹当前和长远，在装备优化规模结构和力量编成上进行了不懈努力，从单件武器的跟踪仿制到武器平台的自主研发，都取得了历史性的进步，逐步从单一装备平台建设发展到复杂的装备体系建设。建国初期，党中央、中央军委做出立足自身发展核武器等尖端装备的决策。1964年10月，我国第一颗原子弹爆炸试验成功。1965年5月，成功进行飞机空投原子弹空爆试验，我国拥有了可用于实战的核反击力量。1966年10月，导弹核武器试验成功。1974年8月，我军第一艘核潜艇正式编入海军战斗序列。1982年10月，潜地导弹发射试验成功，我国的战略核导弹实现了从液体到固体、从陆上到水下、从固定阵地发射到隐蔽机动发射的发展，逐步形成了装备的体系化发展思路，其研制发展路径体现了装备体系化的雏形。随着世界新军事革命的加速发展，我军加快装备发展步伐，积极引进先进装备，实施高新技术工程和应急装备科研生产，研制和装备新一代主战舰艇、飞机、战车，在大力提高信息化水平的同时，逐步完善装备体系。从20世纪90年代实现全军装备建设集中统管后，在装备研制发展上提出"五个统筹""三化"建设，在管理保障上提出"两成两力"建设，对装备体系建设的认识进一步深化，对其内涵机理有了更深的把握。特别是提出建设信息化军队、打赢信息化战争的目标后，我军通过对传统装备平台的信息化改造，各军兵种主战装备精确制导、指挥控制、目标探测、通信与导航等功能不断改善和提升，基本形成了以第三代为骨干、第二代为主体的装备体系，装备体系的型谱更加合理、编制更加科学，体系效能进一步提高，有力地提高了我军的战略威慑能力。

从装备发展规律来看，装备体系是一个动态发展的过程。20世纪90年代以来，世界上发生的几场局部战争反复证明，装备体系化建设、体系化运用在作战体系当中具有独特的重要性，信息化不仅使单件装备的性能和作战效能大大增强，更重要的是各种装备通过综合电子信息系统横向组网、纵向贯通的融合作用，形成了一体化的装备体系。在这种条件下，军事对抗主要表现在作战双方体系之间的对抗，作战体系之间的对抗又集中体现在装备体系的对抗，整体性、综合性、最优化和对抗性作为装备体系最典型的特点极为突出，装备体系建设成为世界主要国家军队的主流观点。进入信息化时代，专业人员把装备体系研究的核心与重点放在了装备内部系统之间的关系上，以及通过这些相互关系产生出来的整体涌现性，而不只是将不同类型、不同用途，甚至不同时代的装备通过信息建立起互相的联系和作用。在这种形势下，形势和任务都要求我军装备体系建设必须在国家安全和军事战略指导下，按照军队建设和未来作战的总体要求，适应一体化联合作战的特点和规律，发挥最佳的整体作战效能。作为作战体系的重点支撑装备体系，在建设中必须由功能上相互联系、性能上相互补充的各种装备系统按一定结构综合集成为高层次的装备体系，对装备体系建设提出了更高的要求。

我军在正确认识信息化战争的本质特征，把握信息化装备建设的基础上，运用体系思想、体系方法进行深入研究，把装备体系建设上升到战略高度，明确了装备体系建设的目标方向、路线途径、措施要求，对装备建设提出科学指导。新时代装备体系建设指导理论,是对传统装备体系化发展思路的创新和升华,深刻揭示实现装备建设更有质量、更有效率、更可持续发展的必由之路,对于进一步转变装备发展方式、优化装备结构、转换发展动力,推动我军装备建设实现高质量发展具有重大的意义。

党的十九大明确指出:适应世界新军事革命发展趋势和国家安全需求,提高建设质量和效益,确保到二〇二〇年基本实现机械化,信息化建设取得重大进展,战略能力有大的提升。同国家现代化进程相一致,全面推进军事理论现代化、军队组织形态现代化、军事人员现代化、武器装备现代化,力争到二〇三五年基本实现国防和军队现代化,到本世纪中叶把人民军队全面建成世界一流军队。装备现代化的一个重要指标和要求就是现代化的体系水平。按照国防和军队现代化"三步走"发展战略第二步目标明确,到二〇二〇年要构建以四代装备为骨干、三代装备为主体的装备体系。装备体系建设要从作战体系建设、军事体系建设更大的范围来谋划,是一个高层次的结构塑造,是一个不断迭代的过程,影响因素多、跨越维度大,需要立足全局、遵循体系、着眼长远,从战略上作出顶层设计,周密组织,稳扎稳打,有序推进。

信息化战争要求以提高诸军兵种一体化联合作战能力为目标,在装备发展上要搞好装备建设的科学统筹、顶层设计和系统配套。我军目前已经建成了型谱比较齐全、结构比较合理、体系逐步完善,主战装备、电子信息装备与保障装备比较配套的装备体系。陆军加快发展陆军航空兵、轻型机械化、信息对抗和特种作战装备,加强数字化建设,形成快速机动、立体突击的陆上作战装备体系,提升空地一体、远程机动、快速突击和特种作战能力。空军加强以空中进攻、防空反导、战略投送为重点的作战力量体系建设,形成空地一体、攻防兼备的制空作战装备体系,提高战略预警、威慑和打击能力。海军加快形成海空一体、适应近海防卫作战的海上作战装备体系,提升战略威慑与反击、远海机动作战和应对非传统安全能力。火箭军形成核常一体、射程衔接的装备体系,提高快速反应、有效突防、精确打击、综合毁伤和生存防护能力。随着世界新科技革命的加速发展及其在军事领域的运用,信息化、智能化成为装备发展的总趋势,装备的体系特征更加明显,必须准确把握信息技术融合性、系统性、集成性和一体化的特点规律,推进武器平台与综合电子信息系统装备的有机融合、复合发展。

二、新时代我军装备体系建设战略指导的理论基础

装备发展是军事技术进步与战争形态演变在国家和军队认识域的综合反映,是威胁判断、防务战略、作战思想的综合产物。新时代我军装备体系建设指导理论应该是先进的、科学的军事学说,是马克思主义军事理论谱系的创造性继承和创新性发展,同时又要吸收现代科学技术最新成果的理论创新。

(一)马克思主义军事理论提供了科学的思想理论基础

马克思、恩格斯的辩证唯物主义认为,物质世界是由无数相互联系、相互依赖、相互制约、相互作用的事物和过程所形成的统一整体。马克思和恩格斯运用他们所创立的

辩证唯物主义和历史唯物主义，系统地研究了西方军事学术发展史，尤其是装备发展史，深刻分析和总结了他们所处时代的战争和重要战役战斗的经验教训，进行了大量的军事理论写作工作，创造性地提出了不同于以往任何时代的军事理论，这些闪烁真理光芒的军事思想对开展装备体系建设具有指导意义。马克思、恩格斯指出：随着新作战工具即射击火器的发明，军队的整个内部组织就必须改变了，个人借以组成军队并能作为军队行动的那种关系也改变了，各个军队之间的关系也发生了变化。恩格斯说过："许多力量融合为一个总的力量，用马克思的话来说，就造成'新的力量'，这种力量和它的一个力量的总和有本质的差别。"习主席指出：历史上常有这样的现象，作战双方兵力兵器差不多，但组合方式、运用方式、作战能力不同，有时候兵力少一些、兵器差一些但组合运用得好的军队，同样能战胜强敌。兵器差一点，但通过科学的组合就能发挥体系的优势作用。现代战争中，信息主导、体系对抗特征突出，无论是发展装备还是运用装备，都要考虑体系的因素，按照体系的要求发展和配备装备，在数量规模的基础上，优化内部结构，以发挥体系的作用。我军装备建设过程中，不断从马列主义先进军事思想中汲取营养，运用马列主义的立场、观点和方法，系统地研究和解决装备建设指导当中的实际问题和理论问题，不断总结实践经验，不断丰富装备建设指导理论，形成了新时代我军装备体系建设指导理论。

（二）现代体系思想提供了科学的方法论

体系是由系统构成的，体系思想来源于系统。体系客观存在，关键是如何认识体系，人类对体系的认识是一个历史的过程，体系的概念是人类科学发展与认识论发展的必然结果，从其本质上讲是解决信息时代"多系统集成与交互问题"。20世纪60年代，新兴的系统科学、非线性科学，特别是生态科学，试图改变还原论、原子论和决定论的世界图景，向古典科学发起了根本性的挑战。在系统科学领域，系统论源于一般系统科学方法和系统工程。系统科学方法将所处理的对象作为一个系统或相关的系统，把系统作为整体，并从整体出发来研究组成系统成员之间、成员与系统之间的关系，通过对成员的认识达到对整个系统的认识。系统工程强调系统的整体目标，并围绕实现整体并服务于大型企业来配置和管理系统各部分的运作。这些思想和方法都直接来源并服务于大型企业管理和重大工程管理，如"阿波罗"工程、"两弹一星"工程、载人航天工程等。系统方法在某种意义上具体化了"从了解部分到了解整体、到洞察普遍联系的道路"。20世纪末，随着信息与网络技术的快速发展，越来越多的系统在网络环境中诞生与发展、演化与消亡，传统系统科学方法无法解释众多系统在网络环境中的集成与交互、演化与发展。21世纪初，一个旨在解决多系统集成与交互问题的概念——体系，被科学家广泛接受和认可，形成一个新的研究领域和方向。虽然目前理论界对体系的理解认识还没有形成完全统一的概念，有人认为体系是一个更复杂的系统，也有人认为体系是一个更大的系统，但是对体系的作用和发展的理论不断趋同。大家普遍认为，体系为不同系统的连接带来许多新的方法，需要满足组分系统独立、相互依存关联、组织因素明显、完成共同使命、渐进涌现成型的特征。现在，更多研究人员认为体系就是系统的系统。因此可以认为，体系就是由若干系统相互联系相互制约而构成的一个整体，也就是说把不同的系统按照目标有机地组合在一起，从而构成了体系。当前，世界新军事革命迅猛发展，以信息技术为核心的军事高新技术日新月异，装备体系远程精确化、智能化、隐身化、无人化趋势更加明显，战争形态加速向信息化战争演变，一体化联合作战成为基本作战形式。与之相适应，装备结构和力量编成也在发生新的变化，科技因素影响越来越大，精干化、一体化、小型化、模块化、多能化等特征越来越突出，装备的体系结构越来越复杂，体系内部的联系更加密切，装备体系建设更具有时代特征。新时代我军装备体系建设指导理论，体现了对未来作战的深刻把握，既有战略考量，也有实践要求，从全面建设的高度把握装备体系为什么建、建什么、怎么建，把装备体系建设指导理论真正作为战略指导。

第五节 新时代装备体系建设战略指导理论的战略意蕴

新时代我军装备体系建设战略指导理论是关于新时代装备体系建设的科学理论体系。深入研究新时代我军装备体系建设战略指导理论，揭示其本质内涵、主要内容、指导意义，是全面领会装备建设思想体系、指导装备建设发展实践的时代要求和实践要求。

一、着眼国家安全和发展大势，装备体系建设必须服从军事战略要求

战略是管全局的，军事战略对装备发展具有导向作用。纵观世界各国，一般都根据本国的军事战略来设计和建设与之相适应的装备体系，特别是具有全球影响力的大国和地区性强国，更加注重装备的体系建设。进入21世纪，以美国为首的西方国家在装备发展上更加重视体系化建设，从以前的平台化转向体系化。美国奉行"全球战略"，在装备发展上注重体系设计，其装备体系要满足全球战略目标和战略手段的需要。海湾战争后，美国加快装备体系化建设，其空军装备发展极具特色，重点发展以航空航天装备为主的装备体系，依据军事战略调整和军队转型建设需求，围绕"全球警戒、全球到达、全球力量"空军战略目标，加快装备从单一化向一体化方向发展。近年来，美军按照"网络中心战"的要求，加快了装备体系化建设的步伐。在信息系统的支撑下，装备体系作战效能明显提升，基本实现了侦察、控制、打击、评估一体化。世界其他主要国家针对装备多代、多种型号同时服役的情况，积极采取简化型谱、精干系列的做法，兼顾数量与质量的合理匹配，使装备体系结构进一步得到优化。在世纪之交，我军提出了国防和军队现代化建设分"三步走"的战略构想，而每一步都对装备建设提出了明确要求，装备体系建设也具有应有之义。第一步，要拥有一批性能先进的主战装备、形成适应高技术条件下作战的精干有效的基本装备体系；第二步，要适当加大发展高技术装备的力度，完善装备体系；第三步，实现国防和军队的现代化，构建世界一流的装备体系。根据新时代军事战略方针的要求，我军的使命任务有了新的拓展，装备发展有了新的要求。我

军作战体系与其他军事强国作战体系对比，也存在一些突出短板。因此，装备体系建设必须服从于军事战略方针的要求，对我军来说要强体系补短板，抓紧实现作战急需的侦察预警、信息对抗等手段，大力发展自主可控信息系统，推进各类信息资源综合开发利用，强化一体化指挥平台、数据链常态化实战化运用，着力提高信息作战和保障能力，加快构建适应履行使命要求的装备体系，为实现强军梦提供强大物质技术支撑。

二、适应信息化战争要求，装备体系必须为"打胜仗"提供支撑

体系从一般概念上讲，是泛指一定范围内或同类事物按照一定的秩序和内部联系组合而成的整体，是不同系统组成的系统。装备体系作为现代战争中体系对抗的产物，是作战体系中为完成一定作战任务，由功能上相互联系、相互作用，火力和信息力密切联系、软硬一体的各种武器和武器系统组成的更高层次的大系统，是作战体系的物质技术基础，必须为"打胜仗"提供有力支撑。新一轮科技革命和产业革命孕育兴起，世界新军事革命加速发展，世界主要国家都把装备体系建设作为装备建设的一个基本要求。信息化、智能化是未来装备体系发展的核心特征，世界主要国家正用网络信息体系塑造作战体系和装备体系，体现装备体系中各要素的相互关联、跨越联合和一体融合特点。当前，随着以信息化为核心的世界新军事革命不断推进，军事技术不断发展和突破，技术的突破和应用又刺激并引发了新的军事需求变化，反过来进一步促进了军事技术的创新发展。世界主要国家瞄准未来战略博弈，从体系的高度规划长远需要，加大对军事科技的探索研究，统筹空间技术、网络信息技术、人工智能技术、纳米技术等高新技术加速发展及其在军事上的广泛应用，未来装备的体系化程度会越来越高，体系化的结合会越来越紧密。习主席指出："现代战争是体系和体系的对抗，一体化联合作战成为基本作战形式。"适应一体化联合作战的需要，装备体系也必须适应平台作战、体系支撑的要求，为"打胜仗"提供坚强支撑。

三、充分考虑国情军情，装备体系建设必须满足维护国家利益需要

新时代我军装备体系建设指导理论是在实现中华民族伟大复兴的特殊历史条件下产生和形成的，具有符合中国国情军情的特点。国情军情决定了装备发展的目标和装备的体系水平。新中国成立之初，我军装备是"万国牌"，是在陆军基础上、在机械化战争条件下、在打大规模地面战争背景下发展起来的，有什么装备打什么仗，信息化战争的体系能力还不够强。1949年以来，我军装备建设大体经历了三个阶段：第一阶段是20世纪50年代，主要标志是部队成建制成系统换装苏制装备；第二阶段是20世纪六七十年代，主要标志是部队成建制成系统换装第一代国产装备；第三阶段是"九五"特别是"十五"以来，部队集中换装了一批引进及国产新型装备。经过多次换装，我军的装备

建设水平特别是装备的体系水平都迈入一个新阶段。可以说几十年来，海军、空军、火箭军装备有了长足发展，但根据战略形势发展要求，还没有改变长期以来形成的陆战型、国土防御型的力量结构，装备体系还不能有效支撑国家安全战略和军事战略的发展要求。随着我国国家利益不断向海外扩展和延伸，我国安全和发展同外部世界的联系更加紧密，国际和地区局势动荡、恐怖主义、重大自然灾害等都可能对我国安全构成威胁，国际市场、海外能源资源和战略通道安全以及海外机构、人员与财产等海外利益安全问题突出。随着国际形势、战争形态的发展变化，按照新时代军事战略方针的要求，我军装备发展的内涵也必须根据时代的要求而变化。我军装备发展，要从体系建设的高度去谋划，充分考虑国家安全形势的复杂性和严峻性，坚持科学性、针对性、前瞻性，在整体布局的基础上，重点加强攻防速度快、打击范围远，能够有效突破敌防御体系的装备，同时兼顾完成多样化任务的装备体系。

四、坚持正确的建设方向，装备体系建设必须贯彻党的装备建设战略指导理论

我军对装备建设特别是装备体系建设的认识是一个不断提高的过程。党中央着眼装备建设做出了一系列重要决策。建国初期，我军通过引进装备，由单一步兵向多兵种发展，构建了我军装备体系的初始形态，形成了主战武器的基本系列。毛泽东指出：原子弹、导弹无论如何也不会比别人搞得多，同时，我们又是积极防御战略方针，因此除搞攻击性武器外，还要搞些防御武器。这是党的领袖第一次就武器发展做出分两个体系的指示，初步把武器划分为"攻击性武器"和"防御武器"两种体系，是装备体系建设思想的最初萌芽。这一思想在国防科技工业发展步骤中明确：三年开始突破尖端、五年大体形成体系、八年基本独立完整。邓小平指出：型号要简化，凡是能通用的就要通用，不要太繁杂。这里提出的"通用"就是体系的一个基本概念和要求，这是我党在装备发展中首次提出关于体系建设的思想，对未来装备发展具有重要指向性。20 世纪 90 年代以来，我军通过对海湾战争等几场高技术局部战争的分析研究，认识到战争形态发生革命性变化，提出了关于装备建设的指导思想，调整了我军装备管理体制。江泽民指出：高技术战争是装备体系与体系的对抗，系统配套已经成为装备建设内在要求和必然规律，发展高新技术装备要始终着眼于我军装备体系的优化完善和整体效能的不断提高，努力实现高新技术装备的体系配套，做到成套论证、成套设计、成套研制、成套定型、成套生产、成套交付部队，促进高新技术装备尽快形成整体作战能力。胡锦涛指出：发展高新技术装备，必须统筹兼顾，注重体系建设。要以提高诸军兵种一体化联合作战能力为目标，进一步完善和优化装备体系结构，加强装备体系的顶层设计，统筹各军种装备建设，统筹攻防装备建设，统筹主战装备、综合电子信息系统和保障装备建设，提高装备体系的整体效能。党的十九大报告提出，要提高基于网络信息体系的联合作战能力、全域作战能力，有效塑造态势、管控危机、遏制战争、打赢战争。党的十九大报告明确了未来一个时期装备建设的着力点，提高基于网络信息体系的联合作战能力，关键是要

加强装备体系建设。进入21世纪，习主席着眼建成世界一流军队、打赢未来战争，站在实现强国梦强军梦的高度提出明确要求：加快构建适应履行使命要求的装备体系，为实现强军梦提供强大物质技术支撑。这一指示，把装备体系建设提升到实现中国梦强军梦的高度，是对装备体系建设思想认识的升华、目的性的明确、重要性的强调，对其地位进行了新的阐述，体现了对世界新军事革命特点趋势和信息化发展及作用机理认识的不断深化。

五、富有创新的思维和理念，装备体系建设必须与时俱进不断及时优化调整

新时代我军装备体系建设战略指导理论有很多的新观点新理念新思维，突出表现在整体运筹、系统优化，体现了我军装备建设指导理论创新发展的新境界。比如，针对我军装备能力不足的情况，强调：信息化战争拼的就是体系。关于体系贡献率的思想，强调：每一型装备要不要发展、发展多少，都要以对作战体系的贡献率为评价标准，纳入装备体系全局考虑。单个武器再先进，如果融入不了体系、在体系中发挥不了应有作用，那就不要发展。关于统筹装备发展的思想，强调：要统筹各军兵种装备发展，统筹进攻型装备和防御型装备发展，统筹主战装备、信息系统、保障装备发展，加强标准化、系列化、通用化建设，不断完善和优化装备体系结构。关于重点突破的思想，强调：加强装备体系建设，必须坚持重点突破，在填补体系空白、补齐短板弱项上下功夫。关于威慑强敌的思想，强调：特别是要在威慑制衡强敌上下功夫。关于塑造装备体系的思想，强调：坚持用网络信息体系的理念来理解作战体系、塑造装备体系，既要强化统一筹划和顶层设计，又要把能做的、必做的尽快干起来。关于加强综合集成的思想，强调：统筹各军兵种装备发展，统筹进攻型装备和防御型装备发展，统筹主战装备、信息系统、保障装备发展，填补体系空白，补齐装备短板，加强综合集成建设，不断完善和优化装备体系结构。要以对作战体系的贡献率为评价标准，科学设计装备需求和技术指标。关于着眼"两成两力"建设的思想，强调：随着大批高新技术装备陆续配发部队，新装备形成战斗力问题越来越突出。要统筹抓好战场设施、维修保障、编制调整、装备训练、人才培养等配套建设，加强新装备运用研究，努力实现人与装备最佳结合，促进新装备成建制成系统形成作战能力和保障能力。关于加强统筹协调的思想，强调：推进高新技术装备建设，目的是形成战斗力。要加强统筹协调，抓好战场设施、编制调整、人才培养、试验鉴定、维修保障等各项建设和工作，推动新装备成建制成系统形成作战能力和保障能力。关于牢固确立信息主导、体系建设的思想，强调：以对作战体系的贡献率为标准推进各项建设，统筹机械化、信息化建设，统筹各战区、各军兵种建设，统筹作战力量、支援保障力量建设，全面提高我军体系作战能力。关于坚持非对称的思想，强调：发展体系作战能力，也不是说别人搞什么我们就非得搞什么，而是要形成自己的特色和优势。千万不能被别人牵着鼻子走，要坚持你打你的、我打我的。这些新思想新观念新理念，体现了对装备体系建设的新认识，是装备建设理论的新发展。

第六节 新时代装备体系建设战略指导的基本内容

装备体系是由功能上相互联系又相互补充的各类装备及其系统，按照军事战略方针、作战任务、作战原则和信息化战争条件下的体系对抗要求，综合集成的有机整体，包括主战装备、电子信息装备和综合保障装备等，是一个不断完善的体系。近年来，全军各级对装备体系建设极为重视，多次组织专题会议研究加强装备体系建设问题，提出了一系列重要思路和方法。在战略层面，不仅把体系建设思想作为装备建设的战略指导，而且将其确立为我军现代化建设的重要指导，制定了一系列政策制度，具有战略的长远性、思维的整体性，是军事指导理论中具有独特内涵、极具特色的部分，无论是对装备建设发展还是对军队全面建设都有重要的理论价值和实践价值。

一、明确装备体系建设的重要性

装备体系是作战力量体系的基础和载体，能够支撑军事力量、表征军事功能、展示军事能力，装备体系的优劣直接影响战斗力。新时代，我军把装备体系建设作为重要因素放在实现强军梦的大战略上进行考察，将装备体系的地位作用，由作战基本技术条件、战争胜利必要物质因素，上升到了支撑强国强军的重要基石的崭新高度。这里的装备是成体系的，而不是单件武器或装备平台，体现了对现代装备的深刻认识和理解，强调了体系的重要性。加快构建适应履行使命要求的装备体系，符合信息化加速发展、新军事变革深度演进、国际战略格局深刻调整的时代大背景大趋势，符合中华民族伟大复兴和强国强军伟大实践的战略需求，符合技术信息化、经济全球化条件下军事科技创新、装备发展综合效益日益突出的特点规律，赋予了装备体系重要性的新意蕴新内涵。

二、明确装备体系建设的标准

装备体系建设的标准是什么？我军在实践的基础上明确提出要"以对作战体系的贡献率为评价标准"。装备发展不是自我发展，不是为了发展而发展，而且是为了服务作战体系有目标的发展。这是战斗力标准在装备建设领域的体现，装备体系必须服务作战体系。作战体系是一个复杂的多维的领域，要求装备体系适应作战体系的要求，以体系思维、体系方法进行建设，强化成体系建设、成体系运用、成体系保障的要求。当前，我军装备体系作战能力还需提升，装备建设从关注单装性能发展到注重装备能力，对面向不同任务、不同类型、不同军种、不同用途的装备体系化作战研究不断深入，体系能力分析评估的方法手段不断进步。贯彻战斗力标准，把发展装备的评价标准标定在对作战体系的贡献率上，围绕作战体系去"体系建、建体系"。这里的体系建是方法，建体系是要求,贡献率是标准。结构性矛盾是当前我军装备体系建设中的深层次矛盾之一,装备体系的优化不是现有装备的调整改组,根本上是靠发展新装备特别是信息化装备来解决,在创新发展中优化结构,使信息化装备在装备体系中的比重持续增加,并重视搞好系统配套建设,在整体质量和水平上实现新的跨越。

三、明确装备体系建设的要求

每一型装备要不要发展、发展多少,都要以对作战体系的贡献率为评价标准,纳入装备体系全局考虑。单个武器再先进,如果融入不了体系、在体系中发挥不了应有作用,那就不要发展。已经研发的,如果不符合体系建设要求,经过科学评估后,该叫停的要坚决叫停,该改进的要坚决改进,该淘汰的要坚决淘汰。提高战略能力,对装备体系建设提出了更高更严格的要求,反映了装备体系建设的基本要求和本质规律,就是装备体系为作战服务,是作战体系的物质技术基础。在此基础上,明确"该叫停的要坚决叫停,该改进的要坚决改进,该淘汰的要坚决淘汰"。纵观世界军事发展史,装备体系不能固定不变,必须随着战争形态和作战方式变化而变化,随着国家战略需求和军队使命任务变化而变化。否则,数量再大、性能再先进,如果体系不合理,也不能发挥出整体效能,甚至不堪一击。历史和现实都表明,一支军队的装备体系不合理,在编成上和结构上落后于时代,落后于战争形态和作战方式发展,就可能失去战争主动权,导致作战失败。科学合理的装备体系必须适应军队使命任务需要,功能上相互联系、相互作用。装备体系在要素上具有感知、指挥、打击、机动、防护、保障等装备要素,体系的能力充分反映各要素的整体性、适配性、协同性和联动性。

四、明确装备体系建设的思路

装备体系建设的思路是一个阶段装备体系建设的科学把握和重点选择,体现了对装备体系建设的规律性认知。要统筹各军兵种装备发展,统筹进攻型装备和防御型装备发展,统筹主战装备、信息系统、保障装备发展,加强标准化、系列化、通用化建设,不断完善和优化装备体系结构。完善和优化武器体系结构,是对装备配套建设思想的发展。装备体系建设不停留在主战装备、保障装备和电子信息装备的配套上,不简单进行装备与弹药、维修器材的配套,而是把装备成套论证、成套研制、成套定型、成套生产、成套交付部队,转变为体系论证、体系研制、体系生产、体系交付,通过发展新装备优化装备体系结构。要针对装备体系技术保障复杂,综合保障任务极其繁重的实际,在成体系论证、成体系研制、成体系生产和交付的同时,要注重用先进成熟技术和设备,有选择、有重点、成建制开展现有装备系列化集成改造和综合性能提升,提高装备体系建设的效益。

五、明确装备体系建设的方法

坚持用网络信息体系的理念来理解作战体系、塑造装备体系,既要强化统一筹划和顶层设计,又要把能做的、必做的尽快干起来。网络信息体系是以网络中心、信息主导、体系支撑为主要特征的复杂巨系统,是信息化作战体系的基本形态,是打赢信息化战争的基础支撑。贯彻用网络信息体系塑造作战体系和装备体系的要求,体现装备体系中各要素的相互关联、跨越联合和一体融合的要求。必须强化信息主导,在建设中着力解决传感器获取信息、网络传输信息和武器平台使用信息的问题,形成信息闭环,缩短打击链时间。必须适应信息化战争的要求,把握体系作战这个本质,把握现代战争是体系对抗的特征和平台作战、体系支撑,战术行动、战略保障的特点,谋划指导装备体系建设。

六、明确装备体系建设的着力点

加强装备体系建设,必须坚持重点突破,在填补体系空白、补齐短板弱项上下功夫。下大力填补空白、补齐短板,坚持了问题导向。这就要求在装备体系建设中要认清形势,瞄准未来作战需要,针对装备中的难点、弱项、短板进行谋划,集中力量,突出重点,力争在一些基础性、前沿性、战略性领域取得突破,掌握拥有自主知识产权的国防关键技术和核心技术,既抓住对我军装备体系发展起突破性和带动作用的技术,又要抓住一些战略性的技术开展攻关,突破和掌握一批瓶颈技术,从根本上实现国防科技和装备的自主式发展、跨越式发展和可持续发展。在工作中坚持问题导向、问题倒逼、问题归零,按照体系建设、重点突破、固强补弱、协调推进的思路,全力以赴解决短板弱项,提升武器系统体系作战能力。装备体系建设一方面着力点在"建",另一方面着力点在"保",只有提高装备体系的保障能力,才能提升和保持整个装备体系的能力水平,不断提高部队基于信息体系的体系作战能力。

第七节 新时代装备体系建设战略指导理论的本质内涵

新时代我军装备体系建设战略指导理论的实质,就是装备发展必须从体系建设的高度统筹谋划,建成具有我军特色的信息化装备体系。新时代战略方针为我军建设进一步明确了方向,对我军装备体系建设作出了部署、提出了要求,其核心要求是要以"打胜仗"为首要目标,坚持需求牵引、技术推动,坚持信息主导、体系建设,坚持自主创新、持续发展,坚持统筹兼顾、突出重点,拓宽发展布局,强化战略预置,前移准备重心,一手抓新型武器研制发展,一手抓现役装备能力形成和保持,加快构建以网络信息体系为纽带、信息化智能化融合发展、威慑与实战能力紧密结合的装备体系。

一、坚持需求牵引，做到未来打什么仗就发展什么装备体系

要从强军制胜的战略高度，把"坚持作战需求的根本牵引"作为我军装备体系建设的战略指导。装备部门必须更加积极主动地针对未来战争来加快发展装备，做到未来打什么仗就发展什么装备，体现坚持作战需求的根本牵引的本质要求，在装备体系建设中，要不断深化作战问题研究，时刻与未来作战对接，把未来打什么仗、怎么打仗、怎么打胜仗研究透，把作战任务、作战样式、作战运用研究透，把能打胜仗的核心标准要求研究透。通过深入研究作战需求，以一体化联合作战需求为牵引，提出基于网络信息体系的联合作战概念和联合功能概念，指导能力需求研究和体系架构设计，转化细化装备建设核心能力指标、体系结构和方向重点，为装备建设发展提供依据和牵引。信息化局部战争的本质是体系对抗、联合制胜。坚持作战需求的根本牵引，必须把体系作战能力建设作为根本取向，推动成体系论证、成体系推进、成体系成军、成体系形成战斗力，促进装备质量结构、攻防结构的加速转变。一是牵引装备体系顶层设计。积极适应国家发展和安全战略新要求，以网络信息体系为抓手，通过科学设计和精确计划，形成完备科学的发展规划，整合要素、集成体系，补齐"短板"、发展"长板"、重塑能力、加速转型，推动装备体系健康、快速、可持续发展。二是牵引装备体系能力构建。基于未来一个时期国家面临的安全威胁和我军使命任务的科学预测和精确分析，以此牵引装备作战能力指标体系的构建，帮助装备发展模式由粗放型向精确型转变，实时校正建设过程中可能出现的各种偏差。三是牵引装备体系结构优化。综合考虑使命任务和现实可能，科学确定并不断优化装备体系中各构成要素的比例结构，主要包括各兵种之间、主战装备与保障装备、能力与规模、发展与维持、平台与火力信息、创新性与成熟度等比例关系，形成功能完备、精干高效、融合集成的装备体系，实现装备体系作战能力的整体提升。

二、坚持统管统筹，构建满足完成多样化任务的装备体系

装备体系建设，反映了信息化建设的本质要求，必须适应系统集成的建设模式，打破各个局部之间、军兵种之间、单位部门之间的界限，真正实现全军意义上的统管统筹，避免人力、物力、财力的浪费，更重要的是避免出现体系短板。传统的军种"主建"工作模式，已经无法适应信息化带来的新型装备体系建设要求。新型装备体系要求"从研发到部署的各个环节都可跨越、融合"，超越现有各个军种，实现整体谋划、系统建设。要坚持集中统管，立足全军、立足一体化联合作战，建立责权明确的管理体系，形成以军委主管部门为核心的装备体系结构多层、协调的管理体系，为装备体系结构的设计提供有效的全寿命周期管理，统筹推进装备体系建设。要统筹好装备建设发展，着眼有效履行使命任务，从顶层上设计好装备体系、结构和数量规模，设计好关键技术攻关和共用技术布局，设计好科研生产资源使用，以及指挥信息装备体系和综合保障装备体系，制订目标计划书、路线图、时间表，协调有序推进发展，从根本上解决装备缺乏顶层设

计、多头分散管理，型谱杂乱、功能冗余、相互重叠的突出问题，提高整体建设质量效益。要统筹好新研与改进，既要一手抓高新技术攻关，持续推进新型装备研制发展，加快拓展新域、新质作战能力；又要一手抓现役装备使用、管理保障，最大限度发挥装备建设效益和整体作战效能。要统筹好全军装备的关系，在全军装备体系的大框架下，找准在全军体系中的位置，建设和全军融合一体的装备力量体系。

三、坚持突出重点，加快构建功能完备、融合集成、实战顶用的装备体系

装备体系是军事力量体系的支撑，随着军事力量体系的结构、功能调整而调整。要把装备体系建设由基于任务牵引向任务牵引与能力塑造并重转变；从注重单纯增加型号种类、提高装备单项性能指标，向更加突出体系贡献率，构建信息化装备体系转变。按照构建中国特色现代军事力量体系的要求，装备体系化建设要突出战略预警、战略投送、战略打击和空天、网络等新兴军事领域攻防装备建设，同时要与已有装备体系的融合。在这方面，要总结过去的实践经验，用于新的体系建设。比如，过去开展的信息系统装备综合集成建设，围绕作战需求，把握信息系统装备综合集成建设的特点规律，实战牵引、信息主导、体系推进、瞄准未来，是对装备体系建设的一种有益探索。

四、坚持非对称发展，加快发展威慑制衡强敌的装备体系

要坚持非对称作战思想，重点发展克敌软肋的装备，在一些关键领域形成非对称战略制衡能力。得其大者可以兼其小。发展体系作战能力，不是说别人搞什么我们就搞什么，而是根据自身的实际，坚持非对称思想，坚持敌人怕什么就发展什么，形成自己的特色和优势。加强装备体系建设，必须既要统筹进攻型和防御型装备发展、协调推进主战装备、信息系统、保障装备发展，又要紧密结合国情军情，坚持有所为有所不为，科学确定资源投向投量，以重点突破带动装备体系建设质量效益整体提升。着眼未来挑战和我军装备发展实际，装备体系建设要适应战场体系拓展的需要，向太空和网络空间拓展，提高天、网的作战能力，突出太空、临近空间的战略控制、反制能力的建设；突出信息网、物联网一体融合网络化，推进装备体系化。同时，还要突出特种作战、无人作战和软件装备发展，推进战略力量和非对称制衡力量建设，构建支持履行使命任务的完整装备体系。

五、坚持统一技术体制，制定全军统一的技术体制和标准规范

装备体系建设是一个复杂的系统工程，制定全军统一的技术体制和标准规范，有着至关重要的意义。只有统一体制、统一标准、统一规格、统一要求，做到系统配套、接口规范、软件兼容、组件相通，才能使装备体系成为一个有机的整体。装备体系建设要

注重系统性、整体性、协同性，把握好需求和能力的关联性和耦合性。军事标准化是世界各国军队提高装备体系能力的基本做法，也是提高可靠性和维修性的成功经验，如果标准化程度不高，必将导致装备体系复杂、研制周期长，在实战中操作烦琐、拆装困难、检测程序多等问题。因此，在装备论证研究阶段就要强化军用标准化，减少装备型号数量，严格标准规范，在几种基本型的基础上，生产满足不同需要的系列化装备，实现产品通用。

第八节 新时代装备体系建设战略指导的主要特点

我军装备体系建设战略指导，集中体现了我党关于装备体系建设的思想路线，具有鲜明的时代特征，既有辩证法又有方法论，既明确了目标方向又提供了过河的"船"和"桥"。

一、科学的战略指导

体系思想是进行分析和综合的辩证思维工具，是辩证唯物主义的哲学表达形式，是运筹学、控制论以及各门工程学科和社会科学的定性、定量相结合的科学方法。坚持装备体系建设思想，核心是以对作战体系的贡献率为评价标准，以装备型谱系列简约精干为导向，统筹各类装备发展。装备体系作为战斗力的关键一环，在整个作战体系和部队编成结构中具有重要地位，在建设中必须着眼有效应对各战略方向和重大安全领域现实威胁，按照调整优化结构、发展新型力量、理顺重大比例关系、压减型号平台的要求，推动装备体系向质量效能型转变，构建能够打赢信息化战争、有效履行使命任务的装备体系。装备体系建设思想不仅是方法论，更重要的是把体系建设思想上升到军队建设的战略指导地位，立足全局、着眼全局、统筹全局，运用系统思维的方法，统筹体系建设全局，是一种科学的世界观和方法论。在领导军队建设特别是装备建设实践中，习主席站在全局的高度，回望历史，直面现实，规划未来。习主席强调：坚持用网络信息体系的理念来理解作战体系、塑造装备体系，既要强化统一筹划和顶层设计，又要把能做的、必做的尽快干起来。装备体系建设既是战略目标，也是战略举措。面对现代战争形态加速演变新趋势，面对我国由大向强发展新形势，面对我军使命任务拓展新要求，必须优化我军装备体系，使规模结构和力量编成更适应未来战争要求。优化装备体系，是推进我军组织形态现代化、构建中国特色现代军事力量体系的关键环节，是实现强军目标、建成世界一流军队必须解决的现实问题。坚持用网络信息体系的理念来理解作战体系、塑造装备体系，抓住了装备体系建设的核心要义，即是对国防科技发展的深刻认识，也是对我军装备发展现状的正确把握，指明了装备发展的方法手段，要求必须加快推进装备建设由平台为中心向体系建设为中心转变，围绕建成以网络信息体系为纽带、信息化智能化融合发展的现代化装备体系，加强顶层设计和长远谋划，制定科学的目标图、路线图、施工图，一步一步朝前推，一张蓝图抓到底。

二、系统的全局观念

搞好装备建设要善于从全局立场上看问题,把国防和军队现代化建设看成一个系统工程,围绕建设目标,要求找准战略重点,以重点突破带动整体提升。在装备建设上,要求加快发展高新技术装备,提高装备质量和体系结构科学化水平,体现了对装备建设的总体布局,质量和体系双管齐下,缺一不可。装备体系建设,不能只从装备建设方面考虑,必须立足战斗力建设全局,综合考虑各方面的因素,科学筹划。在具体装备体系建设中要坚持体系设计、系统谋划、整体塑造,打破军兵种界限,不能"各唱各调""各打各拳",要按照作战空间域和功能域,优化装备体系,构建完善的装备体系。优化装备体系是一个不断迭代不断深化的过程,要从全局上对体系进行规划、研究、设计和管理。在优化的过程中,要坚持全局观,不能只见森林不见树木,也不能只见树木不见森林。正确把握装备系统与装备体系的概念内涵,不能把武器系统等同于装备体系。系统是由相互作用和相互依赖的若干部分组成的具有特定功能的有机整体,其核心要素是结构;体系是由系统组成的,是系统的系统,其核心要素是能力。装备体系建设,是从军事斗争全局看装备发展,通过对未来战场环境和作战任务的分析,并对现有武器和相关领域新技术进行研究,创新设计在未来一定时间内形成战场优势的装备体系,并通过对比现有装备的优势和缺陷确定发展的装备和技术,对装备和未来战争主动设计、全局规划。

三、明确的目标指向

体系建设的一个本质属性就是目标指向的共同性,各个分系统按照体系的共同目标,完成各自的任务,继而完成体系的任务。目标指向来源于问题指向,装备体系建设的本质就是解决信息化条件下装备"多系统集成与交互问题"。新时代我军装备体系建设的一个鲜明特征,就是有清晰的目标指向,以问题为中心,直面问题、解决问题。以问题为中心,就要善于发现问题、分析问题、解决问题,前提是有个"问题仓库",经过由此及彼、由表及里的研究,找准真正的问题,使问题准确,具有普遍性、针对性,从根本上解决顶层设计不足和短板弱项,特别是解决各自为政、型谱繁杂、结构臃肿等问题。必须正视装备建设现实,坚持问题导向,面向战场、面向部队、面向未来,抓住影响制约我军装备建设的根本性问题和主要矛盾,对装备建设中面临的现实课题做出科学回答,坚持从源头上解决问题,既部署"过河的任务"、又指导如何解决"桥或船"的问题,提供破解难题的钥匙。在装备建设顶层设计中,应该把"是否有利于形成体系能力"作为考虑装备建设一切问题的出发点和检验一切工作的标准。无论是战略研究还是建设规划计划,都必须从有利于提高体系能力出发,并以此衡量效果。要用体系能力标准看规划计划和各项工作的推进,以及建设中出现的新情况、新问题,凡是有利于战斗力提高的政策措施,都应该被认为是符合战斗力提高的措施;凡是不利于提高体系能力的，都应该被认为是违背战斗力提高的问题。明确目标指向，坚持问题导向，走内涵式发展道路，在装备体系建设中不能简单地做加减法，也不是对某个领域局部调整，而是注重构建适应新体制下联合作战力量的装备体系，注重以结构功能优化牵引规模和型谱调整，注重通过重点突破带动整体推进。

四、主动的战略设计

社会形态决定战争形态，生产方式决定作战方式。随着人类社会从工业社会发展到信息社会，战争体系对抗的特点越来越突出，装备体系成为战斗力的重要因素，装备体系水平成为军队现代化的时代内涵，必须主动地进行战略谋划和设计。现代战争中，信息主导、体系对抗特征日益突出，基于网络信息体系的联合作战能力成为战斗力的基本形态，装备体系作为基于网络信息体系的联合作战能力的基本支撑，必须适应联合作战体系要求。在装备体系建设，必须顺应现代战争大势，改变以往重要素、平台、单元建设为主的发展模式，强化体系建设思想，从战略上进行规划，统筹传统和新型装备，统筹主战装备和支援保障装备建设，通过对体系结构整体再造促进整个装备体系的能力提升。当前，我军装备建设实现了历史性跨越，但由于受制于主客观多重因素，仍面临很多困难、矛盾和挑战，同能打仗、打胜仗的实战化要求相比，还要努力克服整体建设"单项强、体系弱"，装备配套"不同步、不协调"等问题。

五、辩证的思维方法

唯物辩证法是马克思主义哲学的核心方法，思维是人类意识把握客观事物的高级形式。我军战略指导理论重视辩证思维对工作的作用，要求提高辩证思维的能力。辩证唯物主义体现的物质世界普遍联系及其整体性的思想，也就是系统思想。我军装备体系建设战略指导处处体现着唯物辩证的思想方法。要贯彻体系建设思想，加强联合作战需求论证。统筹各军兵种装备发展，统筹进攻型装备和防御型装备发展，统筹主战装备、信息系统、保障装备发展，填补体系空白，补齐装备短板，加强综合集成建设，不断完善和优化装备体系结构。要以对作战体系的贡献率为评价标准，科学设计装备需求和技术指标。唯物辩证法认为，世界是普遍联系、永恒发展的，内在的矛盾是事物发展根本动力，必须坚持用全面、联系和发展的眼光看问题。现代战争在不断发展，部队需求在不断变化，装备体系也是一个不断迭代发展的体系，在变中有稳，稳中存变，要紧贴形势任务需要，优化体系布局，完善系统配置，更新装备平台，推动装备体系与时俱进。我军装备体系建设指导理论以新的视角在更深的理论层次上，对装备体系建设的全局及各部分的关系作了具体的论述，提出了装备体系建设中相互联系、相互影响的基本因素，深刻诠释了"重点"与"统筹"的关系，充分体现了重点和一般的辩证性，为指导我军装备建设提供了强大的理论支撑，在装备体系建设中要使装备体系和作战体系、指挥体系、保障体系相适应，分步骤有秩序地进行，满足备战急用、调整急需。装备建设中要树立体系建设理念，自觉克服机械化战争思维模式束缚，牢固树立体系建设的先进理念，努力使思维方式和工作指导符合信息化发展的实践要求。

第九节 按照新时代装备体系建设战略指导推进装备建设的具体举措

新时代开展装备体系建设，就要按照体系建设的要求进行规划、管理和评价，使体系建设的思想和方法贯穿到装备体系建设的各个环节、各个领域。

一、以转变思维为重点

随着新军事变革的不断深化，装备、战争形态和作战样式急剧改变，迫切需要加快转变思维方式，以信息化思维代替机械化思维，以体系思维代替平台思维，将体系建设作为装备建设的抓手。在现代战争"体系对抗、无仗不联"的大趋势下，体系构建必须打破军兵种和部门局限，各种要素、单元和系统都要放到体系中来定位和塑造，确保融入体系、支撑体系、服务体系。当前，装备体系建设要立足发展，把握在前所未有的变局中的特点，坚持信息化核心，围绕军事战略、军事技术、作战思想、作战力量、组织体制和军事管理创新的内在要求，服务军事体系建设，进行科学论证和设计。要把装备体系放在作战体系中深化研究，放在全军力量体系中深化研究，放在军事斗争各项任务角色中深化研究，力求对其规模、构成、要素以及各军兵种装备体系的关系，有透彻的了解和精准的把握，确保装备的各要素都能够融入作战体系之中。因此，把握思想内涵，找准实践抓手，首先要转变思维。装备体系建设思想为装备发展提供理论和思想依据，指明了以对作战体系的贡献率为评价标准的装备发展基本准则，明确了在军种主建的背景下不断完善和优化装备体系结构的原则和方法路径。转变思维就要敏锐把握和科学判断世界军事和科技的发展趋势，改变单一军种作战的思维定式，树立诸军兵种一体化联合作战的思想观念，结合使命任务和作战使用要求，提出装备发展的新思路和新举措；要开展装备体系建设基本问题研究，分别从装备体系建设的机理机制、能力需求、建设指导、规则设计、建设管理、能力评估、军民结合等方面进行专题研究，形成具有我军特色的装备体系建设完整成果；坚持有所为有所不为，提高前瞻技术认知力，精选具有开拓性和带动性，特别是具有革命性影响的重点项目，调动各方资源，调配各种力量，集智攻关，重点突破，带动装备技术创新能力的全面提升；坚决摒弃急功近利的思想，秉承科学的态度，定准方向，锲而不舍、坚持到底，适应战略转型和发展要求，始终聚焦抓好重大装备建设，带动整个装备体系质量跃升。

二、加大装备建设统筹的力度

搞好装备体系，首先要确立总体的观念，总体设计、统筹考虑，在工作中加大统筹的力度，应用系统工程的方法，不断的优化体系结构。钱学森认为：过去我们在那么困难的条件下，把我国的原子弹、氢弹、导弹、卫星等搞成了，花的钱比外国少得多、效率很高。原因在于用系统工程的方法，集中地、严密地组织了这项工作。在装备体系建设中，要优化计划体系和项目管理模式，加强创新资源统筹，改进资源配置方式，提高管理专业化、科学化水平。在指导思想上，要坚持以习近平强军思想为指导，积极适应我国由大向强发展的战略需要，贯彻落实总体国家安全观，牢牢把握党在新时代的强军目标，深入贯彻新时代军事战略方针，以军事斗争准备为龙头，以自主创新为基点，以制衡强敌为首要目标，坚持信息主导、体系塑造、尖端引领，聚焦建设重点，拓宽发展布局，突出战略预置，前移准备重心，加快构建适应履行使命要求的装备体系，为实现强军梦提供强大物质技术支撑。在工作部署上，要适应指挥体制功能要求，贯彻军委管总、战区主战、军种主建总原则，处理好"管总"与"主建"的关系，强化体系顶层设计和研究论证，着眼构建一体化联合作战体系需要，明确发展路线，制定装备体系技术体制，处理好跨领域、跨部门、跨军地的协调工作，用好各方面的力量和资源，提高建设质量和效益。坚持装备建设集中统管的原则，站在装备体系建设的全局，统筹各军兵种装备发展，统筹进攻型装备和防御型武器发展，统筹主战装备、信息系统、保障装备发展，将后勤、试验、训练、心理战和武警部队装备，统一纳入全军装备建设管理体系，加大技术体制、标准规范的统一和执行力度，简化装备系列型谱，提高标准化、系列化、通用化水平。在目标确定上，要着眼建成世界一流军队，坚持在全军大体系下筹划装备建设发展，前瞻谋划今后一个时期装备建设目标、体系结构、发展重点和技术路线。要构建体系建设的路线图，根据装备发展计划，进行统筹考虑。在方法步骤上，要和作战筹划一起研究，明确未来打什么仗、怎么打仗，跟上安全形势发展，跟上作战形态和作战方式演变，跟上作战对手变化，紧贴作战任务、作战对手、作战环境，把现代战争制胜机理搞清楚，把体系建设与作战方案计划推演、实战化检验、动态化更新结合在一起。在技术路线上，把握数量和质量的关系，发挥装备从根本上改变传统的战争时空观念的作用，合理规划装备的远程精确化、智能化、隐身化、无人化的技术要求，适应未来战场不断从传统空间向新型领域拓展的需要。

三、突出装备体系建设重点

装备体系化建设，是不断发展变化的过程，要适应需要变化，对不同管理层面、管理主体、体系时态、体系层次，采取不同的构想和演进方法，更加积极主动地瞄着明天的战争来加快发展装备。一是要确定战略方位。要适应我国安全和发展面临的形势和挑战，着眼构建世界一流装备体系，围绕提高一体化联合作战能力，按照"信息主导、体系建设，充实力量、优化结构"的总体思路构建装备体系，既要围绕发挥战略威慑作用，也要具备实战打赢能力。二是要坚持自主创新。我军职能任务大为拓展，体制结构和力量编成不断创新。我军装备体系建设要与我国的安全和发展战略相一致，立足国防和军队建设要求，在激烈的国际竞争中掌握主动，坚持自主创新，大力推动科技进步和创新，解决我军装备建设中的弱项，建立满足我军要求的装备体系。只有扩大国产技术和产品规模化应用，更多立足国产产品开展研制，在使用中不断迭代优化，才能形成可靠的装备体系，解决体系建设中的"卡脖子"和"断链子"问题，从根本上解决体系建设中的弱项问题。要立足最复杂、最困难的情况，以重大工程建设为牵引，提高建设效益，统筹资源配置，集中优势力量协同攻关，努力实现整体性能最优、综合效益最大。三是要重视"不对称"发展。要着眼应对信息时代战争，针对敌方作战体系的薄弱环节，特别是分析强敌作战概念开发，发展"以能击不能"的装备体系。

四、搞好体系贡献率评估

体系最核心的要素是能力，要把装备体系建设的能力指标突出出来。每一型装备要不要发展、发展多少，都要以对作战体系的贡献率为评价标准，纳入装备体系大盘子考虑。开展装备体系贡献率评估要确立体系评估架构，明确体系能力指标、作战任务清单以及预案想定，建立评估标准规范及工具手段，在全军联合作战统一的体系能力视图下，使用"规范语言"和"度量标尺"，运用定性分析、定量计算或定性定量相结合的方式进行科学分析评估，开发装备体系验证环境建设和系统开发，确定单项装备系统研发的必要性和研发的体系要求、技术标准。

五、运用系统工程的方法

系统科学以普遍存在于世界万物之中的系统性为认识对象，是研究包括战争在内的所有物质和精神系统的科学方法论。作为一门实践性、应用性很强的交叉学科，半个多世纪以来，系统工程在理论和实践中都得了很大进展，并在工程系统、社会经济、军事科学等领域发挥着重要的作用。装备建设涉及的高新技术越来越多、价格越来越昂贵、研制周期越来越长。为使装备体系达到预期的建设目的，就必须采用先进的科学方法和手段，从整体上经济有效地研究装备体系发展、论证、研制、试验和管理保障等复杂系统的问题。因此，搞好装备体系建设必须充分运用系统工程的基本理论和方法，从系统整体出发来考虑和处理问题，选择最佳方案，统筹好任务计划、力量资源、管理流程，确保体系建设有序推进，实现体系的最优化。

六、依靠规章制度保障

规章制度调节工作关系、规范工作实践、保障工作发展，对装备体系化建设具有根本性、全局性、基础性意义。要按照装备体系化建设的要求，制定理念先进、导向鲜明、体系完备、军地衔接的规章制度体系，为装备体系建设提供有力保障。一是条例规范。在相关规章制度中应明确装备体系顶层设计与优化论证、重大现实问题研究的有关内容。二是细则规范。按照装备建设各领域业务，应以细则的形式具体规范装备体制、装备建设规划、装备发展路线图以及重点方面和领域装备建设专项规划论证的有关要求。三是标准规范。根据有关规定，按照业务分工，细化装备体系贡献率评估、效能/能力评估、作战运用研究等具体规定；细化装备体系设计与评估的理论、方法、工具、手段、模型、系统、环境、关键技术攻关等技术标准，使装备体系建设走上法制化、规范化的道路。要强化规章制度的权威性和刚性约束力，形成严密的规章制度落实责任体系，明确责任主体、时间节点、质量标准，按照要求抓好落实。

七、处理好体系建设中的重大关系

装备体系建设水平，反映国家的经济实力、科技实力和国防实力，是国家战略能力特别是军事能力的重要物质基础和主要标志。搞好装备体系建设系统性强、涉及因素多、牵扯面广，关键是做好统筹、正确处理建设中的各种关系。一是处理好全局与局部的关系。装备体系建设应体现一体化联合作战背景下的各军兵种之间的比例，深入分析装备体系能力现状和发展目标。统一规划并优化设计装备体系结构，面向联合作战，着重围绕作战、系统、技术三个方面，从作战功能需求、体系结构设计、技术标准支持等方面出发，优化设计装备体系结构，最大程度实现系统之间的通用性和实用性，提高系统开发效率。遵循体系建设的原则，统筹好各军兵种装备体系建设的关系，基于一体化联合作战，开展陆上作战、海上作战、空天攻防、快速打击、网络空间作战、海外特种作战、无人作战和城市作战研究，坚持全军一体、联合作战，防止"大而全""小而全"，避免重复建设。二是处理好当前与长远的关系。按照装备发展阶段设计近期计划、中期规划和长期战略。近期计划主要是根据中期框架明确的分系统要素和功能，按照作战流程和能力定位，确定具体装备的组成、功能和配套关系、接口条件；中期规划主要是根据军事战略和作战构想，设计装备体系的基本要素和能力定位，确定相互关系、接口条件，并作为分系统及相互集成的依据；长期战略主要是根据未来较长时期国家科技发展及军事要求进行的武器创新，构建未来装备体系，以此引领和促进装备科技发展并向军事领域转化。三是处理好需求与可能的关系。我军装备体系建设要体现新时代军事战略方针要求，围绕作战样式、作战思想的重大变化，充分体现整体性和联合性。在建设中必须突出重点，贯彻"有所为有所不为"的装备基本体系，形成以体系对抗为出发点，以体系特性为建设要求，以基本体系为发展途径的体系建设，提高装备总体质量和效能。四是处理好数量与质量的关系。装备体系总体上要保持适当规模的装备总量，合理确定科研和生产的比例、各代装备之间的比例关系。科研生产中应尽量扩大先进装备规模。五是精干装备型谱。科学把握装备体制，突出体系贡献率，优化体系结构，精减装备型号数量。同时，考虑到现代战争的作战节奏快、强度高、损耗大，未来作战的极大拓展和作战对象的多重威胁，还要合理地确定现有装备之间的比例，优先发展支撑新型作战力量的装备体系。

新时代我军军事体系及装备体系建设战略指导是一个完整的、科学的体系。在国防和军队建设中要把体系建设思想立起来，用体系的理念、体系的思维、体系的思路、体系的方法开展工作，实现更高质量、更高效益、更可持续的发展。特别是在装备建设中，要按照体系建设理念，适应能打仗、打胜仗要求，把作战需求贯彻到装备研制全过程，着眼构建未来一体化联合作战装备体系，用网络信息体系的理念来理解作战体系、塑造装备体系，建立量化的体系贡献率评估方法，解决好装备体系优化增效问题，定量评估体系作战能力贡献率，从而统筹各军兵种装备发展，统筹进攻型装备和防御型装备发展，统筹主战装备、信息系统和保障装备发展，加强标准化、系列化、通用化建设，不断完善和优化装备体系结构。

参 考 文 献

[1] 《党的十九大报告辅导读本》编写组.党的十九大报告辅导读本[M].北京：人民出版社，2017.
[2] 中共中央宣传部.习近平新时代中国特色社会主义思想三十讲[M].北京：学习出版社，2018.
[3] 中央军委政治工作部.习近平论强军兴军[M].北京：解放军出版社，2017.
[4] 沈雪石.装备技术体系设计理论与方法[M].北京：国防工业出版社，2014.

本章作者：杨胜、禚法宝、裴国利。

第六章　作战概念驱动的军队建设体系设计方法

第一节　引　　言

作战概念研究是军事理论创新的桥头堡,是推进部队转型、创新作战模式、颠覆制胜机理的驱动引擎。随着世界新军事变革的不断发展,作战概念创新已逐渐成为军事大国谋求持久竞争优势的重要手段之一。以美国为首的世界军事强国十分重视作战概念的研究和开发工作,近年来,美军先后提出了一系列具有鲜明时代特征的作战概念,如"网络中心战""空海一体战""分布式杀伤""马赛克战""决策中心战"等,这些作战概念的提出加速推进了美军的转型,并有力支撑了美军武器装备、条例条令以及教育训练等方面的全面建设。因而,加强作战概念相关基础理论研究对于创新军队建设发展模式,把我军建设成为世界一流军队具有重要理论和实践意义。

第二节　作战概念及其军事意义

一、作战概念的基本定义

西方军事学普遍认为,作战概念是军事研究领域的"明珠"。但目前,尚缺乏对作战概念的统一定义。对"作战概念"的不同理解,在其内涵和外延上都有所体现。例如,战争概念、作战概念、战术概念、能力概念、装备概念等,有时都被称为"作战概念"。

《辞海》的"概念"词条定义为:对事物的普遍而抽象的认识。通常都是指在同类的多数事物中,对其共同性、普遍性进行抽象,加以概括,就成为概念。可见,概念是将一类事物的共性、通性提取出来,经过概括而成。

《汉语大辞典》(修订版)的"概念"词条定义为:在头脑里所形成的反映对象的本

质属性的思维形式,把所感知的事物的共同本质特点抽象出来,加以概括,就成为概念,概念都具有内涵和外延,并且随着主观、客观世界的发展而变化。可见,概念是对事物本质的概括,概念是一种经概括的理念,概念随主观认识和客观环境的改变而动态变化。

在美军联合条令中,对作战概念进行了充分阐述——概念是对一个主意的看法或陈述,即对做事方式的一种表达。军事概念是对运用特定军事特性和能力(手段)达成所述目标(目的)的方法(方式)的阐述。在军兵种层面上,作战概念几乎等同于作战样式。美国空军《空军作战概念开发》指出,"空军作战概念是空军最高层面的概念描述,是指通过作战能力和作战任务的有序组织,实现既定的作战构想和意图"。

基于现有分析,可将作战概念定义为:在某一特定时空条件下,针对某一类作战问题,研究其本质和规律,提炼出其共性特点并加以抽象概括,进而指导这一类作战问题的解决。具体而言,作战概念是基于历史、现在和未来的技术发展、威胁判断、地缘局势、作战对手、战场环境等作战条件的研究判断,为实现既定的作战目标,对某一类作战问题给出的理论解决方案。

需要注意的是,作战概念并不是一个抽象的概念,它详细构想了军队未来的体制编制、作战样式、装备体系等一系列问题,并经过开发与试验评估,最终形成具体的指导军队未来发展建设的指导性文件。例如,2014年10月,美国陆军正式公布的《陆军作战概念:在复杂世界中获胜》就是一份指导美国陆军未来建设发展的文件,它预估了美国陆军未来的作战环境,设计了未来的作战行动方式、原则与核心能力,明确了美国陆军未来的体制编制、行动样式、训练方法、武器装备等一系列问题。

二、作战概念的军事意义

(一)创新作战样式

设计作战样式,就是设计一场战争。作战概念首先是作为一种新的作战样式提出的。这种作战样式可更高效地解决某一类作战问题,能够更有效地应对某些安全威胁。

作战概念的阐述和表达方式,与作战样式几乎一致。在实际使用层面,也可以将二者等同,因为作战概念首先是一种新的作战样式。例如,空地一体战、空海一体战、分布式作战等作战概念,也可以被视作一种新的作战样式。这些作战概念针对具体作战对手和地理区域,具备作战样式所有的要素和特征。

(二)牵引装备发展

武器装备是作战的物质基础,作战概念提升战斗力在物质层面落地的一个重要表现,就是牵引新武器装备的研发。

作战概念可以通过重组已有武器装备、构建作战体系来实现,这在很大程度上是通过挖掘现有武器装备作战潜力来实现的,而作战概念体现的智力因素具有赋能作用。但更多的是要求具备新作战能力,这往往通过研发新武器装备或构建新作战体系来实现。

（三）优化作战编组

作战编组形式必须与作战样式和武器装备相适应，以充分发挥其战斗力。作战编组形式是人与武器装备相结合，按照一定的样式作战，所采用的兵力编成和组织形式。

一方面，作战概念可通过优化已有的作战编组形式，充分挖掘现有作战体系的作战能力潜力。另一方面，作战概念往往催生新的作战编组形式，这是新武器装备和作战样式的必然要求。

例如，分布式作战是对现有作战编组的优化。美国海军提出"凡船皆可战"的口号，要求所有舰艇都具备打击能力，表现为补给舰等战斗支援舰艇也要搭载反舰导弹。

（四）改革编制体制

武器装备和作战样式的关系类似于生产力和生产关系之间的关系，武器装备决定作战样式；作战能力和编制体制的关系类似于经济基础和上层建筑之间的关系，作战能力决定编制体制。

作战概念通过提出新的作战样式和武器装备，从而提供了新的作战能力，这必然会对决定作战能力建设的编制体制产生影响，要求概念与编制体制相适应。编制体制变革对作战能力的影响体现在作战能力的生成、维护、建设等各个环节。

在无人作战概念牵引下，无人作战系统将成为未来的主战力量，无人机中队更多地出现在各国军队编制中。例如，2019年，美军宣布将在2~3年内组建15个无人机中队。

（五）指导教育训练

作战概念是理论创新，理论需要经过检验才能成立，并通过推广才能发挥其效益。演习演练是检验作战概念的最好方式，而教育训练是作战概念转化为作战能力的必由之路。

依照作战概念的核心内容（作战样式）进行作战，能否更高效地解决特定作战问题，训练演习是最好的检验方式。训练演习不但可以加深部队对作战概念的认识和理解，还能对作战概念进行完善。

（六）完善条令条例

条令条例是作战的依据，条令是以简明条文形式规定并以命令形式颁布的关于作战、行动、生活方面的法规，具有规范性和权威性的特征。

作战概念通过进入条令得到固化，作战概念的指导作用在很大程度上通过条令得到体现。条令是对军队建设和军事斗争经验的总结和升华，反映了军事行动的客观规律。例如，美国陆军2017年版《野战手册3-0：作战》条令纳入多域战概念，包括了多域作战若干要素，更新了与网络作战和野战炮兵作战的相关条令，并计划为多域作战部队制定专用条令。

三、美军作战概念体系

美军作战概念体系是根据联合作战构想和军种作战构想开发的，是关于未来战争和作战的前沿理论，主要围绕未来 5～15 年内中长期安全挑战与威胁，针对军事力量的运用与建设而提出的理性思考，目的是预测战争、设计战争，并为准备和应对战争提供咨询建议和理论支撑。经过多年努力，美军已形成了较为完整的作战概念体系，在横向上可以分为人事、情报、作战、后勤、计划、通信 6 个方面；在纵向上可以分为战略、战役和战术 3 个层级。

联合作战概念是联合作战构想的细化和具体化，经论证、演示、实验和联合训练与实战检验证实后，写入联合作战条令，指导美军进行联合作战和联合训练。20 世纪末 21 世纪初，美军开始采用"基于能力，概念驱动"的方法推进军事转型，着力开发联合作战新概念。1999 年 10 月至 2001 年 10 月，美国联合部队司令部连续推出 3 个版本的《快速决定性作战》白皮书，系统阐述了"快速决定性作战"概念。2001 年 7 月，美国国防部向国会提交《网络中心战》报告，全面阐述"网络中心战"的内涵、概念、计划、方案和实现网络中心战所需要的战略、条件及能力，把海军提出的"网络中心战"概念推向全军。

2003 年 11 月，美国国防部正式颁布《联合作战概念》文件，紧接着，又颁布了《联合行动概念》《联合职能概念》《联合赋能概念》等文件，各军种也制定出本军种的作战概念，形成支撑联合作战概念体系的军种作战概念体系，并与联合作战概念体系一起构成一个覆盖各个作战领域、各个战场维度的作战概念体系。在随后的 6 年中，美军在《国家安全战略》《国家防务战略》《国家军事战略》《四年防务审查报告》《转型计划指南》《战略计划指南》《应急计划指南》等文件的指导下，对联合作战概念体系的结构和内容进行了重大调整，形成了由"拱顶石"联合作战概念、联合行动概念、联合职能概念和联合一体化概念构成的联合作战概念体系。目前，美军建立了由顶层作战概念、联合作战概念、军兵种作战概念构成的三级架构，如图 6-1 所示。

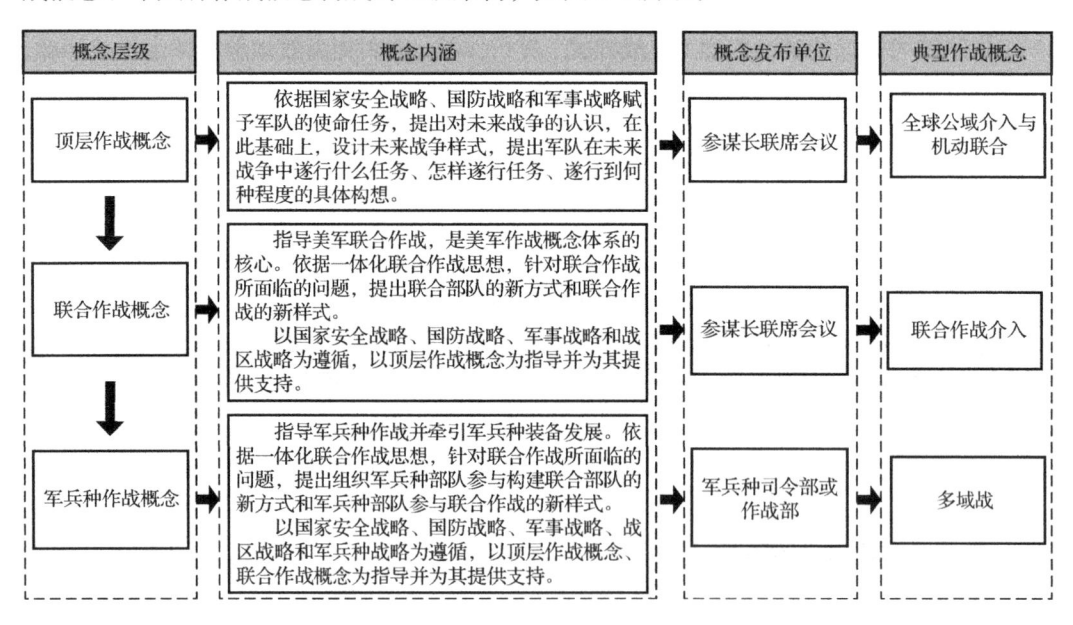

概念层级	概念内涵	概念发布单位	典型作战概念
顶层作战概念	依据国家安全战略、国防战略和军事战略赋予军队的使命任务，提出对未来战争的认识，在此基础上，设计未来战争样式，提出军队在未来战争中遂行什么任务、怎样遂行任务、遂行到何种程度的具体构想。	参谋长联席会议	全球公域介入与机动联合
联合作战概念	指导美军联合作战，是美军作战概念体系的核心。依据一体化联合作战思想，针对联合作战所面临的问题，提出联合部队的新方式和联合作战的新样式。以国家安全战略、国防战略、军事战略和战区战略为遵循，以顶层作战概念为指导并为其提供支持。	参谋长联席会议	联合作战介入
军兵种作战概念	指导军兵种作战并牵引军兵种装备发展。依据一体化联合作战思想，针对联合作战所面临的问题，提出组织军兵种部队参与构建联合部队的新方式和军兵种部队参与联合作战的新样式。以国家安全战略、国防战略、军事战略、战区战略和军兵种战略为遵循，以顶层作战概念、联合作战概念为指导并为其提供支持。	军兵种司令部或作战部	多域战

图 6-1 美军作战概念体系架构

军种作战概念是各军种根据联合作战概念体系开发的本军种作战概念，是本军种作战构想的细化和具体化，经论证、演示、实验和联合训练与实战检验证实后，写入本军种作战条令，指导本军种部队进行作战和训练。

第三节 作战概念驱动的军队建设体系设计方法

作战概念驱动的军队建设体系设计主要以国家顶层军事战略为基本依据，以作战概念设计为主线，贯穿军队建设的方方面面，并以此来着力解决国家军事战略或国防安全所关注的某一方面。其基本思路是：①依据作战概念，得出军队相应的作战任务，提出为完成作战任务需达成的能力目标。②根据能力目标，考虑当前军队的能力现状，分析得出相应的能力差距及能力需求。③在能力需求的满足方面，可以选择装备解决方案和非装备解决方案。对于非装备解决方案，通常包括改革编制体制、改进教育训练方法、健全政策法规、优化作战编组和完善条例条令等；对于装备解决方案，通常包括增加装备规模、改进装备性能和研制新装备等方面。④对于提出的能力需求解决方案还需以此为依据进一步评估与优化，然后根据评估优化结果对提出的作战概念改进完善，由此迭代进行，其方法流程如图 6-2 所示。这一流程可以分为概念研发、需求生成、方案设计、概念评估 4 个阶段。

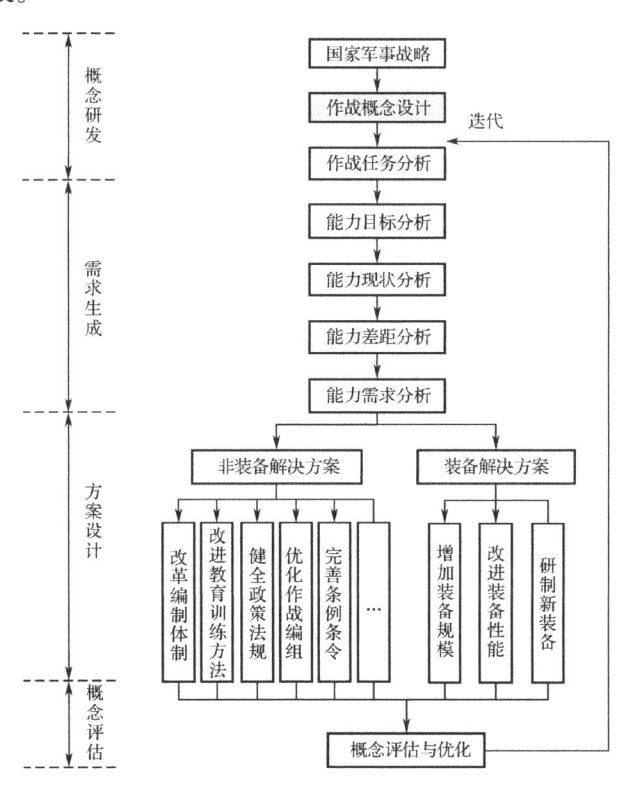

图 6-2 作战概念驱动的军队建设体系设计方法

一、概念研发阶段

（一）国家军事战略

通常，国家安全威胁和国防军事战略是指导开展军队建设的顶层指导思想。在具体实施中应主要依据国家发展战略、国家安全战略和军事战略，围绕未来可能在什么时间、什么环境、与什么对手打仗等问题，综合考虑政治、经济、外交、军事、科技等因素，按照研判战略形势、分析对手策略、细化战略目标、形成战略构想的步骤，对未来一个时期的风险挑战、战争威胁及其可能程度进行分析预测，设计战略目标、使命任务和发展阶段，论证提出期望战略态势演进图。

例如，美军的军事战略构成了一个较为完善的体系，主要包括《国家安全战略（NSS）》《四年防务评估报告》《国家军事战略（NMS）》，涉及战区战略、军兵种战略和各特定领域的战略。并且不同层次的战略自上而下形成指导关系，自下而上构成服从和服务关系。也即上个层次的战略是制定下个层次战略的依据；下个层次的战略服从和服务于上个层次的战略，是上个层次战略的基础。例如，国防战略是根据国家安全战略制定的，服从和服务于国家安全战略，但它同时又是制定国家军事战略的依据，规定着国家军事战略的内容和方向。美军的军事战略体系结构如图 6-3 所示。

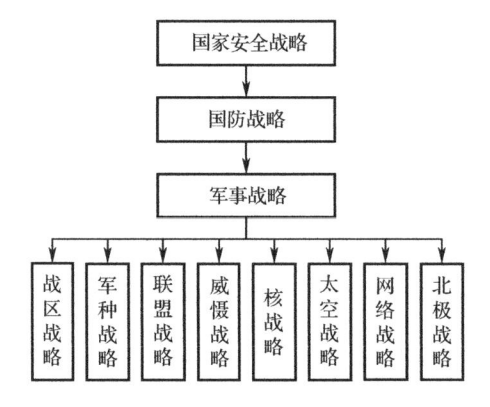

图 6-3 美军的军事战略体系结构

（二）作战概念设计

作战概念是在战争设计思想的指导下，研判未来战争质变和探索制胜机理，分层次、分类别提出并验证未来作战图景、对抗内容、新式任务、作战能力和特征的理性描述过程。作战概念面向未来战争，更倾向于集成前沿认识、感知未来战场、设计交战规则等，必须有创新性、科学性、逻辑性和可操作性，才能破解未来战争面临的理论困惑和实践难题。

作战概念设计主要依据战略构想，围绕未来打什么仗、和谁打仗、在哪里打仗、怎么打仗、用什么打仗等问题，按照作战场景构建、分析优劣条件、寻找制胜策略、提出作战概念的步骤，对未来一个时期的作战特点、作战样式、作战重心和制胜机理进行分析研判，前瞻设计作战目标、作战场景、作战原则和作战体系，论证提出核心作战概念、作战行动概念和作战支撑概念。

由于作战概念主要是针对未来 8～20 年的军事问题，具有时间跨度长、复杂性和不确定性突出等特点。为了确保作战概念开发的有效性和针对性，美军制定了严密的概念开发与评估过程。需要指出的是，美军任何国防组织和人员都可以提出新的作战概念。新作战概念的产生可能源于政策或战略的调整、联合试验的经验教训等。但是提出的想法或概念要得到认同，必须具备两个条件：一是他们必须是描述未来 8～20 年可能面临的一个特殊的军事问题；二是目前对于该问题还没有较好的解决方案。美军的作战概念还会经过严格的审查过程，如联合概念指导小组首先审查所有提出的概念提议；其次与提出联合概念相关机构中的将级军官通过联合参谋部工作程序对其进行正式审查，并将审查的建议提交给美国参谋长联席会议主席，概念一旦得到批准就可以进一步开发。联合参谋部主任将发布一个备忘录，用于指导概念开发初期的工作，同时明确概念撰写机构。

作战概念的设计必须注重创新性和创造性，美军的作战概念内容往往要求包括以下几个方面：

（1）能够与当前的国防和军事战略指导方针保持一致，并且能有效应对未来安全环境的变化。

（2）详细描述所提出的作战概念是如何支持联合作战顶层概念提出的核心任务和中心思想的。

（3）阐述一个合理的军事威胁，这个军事威胁应表明未来联合部队要完成的作战任务及使其难以实现的因素有哪些。

（4）说明当前的手段和能力不足以应对将来的军事威胁挑战，强调当前联合条令或其他能力的缺陷。

（5）总结初步研究结果以论证说明需要提出一个新的作战概念。

（6）确认提出的作战概念与其他已批准或正在开发的作战概念之间的关系。

（7）论述为何所提出的作战概念是解决所述军事威胁及安全挑战的最佳方法。

为了便于理解，作战概念设计时还应该遵循一致的结构和规范。例如，美军就给出了明确的作战概念撰写规范，主要包括以下几个方面：

（1）执行摘要。作战概念应该包含一个简要描述本概念主要特点的执行摘要，以便读者能够快速理解概念的主要观点和整体结构。执行摘要应该是在思考充分成熟之后才提出来的。

（2）导言。概要介绍所提作战概念的主题领域、目的和挑战，并简要说明所提概念如何实现并支持在联合作战顶层概念或其他联合概念中确定的作战方法。

（3）未来安全环境。主要是确定与概念直接相关的各个方面及未来作战环境，并为后续确认能力差距及解决方案奠定基础。未来安全环境的分析应充分参考《国家军事战略》《联合作战顶层概念》《联合作战环境》和其他未来安全环境评估等材料，重点是讨论与作战概念相关的未来可能的作战环境。

（4）军事威胁分析。军事威胁分析应简明扼要地表述要完成的任务。作战概念综合了未来安全环境的关键方面，使之成为一个用现有解决方案无法解决的突出难题，或者是提出一个可能的方法或手段来提高未来部队的作战能力。

（5）核心与支撑观点。核心观点是作战概念的中心，它为部队如何应对军事威胁提供了一个框架；支撑性观点则更为详细地解释和扩展了中心思想。

（6）概念所需能力。主要描述了部队为执行作战概念所需具备的能力。

（7）风险。即执行所描述的作战概念存在的相关风险。风险应根据参联会主席在联合战略规划系统中的联合风险评估系统进行确认和分类。

（三）作战任务分析

作战任务是军队发展建设的重要依据。作战任务可以表述为基本任务和若干具体任务。作战任务的分析应明确和全面，通过分析与综合的迭代过程提出最具有特点和代表性的使命任务。主要内容包括：总体作战使命、各军兵种作战任务、特种部队的特殊使命任务、典型装备的任务。作战任务的分解是沿着作战任务逐步细化的方向进行的。例如合成作战部队的作战任务可以分解为火力打击任务、信息保障任务、机动任务、防护任务和后勤保障任务，然后可以对各个任务按照一定的准则进行更低层次的分解。通过作战任务的分解，可以建立具有层次结构的作战任务指标体系，从而为下一步构建作战能力和能力需求指标体系提供约束和依据。

作战任务分析主要沿着两条路径进行：一是以作战任务分解为主，通过对部队所担负的作战任务进行逐步分解，可建立该部队的作战任务指标体系，指标体系的底层是各种具体的任务要求，该任务与作战环境和作战过程没有多大的联系。二是以作战任务区分为主，通过对作战任务按照一定的原则和规律进行区分，可得到特定作战样式下，各战斗时节不同性质任务的典型任务项，该任务与作战环境和作战过程有关。

一项具体的作战任务至少包括 5 项要素，即任务来源、任务承担者、任务类型、任务环境及任务要求。当任务的 5 项要素确定以后，一项具体任务实质上是对任务承担者能力的一种需求和约束，任务的类型决定了能力的类型，任务的要求决定了能力的大小。对任务的类型和要求的分析是任务分析的核心内容，如图 6-4 所示。

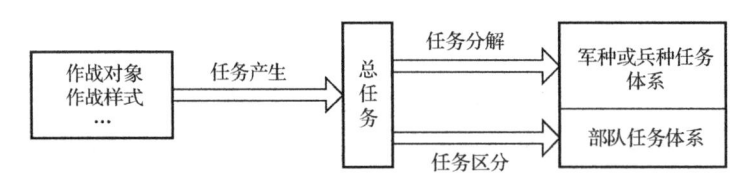

图 6-4 作战任务分析过程

1. 任务产生方法

任务是在明确未来某一个时期内军队可能作战对象、可能作战样式的前提下，经过分析军队的作战对象和任务要求、支援部队支援对象和支援要求、保障部队保障对象和保障要求的过程后产生的。任务产生的目的是确定总任务，为任务分解和任务区分提供依据。

分析过程要先确定主战兵种的作战任务，以满足主战兵种的任务顺序执行为依据，按照支援和保障关系合理确定支援和保障兵种的任务。

其分析的依据是国家军事战略、国际形势、周边安全、部队现在及未来状况等。其分析结果是各类型部队对哪个对象做什么，做到什么程度。

任务产生以定性分析为主，是由论证人员的逻辑思维和形象思维来实现的，所使用的方法有：文字描述法、德尔菲法和5W1H思想法等。

5W1H思想法首创于美国陆军，现已被西方军队广泛运用。这种方法主要用于分析问题、了解情况阶段。5W1H是指由5个W开头的单词和1个H开头的单词组合起来的意义，即：

Who（谁）——指人或物，这里指各类型部队；

When（何时）——指时间，主要指作战时间；

Where（何地）——指地点，主要是作战环境；

What（什么）——指性质，主要是作战、支援、保障和改造的对象；

Why（何故）——指原因；

How（怎样）——指情况，主要是部队所执行的动作。

2. 任务分解方法

作战任务分解是指将一项任务按一定的原则或规则分解成不同类型的作战任务。分解的原则或规则不同，得到的分解结果也不尽相同。分解的原则或规则主要根据研究问题的需要和问题本身特征来确定。作战任务分解的主要目的是建立对应层次的部队作战体系。其分解的依据是总任务、分解的原则或规则等。其分析结果是作战任务体系。

根据研究问题的需要不同，作战任务分解的依据也不相同。例如，按任务的作用类型可分为基本任务、综合保障任务、机动任务、防护任务和指挥控制及通信任务；按空间特征，可分为地面、空中、海上作战任务。层次越高的作战任务综合性和抽象性越强，层次越低，任务越具体。也可以采取两种或两种以上分解准则相结合的复合式分解方法。

3. 任务区分方法

作战任务区分是根据作战决心，对所属部队和分队承担的作战任务进行划分。包括明确作战区域和作战目标，以及完成任务的要求、时限等。任务区分的前提条件是已经清楚所属的作战力量和规模级别。内容清楚、格式规范、数据准确的任务区分结果，是科学提出不同部队作战能力需求的依据。

二、需求生成阶段

（一）能力目标分析

能力目标分析主要用于确定军队在未来一段时间内，为完成其可能承担的任务而应具备的能力。通常应根据作战概念和作战任务，综合考虑不同时间节点（如未来 5~15 年）内可能面临的威胁、承担的使命任务、具备的技术实力和编制体制等约束条件，分析提出军队发展建设在各项能力上应达到的能力水平。然后，根据各项能力对各任务的重要程度，采用综合评估方法，分析各项能力的重要性排序。在此过程中，能力目标应该符合军事任务需要，并且相互之间协调配合，确保任务目标及作战概念与相应的兵力使用理念和顶层作战指导文件保持一致，同时在技术上可实现。

依据作战概念和作战任务，战区、军兵种等都可提出各自的能力目标，但为了牵引军队体系的统筹发展建设，还需要在不同层次和级别上进行能力目标的综合集成。例如，为牵引装备体系统筹建设，需要从装备体系能力维度，对不同任务的同类装备体系能力进行跨任务的综合集成，形成对某类能力（如侦察情报、指挥控制、火力打击、后勤保障等）的综合能力目标要求。表 6-1 所示为侦察情报装备体系能力目标分析示例。

表 6-1 侦察情报装备体系能力目标分析示例

指标名称			能力目标
一级指标	二级指标	三级指标	
侦察情报	1 侦察指挥协同能力	1.1 任务规划能力	需求解析流程规范，需求转化快速准确
			快速响应和满足用户需求
			可快速完成任务方案规划
		1.2 行动控制能力	可控制部队的手段多样
			可对应急状况实施指挥控制
			可对应急情况实时指挥
	2 情报处理能力	2.1 态势情报融合处理能力	引接的各类态势信息时效性强
			实时更新综合态势
			态势信息自动关联
		2.2 大数据处理分析能力	具备满足用户大数据分析需求能力
			具备良好的大数据系统硬件
			针对不同数据特点提供不同存储和管理方式
			具备多维数据挖掘能力
	3 共享服务能力	3.1 共享服务管理能力	具备满足情报数据产品存储的空间
			具备对不同情报数据产品进行分类存储能力
			具备先进的共享服务模式
		3.2 情报数据分发能力	情报数据产品种类丰富多样
			情报数据产品共享方式多样
			情报数据产品快速分发

（二）能力现状分析

能力现状分析的基本任务是弄清现有部队的作战实力及对作战概念能力需求的满

足情况。其主要方法有 2 个：同未来作战对象相比较，找出存在的主要差距；同世界军事强国能力相比较，找出存在的主要差距。通过分析进一步明确目标，为确定军队建设体系合理的发展方向、目标和重点提供依据。

1. 现有能力与未来作战对象的能力相比较存在的主要差距

通过比较现有能力与未来作战对象的能力存在的主要差距，找出部队优先发展的方向，扬长避短，有的放矢。

2. 现有能力与世界强国能力相比较存在的主要差距

通过比较现有作战能力与世界先进国家作战能力存在的主要差距，提出相应的能力需求，进一步明确今后的发展方向。

例如，对于装备体系能力现状分析，主要内容包括：分析武器装备体系现行体制存在的问题，并剖析问题产生的原因；分析现有武器装备作战使用性能水平存在的问题，并剖析问题产生的原因；分析现有武器装备规模存在的问题，并剖析问题产生的原因；分析现有武器装备比例存在的问题，并剖析问题产生的原因；分析现有武器装备编配数量存在的问题，并剖析问题产生的原因。

武器装备作战使用性能水平对比分析方法。在装备现状分析中，作战使用性能分析主要是进行己方与外军同类（或相近）武器装备作战使用性能水平之间的对比。对比分析的内容主要是进行同类（或相近）武器装备的单项作战使用性能水平之间，以及总体作战使用性能水平之间的比较。在比较武器装备单项作战使用性能时，可以选择在机动、攻击、防护、火控、可靠性、维修性、环境适应性等方面的具体性能指标进行比较分析。在比较武器装备的总体作战使用性能时，可以选择其在作战效能、保障能力等方面的指标进行分析比较。

武器装备规模分析方法。武器装备规模分析是指分析部队武器装备的总体数量。规模以数量为表征，当数量增加到一定程度时就形成一定规模。武器装备规模分析可分为两个方面：一方面是比较分析，即用己方现有装备规模与作战对象或潜在作战对象的现有装备规模进行比较；另一方面是适应性分析，研究现有装备规模适应作战样式和作战任务的情况。其目的是提出装备结构中规模方面所存在的主要问题。

武器装备比例分析方法。武器装备比例分析可以分为不同类型武器装备的比例分析和同类型武器装备的比例分析。其目的是提出装备结构中比例方面所存在的主要问题。

不同类型武器装备的比例分析主要是指主要武器装备与保障装备间、火力打击武器装备与指挥通信装备间及其他武器装备间的数量比例。在具体分析过程中，不同类型武器装备之间的比例关系还可能通过各类型武器装备与整个研究对象的武器装备数量的比例关系来体现。同类型武器装备的比例分析包括数量比例分析和质量比例分析。同类武器装备是指具有同一使命任务或具有同一功能特征的武器装备。数量比例主要指同一类型武器装备中不同种类的武器装备数量比例关系。

（三）能力差距分析

能力差距分析的目的，是明确作战能力需求与作战能力现状之间的差距，进一步通过装备和非装备方案的调整与完善，满足作战能力需求。

美国国防部通过能力差距的概念来描述能力需求的差距，其定义可表述为：为获得作战能力需求，分析现有作战能力在作战能力需求内容、需求条件和需求标准上所存在的缺失和不足。产生作战能力差距主要有四方面原因：一是由于运用现有作战能力的熟练程度不足，造成现有能力没有发挥到应有水平和程度，致使与作战能力需求之间产生了差距。二是在某些领域或某些方面，现有作战能力不具备作战能力需求所设计的内容，在这种情况下产生了作战能力需求差距。三是现有作战能力与能力需求在作战能力内容上是一致的，但现有作战能力的标准和程度与作战能力需求标准相比存在不足。四是现有作战能力中的个别作战能力对实现整个使命目标没有实质性作用或甚至起到产生了反作用而迫切需要被某种能力需求所取代，在这种情况之下，产生了能力需求差距。

由于现有作战能力与能力需求在提出背景、时机、环境上有诸多不同，所以二者在内容表述、能力任务的分解、需求标准的设置上经常会产生差异。在这种情况下，比较能力需求差异就会造成一些障碍。为此，可以采用能力分解比较法，即运用能力分解图和能力列表将需要比较但无法实施比较的现有能力和能力需求进一步作能力分解，直到两种能力能够实现比较。

如图6-5所示，对现有能力1和能力需求1进行能力需求差距比较，发现现有能力1的子能力1.1与能力需求的子能力1.1完全相同，但是现有能力1的子能力1.2和1.3与能力需求的子能力1.2在能力描述上有部分相似但无法实施比较。在此情况下，运用能力分解图对现有子能力1.2和1.3及能力需求子能力1.2按照相同的原则和标准进行能力分解。分解方法是按能力目标和能力效果划分作战任务，然后对能力任务进行一一对应比较。

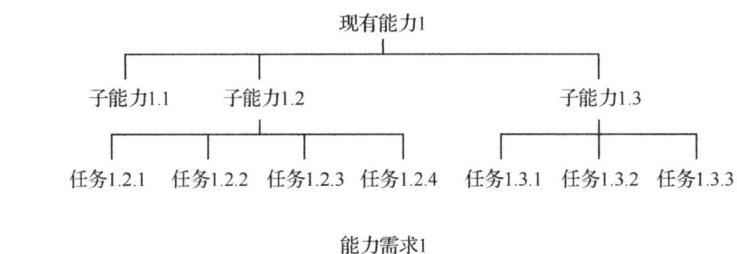

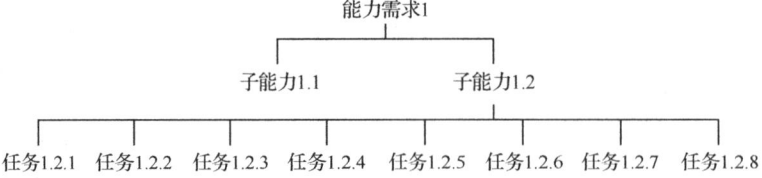

图6-5 能力分解方法

（四）能力需求分析

以任务为牵引，以能力牵引部队发展，是军队发展建设的基本途径。从作战任务分析得出的任务项，为完成这些任务项而对应的作战能力的基本要求就形成了对作战能力的需求，作战能力需求分析秉承了作战任务分析的结论，其目的是深化分析作战任务体系，构建任务指标，进而形成能力需求指标，把任务指标描述的任务需要转化为用能力指标描述的能力需求，关键是找到任务指标到能力指标之间的对应转换关系。能力分析的结果是确定部队为完成所担负的作战任务而应具有的作战能力，包括作战能力的种类和大小。

作战能力的需求分析包括火力能力、机动能力、防护能力、信息能力和保障能力，得出的结论是重点需求的作战能力种类和对能力需求的程度和水平。

作战任务分析的主要目的是为能力需求分析提供支持。能力需求分析就是要把用任务指标描述的任务需求转化为用能力指标描述的能力需求，其关键是找到由任务指标到能力指标之间的对应转换关系。当一个任务项较具体时，实质上就是对任务承担者在能力上的一种约束和需求。与任务分析思路相反，能力需求分析将采用由微观到宏观、由具体到抽象的分析思路。

1. 能力需求指标分析方法

能力需求指标是作战能力需求的度量标准，也是全面、客观地衡量能力需求的依据。要把任务指标所反映的任务要求转化为对作战能力的需求，首先应建立对应的能力需求指标体系。

作战能力由武器装备作战能力和部队作战能力两部分构成。作战能力包括一定级别部队所有武器装备形成的整体作战能力和单件武器系统的作战能力，而单件武器系统的作战能力是整体作战能力的基础。

2. 任务-能力指标映射分析方法

作战任务分解和区分的结果，都是要形成要素齐全、格式规范的任务项和任务要求指标。当任务项很明确时，任务到能力的转换实际上是任务指标到能力指标的转换，这种转换关系可以认为是一种映射，如图6-6所示。

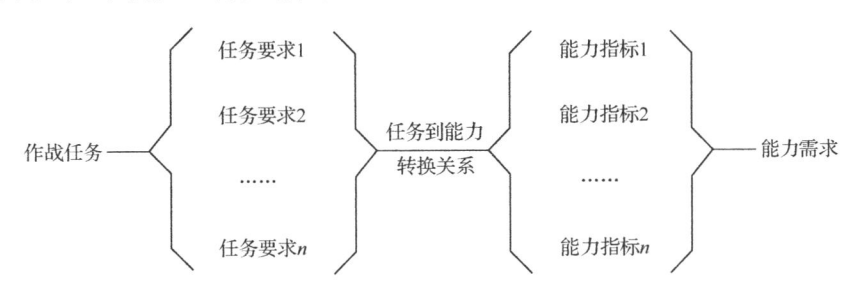

图6-6 "任务-能力"映射关系

三、方案设计阶段

能力需求解决方案重点考虑在非装备因素改进和完善的情况下，提出通过装备改进、新装备研制等手段实现作战概念所需的能力目标。

（一）非装备解决方案

非装备解决方案主要是指通过创新、完善或调整作战理论、组织编制、教育训练水平、政策法规等手段来解决能力需求问题。

（1）创新作战理论。理论是行动的先导。作战理论创新，是军队现代化建设和军事变革的重要内容，也是有效解决作战能力差距的重要途径。通过作战理论创新，更新作战理念，优化战法设计与运用，优化物质流、能量流、信息流和智慧流的传输路径和融合方式，能够大大提升军队整体作战能力。只有通过作战理论创新，准确把握战争发展规律，才能掌握战争的主动权，并最终取得战争的胜利。例如，美军对"消耗战"和"歼灭战"进行反思，并结合现代条件下有限战争的特点与规律，提出了"战略瘫痪战"的战法，不仅极大促进了己方作战能力的发挥，而且使敌方部队在心理和精神上形成强烈的负面效应，优化了武器装备效能的作用方式，提高了部队的作战能力。

（2）优化编制体制。以变应变，是现代信息化战争把握战争主动权的有效法宝。僵化的编制体制和武器装备编配关系，只能形成有限的部队作战能力，不能满足日益变化的多样化使命任务要求。通过研究部队战斗力形成的基本规律，有机调整人员和武器配置模式，通过部队组织机构的创新，促进部队形成新的作战能力。如20世纪70年代，随着高技术和远程通信技术的不断发展和成熟，人们将高空侦察技术、远程通信技术和中远程火力打击能力有机结合起来，提出了"发现即打击"的作战模式，就是通过调整优化高空侦察装备、远程通信装备和中远程火力打击装备的编配关系，形成了一种前所未有的新的作战模式和作战能力，极大提高了部队的作战能力。因此，通过编制体制的优化，也可以有效弥补部队在作战能力上的差距。

（3）科学组织训练。训练是部队战斗力的重要基础，也是有效弥补部队作战能力差距的有效手段。部队训练水平的高低，直接影响部队作战能力的形成。不熟练的装备操作技能、不清晰的部队指挥流程和作战运用方式，都将使武器装备及部队的作战能力大打折扣。通过科学组织训练，使部队官兵熟悉各种武器装备的作战使用，牢记战场上各种突发事件的处理方法和程序，加强各军兵种部队之间的协调沟通，才能保证部队作战能力的形成。因此，通过科学组织部队训练，有针对性地进行相关科目和战法训练，能够极大提高部队作战能力，有效缩小部队作战能力差距。

（4）加强人员教育。军队的作风纪律和精神面貌，也是保证部队战斗力形成的关键要素。组织涣散、纪律松弛、战斗意志薄弱的部队不可能经受得住长期、持久的作战对抗。因此，加强部队教育，严格部队作风纪律，提高部队战斗意志，是增强部队作战能力的重要手段，可以有效弥补作战能力差距。

（5）优化指挥方式。作战指挥是战役战斗的灵魂。指挥系统的指挥效率和指挥人员的指挥才能是确保作战指挥效果的关键。在信息化条件下，研究作战指挥要素的构成及其作用机理，精简指挥层级，通畅指挥流程，加快指挥速度，提高指挥效率，将成为优化作战指挥方式的主要内容。通过作战指挥方式的调整优化，能够大大缩短指挥信息传输时间，提高作战指挥效率，为部队抓住有利战机、提高作战效能、实现作战决心提供保证。因此，通过调整与优化作战指挥方式，也可以有效弥补部队作战能力差距。

（二）装备解决方案

装备解决方案主要是通过提升装备的数量规模、改进性能指标和研制新装备等3种基本形式，具体采用何种形式往往还要结合效费比、装备建设周期等因素进行综合权衡。

（1）提升装备的数量规模。主要根据国家和军队短期内面临的主要威胁和当前军队发展的主要差距，通过提升现有装备数量规模来补齐短板，缩小差距。这种方式具有建设速度快、效益高等特点。

（2）改进性能指标。改进武器装备的性能指标主要是指以提高部队现役武器装备操作使用效能、完善装备战术技术性能为目的的装备发展方式，是提高部队作战能力的重要途径之一。例如，20世纪末，美军为了适应信息化战争作战要求，通过技术革新，为M1A2坦克加装了数字化模块，形成M1A2SEP数字化坦克，大大增强了坦克在现代战场的作战效能。

（3）研制新装备。研制新型武器装备是新装备发展的主要方法，也是提高部队战斗力、适应军队使命任务的必然要求。旧装备退役和新装备的列装是推动部队作战能力提高的重要途径和普遍规律。因此，研制新装备是提高部队战斗力的重要抓手。

四、概念评估阶段

（一）概念评估分析

作战概念评估分析是检验作战概念能否达成预期目标的重要手段。评估的内容包括，根据目标、任务和使用特点，结合部队的实际情况，按所提出的不同部队发展方案进行战斗编成，使其转化为便于分析评价的体系编制方案；根据体系方案的不同特点和要求，选择合适的评价方法，建立相应的评价模型；运用所建立的模型，对编成后的各种编制体制方案进行综合评价；在评价的基础上分析各种需求解决方案的优劣情况，并对方案进行必要的调整，进行重新评价，直到获得满意的结果为止。例如，美军作战概念评估阶段的主要工作是通过联合实验和基于能力的评估，对概念进行检验和关键特性评估。联合实验主要是针对作战概念体系中联合作战顶层概念、联合行动概念和联合功能概念开发的。基于能力评估（CBA）方法主要用于对联合集成概念的评估。联合需求监督委员会安排基于能力评估。如果需要额外的实验，概念撰写机构必须与联合参谋部J-7部、联合部队司令部、功能能力委员会以及联合需求监督委员会指定的其他业务机构进行协商，以便制定实验计划。实验完成后，概念撰写机构将向功能能力委员会汇报实验结果，并获取开展后续工作的建议。

具体而言，作战概念评估方法主要可以分为以下三类。

1. 基于解析模型的评估方法

该类方法中比较有代表性的有指数法、ADC法、兰彻斯特（Lanchester）方程作战模型等。

指数法的基本思想是将体系的组成系统参数按照一定的算法转换成可比较的值，然后将这些参数值按照特定计算方法进行计算，最后得到一个用以表示体系能力的值。指数法主要用于能力的量化，量化是进行评估的一项基础性工作。指数法的优点在于其统计度量方法简明易懂，可以从相对值和绝对值上全面说明描述对象的内涵，缺点在于指数的计算依赖于历史经验数据，对于新的系统来说，其指数没办法直接确定，只能参与同类型的现有武器装备的指数值进行估计。

ADC法是20世纪60年代美国工业界武器系统效能咨询委员会提出的模型，目的是能够定量化描述武器系统的作战效能。该委员会对武器系统做出的定义是：系统效能是预期一个系统满足一组特定任务要求程度的度量，是系统有效性、可信赖性和能力的函数。该方法是武器系统效能评估中应用最为广泛的一种经典评估方法，其在具体应用中得到了很多改进，出现了很多应用不同类型武器系统的改进ADC方法。ADC方法综合考虑了武器系统的可用度、可信度以及能力等因素，利用三者成绩作为武器系统效能指标，计算简单快捷，其不足之处仅仅是从武器自身的性能参数出发研究武器系统的作战效能，对于作战过程中的对抗行为考虑较少。

兰彻斯特方程方法是基于古代冷兵器战斗和近代运用枪炮进行战斗的不同特点，在一些简化的假设前提下，建立的一系列描述交战过程中双方兵力变化数量的微分方程组。它通过战斗效能比和交换比的计算得出效能评估结果。其优点是将战斗过程中的因素量化，并用确定性的解析方程描述客观约束条件。缺点是其考虑的是理想的情况，而现代战争具有复杂多变等特点，用解析方程难以反映出随机因素和模糊因素的影响。

2. 基于仿真的评估方法

基于仿真的作战概念评估，其基本思想是以体系对抗建模仿真为基础，通过统计仿真结果来评估体系的效能。缺点是仿真模型的构建十分复杂，难以校验仿真可信度。效能评估主要依靠对抗模型的仿真结果来评估作战效能。基于体系对抗仿真进行评估，实际上就是利用模拟系统作为数据来源，通过采集仿真结果数据，并对其进行统计分析和评估运算，得出体系效能指标的过程。从这一点来说，仿真是进行评估的基础，评估是对仿真系统的一种具体应用。

3. 基于兵棋推演的评估方法

基于兵器推演的评估方法与其他评估方法的主要区别在于"人在回路"，既体现了人与武器装备的有机结合，又极大增强了推演过程的动态性和客观性，某些方面确保了推演过程反映作战过程的真实程度。兵棋推演形成的多种想定可以作为对抗仿真评估的输入条件，评估结论则作为对抗仿真评估的重要参考。

基于兵棋推演的评估方法，着眼需求满足度评估的根本目标，结合兵棋推演的本质属性，采用预设任务（推演想定）、兵力、兵器、编成、战场等边界条件，以手工兵棋推演为主要方式，以红方达成作战目标为成功、未达成作战目标为失败作为一次推演结论；经过多次推演，统计出任务成功度（任务成功率），作为对需求满足度的评估结论。

4. 基于作战实验和军事演习的评估方法

作战实验和军事演习是采用理论和实践相结合的方法，对作战概念进行检验评估的重要手段之一。自20世纪80年代起，美军就确立了"提出理论—作战实验—实兵演练—实战检验"的作战理论发展途径，军事演习也成为美军实施新军事战略和检验新作战理论不可或缺的重要途径。通过频繁实施战役、战术不同级别，军种、联合或跨国性质的军事演习，不仅能使作战理论与评估得到进一步优化，更可以让战场设计、作战行动和保障行动趋向精确化。美军不仅每年进行多次军事演习，还成立了专门的试验部队，担负对作战理论的检验。

（二）概念优化设计

在能力目标和能力需求的满足上，往往有多种解决方案，作战概念的优化设计是以评估分析结果为基础，通过选取合适的优化指标，对所提出的作战概念进行优化，从而得到最优的体系结构，充分发挥体系的作战能力。

根据优化模型形式、优化实验方案设计及寻优原理的不同，作战概念优化方法主要有如下几类。

1. 多方案优选方法

多方案优选方法首先根据专家的建议设计多重体系方案，建立体系效能评估标准；然后，通过建立仿真模型、解析模型或综合评价模型，对各方案的效能、风险、费用等进行综合评估，从而选择出最优的方案。

多方案优选方法的特点是寻优范围已经事先确定，因而计算量大大减少。该方法的核心内容是多方案比较和排序，因此可以使用仿真建模、解析建模和专家评价等多种方法。多方案优选方法的局限性是，对进行方案设计的专家水平要求较高，专家需综合考虑现有装备、技术发展、可能经费支撑、作战目的、作战概念等多种因素，在此基础上提出多种典型方案。如果设计的体系方案不合理，则经过排序得到的所谓优选方案也没有太大意义。

2. 数学规划方法

数学规划方法的一般步骤是：定义体系的效能评价指标和各子系统的性能指标；确立体系的量化边界条件；建立各子系统性能指标和费用之间、性能指标和效能指标之间的数学模型；根据建立的数学模型，逐步放松总体费用限制条件，进行优化求解，寻找费效比最优的体系方案。

采用数学规划方法求解体系最优方案的优点是，求解迅速，可以处理大规模体系优化问题。其局限性是，使用数学规划方法进行体系优化，要求建立闭合的体系目标函数以及约束条件，而这一条件大部分装备体系不能满足。同时数学规划方法一般不能反映体系之间的对抗交互，属于静态的体系优化方法。

3. 探索性分析方法

探索性分析（EA）是在大量数学模型和仿真系统综合应用需求支持下发展起来的。它既是求解大型复杂的、不确定性问题的新方法，还是在顶层指导管理模型和仿真系统的新方法。在体系结构优化中，探索性分析主要用于体系、系统的主成分分析、参数相关性分析和目标函数与约束条件的确定。作战概念是一个复杂的巨系统，对作战概念的研究涉及诸多环境与内部参数的不确定性，跟一般的复杂系统一样，通常无法像其他自然科学那样进行还原分析或试验与实验分析。在科学的试验设计与试验分析基础上，探索性分析方法结合仿真试验，可能会为解决作战概念优化问题提供一种方案。例如，兰德公司发布的《恐怖的海峡》一文，采用的就是探索性分析方法。

4. 仿真优化方法

仿真优化方法把体系模型看成一个"黑箱"，把体系输出看成体系参数的随机函数，利用体系的输出来引导体系方案向最优解收敛。因此，只要建立作战概念的仿真模型，然后根据事先设计的试验方案反复试验，通过观察输出来获得优化的作战概念方案。可见，此方法无须建立闭合的数学规划优化模型。

此方法的优点是不需要建立类似于数学规划的闭合数学模型，可以实现自动寻优。局限性主要是：仿真优化方法给出的结论只有一个最优解，但进行体系优化一般不满足于一个最优解，还需要得到不确定条件下的满意解区间，以及体系参数和外界环境对决策的影响，这些信息无法通过仿真优化方法获得；如果体系规模庞大且体系模型分辨率过高，进行一次仿真试验的时间很长，那么通过仿真迭代得到体系优化方案的时间将过于漫长，这甚至成为该方法的重大缺陷。

五、主要特点

作战概念经过前述论证、演示、实验和联合训练与实战检验等过程并反复迭代和优化完善后，形成牵引军队发展建设的不同指导性文件。例如，美军联合能力开发与集成系统（JCIDS）围绕联合作战概念，采用基于能力的需求生成机制，通过功能领域分析（FAA）、功能需求分析（FNA）、功能解决方案分析（FSA）和事后独立分析（PIA）等四个步骤，实现对联合能力的分析，分别形成联合能力文件（JCD）、初始能力文件（ICD）、能力发展文件（CDD）和能力产生文件（CPD），进而指导采办全寿命过程的开展。同时，作为军队发展建设需求开发与生成的原始起点，作战概念的修改和完善贯穿于军队建设全过程。

作战概念驱动的军队建设体系设计方法与传统的基于威胁的设计方法主要区别在于，基于威胁的设计方法主要依据明确的作战对象或主要威胁来确定作战需求。在该发展模式下，军队建设的重点始终随着对手的改变而改变，呈现出被动应对的属性。一旦对手或主要威胁发生变化，军队的发展就不得不随之发生相应的调整和变化。因此，该发展模式是一种以作战客体为中心的"被动式"和"跟随式"设计模式。在基于威胁需求论证牵引下的军队建设体系设计是一种"应对式"的被动发展模式。作战概念驱动的军队建设体系设计模式是一种"主动式"的发展模式。在该设计模式下，军队的发展基于国家的经济和科技实力，基于部队的作战使用能力，依据国家和军队自身的能力设计未来战争，发展未来的武器装备。"基于能力"的军队发展模式确定作战需求的重点由原来关注"敌人是谁，战争会在何时、何地发生"，转而关注"战争将以何种方式进行"。在作战概念驱动的军队建设体系设计模式的指引下，军队的发展重点转向了提高整体作战能力，不断寻找体系的缺陷，并通过非装备和装备发展的途径去解决。

第四节 作战概念实例分析

从军事战略到作战概念，再到军队发展建设，需要经历不断的检验评估和修改完善，实践无疑是对作战概念进行检验的最好方法。在作战概念实践方面，美军积累了较为丰富的经验，本节主要以美军提出的"空地一体战""马赛克战"等概念为对象，对作战概念的实践运用进行分析。

一、"空地一体战"概念及实践

"空地一体战"作为美军冷战时期提出的作战概念无疑是目前最为成熟的作战理论之一，具有重要的参考价值。1982年8月，美国陆军颁发新版《作战纲要》（以下简称《纲要》），明确提出以"空地一体战"作为美陆军的基本作战思想，从而结束了美国军界持续三年之久的关于作战思想问题的争论，同时也标志着美陆军作战思想已发生重大变化。这一作战思想上的"革命"，对美军的作战部署、作战样式和作战行动等均产生了深远的影响。

（一）"空地一体战"的诞生过程

1. 科学技术的发展是"空地一体战"提出的内在驱动力

随着科学技术的快速发展，大量先进武器运用于战场，向传统的作战样式提出了挑战，它使战场范围进一步扩大，使战争进一步向全纵深和立体化发展，战争突然性和破坏杀伤率空前增大，武器和物资耗损骤增，战争进程大为缩短，这种战役战术领域里的深刻变化，使美陆军在战场、指挥、战备和训练等方面面临着"严重挑战"，迫使美陆军提出与此相适应的作战思想，以适应现代战场发展变化的需要。

2. 对手的变化是"空地一体战"提出的现实需求

20世纪70年代末期，苏军大纵深战役理论有了新的发展。苏军认为，随着陆军部队空中机动力、突击力的加强,未来作战不仅具有突然性,而且具有"纵深性"和"立体性",现代战役已发展成大纵深-立体战役,战役规模要以正面、纵深和高度来计算。因此,苏军强调要以强大的地面-空中集团对敌全纵深实施同时和连续的地面-空中突击,以保证部队快速推进和不停顿地发起进攻。同时,苏军还提出了"战役机动群"的新理论,设想一旦爆发战争,在第一梯队突破敌主要防御地带后,战役机动群迅速插入对方纵深地区,以在对方做出决策之前打赢战争。美陆军认识到,其20世纪70年代的作战思想,失之于过多考虑对付苏军的长处,偏重于正面抗击苏军第一梯队的进攻。虽然旧的前沿防御作战理论和传统的作战样式可以对付苏军第一梯队的进攻,但对苏军后续梯队连续突击则无能为力,运用旧的作战理论指导作战,不可能打败苏军。美陆军经过几年的酝酿和实践,确定以"空地一体战"作为其基本思想,是为了与苏军"大纵深-立体战役"理论相抗衡,企图高敌一筹,变被动为主动。

3. 美军自身发展是"空地一体战"提出的外在条件

自里根上台后,美军军费开支连续三年大幅增加,扩充军备的步伐明显加快。三年中,仅用于研发、采购武器装备的费用即高达1880亿美元,美军武器装备得到进一步改善,火力与机动力大大提高,指挥与控制、目标监视与搜索能力显著增强,特别是空中作战能力也进一步提高。

(二)"空地一体战"的需求分析

1. "空地一体战"的能力目标

按照"空地一体战"要求,美军将从战争一开始,就采用一切空中和地面力量,采取各种手段,在打击敌先头部队的同时,注重打击对方纵深内尚未投入战斗的后续梯队或预备队,袭击敌指挥机构、炮兵和导弹阵地、侦察通信系统、交通枢纽和后勤支援设施等,使敌指挥中断,交通瘫痪,后续梯队或预备队因遭杀伤而丧失进攻作战能力,或使其整个防御体系趋于崩溃。

打击敌军全纵深,是"空地一体战"的核心目标。美军认为"进攻中的锐势和防御中的韧性均来源于纵深配置",苏军之所以有能力实施大纵深连续突破,是因为苏军采取纵深梯次配置,其后续梯队具有强大的进攻锐势。因此,只有打击和削弱其后续梯队,使其第一梯队得不到强大的增援,才有可能打破苏军的进攻计划。同时,美军强调,打击苏军纵深内的指挥、通信和后勤支援系统等,可以收到牵动全局的效果,它与打击苏军先头部队具有同等重要的意义,对作战的成败具有决定性的影响。

夺取和保持战场主动权。《纲要》指出,主动是战争中的最大优势,谁能保持主动权,谁就能左右战场形势,夺取战斗、战役胜利。美陆军把夺取和保持主动权,作为制定"空地一体作战"思想的出发点,要求在战场上要不惜运用一切手段去夺取和保持主动权。即使实施防御作战,也要反守为攻,灵活地掌握进攻与防御的结合与转换,把进攻精神贯彻在防御的始终,为尽快转入进攻创造条件。为夺取和保持主动权,美军除要求指挥员必须具有主动果断、临机应变、出敌不意地实施强有力的打击能力外,还特别强调火力与机动并重。《纲要》指出,"火力是必不可少的强大的摧毁力量""机动是战斗力的第一要素",火力有助于创造实现快速机动的机会,机动则可以使火力插上翅膀,最大限度地增强火力突击的效果。因此,在实施"空地一体战"过程中,美陆军要求各级指挥员协调运用火力与机动,使二者达到平衡,以夺取和保持战场主动权,取得作战的胜利。

灵活迅速,先敌行动。在现代战场上,战况变化急剧,指挥员要能把握住战机,始终陷敌于困境,就必须具有在思想上的灵敏性和战斗编组、作战行动上的灵活性。美军认为,及时准确的情报保障,独有想象力的组织计划,灵活的作战方法,以及反应快速的作战部队,都是达成灵敏迅速,先敌行动的重要条件。为此,美军要求指挥官:①具有独立思考能力和临机应变能力,能迅速地对变化了的情况做出反应;②比敌人更快地下决心和更快地采取作战行动,以阻止敌人采取有效的对策;③迅速灵活地转移兵力、火力打击敌弱点,以己之长,击敌之短;④战斗编组灵活,当某种战斗编组被打乱时,能迅速地重建战斗编组,以形成新的战斗力。

协调一致,高度统一。协调一致的作战行动,可以最大限度地发挥战斗力。由于参战的军兵种多,兵力大,遂行任务广泛而复杂,所以协调就不是简单的陆空协同,也不仅仅是互相配合,而是各部队在广阔的空间,较长的时间内,在遂行任务的全过程中达到高度的协调一致。美军认为,协调一致主要包括技术和战役、战术两个方面;技术协调指协调不同性能的武器,相互弥补缺陷;战役、战术协调指协调不同的兵种或具有不同能力的部队,相辅相成,互相加强或协同。参战诸军兵种协调一致,敌军即使能免遭某种武器或某个军兵种的打击,但也逃脱不掉另一种武器或别的军兵种的打击。这样就可以既充分发挥诸军兵种各自的作用,又可以最大限度发挥"空地一体战"的总体威力和效率。

2. "空地一体战"的能力需求

夺取和保持主动权。"空地一体战"理论把夺取和保持主动权,并积极运用这种主动权去完成作战任务作为其理论核心,并因此提出夺取主动权的关键性行动是采取积极的攻势行动。在防御作战中,要贯彻积极的攻势行动,就要迅速反守为攻,剥夺敌军进攻计划,迫敌失去主动,从敌人手中夺回主动权。在进攻作战中,要贯彻积极的攻势行动,就要始终保持进攻的锐势,决不让敌人从进攻造成的最初震撼中恢复过来,从而牢牢掌握主动权。

密切协调,发挥整体威力。"空地一体战"理论是一种仅限于整体力量较量的作战理论。它强调,要从全局上考虑作战问题,要在整个战区内实施统一的空中、地面和海上作战行动。要给各种参战力量、各种作战形式和手段、各个领域里的作战行动等以应有的地位。并要密切协调他们之间的各个环节,以充分发挥美军的整体作战力量克敌制胜。

纵深作战,为战役战斗的胜利创造条件。纵深作战是战役战斗的一个重要组成部分,也是"空地一体战"理论的一条基本原则。纵深作战纵使不能决定战役战斗的成败,也必能对打赢近距离和后方作战、取得战役战斗的胜利产生重大的影响。因此,"空地一体战"理论十分重视纵深作战,要求使用各种作战手段,充分发挥纵深作战的各种力量,去夺取纵深作战的胜利。

以己之强击敌之弱。"空地一体战"理论要求，各级指挥官要严密监视敌情，清楚了解敌之强点和弱点，以便"以己之长击敌之短"。为此，作为指挥官，一要发现敌军固有的弱点，二要努力制造敌军的弱点。在发现或制造了敌方的弱点后，指挥官必须迅速地将己方的战斗力集中到敌方弱点上，实施出敌不意的攻击，从而有可能收到事半功倍的效果。

机动灵活，达成突然性。"空地一体战"理论十分强调机动，将机动摆在战斗力四要素中的首位，认为机动是作战中的能动因素，是在关键地点集中兵力，以期达成突然性、实际锐势和精神优势的手段，也是获得和保持主动权、扩展战果、维护行动自由以及降低己方部队易受攻击性的手段，如图6-7所示。

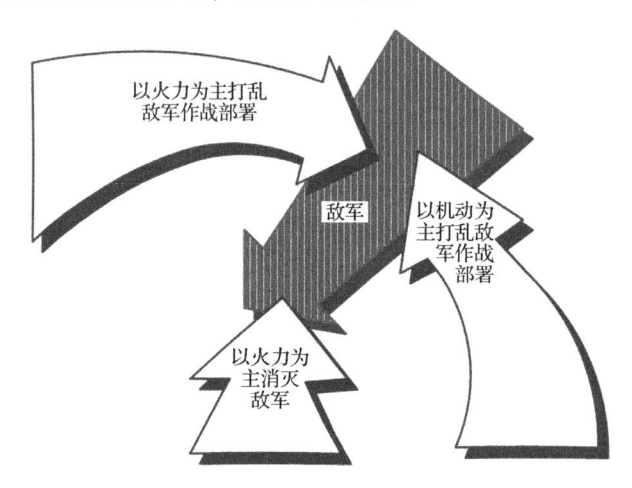

图6-7 "空地一体战"作战样式

（三）"空地一体战"的解决方案

为了适应"空地一体战"的需要，美陆军对编制体制、武器发展、侦察情报、战备训练等方面进行较大幅度的改革，对部队发展建设产生了深远的影响。

1. 改革陆军编制，提高部队火力、机动力和生存能力

"空地一体战"提出后，美陆军便开始着手改革编制，其主要特点有：

（1）战术分队规模缩小，数量增多，机动灵活。按照新编制，班由11人缩编为9人，使连以下作战单位有较大增加。排、班的数量也分别比原编制增加21%~42%。战术分队规模小、数量多，有利于部队在战场上的灵活机动，也有利于在"空地一体战"中实施多路进攻或组织多方向防御。

（2）增编火器，提高远程火力突击强度。重型师155mm以上大口径火炮由66门增加到97门，增加47%，炮管由66管增加到196管，增加了2倍。反坦克火器也有较多增加，师属各作战营均编有一个"陶"式反坦克导弹连，"陶"式反坦克发射架由原来的18部增加到66部。师属空中骑兵攻击旅还装备有AH-64型攻击直升机，可发射"海尔法"("地狱火")式反坦克导弹,从而使新编师具有步兵、装甲车辆和直升机三结合的反坦克能力,增强了杀伤力,增大了反坦克距离。

(3) 换装新型战斗车辆,提高地面部队机动力。按照新编制,重型师的战斗车辆将全部换装 M-1 坦克、M-2 步兵战斗车和 M-3 侦察战斗车,使地面机动能力有较大提高。

(4) 增编空中骑兵攻击旅,提高空中攻击和空中输送能力。新编装甲师和机械化步兵师增编一个空中骑兵攻击旅,辖 2 个攻击直升机营、一个战斗支援航空营和一个侦察营。攻击直升机营装备 AH-64 型攻击直升机,该型机备有"海尔法"("地狱火")反坦克导弹,对地面装甲目标攻击威力大,命中率高。战斗支援航空营装备"黑鹰"式运输直升机,一次可空运多个步兵连。

(5) 增编后方地域战斗旅和后勤支援部队,加强后方防卫和后勤保障能力。美军认为,现在战争中双方都将强调打击对方纵深目标。因此,加强后方防卫,确保后方地域安全显得特别重要。新编美陆军增加了一个后方地域战斗旅,将主要执行防卫后方地域安全的任务。同时,师增编了 3 个前方支援营,改变了过去临时派遣后勤分队提供后勤支援的做法,加强了对一线分队的后勤支援。师支援营还增编了一个重型装备运输连,提高了后勤保障能力。

2. 改革训练内容,提高部队"空地一体战"的能力

为适应作战思想的变化,美陆军制定了新的训练方针,针对训练大纲,改革训练制度。新的训练方针强调要严格按"空地一体战"需要设置场地和训练部队。在训练内容上较以往更突出单兵训练、新武器操作训练和分队合练,增加军官训练和近似实战演习的比重。在训练形式上重视抽调建制部队轮训,多进行模拟对抗训练。各院校也把"空地一体战"理论列为教学重点。

为提高训练效果,美陆军在加利福尼亚州欧文堡建立了一个全国训练中心,组建了一支能够逼真地扮演苏军的假设敌部队,为部队实施"空地一体战"演练提供近似实战的训练场所。

3. 研制和更新武器装备,以适应"空地一体战"的需要

美军根据"空地一体战"相应的军事科研发展计划,加速研制用于纵深打击的新型武器,其对应的发展趋势是:

(1) 提高机动性。机动性是装备现代化的显著标志。为适应纵深作战需要,美军淘汰了一批机动性差的旧式装备,加速换装 M-1 坦克、M-2 步战车、M-3 侦察战斗车等机动性强的新型战斗车辆。M-1 坦克不仅进攻威力大,防护能力强,而且越野性能好,最大时速可达 72km/h;M-2 步战车和 M-3 侦察战斗车最大时速可达 78km/h。美陆军还试制了一种快速攻击车,时速高达 110km/h。新装备的火炮均实现了高度自动化,可随攻击部队机动,及时为部队提供火力支援。美军还发展了 AH-64 型攻击直升机,极大提升了美军对地面装甲目标的打击能力。

(2) 增强火力突击威力。多管自行火箭炮,是美陆军打击浅近纵深目标的压制兵器之一,这种火箭炮有 12 个 227mm 发射管,既可单发,也可齐发,12 管齐射一次可发射子弹头 7000 余个，相当于 27 门 203mm 榴弹炮的威力。同时，美陆军试制了"粉碎突击者"导弹，这是美陆军为纵深打击而专门发展的远程反坦克武器。该型导弹还配有其他弹头，可用来大面积杀伤位于纵深内的敌后续部队。

（3）增大射程，提高命中精度。美陆军 20 世纪 80 年代装备的各种野战炮，射程一般在 15~20km。1979 年开始装备的 M-198 型 155mm 榴弹炮，最大射程也只有 24km。90 年代装备的第五代 155mm 榴炮，其射程达到了 40km，具有远距离上与敌交战的能力。同时，80 年代末装备部队的多管自行火箭炮射程可达 32km。同一时期研制的"长矛Ⅱ"地对地战术导弹，射程可达 200km，命中精度达 25m，是美陆军实施纵深打击的主要支援火力之一。

（四）"空地一体战"的检验评估

1. 海湾战争中的"空地一体战"

在海湾战争中，持续 38 天的"沙漠风暴"行动基本上是一场有"空"无"地"的"空地一体战"。以美军为主的联军空军出动各型作战飞机 9.8 万架次，通过高强度遂行战略打击、战场空中遮断、近距空中支援等任务，毁伤了伊拉克军队（简称伊军）前线 50% 以上的地面力量，一举奠定战场上的胜利。联军陆军亮出"沙漠军刀"和挥舞"左勾拳"的时间总共不过 100 小时，主导地位没有得到充分展现。整个"沙漠风暴"行动期间，联军空中力量对科威特境内的伊军实施空中遮断作战，造成底格里斯河和幼发拉底河上 40 座桥梁被炸，重要铁路编组站瘫痪，大量燃料仓库和供应集散地损毁，交通严重迟滞。开战仅 18 天，伊军便因给养不足、食物短缺士气低落，面对盟军凌厉的空地一体攻势，伊军伤亡惨重。

正是在"空地一体战"这一作战理论指导下，联军仅付出较小的伤亡代价，就彻底摧毁了伊拉克的战争能力，达到战争目的。这是该理论首次运用于实战，尽管联军还未能完全或大部分实现联合作战。战后美军总结时提到，在 1991 年的海湾战争中，美军的"空地一体战"只有 10% 是一体化的；而在 2003 年的伊拉克战争中，这一比例跃升到 90%。

"空地一体战"思想在海湾战争中得到实践和检验，并推动战争形态向信息化战争转变。

2. 伊拉克战争中的"空地一体战"

在 2003 年 3 月 20 日打响的伊拉克战争中，并没有出现海湾战争那样的空袭作战和地面作战阶段的划分，也没有出现科索沃战争那种持续不断的空袭，取而代之的是要素更为齐全、空间更为广阔、速度更为迅捷、结合更为紧密的联合作战方式。各种作战行动统一安排，协调实施，特种作战、精确打击、地面推进、信息作战、相互支援、相互作用、相互影响、相互加强，使美军"空地一体战"达到了高度协调。由于美军具有绝对的制空权和空中完善的多层次侦察、监视体系，在美军发起空袭的次日，第 3 机步师即开始地面攻击。在沙漠恶劣的气候条件下，该师虽遭伊军阻击和袭扰，却仍在不到 3 天的时间内，由南向北推进了约 700km。

二、"马赛克战"概念及实践

"马赛克战"概念最初由美国国防高级研究计划局(DARPA)战略技术办公室(STO)在2017年8月公布,现已成为DARPA系统之系统(SoS)作战体系研究的顶层核心概念。其旨在发展动态、协同、高度自主的作战体系,逐步并彻底变革整个装备体系和作战模式。目前,该作战概念已牵引了一系列技术项目的发展,在DARPA的2020财年预算中,相关项目占到总项目数的21%,经费占比高达35%。

(一)"马赛克战"的诞生过程

随着科技的快速发展和中俄两国日益强大的反介入/区域拒止(A2/AD)能力,美国逐渐意识到其国家安全正面临前所未有的挑战,基于以下现实原因,STO提出了"马赛克战"概念。

一是高科技武器装备竞争优势降低。随着高科技在全球范围内的传播和商业化,美国传统的不对称技术如先进卫星、隐身飞机及精确弹药的优势大不如前,这些高精尖武器装备的战略价值和威慑能力不断减小;

二是武器装备开发时间长。近年来,武器装备的开发时间直线上升,而科技日新月异的变更可能导致许多装备在投入使用时,其中的电子器件等零部件采用的技术已不适应新发展,使得新的军事装备或系统在交付之前就过时;

三是原有军事系统单一,依赖性强。美军的军事力量主要依靠不同作战环境下的整体军事系统中的某一类杀手锏武器,如果该类武器被损坏或击落,则整体作战效能显著下降。且目前军事系统只针对单一的作战环境,当作战场景发生变化时,需要重新构建和定制系统。

"马赛克战"的策略是形成快速、可扩展、自适应联合多域的杀伤力。它将效果链功能(例如:发现、确定、跟踪、瞄准、交战和评估)分布在所有域中的有人/无人平台上,同时可快速构建或重构效果链。该策略将使对手面临压倒性的、大量各种动能非动能装备效应,使其难以做出决策,并无法用传统方式应对。

"马赛克战"可快速拼装出复杂的杀伤网体系。马赛克作战概念类比了"马赛克拼图"的特点及思路,从功能角度将各种传感器、通信网络、指挥控制系统、武器系统或平台等视为"马赛克碎片",通过网络信息系统将这些"碎片"单元链接起来。"碎片"单元之间动态协同组合,增强"碎片"的自主性,形成一个极具弹性、灵活机动的作战效果网。这种作战体系,天然地具有在空间和时间上分布广、动态变化性更强的优势,可以使得战场态势更加复杂,加重了敌方的认知负担,从而实现不对称优势,如图6-8所示。

(二)"马赛克战"的需求分析

1."马赛克战"的能力目标

"马赛克战"主要为了解决传统核心装备研发周期长、费用高的问题。当前美国的核心武器装备（如F-35、F-22等主力战斗机）开发周期长、费用高、升级维护也比较复杂，全体系的运行完全依靠核心装备的正常运转。因此，一旦在实战中核心装备被敌方破解，就存在全体系崩溃的可能性。而在"马赛克战"中，更多地依靠更"简单"的碎片单元协同完成作战任务，这些碎片单元开发周期短，促进了全体系的快速迭代升级。同时，"去中心化"的设计，也增加了体系的健壮性，体现了未来装备和装备体系发展的一种新范式。

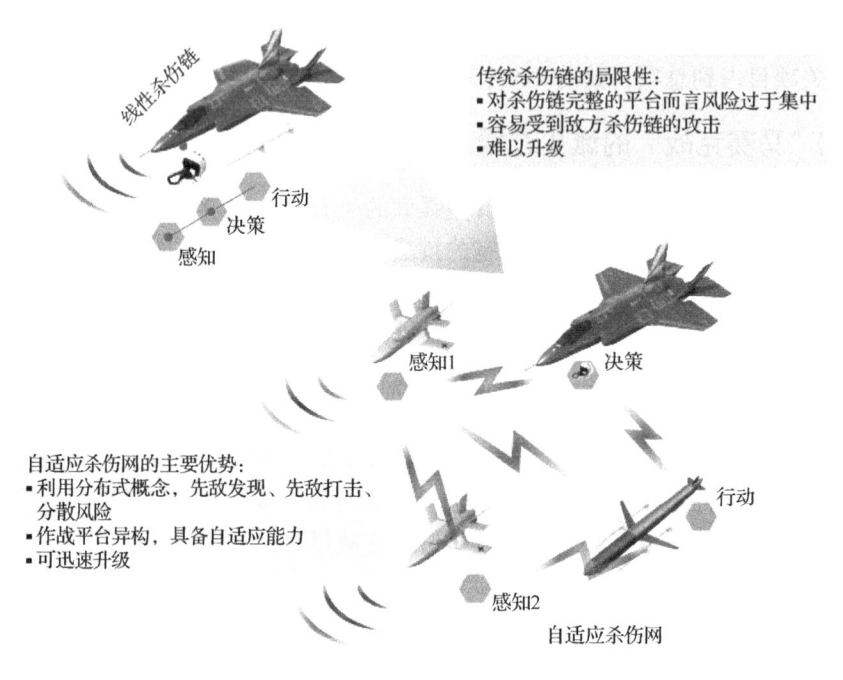

图6-8 "马赛克战"主要特点

2."马赛克战"的能力需求

"马赛克战"的核心优势为分布、动态与可更好地认知战场的复杂度，其能力需求主要体现在：

（1）分布：主要体现在"马赛克战"体系中杀伤链的很多功能分布在大量、小型、廉价、多样的武器装备平台上。由于这些平台分散部署，处于不同的地理方位，给作战带来了很多新的变化。在进攻性作战中，类似巡航导弹/小型无人机集群的作战形式，凭借数量上的绝对优势和功能/性能/价格上的相对优势，可以针对防御方遂行防区内作战（精确打击和电子战），完全打破了传统的防御体系运作模式；在防御性作战中，马赛克防御体系比较分散，可有效地扩大防御面积。

（2）动态：一方面，面对不同程度、不同范围的冲突威胁，即从传统对抗到"灰色地带"冲突，"马赛克战"体系可根据战场上的实际态势，统筹调度各种资源，实时地进行"动态"分配，形成最优自适应杀伤网。另一方面，由于"小型、廉价"的武器装备平台替代了"大型、昂贵"的系统，当需要对体系中装备升级迭代时，不再是大周期式的，而是以小周期模式升级迭代。从而使整个作战的装备体系将一直处于高度动态发展的状态。

（3）认知：传统的作战任务中各种武器装备的使命任务是"既定"的，健壮性和冗余也是事先计算好的。而在马赛克作战模式中，在整个作战体系层面，将利用认知技术（含计算、感知等）进行辅助决策，使整体的指挥控制更顺畅。未来巡航导弹（小型无人机）集群将有望可以根据实际情况真正"认知"地遂行任务，使得"战争迷雾"降低几个数量级，作战效率和灵活性获得革命性的增强。

（三）"马赛克战"的解决方案

美军马赛克作战概念涉及作战体系多方面的变革，虽然难度大，但概念一旦实现，将会带来颠覆性的效果。"马赛克战"概念更多的是针对未来的威胁，该作战概念对重塑未来作战体系、重塑作战模式，完全颠覆原有的作战方式具有重要意义。

1. 改革兵力设计，实现按需组合

由于冷战结束已经30余年，美军向适应反恐战争的转型也进行了20多年，为配合国防战略"从反恐重返大国竞争"，美军发展和完善"马赛克战"能力并非轻而易举，但美军已经在多个方面着力。

（1）研发新的作战方式所需的高新技术。在战场上，任何网络的构成，都是以通信技术和网络为底层基础的。无论是美军打破"烟囱式"发展模式，建设全球信息栅格和联合信息环境，还是适应"马赛克战"需要以"杀伤网"取代"杀伤链"，通信都是关键要素。

在以F-22或F-35有人机为主的现有作战模式中，每架有人机具有电子攻击、雷达探测和成像能力，同时挂载具有杀伤性的武器。它们与空中指挥系统通信，并受控于空中指挥系统。而"马赛克战"将所有杀伤链功能分布到不同域的各种平台上，组成自适应能力强的动态杀伤网体系。面对威胁时，可根据威胁程度不断调整变化。

为此，美国国防部高级研究计划局（DARPA）提出了"弹性通信"概念，即研发可将互不兼容系统连接起来的通信技术和能力。弹性通信必须能够高效使用电磁频谱，这就需要用人工智能技术提供频谱变换方案和图谱。

此外，美国国防部高级研究计划局投资15亿美元实施电子复兴计划。这个计划将帮助美军开发可用于"马赛克战"的电子战技术和组件，是"马赛克战"的核心技术项目之一，它将给美军的未来作战系统带来显著影响。

（2）建设灵活、自适应、弹性的信息网络体系。信息网络是作战网络的基础依托，要实现"马赛克战"作战力量体系的灵活性、自适应性和弹性，网络信息体系就必须具备这些属性。为此，各种具有不同物理层协议的异构网络必须实现跨陆、海、空、天等物理域的全球互操作，实现在没有通用数据标准的系统间传递信息；实现去中心化的"马赛克战"后勤保障，提升作战保障的灵活性、适应性和战场生存能力。

（3）创建"按需定制"的混合型作战部队。正如一大块马赛克是由各种不同颜色的小马赛克片拼接而成，遂行"马赛克战"任务的作战部队也是一种混合编成。与装修过程中形成的整体大块马赛克不同，这样的混合编成作战部队在地理上是分散的，它以"按需定制"的特遣部队形式，满足应对各种冲突的作战需求，动态、协同地实施作战。

2. 改革指挥控制模式，提高决策效率

"马赛克战"提供了一种以杀伤力为核心的新范式。新的范式意味着作战体系的根本变革，其主要包含以下3方面内容。

（1）不依靠研发新装备构建装备体系。美军传统装备体系功能相对单一，要素构成相对固定，要改变装备体系作战功能或者替换其中某一要素，成本、周期和难度较大。在"马赛克战"概念下，指挥官可使用智能化人机控制界面，借助先进指挥控制和互操作技术，针对所需作战能力，仅靠现有装备或者实际作战中可用的装备，实现装备的自主式组合，形成所需体系作战能力。由于不采办新装备，大大降低了新型装备体系构建的成本和难度。

（2）基于全球互操作构建作战体系。"马赛克战"旨在发展颠覆性通信、网络和软件集成技术，实现作战体系的自主构建。具体包括：在不同物理层协议的异构网络系统间传递信息，实现跨陆、海、空、天等物理域的全球互操作；实现去中心化的"马赛克战"后勤保障，提升保障的灵活性、生存性和适应性；发展自主化、智能化的战场资源管理、任务规划与执行技术，降低作战人员对于"马赛克战"工具的训练培训需求。

（3）以"时间武器"挫败势均力敌对手。借助"马赛克战"，指挥官可以在战场上以实战速度快速规划和构建装备体系，配置兵力与后勤保障，实现对战场的管理，使得以月或年为单位的传统装备体系或作战体系的构建周期降低为以天、小时甚至分钟为单位。美国国防高级研究计划局举例称，海军陆战队组建并训练一支典型的编有3个排的空地任务连的时间通常是18个月，而在"马赛克战"下，时间可能缩短为几小时甚至几分钟。

（四）"马赛克战"的检验评估

由于"马赛克战"还处在发展之中，其评估主要是通过兵棋和仿真推演进行。2019年12月，DARPA项目主管、美国海军陆战队大学约翰·伯希维茨教授对"马赛克战"的海上作战、联合作战、未来城市作战3个系列的兵棋推演结果进行了分析研究，阐述了"马赛克战"在不同条件下的优势和面临的挑战。其中，海上"马赛克战"系列推演主要比较了用传统方法和"马赛克战"方法分别制定作战计划的效能。"马赛克战"部队采用了大量的无人平台，这些平台通过"人—机控制"方案进行协同，并由基于人工智能支持的机器控制系统将指令转换为可执行选项。推演参与者认为，马赛克部队组合拥有更高的风险承受能力。他们认为，在寻找可利用突破口的过程中，损失低成本无人机是一个可以接受的代价。相比于用价格高昂的第五代战机进行情报侦察和空中作战，损失成本低廉的无人系统往往更能为作战人员接受。

联合作战中的"马赛克战"系列兵棋推演充分利用了第75创新指挥部士兵为美国陆军未来指挥部开发的原型软件，复制与实力相当对手进行的战斗。推演结果表明，采用马赛克作战策略，可以最大限度地提高作战部队的火力和机动能力，有效包围对手并不断削弱其作战能力。无人机猎杀小组能以周期性方式攻击敌人，打乱其作战节奏，为联合部队各个击破准备条件。

第六章 作战概念驱动的军队建设体系设计方法

未来城市作战中的"马赛克战"系列兵器推演引入了电磁频谱作战（如：干扰、欺骗、通信中继）以及新型马赛克规划工具，模拟在人口密集的未来城市进行战斗。推演结果表明，战术级无人系统数量的增加以及特征管理平台的整合，往往有利于打击小型指挥团队。兵棋推演也表明了马赛克部队具备强大的可扩展能力，可灵活利用各种无人作战系统作为通信中继、干扰战和火力打击平台。

此外，2020年2月11日，战略与预算评估中心（CSBA）发布《马赛克战：利用人工智能和自主系统实施以决策为中心的行动》报告，在进一步研究深化"马赛克战"作战运用的同时，CSBA通过组织一系列研讨会和兵棋推演来对"马赛克战"的可行性和优势进行探索和评估。图6-9所示为"马赛克战"兵棋推演的原则和方法，在推演中使用了2个蓝方小组，1个代表马赛克部队，另一个代表传统部队，以评估使用马赛克部队及其C2流程的影响。推演得到以下主要结论：①指挥官可以信任机器控制系统所提供的行动方案；②"马赛克战"将提高美军部队编成的复杂性，并削弱敌军的决策制定；③"马赛克战"将使指挥官能够同时发动更多的行动，从而给敌军制造额外的复杂性，并扰乱其决策过程；④马赛克式的部队设计和C2流程将提高美军部队的决策速度，使指挥官能够更好地把握作战节奏；⑤与传统部队及其C2流程相比，马赛克部队将使美军指挥官能够更好地实现其战略。

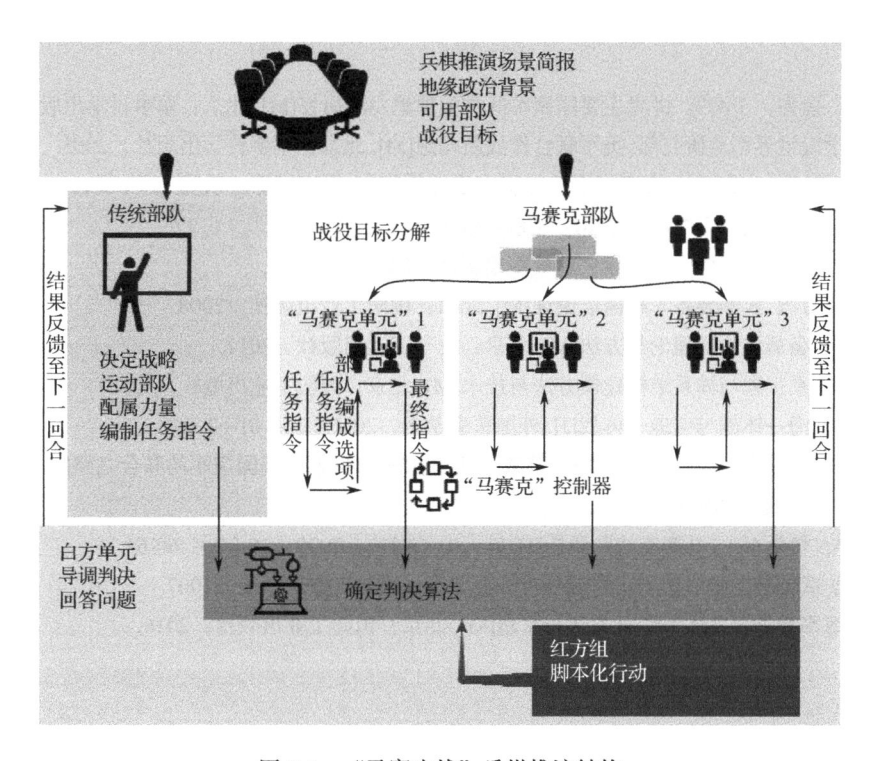

图 6-9 "马赛克战"兵棋推演结构

第五节 结　　语

作战概念是连接作战构想和作战条令的桥梁,也是驱动未来军队发展建设的重要途径之一,而作战概念研究则是一项涉及作战指挥、装备论证、军事运筹、建模仿真等多学科交叉的复杂系统工程,这要求我们必须采用科学的理论和方法来指导作战概念开发研究工作。本文对作战概念驱动的军队建设体系设计方法进行了初步的研究探索,采用自顶向下分解、自底向上集成的系统工程思想将军队建设体系设计分为概念研发、需求生成、方案设计和概念评估等四个阶段,同时每一个阶段又可以进一步进行细化分解,不同阶段之间联系紧密、互为支撑。当前,国内外在作战概念驱动的军队体系设计、武器装备体系设计等方面已经取得了一定研究成果,但在基础理论方法研究方面仍然存在较为薄弱的问题,例如能力目标分析、能力差距分析、能力需求分析等领域的研究还较为缺失。围绕作战概念相关的理论研究还需要持续深入下去,只有不断探索未来战争制胜机理,准确把握军队发展建设设计方法,才能为创建具有我军特色的军事理论体系奠定坚实基础。

参 考 文 献

[1] 冯东浩,焦亮,于海宽.世界主要国家军队作战理论发展研究[M].北京:军事科学出版社,2018.
[2] 军事科学院世界军事研究部.美军联合作战新构想[M].北京:军事科学出版社,2005.
[3] 麻广林,谢希权,高明洁.新型装备作战概念设计框架[J].军事运筹与系统工程,2012,26(1):5-13.
[4] 李大鹏.未来之战:全维精确战[M].北京:新华出版社,2015.
[5] 樊高月.美国军情解析[M].北京:解放军出版社,2017.
[6] 王凯,孙万国.武器装备军事需求论证[M].北京:国防工业出版社,2008.
[7] 郭齐胜.装备需求论证理论与方法[M].北京:电子工业出版社,2017.
[8] 赵青松.体系工程与体系结构建模方法与技术[M].北京:国防工业出版社,2013.
[9] 陈学惠.空海一体战与空地一体战[J].外国军事学术,2011(3):61-62.
[10] 杨宇杰,郭一伦,庞旭.从"空地一体战"到"空海一体战":美国空军的联合之路[J].外国军事学术,2010(11):63-64.
[11] 姜福涛,黄学军."马赛克战"浅析[J].航天电子对抗,2020,36(2):60-64.
[12] 牛新光.武器装备建设的国防系统分析[M].北京:国防工业出版社,2007.
[13] 赵峰.海军武器装备体系论证方法与实践[M].北京:国防工业出版社,2016.

本章作者:肖刚、彭斯明。

第三篇 实 践 篇

第七章　智能化军事系统综合集成研讨厅技术与应用

第一节　引　　言

开展面向智能化战争的综合集成研讨厅技术研究，是对钱学森系统科学思想以及系统工程方法在智能化战争背景下的总结和创新应用，是构建新时代面向智能化战争的军事系统工程体系的有力手段。为有效解决面向体系化、信息化、智能化发展的复杂军事决策问题，促使"智能因子"由武器装备辐射至军队建设的各个方面，推动作战体系的重塑再造和转型升级，本章在概述从定性到定量的综合集成研讨厅技术的基础上，结合人工智能技术对装备和作战的影响，开展智能化战争对综合集成研讨厅的需求分析，提出智能化军事系统综合集成研讨厅体系架构，探索系统工程在智能化军事系统中的新发展和新应用。

第二节　从定性到定量的综合集成研讨厅技术概述

开放的复杂巨系统理论及综合集成方法是我国著名科学家钱学森在系统科学领域提出的重大理论成果，具有重大的科学价值和现实意义，为我们解决复杂问题指明了方向。钱学森强调，对于复杂问题，不能寄希望于完全用定量的方法来解决，而是要发挥专家的作用，运用专家的智慧、经验来主导解决问题的思路和途径，定量的方法只是用来对专家提出的假定进行分析和计算，最后，还需要依靠专家对定量计算的结果进行评判，确定是否采信计算机得出的结果。钱学森大力倡导用综合集成方法来解决中国社会各领域存在的问题。例如，他提出用综合集成方法来研究解决中国社会主义建设中的重大问题，在多个领域设立开展总体设计部；提出大成智慧工程、大成智慧学和大成智慧教育等观点；还在产业革命、人体科学、世界社会形态等领域提出了许多重要理论和观点，为科学技术和社会发展指明了方向。

一、综合集成研讨厅的提出

钱学森在提炼出从定性到定量的综合集成方法之后,通过进一步研究,提出了一系列新思想,使从定性到定量的综合集成方法得到丰富与发展,形成从定性到定量的综合集成研讨厅体系。

1992 年,钱学森首次提出从定性到定量的综合集成研讨厅体系,把"法"上升到"厅"。1992 年 3 月 2 日,钱学森在给王寿云的信中说:"你们几位正在写作的文章可否以此为题:《从定性到定量综合集成研讨厅体系》?这是把下列成功经验汇总了:几十年来世界学术讨论的 Seminar;C^3I 及作战模拟;从定性到定量综合集成法;情报信息技术;'第五次产业革命';人工智能;'灵境';人机结合智能系统;系统学。"并在信后加注一句:"这是又一次飞跃!"3 月 6 日在给汪成为的信中说:"我不以为能造出没有人实时参与的智能计算机,所以奋斗目标不是中国智能计算机,而是人机结合的智能计算机体系。这是对我 1989 年讲的又发展了,我得益于近年来对从定性到定量综合集成的学习。我前次同您六位谈的就是这个认识。最近我向王寿云同志提出一个新名词,叫'从定性到定量综合集成研讨厅体系',是专家们同计算机和信息资料情报系统一起工作的'厅'。这个概念行不行?请你们研究。"3 月 13 日在给戴汝为的信中讲得更明确:"我们的目标是建成一个'从定性到定量综合集成研讨厅体系'。这是把专家和知识库信息系统、各 AI 系统、计算速度几十亿次/秒的巨型计算机,像作战指挥演示厅那样组织起来,成为巨型人机结合的智能系统。组织二字代表了逻辑、理性,而专家和各种 AI 系统代表了以实践经验为基础的非逻辑、非理性智能。所以这是 21 世纪的民主集中工作厅,是辩证思维的体现!自本世纪初以来,发达国家成功的科学研究中心,都有所谓 Seminar。我在 Caltech 就有幸参加过这种活动,印象很深,那真是民主集中!在我们社会主义中国,应该把这个宝贵经验与马克思列宁主义、毛泽东思想和现代科学技术结合起来,这个想法,请您几位讨论指教。"信后加注一句:"民主集中是中国老一代革命家提出来的,但在他们的时代缺少必要的科学技术手段来真正实现它。"从 1992 年 3 月上半月这三封信中可以看出,从定性到定量综合集成研讨厅体系是钱老当时思考的中心问题。由于是首次提出,故用商讨的语气征求他的学生们的意见。在 3 月 23 日致戴汝为的信中将从定性到定量综合集成研讨厅体系同思维科学联系起来:"人脑的思维能力是不断发展的,人类的历史含有此意;一个人的思维能力也如此。那么,它又是怎样发展的呢?第一是人脑这个开放的复杂巨系统有很强的可塑性,是活的,不是死的、不变的;第二加实践的作用。研究脑科学的任务就是搞清这种思维能力发展的机理、机制,这是精神学 mentalias 的核心。而思维科学的任务就是从思维的角度找出思维能力发展的途径并付诸实施。当然这里首先要解决:什么叫思维能力?也就是什么叫聪明、智慧?我们要研制的从定性到定量综合集成研讨厅体系就是完成思维科学这一任务的一个建议。这能不能说是开拓性的想法?思维科学也是动态的科学,不是静态的科学;我们要创立思维动力学,而以前我们说的只是思维静力学。"

6月30日在给于景元的信中,钱老强调:"将来这个'厅'是专家集体(在一位带头'帅才'领导下)与书本成文的知识、不成文的星零体会、各种信息资料以及由以上'情报'激活了的专为研究问题的 supporting software 之间的反复相互作用,其中还要用电子计算机试算,算出结果又引起专家要查询资料、新的激活了的'情报',就连'命题'也会要修订。在一轮讨论中,这种交互作用的出现可以很快,所以电子计算机要高速、并联工作。Seminar 的经验就在于此!希望你们经过讨论,能搞出一个工作方案,要报上级批示呀。"11月13日,钱学森与王寿云、于景元、戴汝为、汪成为、钱学敏、涂元季的一次"关于大成智慧的谈话",首先谈的就是"关于建设从定性到定量综合集成研讨厅体系",重点强调两个问题:①信息和信息网络的高效化。当今世界,信息量之大是十分惊人的。如果不使用信息网络高效化,那就会成为泰山压顶,非把人压垮不可。因此,建设高效能的信息网络,让人能够很方便地提取和使用信息,是一个重要问题。这是我们搞综合集成研讨厅要解决的第一个问题。②综合集成技术。在信息网络大量资料的基础上,将来的研讨厅体系,要用到大量的决策支持系统案例的结果。这些结果将来也要建一个库,供决策使用。这样的成果是较高层次的信息库。综合集成技术的第二个方面是怎么样把参加研讨厅的专家意见综合起来。1993年4月10日在致戴汝为的信中强调:"在从定性到定量综合集成研讨厅体系中,核心的是人,即专家们;整个体系的成效有赖于专家们。"

1995年1月由钱学森、于景元、涂元季、戴汝为、钱学敏、汪成为、王寿云联合撰写的《我们应该研究如何迎接21世纪》中说:"这个研讨厅体系的构思是把人集成于系统之中,采取人 机结合、以人为主的技术路线,充分发挥人的作用,使研讨的集体在讨论问题时互相启发,互相激活,使集体创见远远胜过一个人的智慧。通过研讨厅体系还可把今天世界上千百万人的聪明智慧和古人的智慧(通过书本的记载,以知识工程中的专家系统表现出来)统统综合集成起来,以得出完备的思想和结论。这个研讨厅体系不仅具有知识采集、存储、传递、共享、调用、分析和综合等功能,更重要的是具有产生新知识的功能,是知识的生产系统,也是人 机结合精神生产力的一种形式。系统科学、系统工程和总体设计部,综合集成和研讨厅体系紧密结合,形成了从科学、技术、实践三个层次相互联系的研究和解决社会系统复杂性问题的方法论,为管理现代化社会和国家,提供了科学的组织管理方法和技术,其结果将使决策科学化、民主化、程序化以及管理现代化进入一个新阶段。"

1995年5月8日,王寿云、汪成为给钱学森写信,报告了建立研讨厅的情况,钱学森非常高兴。在14日的回信中说:"我要向您二位祝贺已取得的成绩:已有了个能运转的研讨厅体系了。但从定性到定量综合集成研讨厅是件新生事物,我们只是从过去于景元同志的工作悟出这个想法,理论是极有限的。所以开展研讨厅体系要靠实践,实际用它加专家们一起,在实干中发现改进的一条条可能,再一步一步改进。所以要多用,多探讨改进。就是一个题目,也可以多次试用,找出最有效的工作方法。因此运转经费要多一些,也要有一帮肯下功夫同研讨厅'泡'的同志。'熟'能生'巧'嘛。"

1997年7月3日钱学森给研究小组六位同志的信中说:"我们的从定性到定量综合集成法和综合集成研讨厅体系就是所谓'知识发现技术'。我们的成功在于开发了人机结合的方法，而人机结合不正是 21 世纪的科学方法吗？"

从上面援引的这些资料可以充分看出，从定性到定量综合集成研讨厅体系是钱学森对从定性到定量综合集成方法的进一步发展。从定性到定量综合集成方法是方法论上革命性的创新，从定性到定量综合集成研讨厅体系则是实践这一新方法论的组织形式，是把这一新方法论运用于各种工程的实践形式，是社会思维的一种重要运用，也是当前与今后重要的知识创新、知识生产形式。

二、综合集成研讨厅的主要内容

钱学森提出，"从定性到定量综合集成研讨厅"和"从定性到定量综合集成研讨厅体系"是实现综合集成方法的实践形式。它是将有关的理论，方法与技术集成起来，构成一个供专家群体研讨问题时的工作平台。不同的复杂系统或复杂巨系统，研讨厅的内容可能是不同的，即使同一个复杂系统或复杂巨系统，由于研讨问题的类型不一样而有不同的研讨厅，如研究社会系统中的各类问题。当把这套方法用于国家各个层次的决策支持时，中央、地方和各部门都可有自己的研讨厅和总体设计部，由于信息网络的出现和发展，可以用信息网络把这些分布式的研讨厅联系起来，这就形成了研讨厅体系，不仅信息交流快捷而方便，而且网上资源丰富并得以共享，这样的研讨厅体系，实际上是个人、机结合，人、网结合的信息处理系统、知识生产系统、智慧集成系统，是知识生产力和精神生产力的实践形式。

钱老还指出过构建这样的研讨厅、研讨厅体系所用到的有关理论、方法、技术和研讨方式：①几十年来世界学术讨论的 Seminar 经验；②C^3I 及作战模拟；③从定性到定量综合集成方法；④情报信息技术；⑤人工智能；⑥"灵境"（人工虚拟现实，VR）；⑦人、机结合智能系统；⑧系统学；⑨第五次产业革命中（即信息革命）涌现出来的新技术。

在迅速发展的信息技术的推动下，综合集成研讨厅的宏伟构想正在迈向实用化。为了将这项具有应对未来挑战并代表着技术发展方向的成果更好地推向工程系统的应用中，系统分析与把握这一思想的体系架构，从而更深入地领会其精神实质，就能有针对性、全面地应用这一体系处理复杂的实际问题。从研讨厅的设计体系出发，要解决好如下关键问题。

（一）人机结合

人机结合的基本观点是：人是系统的组成部分之一，人与机器根据各自特长与优势进行功能与过程的分工，即"人机一体、各取所长、人机分工"；系统中人机之间是双向的交互关系；人机的结合程度应依据具体问题而定。以人为主主要体现在复杂问题的求解需要发挥人的经验，以组织和控制各环节的顺利推展，如研讨中方案的归纳、整理，何时进行表决等；人机分工表现在发挥人的感受与认知、定性处理、非结构化的分析等特长，发挥机器的精确处理、数学计算与数据处理的能力，从而形成将人的心智与机器的智能、感受与知识、感性与理性、定性与定量、形象思维与逻辑思维等人机各自的优势进行互补协作的新的体系，构成人机智能系统；人机结合的手段是人机交互技术。

值得高兴的是，Internet 的普及与技术的发展，使得当时条件下，研讨厅中的人，具有高度革命觉悟的专家群体——可以拓展到广大群众，广泛听取与收集群众的意见，作为专家研讨决策的参考。并且可以根据研讨主题的性质与要求将广大群众、专业人士、具有高度革命觉悟的专家等参与的研讨设置为不同的层次，分别授予不同的权限，并设定从群众到专家的不同的意见权重，从而可能真正实现民主集中制，使得综合集成研讨厅的应用具有更普遍的意义。

（二）从定性到定量

对于一个给定的问题，专家在其获得综合知识的基础上，形成一些"只可意会，不可言传"的感受，这种感受是定性的、非精确的，属于非理性范畴，是形象思维的结果，具有经验性与不精确性；解决这一问题的标志是形成可定量、可用清晰的定义与指令进行描述的知识，从而迈向理性的范畴，具有逻辑思维的特征。可见，处理问题的步骤就是一个从定性到定量的过程。从定性到定量的过程表现为将专家凭经验得到的定性认识以及各种信息与其他知识，通过计算机及相关的技术，进行综合，建立模型，反复修改，最终上升为对全局的定量的认识。这个过程是非常复杂的，即使掌握了大量的定性认识，也不是通过几个步骤、几次处理就能达到对总体的定量的认识，在此过程中，可能需要多层次的反馈。从定性到定量的过程，体现了人类思维（包括逻辑思维与形象思维）的特点与规律性，反映了定性与定量之间在认知特别是感知方面的关系与转换。在研讨厅的设计中主要体现在如何处理定性与定量的关系、实时动态建模、系统工作流程与调度机制的组织等方面。

（三）体系规范

为了将人机结合的从定性到定量的综合集成技术和综合集成研讨厅体系应用到实际问题中，构建工程性的解决方案，就必须遵循一定的体系规范，这些体系规范应是充分体现综合集成的思想、切入问题的规律性、符合工程实施原则。在构筑基于综合集成研讨厅体系、支持处理特定问题的综合集成研讨厅时，有必要形成并落实以下几点基本要求。

（1）行为规范：指参加研讨的专家和大众网友应该遵守的基本行为准则，如国家的有关法律法规、道德文明规范、网络安全条例等，以维持研讨厅的秩序，保证研讨健康、有序地进行；为了保障研讨正常进行所应履行的本研讨厅的管理守则、研讨步骤及流程控制的一般性要求；为了科学、高效地实施研讨，保证研讨质量与决策效率，参加研讨的专家应避免的常见不良行为或思维习惯。

（2）研讨规范：指针对研讨的具体问题制定的研讨问题的具体定义，问题的专用术语，研讨步骤、流程及循环递进的时机，研讨人的角色与权限划分，研讨意见的归纳与整合的原则，研讨意见收敛的算法，形成供决策的意见或方案的整理原则与发布形式等。

（3）决策规范：指针对研讨的具体问题和研讨流程的进展情况，主持人决定启动决策过程的合适的时机与适当的方式；就供决策的几项意见或方案进行表决性的研讨时意见的归纳与整合原则，为了产生高效、高质量的决策结果所采用的群体意见一致性收敛的算法，决策结果的输出形式等。

（4）工程规范：指针对具体问题实施综合集成研讨厅工程系统时应遵循的软件工程规范和工程设计、施工与管理规范，包括国际、国家、行业制定的工程实施与管理技术规范、体系指标等。

（四）研讨方式

综合集成研讨厅支持在线研讨与离线研讨。在线研讨即所有参加研讨人利用网络进行研讨，实时获得研讨数据与信息支持、在线建模计算、研讨意见与结果等；离线研讨指所有参加研讨人利用网络进行分散或集中研讨，实时获得研讨数据与信息支持、在线建模计算，但研讨意见与结果需经过专门处理在研讨之后与研讨人见面。按是否有人干预可支持自由式研讨、引导式研讨、协同式研讨。自由式研讨指研讨中无人干预；引导式研讨指主持人控制研讨与决策流程的进行、结果的归纳与发布，研讨人被动地参加相应环节的研讨、获取相应的信息支持；协同式研讨指研讨人主动参与和控制研讨与决策的各个环节，主持人启动研讨进程、宣布决策结束、整理决策结果、发布决策方案。按研讨规模与专业可支持点对点研讨、分组研讨、同方协同研讨、多方对抗研讨。点对点研讨指研讨中某研讨人可选择一人进行交流，互相佐证或对抗；分组研讨指按专业类别或权限等某一原则进行分组，组内研讨，各组的研讨结果提交总主持人供总研讨表决之用；分组研讨中可能还针对各组研讨结果进行层次性总研讨表决；同方协同研讨指将支持同一观点的研讨人划为一方，这些人合作佐证、阐明己方立场；多方对抗研讨指针对问题将研讨人分成几方，各方之间处于对抗关系。

实际应用综合集成研讨厅解决具体问题时应根据问题的需求与特点，选择上述一种或几种研讨方式构建研讨厅。

（五）需求分析与总体设计

决策的信息化是一项系统工程，需求分析与总体设计是其中的重要环节。应用综合集成研讨厅来处理的问题主要是复杂问题，经验表明，需求分析与总体设计是设计针对这类问题的研讨厅的过程中极其关键的环节之一。对于要采用综合集成研讨厅体系处理的实际问题，需要在深入领会人机结合从定性到定量的综合集成研讨厅体系的精神实质的基础上，对问题的提出，问题的描述，问题背景、追求的目标，涉及的人员、设备、数据、信息、知识、技术等进行细致、透彻、流程式的分析，编写需求分析说明书，按照软件工程、系统工程与工程设计规范等的要求整理出任务模块，制定体现人机结合、从定性到定量的体系规范、研讨方式、研讨流程，充分利用现有的技术成果制定综合集成技术设计方案，从而形成系统的总体需求与设计方案。

第三节　智能化军事系统综合集成研讨厅需求分析

纵观综合集成方法和综合集成研讨厅体系发展历程，军事系统在其中的作用很大。这主要是因为军事系统成功地建立了一大批适应作战和训练的作战实验室及其模拟仿真系统，较好地解决了从定性到定量的方法论问题。社会系统太过复杂，其中可定量化的成分较少，目前用数学模型描述一个社会几乎是不可想象的。地理系统稍简单一些，但研究地理系统需要很大的时间跨度，难以在较短的时间内取得成就。人体系统虽然相对较小，但由于伦理道德的因素，人们也很难通过各种实验干预人体系统的运行。军事系统是比较理想的系统，原因有以下几点：第一，系统规模相对较小，外界影响较少；第二，人们基本上掌握了军事系统的规律，可定量化的数学模型较完整；第三，军事系统易于进行实验；第四，军事系统的对抗性最强，系统之间的相互影响比较充分；第五，军事系统知识没有充分结构化，人的创新定性作用十分突出；第六，军事系统最先应用先进技术，最先实现信息化。综上所述，可以认为，综合集成方法必将随着现代信息化军事系统的发展而趋于完善。

随着世界新军事变革和中国特色军事变革的深入发展，综合集成方法在军事领域得到了广泛的重视与应用，并在实践中不断地发展和完善。理论研究和实践证明，综合集成方法非常重要，其不仅是研究解决现代技术问题的技术方法，而且是研究解决复杂军事问题的科学方法。

近年来，随着信息化战争的加速发展，攻防体系对抗的复杂性、多样性、不确定性等特点日益凸显。与此同时，伴随先进信息技术的发展及军事应用，战场信息获取及组织模式也正悄然发生变化，这给战争组织形态带来深刻变革。尤其是随着智能化技术的发展，以及人工智能等相关技术向军事应用领域的加速渗透，战争形态逐步由以传感器、数据、信息为中心向以认知/行动为中心转变。可以应用综合集成方法和综合集成研讨厅技术体系，解决战争的智能化发展这一复杂军事问题。

一、面对智能化战争需要解决的问题

当前，世界军事强国都在争相研究智能化作战理论，设计智能化战争样式，打造智能化军队，抢占军事智能技术制高点。

（一）智能化作战理论问题

战争形态正加速由信息化向智能化转变，智能化战争将泛化对抗争夺，军事与非军事领域一体化特征更加明显，作战领域极限拓展，平时与战时边界日趋模糊、前沿与后方界限不再分明，智能技术将渗透到未来战争全要素全过程并重绘战争边界，传统的战场和战线难以再现。未来的智能化战争利用人工智能技术能够全时、全域对作战中全部

力量的各种行动信息，进行实时收集、实时计算、实时推送，使人类能够突破思维的逻辑极限、感官的生理极限和存在的物理极限，人类军事对抗的疆域势必从自然空间、技术空间、社会空间扩展到认知空间，形成物理域、信息域、认知域三大作战维度，战争边界向深地、深海、深空、深网、深脑领域延伸，呈现出极深、极远、极微、极智与无人、无形、无声、无边的特点。

在大数据、超级计算、智能通信、脑科学等新理论、新技术推动下，智能化战争将以"意想不到"的新方式和"无所不能"的新面貌，颠覆人们固有的认知。

为打赢智能化战争，需要深入研究智能化战争的概念内涵、本质特征、战争指导、作战样式、攻防行动、制胜机理、特点规律等内容。

（二）智能化军队建设问题

作战力量是人、武器装备及作战方式构成的力量体系的整体描述，代表着军事技术和作战方式的发展趋势，本质上是先进军事技术与新型作战思想联姻的产物。随着智能化技术快速发展，智能化水平不断提升，武器平台和作战体系不仅能够被动、机械地执行人的指令，而且能够在深度理解和深度预测的基础上，通过机器擅长的算、存、查等进行超级放大，从而在一定意义上能够自主、能动地执行特定任务。可以说，武器平台和作战体系也可以在某种程度上主动地发挥人的意识作用，甚至可根据特定程序自主地、创造性地完成作战任务，智能技术赋能改变最基础的作战要素，作战力量组成发生结构性变化，人逐渐退出对抗一线，智能化装备将大量、成建制地走上战场，传统意义上"人对人"的战争将变为"机器对人"或"机器对决"的战争。

在未来智能化战争中，伴随着新军事变革的步伐，军队组织的发展趋势将按照领导管理体制"全域分布式、网络矩阵式"、作战指挥体制"算法支撑、人机融合"、规模结构"小型灵巧、模块集群"、力量编成"军种融合军民一体、传统部队为主体、智能部队为骨干的无人化、自适应"方向建设发展。未来智能化战争的体制编制将按战略、战役、战术不同层次和不同军兵种，组建不同类型、不同用途的小型多功能智能化新型联合作战部队。

（三）智能化武器装备发展问题

智能化武器装备是智能化战争形态的主要标识。未来智能武器装备具有一定的思维、感知以及分析和判断能力，能模仿人并代替人到战场上去冲锋陷阵，使战争的伤亡大幅减少。目前，世界上一些国家的机器人已经从军服役，并投入战斗。智能化的软硬件让传统武器装备"长眼睛""有耳朵""会判断""能自主"，能自动寻找、自动规避、自主锁定攻击目标，大幅增强武器装备的生存力、突防力和毁伤力；智能无人作战系统是未来战场的主要力量，空中的"蜂群"、水中的"鱼群"、陆上的"狼群"等无人作战集群将大量涌现。智能化的武器装备和作战体系不仅能够被动、机械地执行人的指令，而且能够自主、能动地执行特定任务。未来高度智能化的武器装备将引发一场真正意义的军事革命。

面向智能化战争的武器装备发展，应着眼智能化战争体系作战和智能化武器装备体系建设的双重需要，搞好顶层设计和整体统筹，编制智能化武器装备体系发展路线图，按计划、有重点、分步骤地研制高中低端、大中小型、远中近程，覆盖陆、海、空、天和网络等空间领域，作战与保障相配套的智能化无人作战装备体系，增强各军兵种和作战、保障等各种智能化武器装备的体系融合度。与此同时，应着眼无人和反无人、智能与反智能作战需要，注重研发反敌智能化无人作战的武器装备系统，确保能够有效地与敌进行智能化无人攻防对抗。

（四）智能化战争作战运用问题

智能化战争中，人工智能深度介入指挥决策全流程，实现人机融合、智能决策，共同应对战争复杂性和不确定性。一是指挥决策从计算机辅助式变为人机融合的"指挥大脑"模式。信息时代的指挥信息系统是辅助指挥决策人员的重要支撑，已成为作战效能的倍增器。其主要功能是信息收集、查询管理、传递处理、辅助决策等，对指挥员的作战指挥有很强的辅助性，是一种人脑的外部工具。而未来智能化作战的指挥系统将在现有的指挥信息系统上得到升华，其突出的特点就是智能化，是一种综合集成模式的智能系统，将成为人脑的外延，并与人脑融为一体形成一体化的"指挥大脑"。人机协同决策成为智能化战争中主要的指挥决策方式，通过人机协同决策，弥补时空差和机脑差，确保指挥决策优势。二是指挥体制从固定层级模式变为柔性集成模式。未来指挥体制将发生重大变化，各种作战力量将会根据具体任务使命动态联合，其指挥机构集成为虚拟的"指挥大脑"与"智能云"，整个作战过程中，各作战力量将具有高度自主性，自协同高效地完成作战任务，智能化作战指挥体制具有高度弹性的去中心化结构，传统的严格层级的指挥体制将会被打破。各作战单元实现动态自适应式指挥控制协同，指挥控制效能将会极大提高。三是加剧了指控对抗的烈度。智能化战争中，人工智能技术优势意味着指挥决策优势，指挥决策优势将决定行动优势和战争胜势。因此，围绕智能化指挥决策展开的高强度对抗，必将贯穿战争活动始终，"指控战"成为一种作战样式。

二、智能化战争问题研究需要的系统工程方法

智能化战争问题是开放复杂巨系统问题，开展智能化战争研究，应采用系统工程方法，科学分析智能化战争的特点规律，才能真正推动研究走深走实。

（一）认识智能化战争，应以系统论视角

智能化战争是信息化战争的高级阶段，本质上仍是基于信息系统的体系对抗，无论是人机协同作战、战场全域实时感知，还是脑机一体决策，其展现出的特点莫不是军事体系诸要素以"胜战"为终极牵引而涌现出的自觉行为。对军事智能化的认识不能停留于"唯技术论""唯武器论"，而应着眼军事体系诸要素间的相互联系和作用特性，探究其触发机理、内在规律和实现路径。

（二）研究智能化战争，需要全局性思维

钱学森认为，战争是由许多不可分离的部分构成的有机整体。在人类全部的社会实践活动中，没有比指导战争更强调全局观念、整体观念，更强调从全局出发，合理地使用全部力量，最终求得全局最终效果的事例。指导战争如此，研究战争也是如此。智能化战争不仅指武器装备的智能化，更包含情报研判、指挥控制、军事训练、后勤保障等一系列的智能化，只有对相关诸要素进行全方位研究和思考，方能对智能化战争有全局性认识。全局性思维还要求我们将军事智能化放在实现党在新时代的强军目标和国家战略大局下通盘考量，把握短期与长期、重点与急需、现实军事需求与整体军事现代化的辩证关系。

（三）打赢智能化战争，需要工程化设计

打赢未来战争，须有设计未来战争的能力。应运用工程化思维对未来智能化战争的作战概念、作战样式、力量运用等进行分类规划和层次化设计，立足我军现有发展阶段，瞄准强敌，提出切合实际的军事需求以及阶段性发展目标和方法手段。可按照"提出理论—开发概念—实验模拟—实兵演习"的思路，推动基于智能化作战的军事理论实现创新突破，进入作战条令，融入实战化训练。

三、智能化战争对综合集成研讨厅的功能需求

综合集成研讨厅是钱学森系统工程方法的有力技术手段。面向智能化战争的作战理论、军队建设、装备发展、指挥控制等问题，因其前瞻性、开创性和复杂性，传统的研究方式难以应对，需要借助综合集成研讨厅，实现多领域专家群体在智能化机器平台和海量知识资源的系统融合，采用从定性到定量、人机结合、以人为主的形式进行解决。

（一）前瞻研究智能化作战理论

技术决定战术，智能技术不断向军事领域渗透，必然导致未来战争形态、作战方式、指挥控制等发生根本性改变，进而引起作战理论诸如"分布式杀伤""作战云""蜂群战术"等发生深刻变革。

信息化战争具有信息战、精确战、网络战等典型作战样式，随着人工智能技术的加持，战争越来越呈现出自主化、无人化、低成本、灵巧式、高超速等特征，以自主集群消耗战、自主潜伏突袭战、自主跨域机动战、自主认知控制战为基本作战类型的自主并行作战，将成为智能化战争的典型作战样式。利用自主集群的"低成本""大规模""高分散""自适应"等特点，实施分散作战、饱和攻击、协同防御，使敌"防不住""攻不下"。利用自主武器"能休眠""长待机""可激活"等特性，在敌开进地域、重要航路、核心设施、关键设备、要害部位、重要系统等位置提前预置，先期设伏，休眠待机，适时激活，猝然发起突击，令敌难以防范。利用自主装备打击力、机动性、隐蔽性强等特

点,实施大范围、长距离跨域机动作战,让敌无处藏身。未来智能化战争中,单独采取自主集群消耗战、自主潜伏突袭战、自主跨域机动战、自主认知控制战中的某一种作战样式并非没有可能,但四种基本样式交叉混合运用、针对作战全要素全系统的自主并行作战将成为常态。

智能化作战的制胜方式将从"击溃"向"瘫痪"转变;制胜关键要素将从"信息优势"向"智能优势"转变;制胜技术原理将从"切断敌信息链路"转到"瘫痪敌作战体系"。因此,当前军队在发展信息化作战理论的同时,要加强智能化作战指导原则、制胜机理、作战样式、指挥控制、作战保障等方面的理论研究,构建智能化作战的理论体系。在新的作战理论指导下,不断创新智能化战争的战法,如智能集群战、精确秒杀战、认知控制战、智能伏击战等;研究掌握智能化战争的技术基础理论,包括高复杂战场环境的感知与理解、人机协同作战的人机混合智能等。

(二)系统谋划智能化军队建设

人工智能武器的出现将从根本上改变作战样式和作战理论,作战理论的研究发展对部队的建设提出了相应的要求。世界各军事强国均已将人工智能技术提升至国家战略层次,从顶层规划、基础研究、科研预算等方面给予了多种形式的支持。人工智能军事化应用步伐或许已难以阻止,面对新形势,我们需要牢牢把握人工智能发展的重大历史机遇,研判大势、主动谋划、把握方向、抢占先机,有效维护国家安全。

为打赢智能化战争,建设智能化军队,应运用工程化思维,立足我军现有发展阶段,瞄准强敌,发挥专家群体的智慧,对未来智能化战争的作战概念、作战样式、力量运用等进行分类规划和层次化设计,抓紧研究智能化军事力量的组织结构、体制结构和指挥控制结构等,提出切合实际的军事需求以及阶段性发展目标和方法手段,使智能化作战力量编成更加模块化、一体化、灵巧化。

(三)科学规划智能化武器装备发展

武器装备作为一个国家国防系统的重要方面,涉及的决策层次很高,代表着一个国家的国防力量水平。武器装备发展战略涉及很多技术环节和技术细节,这些问题考虑得是否完整决定了武器装备能否健康发展,为避免因为细节的考虑不周而影响其发展战略,必须通过多专家的群体研讨决策得出合理的规划。

面对武器装备发展新趋势,应着眼智能化战争体系作战和智能化武器装备体系建设的双重需要,以军事需求为牵引,搞好顶层设计和整体统筹,围绕智能感知、智能决策、智能控制、智能打击、智能保障等军用关键技术,编制智能化武器装备体系发展路线图、施工图和时间表,按计划、有重点、分步骤地研制高中低端、大中小型、远中近程,覆盖陆、海、空、天和网络等空间领域,作战与保障相配套的智能化无人作战装备体系,增强各军兵种和作战、保障等各种智能化武器装备的体系融合度。与此同时,应着眼无人和反无人、智能与反智能作战需要,注重研发反敌智能化无人作战的武器装备系统,确保能够有效地与敌进行智能化无人攻防对抗。

(四)创新设计智能化作战方式

智能化战争在技术支撑、作战力量、制胜机理等方面都发生了深刻变化,要求我们必须以智能化作战理念引领作战方式创新。

在和平时期,要着眼于充分发挥智能化作战体系整体效能,运用模型仿真、作战推演、对抗模拟等技术,加强人机协同智能作战、智能化机器人作战、智能无人集群作战等新的智能化作战以及智能化作战指挥、智能化作战保障的流程和方式方法的研究。

在临战时期,要运用综合集成研讨厅,在掌握战场实际情况的基础上,对敌方的作战意图进行可能性分析,对可能出现的结果进行预先分析,充分发挥军事理论专家和军事技术专家的经验感知,确保在战争发生之前,对战争的可能性进行研讨,将研讨的结果进行保存,作为将来战争爆发时进行战争决策的预案。

作战方案的生成涉及的过程复杂、作业程序多,既要考虑战场的态势,又要考虑相互间的作战关系,快速生成作战方案成为高层研讨厅的任务之一,具有很大的难度。作战方案同时又是对高层研讨厅的研讨结果的一种记录手段,在战前对作战态势预先估计的基础上形成预案,将决策预案进行分类管理,实现战时的快速决策与快速准备,战时通过调用相应的预案结构,对预案进行适当的补充、修改,在预案的基础上快速形成作战方案。

(五)作战模拟仿真与训练演习

智能化战争将是人机结合共同实施的战争,以智能化无人作战系统为主体的作战力量将发挥越来越重要的作用。必须适应智能化战争力量体系新特点,创新发展智能化训练理念,探索智能化战争战斗力生成新模式。众所周知,作战模拟仿真的目标与任务就是通过利用计算机环境的有利条件,对专家研讨决策的作战预案进行分析研究。由于战争不同于其他的实验,不可能通过发动战争来进行检验,但是专家可以利用作战模拟仿真提供的环境作为战场实验室对研讨结果(或称决策方案)进行检验,然后再对仿真的结果进行分析,修改决策方案,利用专家的经验与计算机的快速处理能力达到对问题的最佳解决。

一方面,要强化"人"驾驭智能系统训练。依托大数据、云计算、VR 技术等创设新型训练环境,不断提升人的智能化素养,改善人机认知、理解、交互质量,提高人驾驭智能化作战系统的能力。另一方面,要探索以"机"为主体对象的新型训练模式。以往的训练基本是以人为主体对象的训练,聚焦于人在特定环境下熟练掌握和使用武器装备提高作战效能。适应智能化战争力量体系构成新特点,在训练的对象上改变传统训练中以人为中心的训练组织理念和模式,聚焦于智能化作战系统自我指挥、自我控制、自我作战能力的提升,充分利用智能化系统能够自我博弈、自我成长的特点,形成专门针对智能化作战系统训练体系、训练环境和训练机制,从而使智能化作战系统经过短期的自主强化训练即可获得作战能力几何倍数的跃升。

第四节 智能化军事系统综合集成研讨厅的体系结构与功能结构

一、智能化军事系统综合集成研讨厅的体系结构

在实际实现时，综合集成研讨厅体系可被视为一个由专家体系、机器体系、知识体系三者共同构成的一个虚拟工作空间。一方面专家的心智、经验、形象思维能力及由专家群体互相交流、学习而涌现出来的群体智慧在解决复杂问题中起着主导作用，另一方面机器体系的数据存储、分析、计算以及辅助建模、模型测算等功能是对专家心智的一种补充，在问题求解中也起着重要作用，知识体系则可以集成不在场的专家以及前人的经验知识、相关领域的知识、有关问题求解的知识等，还可以是由这些现有知识经过提炼和演化，形成新的知识，使得研讨厅成为知识的生产和服务体系。具体来说：专家体系由参与研讨的专家组成，它是研讨厅的主体，是复杂问题求解的主要承担者，其中主持人的作用尤为重要。专家体系作用的发挥主要体现在各个专家"心智"的运用上，尤其是其中的"性智"，是计算机所不具备的，是问题求解的关键所在。机器体系是由专家所使用的计算机软硬件以及为整个专家群体提供各种服务的服务器组成，机器体系的作用在于它高性能的计算能力，包括数据运算和逻辑运算能力，它在定量分析阶段发挥重要作用；知识/信息体系则由各种形式的信息和知识组成，它包括与问题相关的领域知识/信息，问题求解知识信息等，专家体系和机器体系是这些信息和知识的载体。

综合集成法把这三个部分组合成为一个整体，形成一个统一的、人机结合的巨型智能系统和问题求解系统。综合集成研讨厅的成功应用就是要发挥这个系统的整体优势和综合优势。因此，要讨论综合集成研讨厅体系的实现问题，需要逐个考虑这三个体系的实现问题。其中：专家体系的建设涉及专家群体的角色划分问题，专家群体不良思维模式的预防及纠正，专家个体之间的有效交互方式，研讨过程的组织形式等问题；机器体系的建设涉及基本系统（包括软、硬件）框架的设计，功能模块和软件模块的分析与综合，软件系统开发方法的选择等问题；知识/信息体系的建设则涉及知识——尤其是定性知识和非结构化知识的表达与抽取问题，知识的共享、重用和管理问题，信息的获取和推荐问题等。

在智能化战争时代，为取得信息、认知、决策、行动四方面优势，需在传统综合集成研讨厅三大体系基础上，更加注重实现人与数、数与物、物与人的互联互通能力以及全面感知和信息利用能力，实现更高层次的人机结合、人网结合，以应对智能化战争中的诸多问题，如图7-1所示。

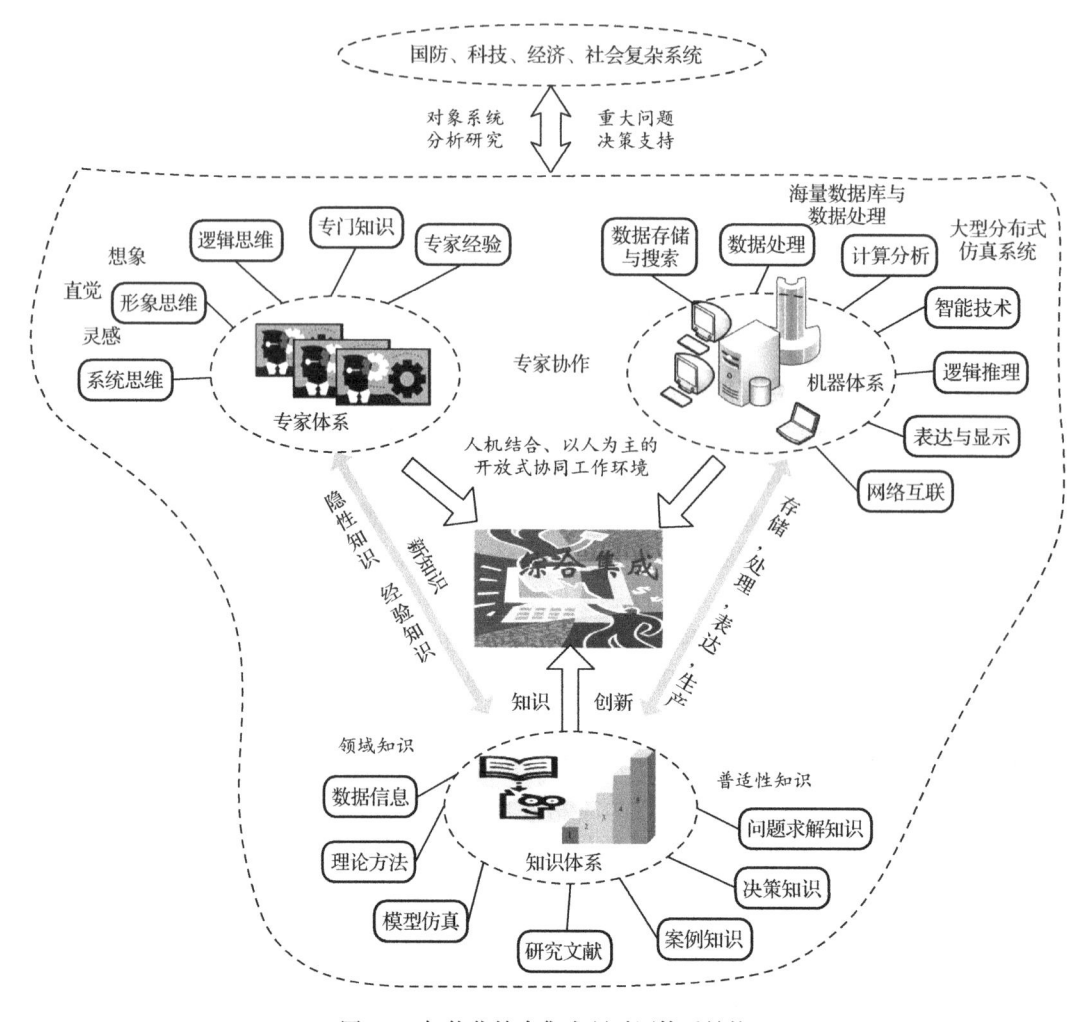

图 7-1 智能化综合集成研讨厅体系结构

二、智能化军事系统综合集成研讨厅功能结构

为了迎接即将到来的智能化战争时代，支撑智能化军事系统综合集成研讨厅建设，还需要在很多方面寻求技术突破。

（一）专家体系

专家体系中的专家是在军事理论、武器装备、政策外交等方面有专门技能或专业知识全面的人，可以为智能化军事系统中复杂问题的分析解决带来一种能力和知识。专家库体系是通过汇集专家的经验知识，对定性研究起到一定的作用，同时可以指导定量研究的方法选取（也是一种经验）；另外，专家库体系通过专家的专业技能可直接对问题进行解决。专家库体系以专家资源的集中管理和科学运用为出发点，以高效的信息组织分析为抓手，整合各类专家资源，建立细粒度、综合的、系统的信息组织模式，实现各类专家资源的动态化、高效化和科学化；为各类复杂问题的综合集成研讨提供专家资源服务。

跨领域权威性专家资源库：建立跨学科、跨部门、跨领域的专家队伍，为军事问题决策论证提供智力支持、思想保障。

专家管理与推荐系统：充分运用大规模专家资源优势，构建了表征专家个人信息、关系信息的数据集与信息库，建立了按专家属性分类的专家体系，能针对特定研究工作，针对不同领域问题，实现专家聚类和专家评分，为综合集成研讨提供专家检索与主动推荐服务。

多维度的专家评价机制：为充分发挥专家团队智力支撑效能，从知识、能力和个性特质等维度，建立专家胜任力评价指标。在专家参与活动记录的基础上，分领域地对专家胜任力予以评价，提升专家库的选拔和质量，推进钱学森军事综合集成研讨厅的管理水平和综合发展。

（二）知识体系

海量数据的信息采集与存储系统：通过数据需求的定制化、数据采集的并行化、数据清洗的流程化、数据存储的网络化，实现信息数据的高效智能获取和海量可靠存储。

自动化的数据处理与管理系统：建立规范标准的数据加工流程，提供自动化的预处理手段，保证数据集成准确高效。面向上层具体数据需求，提供完整数据管理服务支撑体系，自动完成数据抽取过程，保证数据获取的及时完整。

智能化的知识分析与展现系统：根据知识需求，快速灵活地进行海量数据的分析推理及可视化展现，便于人的感性思维发挥，涌现信息中隐藏知识。

交互式的情报挖掘与推送服务：借助自然语言处理技术，搭建人与机器之间使用自然语言进行有效通信的通道，实现人机之间无障碍交互，充分挖掘情报信息，精准获取所需情报，并能够在决策论证中实时推送。

（三）机器体系

为智能化军事系统综合集成研讨厅有效运行创造存储、运算、态势展示等功能提供软硬件环境，为人、机、网的综合集成提供信息化传输通道，通过信息的传递、共享、收集，最大化地进行信息融合，最终打造综合集成研讨厅运行的数据流通道，使得智能化军事综合集成研讨厅具有"事在四方、要在核心"的统筹能力，为军事问题综合决策汇聚各方位支撑力量。

分布式数据存储技术：建立虚拟数据资源池，使用高性能的分布式存储技术，提供海量、可靠、可扩展的数据存储服务，将集群中各个节点的存储能力聚集起来，并能够自动屏蔽软硬件故障，为用户提供不间断的数据访问服务。支持增量扩容和数据的自动平衡，实现数据的集中管控，降低建设成本和IT维护成本。

弹性计算技术：运用硬件虚拟化云计算技术，将普通基础资源整合在一起，以集群的方式提供的计算服务和虚拟化服务器能力，使计算资源按需弹性分配，以低成本获取高质量、高扩展性的计算资源。

综合显示技术：实现基于图像像素的跨网高清无损传输，基于图像 IP 全交换矩阵，接入各种视频和计算机信号，通过小间距 LED 大屏汇聚呈现，集中决策，统一指挥，异地小屏分发共享，协同工作。

视频会议技术：实现会议音视频图像的互联互通，满足异地专家参与的使用场景。

音频混合技术：通过调音台实现对多音源的处理混合，包括声源设备、调控设备、功放设备等。

通用网络技术：基于通用网络基础设施，为综合集成研讨厅提供内部互联环境，以及与外部数据交换通道。

（四）专家-知识体系融合

1. 领域专家知识交互方式

领域专家知识交互包括 4 个过程：

（1）从隐性知识到隐性知识的交流过程。该过程是一个共同分享群体成员的知识和经验、创造新的隐性知识的过程。通过对话交流，个体直接从他人那里获取新的知识。在该过程中，团队通过经验的交流、相互讨论，实现对问题的认识逐渐清晰、逐步深化。

（2）从隐性知识到显性知识的外部化过程。通过讨论和文件编辑将隐性知识转化为具体可理解的符号形式。这是 4 个过程中最重要的一环，是专家智慧集成的关键。在这个过程中，领域专家将对问题的认识、构思的解决方案等隐性知识通过语言或文字的形式进行表达，成为群体智慧集成的基础。

（3）从显性知识到显性知识的集成化过程。集成化即把外部化产生的概念转化成一个知识系统，这个过程能够生新的、更加系统化的知识。

（4）从显性知识到隐性知识的内部化过程。内部化过程实质上是一个学习过程。当通过交流、外化、集成化获得的知识被内部化成个人的隐性知识，形成一种共享心智模式，从而实现知识的增长和智慧的涌现。上述 4 个过程共同形成了螺旋式的知识创造过程。通过上述四种方式在两大知识间的相互作用，实现知识创新、认知深化和智慧涌现。

2. 跨领域知识推荐系统

跨领域推荐旨在整合来自不同领域的用户偏好特征，针对每个用户自身特点进行智能化感知，精准满足用户个性化需求，从而提高目标领域推荐结果的准确性和多样性。与传统的单领域推荐系统相似，跨领域推荐系统也有 3 个重要的模块：用户建模模块、推荐对象建模模块和推荐算法模块。两者区别在于给用户和待推荐对象建模时，跨领域推荐利用的是融合多个辅助领域信息的数据而不仅仅是目标领域提供的数据；而在进行推荐的时候，它也可以根据提高准确性或多样性需求的不同，来灵活地选定用户群体或待推荐对象。

1）跨领域推荐的任务

综合考虑实际应用需求，将跨领域推荐的任务划分为以下 3 类：

（1）缓解冷启动问题。推荐系统需要根据用户的历史行为数据来预测用户对其他项目的偏好程度。在面对新系统、新用户和新项目的时候，会因为缺少用户行为数据而无法提供推荐服务。利用从源领域中搜集到的用户偏好信息来预测用户的行为能够有效地弥补信息缺失的问题。

（2）提高准确度。个性化推荐系统中用户和项目数量都非常大，但是大部分用户只会和一小部分的项目有交互，这就导致用户项目评分矩阵十分稀疏，降低推荐性能。合理地应用源领域中的信息来增强目标领域评分矩阵的密集程度，可以提高系统预测的精度。

（3）增强多样性。同一领域中的项目种类通常是单一的、相似的、冗余的，并不能满足用户多样的兴趣需求。将不同领域中的项目加入待推荐对象中，是提高推荐结果多样性的可靠方案。

2）跨领域知识推荐面临的挑战

跨领域推荐能够实施的一个关键性的假设是：用户的兴趣偏好或项目特征在领域之间存在一致性或相关性。这一假设也在一些研究工作中得到佐证。跨领域推荐利用的正是领域间的一致性或相关性，如用户、项目的交集，用户兴趣、项目特征的相似程度，潜在因子的相互关系等进行知识迁移，从而弥补目标领域所面临的信息不足的问题，改善推荐性能。同时跨领域推荐也是一个极具挑战性的研究领域，其主要原因分析如下：

（1）数据海量性。海量数据是现今互联网应用的典型特征，大多数推荐算法在海量数据场景下丧失优势，因此简单、可扩展、可并行化等特点成为跨领域推荐算法的必备特征。

（2）数据异构性。不同领域具有不同的用户群体，不同的推荐对象，以及不同的用户行为数据结构，譬如评分记录、购物列表和浏览日志等，多源异构信息对象的融合是跨领域推荐所面临的最大挑战。

（3）数据稀疏性。PowerLaw 是在社交网络普遍存在的一种现象。简言之，大部分用户只会和一小部分的项目有交互。这就导致训练样本数据十分稀疏，大大降低推荐模型的泛化能力。而对大多数基于监督、半监督的学习模型而言，它们往往是对训练数据集大小敏感的，因此数据稀疏也就成为训练此类模型的一个特别棘手的问题。

（4）数据相依性。在实际生活中，同一领域甚至不同领域中的用户的行为并不是互相独立的，依据同质性原理，兴趣行为相似的用户偏向于喜好相似类型的项目，如何挖掘和利用用户间隐藏的偏好关系成为一个难题。

（5）数据低质性。源领域中可获得的信息有用户注册信息、评分数据、浏览记录和点击情况等。但并非所有的信息都有利于改善目标领域的推荐性能。不相关的信息如果被迁移进目标领域可能会成为"噪声"，从而增加算法训练的复杂度，降低推荐结果的准确性。

（五）知识-机器体系融合

1. 虚拟现实和增强现实仿真

在智能化军事系统综合研讨过程中，为了更好地理解情报数据的特征、关联关系和内在信息，需要有更直观的方式将信息展示给人。在现有的解决方案中，最有代表性的是虚拟现实和增强现实。虚拟现实是一种可以创建和体验虚拟世界的计算机仿真系统，利用计算机生成一种模拟环境，是一种多源信息融合的、交互式的三维动态视景和实体行为的系统仿真。增强现实是一种实时地计算摄影机影像的位置及角度并加上相应图像、视频、3D模型的技术，其目标是在屏幕上把虚拟世界套在现实世界并进行互动。

近年来，人工智能、机器学习、图像处理、虚拟现实、增强现实等研究领域迅速发展、成果迭出。不同于航空发动机、航空母舰等传统武器平台，在大数据时代的机遇面前，世界各军事强国基本处于同一起跑线，都有机会占据领先地位。2016年的电影《天空之眼》展示了大数据在反恐战争中的应用可能：英军使用高空长航时无人机、小型仿生机器人等武器设备和图像识别技术对恐怖分子进行识别、监控，对室内外环境进行侦查勘测，全方位无死角掌握战场态势，使用分析软件对打击效果进行预测，最终根据高精度测绘地理信息实施打击。在这一过程中，整个战场环境对反恐部队是实时透明的，指挥员只需要根据态势做出决策即可。随着仿真技术的演进与进一步应用，大规模投放火力兵力、以数量制胜的思维必将落伍，战场数据的维度将从点和平面扩展到立体空间，再扩展到以时间为第四坐标轴的四维空间，而作战行动的维度将由线和面浓缩到点——通过对敌方关键节点的精确打击、以最小的代价取得最大的战果。在未来战争中，战场海量作战信息集成在一个作战云平台上，包含人员、计算机及赛博空间、武器装备、战场战况、敌我双方阵地等要素，这些要素对应的是大量数据，作战云平台统一解算这些数据并且向各作战单机发出作战指令，以凝聚并释放体系作战的最大潜能，对应此过程的"云作战"是未来战争的必然发展趋势，而其中大数据与云计算技术也将成为发展"云作战"的关键步骤。

目前，各界对任务规划还未形成比较统一的认识。笔者经过对各种任务规划定义的综合分析，给出任务规划在武器装备领域的一般定义：任务规划是将武器装备、战场环境和人系统映射到统一的数学空间，运用数学工具和现代计算技术，在武器装备性能和作战规则约束下，按照战术意图对武器装备的使用进行筹划，使各作战要素以统一的目标、统一的计划，有序、协调行动的一门综合学科。任务规划本质上是以运筹和优化的方法和思想，统筹资源、完成任务。任务规划技术是一项多领域相关、多层面运用、多学科交叉、多技术融合、多系统集成以及人机、脑机交互的高新技术。任务规划技术横向可联通传统技术手段、纵向可融合新兴技术理念，形成传统手段与新兴技术的最佳结合点。进化算法、知识/规则库、分布式协同、机器学习、人工智能、大数据、云计算、AR/VR、脑机结合等新技术、新理念都已经或即将在任务规划技术中得到应用。未来，随着现代智能技术的发展，任务规划技术将进入蓬勃发展的新时期。任务规划技术可利用知识/规则库、大数据、云计算、人工智能等新技术进行战场态势智能分析与预测，获取敌情信息、我情信息和战场环境信息，包括部队部署、作战态势、活动规律等信息，对获取的战场数据加以智能分析和数据挖掘，从中挖掘出深层次的信息和特征，为决策提供支撑。实质上，在新技术的引领下从海量化的知识到精确化的决策正成为当前任务规划技术的最新计算范式，任务规划技术是实现战场知识、信息或数据"增值"的核心手段。任务规划技术融合新的技术手段可迅速提升智能决策的水平，推动传统作战向智能战争的跨越。人工智能是任务规划技术发展的新引擎，正在重构影响军事作战过程的各环节，知识、信息、数据是这个引擎的原始燃料，例如通过数据挖掘寻找战场的未来走向、通过大数据分析海量数据内在的联系、通过机器学习预测未来对手的行动等。

任务规划技术在巡航导弹领域得到首次工程实现，近些年随着新型战机、无人机、舰船等高新装备的发展，其配套的任务规划系统也纷纷开始研制.经过多年的发展，实现了从单武器到多军兵种联合、射前预案规划到全程作战筹划控制的跨越，构建了相对完整的任务规划技术工程应用体系。从工程实践经验角度来看，任务规划技术工程化的特点是"基础在平台、核心是模型、关键是数据"。平台的重点是满足网络化、服务化、国产化、自主可控的需求，模型重点是通用化，且支持多领域模型快速积累和复用，数据的重点是种类完备且具有标准的数据保障规范体系。

文本观点挖掘，又称文本意见挖掘或情感分析，是对文本信息的主题、意见持有者、主客观性、情绪态度等情感信息的挖掘和分析，进而识别出主观性文本的情感趋向。其研究对象主要是 Web 上的文本，尤其是用户发布的评论性文本。按照处理文本的不同粒度，观点挖掘主要可以分为词语、句子和篇章 3 个级别的研究；按照处理文本的不同类别，主要可以分为基于产品评论和基于新闻评论的观点挖掘；按照处理文本的不同任务，主要可以分为 3 项逐层递进的任务，即情感信息抽取、情感分类和情感检索。

2. 军事电子沙盘

智能化军事系统综合集成研讨厅中，新技术电子沙盘系统有望将传统沙盘变成动态，从而极大方便军事参谋作业。与此同时，未来的参谋部演习或许会变成一场"即时战略游戏"：作战参谋模拟战争各方，在电子沙盘的辅助下，根据双方实力部署进行"模拟对抗"，并依据战场实力动态变化进行实时更新。

电子沙盘系统构成简单，操作方便——一个与微软 Kinect 游戏机用动作传感器相连的小型沙盘和一个挂在架子上的投影仪就构成了电子沙盘系统。传感器可以扫描并获取沙盘的各种细节，然后投影仪就可以将真实地形照片投射在上面，而且可以根据操作者改变沙盘态势的动作做出实时的反应。一般而言，军事电子沙盘有以下特点：一是涵盖领域全面。军事电子沙盘以直观便捷，一目了然的手法可以充分体现和展示作战环境的全方位态势，海、陆、空、天各作战领域可悉数涵盖其中。二是设计手法精湛。在模拟现代战争的过程中，既有在传统作战模拟沙盘上的创新，又有基于充分体现现代军事高新科技成果上的互动；既有场面庞大宏观作战的大模型，又有制作精巧、竖向布局的数十个小的战役模型。三是展示手段先进。电子沙盘中大量运用高科技战争展示手段，集声、光、电、互动项目、三维动画、影视等现代战场视觉效果之大成，结合实战性、互动性与对抗性，实现了与参谋人员的"互动革命"。四是开展模式简便。军事电子沙盘设有中央控制系统，包括沙盘总体控制、总体照明、灯饰、计算机、电视机、操作台以及空调等强弱电系统，按照预先编制的运行程序自动运行，从开启电源到关闭电源，均不需要人为控制。这样就大大减少指挥员操作动作，能够集中精力进行作战指挥与分析。

3. 兵棋推演

兵棋是通过对历史的更深理解，尝试推断未来。一款兵棋通常包括一张地图、推演棋子和一套规则，通过回合制进行一场真实或虚拟战争的模拟，是综合集成研讨厅技术中从知识体系到机器体系的综合运用。地图一般是真实地图的模拟，有公路、沙漠、丛林、海洋等各种地形场景；推演棋子代表各个实际上真正参加了战斗的战斗单位，如连、营、团和各兵种、相应战斗力等描述；规则是按照实战情况并结合概率原理设计出来的裁决方法，告诉你能干什么和不能干什么，行军、布阵、交战的限制条件和结果等。

兵棋推演已经成为现代战争的关键环节，现代战争中，兵棋推演与作战实施的关联作用愈发重要，它正不停地改写着世界军事走向，运筹"兵棋推演"之中，决胜"棋盘"之外，这就是未来高科技信息化战争。美军将这种对手不确定、非对称、动态变化特征强和指挥信息网络依赖性强的战争称为"第四代战争"，并认为自身应当强化应对"第四代战争"的能力，并将兵棋推演作为训练军官和研究战争的重要工具。

兵棋这一推演工具能够真实刻画现实冲突。参与人员可在计算机或者桌面上进行推演。兵棋的一大特点是对抗性，敌对双方会想尽一切办法在推演中获胜。

兵棋推演是一种模拟，即使兵棋选用最先进的工具、最前沿的硬件和软件设备，裁判竭尽全力工作，最接近现实的兵棋与战争事实也有一定差距。要让网络兵棋充分发挥作用，我们需要将一些事实简化或者抽象化。从作战角度来讲，兵棋有助于推演人员学习确定资源优先级，制定战术决策，克服平台和系统限制，快速评估态势的方法。同时兵棋有助于机构领导学习必需技能，下放权力，评估建议，培养危机领导能力。对于高级领导层来说，兵棋推演能让他们获得以下学习成果：规划、给下属分配工作，执行方案，根据事件发展修改方案，评估方案。由于兵棋推演是动态发展的，参与人员可能在复杂推演态势下得出意想不到的看法和见解，智能化军事系统综合集成研讨厅计划为推演提供工具和方法辅助：①近距离行动运行环境（CAEn）：一款多方计算机化兵棋和模拟系统，能够模拟从单兵（或单个平台）到连队级别的诸兵种近距离战斗。CAEn 能够模拟各种天气和光照条件下非常复杂的农村和城市地形。CAEn 通常以人在环中，封闭式推演方式运行，即指挥官只了解单位侦察到的情况。CAEn 通常用于研究机动、能力和兵力结构变化对连队及其下属部队完成任务产生的影响。②困境分析（也称作构象分析）工具：一种通过收集优先级事项、行为体的偏好陈述、未解决争端的潜在影响以及参与人员之间不信任对方的原因等信息，构建多方冲突的软件方法。Dstl 正在尝试利用该工具辅助兵棋设计。③和平保障行动模型（PSOM）：计算机辅助兵棋，用于模拟维稳环境下的一系列平民活动和军事活动。该兵棋为在更广泛的跨政府救援环境下分析稳定问题提供了一种方法。这一决策保障工具主要用于研究与维稳、反叛乱和非常规战争行动相关的问题。④兵棋基础架构和模拟环境——兵棋生成：这是基于计算机的、人在环中兵棋，是战斗群战术行动（包括空中和海上支援）分配结构性模拟系统，属于全封闭式兵棋，指挥官只知道部队报告的内容。主要用于检验机动方案、能力和军队结构变化对军队完成任务能力的影响。⑤研讨式兵棋：该方法有利于专家之间进行开放式辩论，进而得出相关看法和判断。在这一环境中，对阵员要制定决策，并面对决策的后果。这类兵棋主要采用半严格且更偏向于不受限制的裁决方法。研讨式兵棋通常以小组形式进行，这也是其名称的由来。⑥矩阵兵棋：一种多个小组参与的兵棋推演方法，对阵员可在推演中权衡其他小组所采取行动可能产生的结果，可用来代替研讨式兵棋推演方法，特别是在推演新的主题，而裁决人员专业知识有限时，该方法能够更好发挥作用。⑦兵棋推演手册：介绍兵棋推演基础知识、兵棋推演类型、种类和背景，兵棋流程，并提供了推演案例。

4. 数据挖掘与智能助手

根据知识需求，快速灵活地进行海量数据的分析推理及可视化展现，便于人的感性思维发挥，涌现信息中隐藏知识。

基于知识本体的主客观大数据语义分析关键技术旨在以知识本体为语义表示基本单元，研究社会主体与信息客体融合的统一语义分析模型，探索本体概念生成与知识抽取的大数据方法，建立由大数据关联分析构成的语义网，实现以主体为中心的个性化情感量化计算关键技术；对涉及领域的创新方法进行测试和分析，为探索社会公共安全的宏观态势预测与微观洞察提供新的视角和切入点，为科学理论与关键技术研究奠定坚实基础；以面向社会公共安全事件的群体态势推演为示范应用，验证基于知识本体的主客观大数据语义分析关键技术的研究成果。

情感分析，又称情感倾向性分析、意见挖掘或情感分类，利用计算机从文本中提取出作者的情感方向。通过情感分析，可以发现作者所表达的观点、感情、立场等主观情感。情感分析的方法可以分为3类：规则方法、有监督机器学习方法、无监督机器学习方法。纵观常规长文本与短文本的情感分析，没有考虑到信息主体背景的个体差异，现有的方法有一定缺陷。由于感情分析客观上与信息主体的观点有很大的相关性，仅仅依靠分析文本内容不能准确表达信息主体的情感观点。

三、智能化军事系统综合集成研讨厅发展构想

（一）智能化军事系统综合集成研讨厅重难点问题

基于钱学森提出的系统工程理论与综合集成方法，面向军事系统战略论证及管理，建立大数据信息知识体系与工具方法集，综合运用信息知识推理与精准推送、模型工具集成与自动推荐、专家群体协同与意见共识等关键技术，构建先进的沉浸式综合信息展示与研讨分析环境。围绕体系论证全过程，建立包含体系需求论证、体系设计、仿真推演、效能评估的综合集成研讨厅体系，为军事战略论证问题的结构化分解、专家研讨与辅助分析、意见综合与成果集成、方案评估优化提供技术支撑，实现跨领域专家"人机结合、人网结合、以人为主"的体系论证服务，其核心框架如图7-2所示。

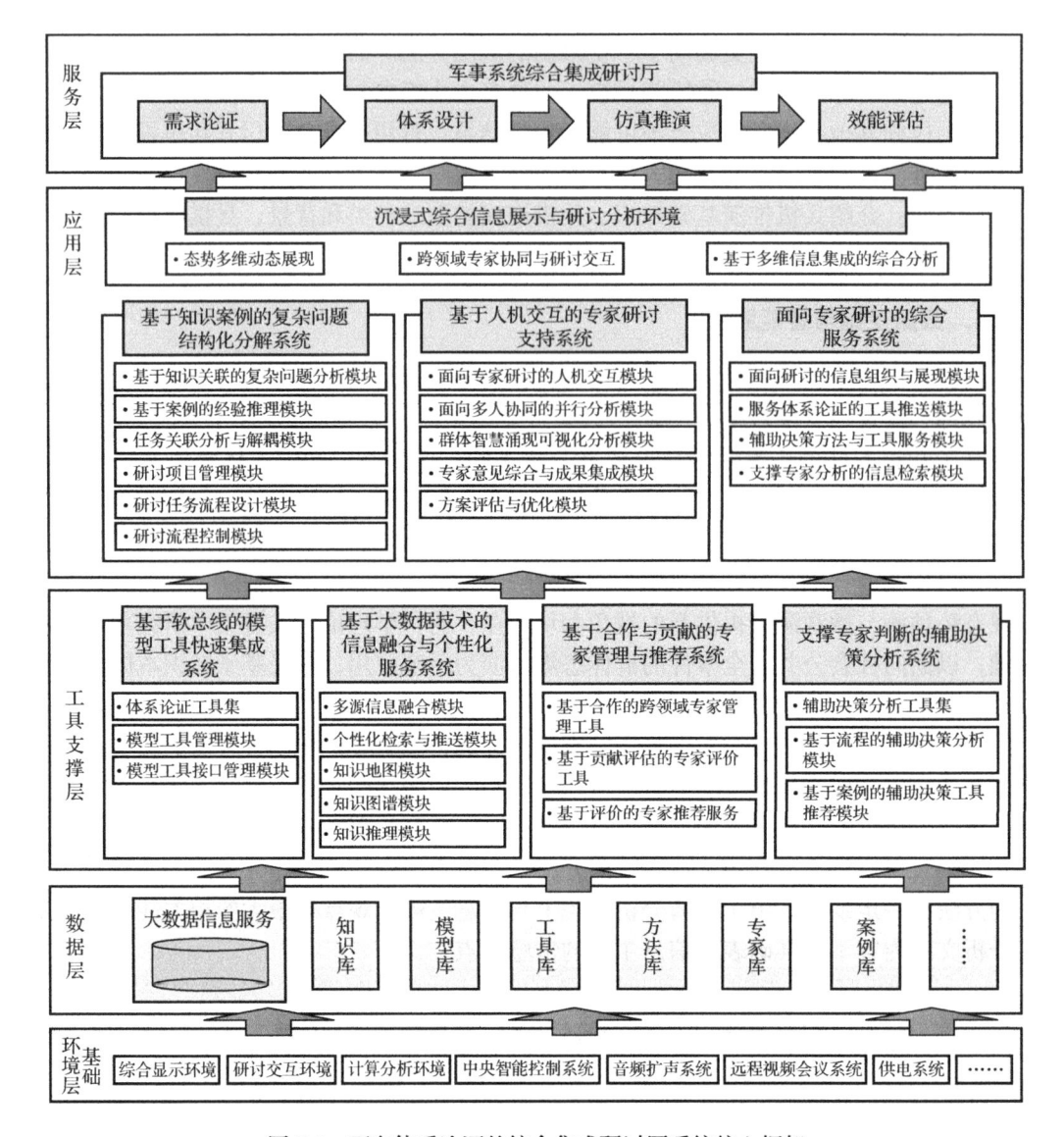

图 7-2 面向体系论证的综合集成研讨厅系统核心框架

1. 沉浸式综合信息展示与研讨分析环境

面向沉浸式研讨的综合信息展示与研讨环境主要针对专家提供一站式信息展示服务，利用元模型分析、复杂网络分析、GIS 分析、对象统计分析等方式对研讨主题相关的各类信息进行系统呈现，结合时间轴、对象浏览、直方图、数据流等方式实现对主题内容、数据变化、指标预警、趋势分析等信息的多维度综合展现。运用网络环境下的多屏动态交互技术，可实现专家掌上、分析终端、显示大屏、远端设备的信息投送、拖拽、分屏、复制、互操作等功能。同时，结合语音、图像及文字识别与非结构化信息自动处理技术实现物理空间与数字环境的无障碍信息交互与快速传递，为专家提供自由的人机、人人交互与共享环境。

态势多维动态展现：构建可视化、组件化态势展示环境，面向各类数据可视化需求，从大数据信息服务抽取多源异构数据，进行数据转换，对数据进行数据合规性、匹配度、错误值、脏数据清洗之后，在原数据的基础上构成面向元模型分析、复杂网络分析、GIS分析、对象统计分析等手段，从不同的视角与维度，以简单、直观的仪表盘分析图形，实现态势动态监管和全方位展示。

跨领域专家协同与研讨交互：一体化联合作战环境下的武器装备系统，面临着庞大的系统规模和需求不稳定等多重困难，传统的面向过程的结构化系统工程方法已经无法完成对系统的描述，必然要求工程思想和方法学的变革。只有依靠"人机结合、人网结合、以人为主"的综合集成方法，充分发挥专家群体智慧的优势才能更好地实现对装备体系的论证。跨领域专家协同与研讨交互重点通过构建面向专家协同的工具方法体系、基于机器辅助分析的研讨交互环境，以装备体系相关知识与模型为支撑，根据专家在研讨过程中的主题与内容可实现信息及工具的自动组织与推送，为专家提供辅助分析支撑服务。同时在研讨过程中，面向专家群体意见，利用定量化分析手段对相关信息进行定量化分析与可视化处理，从而实现对专家体系论证研讨过程中的群体智慧涌现与意见导向的分析，为"人机协作"的专家协同与研讨交互提供处理与分析工具。通过跨领域专家协同与研讨交互可实现专家群体的智慧融合，为体系论证提供智慧支撑。

基于多维信息集成的综合分析：面向体系论证的综合集成研讨厅，利用大数据、人工智能、复杂网络分析等手段，可实现对多维信息的汇聚与集成，通过大量信息及数据的汇聚，从中进行深度的挖掘、聚集、综合、分析和推理，可挖掘出体系论证过程中大量数据及信息间的关联关系，实现信息间的相互补充，探索其中潜在的模式，发挥体系论证中海量信息的决策支持作用。

2. 基于机器学习的复杂问题结构化分解系统

基于机器学习的复杂问题结构化分解借助海量知识信息所构建的知识地图及知识图谱，通过对复杂问题的意图分类、模式匹配、术语映射、同意扩展，进行语料与规则的自动化匹配，实现对问题要素的自动化抽取，结合主题词、时间轴、背景环境、相关本体对象、关联信息内容的自动挖掘与多维度分析，为专家参与下的复杂问题结构化分解提供问题要素支撑，在不断地反馈式学习和补充训练机制下，为专题领域内复杂问题结构化分解提供精准信息服务。

基于知识关联的复杂问题分析模块，通过对于复杂问题所涉及的问题域，将其内在涉及知识内容以及外部知识关联，借助知识网络分析的方法将相关知识节点进行抽取，通过知识地图的形式向用户推送和展现与体系论证问题相关的知识与情报信息，辅助用户对其中涉及的因素及其关联关系进行综合分析。

基于案例的经验推理模块，主要通过收集在体系论证过程中的相关分析案例，将用户分析问题类型、分析过程、分析结果等相关信息中的特征进行自动化提取，在新的体系论证项目中根据用户所处阶段、研究对象和相关任务，以案例对比分析的形式协助用户完成对复杂问题的分解。

任务关联分析与解耦模块，面向任务分解过程中子任务的复杂关联与交互关系，对任务间的关联关系进行矩阵描述,通过复杂网络分析的方法对其中的信息交互与影响关系进行分析,利用冲突消解工具对子任务进行解耦分析,为子任务的独立求解提供支撑。

研讨项目管理模块,基于工程设计思想,采用项目管理的方式对论证任务进行管理,包括研讨项目的构建、文档管理、人员组织、权限分工、进度计划、时序控制等。

研讨任务流程设计模块,基于复杂问题结构化分解结果的自动导入,以机器自动生成的形式形成研讨任务流程图,用户可在流程图的基础上对研讨任务逻辑进行进一步优化和调整,同时对数据的传递关系和内容进行补充和完善。

研讨流程控制模块,研讨任务流程的每个环节,用户可实现对具体组织和执行人员进行指派,同时添加相应的工具和方法支撑任务的完成,通过监控任务的发起、执行和成果提交,用户可以实现对整个分析流程的实时监控,并根据问题和成果的反馈对流程进行修改和更正。

研讨任务模板管理模块,针对典型研讨流程,通过基于用户自主设计与案例积累的方式构建研讨任务模板,根据体系论证需求,用户可以直接引入模板构建研讨流程,帮助快速构建规范化、科学性的研讨流程,提高综合集成研讨的组织工作效率。

3. 基于人机交互的专家研讨与意见共识系统

基于人机交互的专家研讨支持系统为专家提供综合集成研讨环境及工具支撑,实现基于结构化和非结构化的专家研讨。系统应该支持在分布式网络环境下,多专家参与的,能够实时开展的专家在线研讨。为更好支撑研讨活动,该系统应提供专家意见的可视化分析工具、知识推送、专家信息推送等功能,为专家研讨提供支撑服务。

面向专家研讨的人机交互模块,构建开放的网络研讨环境,建立多媒体的虚拟演示厅,提供方便的信息交互系统。交互系统包括人机交互及人人通信两部分,包括结构化模型交互、自然语言交互、视频语音交互、即时信息通信、邮件论坛交互等。可视化的研讨交互系统,在实现基本的文字输入交互的基础上,集成多媒体交互工具建立多媒体信息共享平台,提供支持群组的灵活、丰富的交互环境以及数据级的共享功能。

面向多人协同的并行分析模块,通过设计不同的协同任务类型,可为专家研讨分析提供直接和间接两种并行分析方式,支持在多人协同环境下并行分析任务之间的多次协同操作;形成减少瓶颈问题的消息主动汇报机制和任务两层调度策略;实现协同通信语句的自动生成和对源程序的自动修改;通过对并行软件封装,达到并行程序设计和并行协同求解的透明性。

群体智慧涌现可视化分析模块,利用研讨检测技术对专家研讨过程中的话题进行有效收集、分析、整理,针对专家研讨内容进行自动化跟踪分析,基于专家研讨内容之间的继承关系、关联关系,对专家研讨内容进行自动分析、总结,结合信息传播模型、信息的权重得到加强,形成基于机器分析的专家观点分析与整理。通过关联性规则和序列模式的信息抽取,对专家研讨内容之间的关联关系、前后序列关系进行挖掘,然后以相似性为依据来进行主题挖掘的分类,建立有效性话题,为专家群体智慧的涌现提供基于可视化的分析服务。

专家研讨焦点动态分析模块,为降低专家研讨中意见综合的难度,需要研究研讨信息的组织形式，建立研讨信息之间的关联。根据不同研讨阶段的研讨任务、研讨会议的性质，在研讨厅中可以采取多种研讨组织方式，如根据专家发言的性质和关联，将研讨信息结构化等，通过结构化的定义，明确地表示发言之间的关系，帮助专家进行意见交流、分析和综合。

专家意见综合与成果集成模块，重大问题研究、综合集成研讨中专家体系的组织结构，专家群体的角色划分与角色转换，专家群体决策研讨中不良思维模式的预防与纠正，研究专家群体分解与集结机制，激发专家创造力的有效方法和机制，同时，基于对复杂问题的结构化分解，以及研讨过程中数据流转控制，将专家意见与研讨成果的结构化汇聚成群体决策的多方案结果。

方案评估与优化模块，针对专家群体研讨决策形成的多方案结果，应用各种意见共识工具，包括头脑风暴、德尔斐法、层次分析法、多属性可加效用法（MAUT）、名义小组法、表决法、问卷调查法以及多种数学方法和偏好综合工具，实现对多方案量化评估，以及迭代优化。

4. 面向专家研讨的综合服务系统

面向研讨的信息组织与展现模块，结合专家研讨过程，以知识地图信息展示、结合研讨的知识自主推送、基于知识图谱的知识展现和基于知识推理的知识服务，在不同环节为专家展现研讨主题相关的各类信息。

服务体系论证的模型、工具推送模块，以体系论证方法工具为支撑，根据用户在装备体系需求分析、体系结构设计、体系仿真、体系效能评估与优化等不同环节的需求，按需为用户推送不同类型的模型与工具。

辅助决策方法与工具服务模块，围绕专家研讨不同阶段，根据专家意见分析结果、专家观点，自动为专家提供包括支撑专家分析的信息检索模块，通过专家研讨内容、检索行为的分析挖掘，利用基于用户兴趣挖掘的推送机制，以及智能代理技术和检索挖掘技术，主动收集用户的需求动态，在概念格、本体、数据挖掘和语义标注的基础上，通过信息关联、检索匹配、综合反馈等机制，为专家提供高效的信息检索服务。

5. 基于大数据技术的信息融合与个性化服务系统

运用大数据分析与知识融合技术对多源异构的知识进行抽取、分析、重组和综合并对其中隐含的有价值知识进行挖掘，从而形成面向复杂问题分析需求实现知识创新，通过分析知识内容关联、知识重组和整序的方式，使专家能够在大量繁杂的知识中快速有效地通过知识地图、知识推理、知识推送等自动化服务，获取所需解决问题的情报及知识。

多源信息融合模块，构建面向开源情报信息与知识的获取与分析工具，面向多信息源下获得的数据及信息，运用产生式规则、模糊逻辑、框架和语义、证据推理、复杂网络、机器学习等方法和工具，从数据中转换提取出业务领域的实体、属性和关系。同时基于深度学习和大数据的自然语言处理技术，集成 CNN、RNN、LSTM、GRU 等多种深度学习网络模型，完成文本自动分类、关键字提取、自动化标签等工作，为信息融合分析以及多源信息的归一化提供支撑。

知识地图模块，基于动态本体理论构建面向体系论证的知识地图，将数据从多源的数据格式，转换映射为统一的数据对象，明确现实世界中的人、地点、事物、时间以及知识之间的语法及业务约束等层面上的关联关系，实现知识的高效管理与快速关联分析。同时，基于动态本体模型的动态更新和扩展机制，实现知识体系的不断丰富完备，为综合集成研讨厅跨领域专家分析提供全方位、多层次、广覆盖的知识检索平台，并为知识推理与推送提供基础支撑。

知识图谱模块，围绕体系论证所涉及的不同类型知识及信息对应的特征，构建关联网络，对知识即信息的本体特征和特征关系进行关联分析。针对特征关联网络中，知识和信息所呈现的团模式。每个团可以作为一个体系论证主题内容，团之间存在一定的语义关联。基于此为每类体系论证主题建立可视化的知识图谱。从而利用知识图谱支撑体系论证和专家研讨过程中的知识发现和推理。

知识推理模块，在知识地图"实体-关联"数据模型的基础上，采用优化的可视化数据管理技术，从海量信息中发现关联性的证据链、线索和信息，通过对数据的深度线索挖掘，数据间逻辑关系以及关系索引线索的追踪展现，实现体系能力、需求、装备性能等各种数据线索的网状展现过程。进一步基于推理支撑专家在分析过程中实现包括正向推理、反向推理和混合式推理，为专家提供事实驱动下的推理过程、假设条件下的推理过程以及基于神经网络的双向推理过程。

个性化检索与精准推送模块，构建个性化检索功能，与传统的关键词检索相比，摆脱搜索句柄的字面本身，而是透过现象看本质，通过检索内容及行为分析，实现对专家信息需求的自动分析，准确地捕捉到专家的真正意图，并以此来进行搜索和联想式推荐，从而更准确地向专家推荐最符合其需求的知识内容。进一步构建基于工作流的知识推送功能，结合专家研讨问题背景、研讨环节，对其中涉及的知识进行识别、检索、筛选及主动式推送，从而消除跨领域专家研讨时的知识壁垒，辅助研讨过程的连贯顺畅开展。

6. 基于软总线的模型工具快速集成系统

工具快速集成系统主要面向专家研讨和分析过程中的数据分析、假设性检验，通过建立开放式、基于软总线的模型工具环境，可以实现基于数据驱动的模型和工具集成，基于统一的集成环境实现相关分析结果和数据的传递，为跨领域专家开展协同分析提供方法和工具支撑。

体系论证工具集，以军事战略的需求分析、需求管理、体系建模、分析设计、交互验证、效能评估和体系优化为核心，构建覆盖装备论证全生命周期工具链，实现多软件/模型互联，支持不同任务场景下装备的功能、接口、指标的需求分析和验证，为装备论证提供工具支撑环境，全面提升武器装备体系论证、规划、分析和设计等能力。

模型工具管理模块，构建面向复杂问题的分析工作流支撑工具，形成融合体系架构设计、仿真、分析评估在内的开放式工具集成能力，实现跨平台分析工具的联合运行及同一过程管理与控制。在完成对定制化分析工具、商业软件或实验数据等要素的综合集成的基础上，通过后台调用环境内置的高可靠性实验设计技术、近似模型技术及参数优化技术，实现分析流程自动化运行，并基于工作流分析结构进行数据挖掘与智能分析。

模型工具接口管理模块，模型及工具的集成主要通过平台直接接口、通用接口或定制化接口实现，各模型、工具间的数据交互规则通过参数映射或文件映射的方式实现。分析流程的自动化运行主要通过引入近似模型技术，建立起分析过程输入参数与输出参数间的近似关系，通过将输入、输出关系进行可视化，分析输入变量对于输出结果的影响，实现对相关结果的影响分析。

7. 支撑专家判断的辅助决策分析系统

针对体系论证过程中的重大决策问题，以辅助决策方法工具、决策信息支持服务为手段，为决策者提供支撑决策的各类数据、信息、决策分析模型等，辅助决策者明确决策目标和进行问题的识别，建立决策流程，针对各种备选方案进行评价和优选，通过人机交互功能进行分析、比较和判断，为正确的决策提供必要的支持。

辅助决策分析工具管理模块，构建辅助决策分析方法库，结合专家对体系论证过程中涉及的各类决策需求，构建基于规划方法、系统模拟方法、预测分析方法、指标评价方法、多目标决策方法等不同的辅助决策分析方法的工具体系。

基于流程的辅助决策分析模块，通过对辅助决策方法分析流程的研究，针对各阶段的任务目标、工作特点、数据交互，依据典型辅助决策方法分析流程，构建流程方法模板，为决策流程方法和工具的统一调取与组合使用提供支撑。

基于案例的辅助决策工具推荐模块，以辅助决策支持系统应用案例为对象，采用面向对象的方法，对决策案例中的信息进行统一结构化描述，按照模块化和分层化的方式进行管理，基于案例框架和决策特征描述的方法对案例的主要决策问题所属类型、特征、决策方法与过程、解析模型、参考数据信息、决策结论等内容为决策者提供相关案例推荐，以实现对于后期复杂问题决策方法选用的引导。

8. 基于合作与贡献的专家管理与推荐系统

基于内容的推荐算法直接根据问题与对象之间的相似程度来完成推荐，其本质是找到计算问题与专家之间相似度的方法，然后返回给研讨组织者与其问题模型最相近的专家。目前基于内容的推荐算法采用了许多机器学习的方法和思想，其中信息获取、信息过滤以及相似度计算是基于内容推荐算法的核心问题。在此基础上，结合协同过滤算法和基于内容推荐算法，可进一步完善形成混合技术型推荐系统。由于协同过滤推荐系统以及基于内容的推荐系统各自侧重于不同的应用场景，混合推荐系统将二者相结合，扩大了推荐系统的应用场景。

基于合作的跨领域专家管理工具，围绕跨领域专家在体系论证中的多角色属性，构建多维度专家管理工具，建立包括专家所属领域、地域属性、隶属机构、科研能力、管理能力、组织能力等多维度的专家管理工具，支撑综合集成研讨厅的专家选择与推荐。

基于贡献评估的专家评价工具，通过构建专家在研讨过程中的意见贡献率分析模型，对专家意见的可信度、科学性、客观性、影响力以及对结论的影响作用进行评估分析，为研讨厅专家评价与推荐提供数据支撑。

基于评价的专家推荐服务，通过对专家描述文件的模糊文本分类和特征提取，建立专家的知识模型。针对研讨活动，利用 LDA 主题模型挖掘隐含主题，基于改进的余弦公式，计算得出研讨主题向量与专家知识模型向量之间的相似度。进一步融合专家评价数据，构建专家综合评分模型，并建立推荐效果反馈机制，动态调整专家相关度和历史评价数据加权因子，实现不断优化的专家推荐算法，使得专家推荐效果更加贴合研讨活动实际需求。

9. 面向战略规划的模型工具与知识体系构建

综合集成研讨厅作为一个通用性的底层分析平台和方法，具有一定的普适性，但在具体分析过程中，需要引入特定的知识和模型作为支撑，为专家研讨提供信息输入和工具支撑。因此面向体系论证的综合集成研讨厅需要在通用的平台框架下构建自身的知识库和模型库。

面向战略规划的模型工具体系，主要围绕体系工程阶段对于需求获取、情报收集、体系设计、作战仿真和效能评估流程，选取相应的方法和工具，通过模型接口开发和数据集成，为基于模型的体系设计提供支撑。

面向战略规划的知识体系，重点以国防装备、作战力量作为本体，构建包含技术、装备、机构多维度信息的知识库，为军事战略论证提供信息支撑。同时构建战略论证法库、多领域专家资源库以及论证案例库，以支撑战略论证工作中各环节的资源需求。

（二）智能化军事系统综合集成研讨厅关键技术

1. 基于语义网和社会网络分析的知识整合与推荐技术

针对显性知识和隐性知识的特点，研究提出一种基于"关系"的解决方案，即针对显性知识的语义网技术与针对隐性知识的社会网络分析方法。语义网技术对网络的资源进行了良好的定义，为组织间的知识整合搭建了良好的平台。而社会网络分析能很好地解决战略规划与管理活动中隐性知识资源的管理问题，推动组织间的知识整合与推荐。因此，在对语义网技术、知识整合理论、社会网络分析、交互记忆系统以及知识推荐理论进行全面分析的基础上，通过研究组织间的知识整合与知识推荐的需求，将显性知识的管理和隐性知识的管理纳入了一个统一的基于"关系"的框架之下，面向复杂战略规划与管理问题为专家提供系统化的知识服务。

2. 基于多层前馈神经网络案例推理的柔性决策技术

针对复杂问题决策，通过建立认知模型对专家思考和处理问题的行为进行分析，将待分析的复杂问题或情况以目标案例的形式与源案例进行匹配，通过对案例的规范化表示、经过多层前馈神经网络的检索、类比转换以及类比验证等过程，在具有"相似"性质的领域中进行转换和学习，包括类比推理和假设推理等，绕过"知识获取"的难题，以实现不完全信息问题的求解与学习。

3. 基于复杂网络可视化的专家意见场分析技术

复杂网络可视化主要研究目的是在专家综合集成研讨过程中，从整体上更好地把握网络的主要成员、结构层次关系，通过对复杂网络压缩的研究，更清晰地展示网络的主要节点及主要关系，降低大规模网络分析的复杂性，以社区挖掘算法及可视化布局算法及压缩算法结果为基础，按照网络动力学原理，展现专家研讨过程中的意见焦点以及以意见场为核心的专家交互关系，为研讨内容的分析与最终结论的生成提供定量化和可视化的数据支撑。

4. 基于多 Agent 的分布式智能群决策支持技术

针对复杂决策问题通过研究 DIGDSS 中多个 Agent 之间的组织结构、组织行为、角色关系、交互推理等，结合多维群决策等群决策方法，提出专家角色定义、静态结构、和交互行为的建模方法，从而更为稳定、有效地描述组织特性，为专家研讨过程中的群决策问题提供更为科学的组织和分析手段。

5. 面向综合集成研讨的关系数据库知识表示模型构建技术

围绕战略规划相关问题，利用关系型数据库的特点，模仿智能语言的知识表示方法，研究提出一种新的以关系型数据库作为知识表示载体的模型，采用数据与操作方法相分离的形式，通过事实库、规则库等相应关系模型的构建，在一定程度上克服知识表示能力低、不够灵活的问题，为复杂问题分析提供更为灵活和丰富的知识信息。

6. 基于结构元理论的模糊多属性群决策方法研究

针对复杂问题的模糊多属性决策，研究模糊结构元表示方法在决策领域的应用，通过结构元理论的引入简化传统决策的复杂运算过程，提出折中型多属性群决策方法，通过综合不同专家就方案属性做出的模糊评价，将模糊数的复杂运算转为单调函数间的序关系来描述模糊数之间的序关系，以解决模糊多属性决策问题。

7. 面向科技规划和战略决策的复杂业务模型构建技术

围绕科技规划论证与战略决策需求，面向军事科技发展的应用系统具体应用领域，构建支撑战略分析、规划设计、多规关联分析、资源协调、规划评估、重大项目监管、资源优化配置等分析模型，从时间维度、能力需求、技术牵引等方面为科技规划和战略决策提供多元联动的业务分析手段。

第五节　结　　语

现代国防和军队建设是一个庞大的复杂工程，现代战争更是充满了不确定性和不可预测性，实施科学的军事复杂问题决策必须要有科学的手段做支撑。从定性到定量综合集成研讨厅是西方还原论和东方整体论有机统一，具有典型的中国特色，经过多年的不断探索、完善终成科学体系，为我们从宏观上研究和解决军事复杂问题提供了有效途径。人工智能在军事领域加速应用，一方面为作战理论、军队建设、武器装备和作战运用等问题研究提出了新的挑战，另一方面，人工智能技术的发展，为构建集态势、平台、数据、模型、方案、计算分析和应用于一体的综合集成环境，满足态势分析、军情展现、军力评估等要求，实现战略决策有依据、规划制定有支撑、资源配置有标准、督导落实有抓手，有力推动复杂军事问题决策由粗放型经验型向科学化精细化转变提供了新的技术手段和解决方案。基于以上考虑，智能时代的军事系统综合集成研讨厅面临新的发展机遇与挑战，应适应新形势新要求、采用新技术新手段，不断完善体系架构和要素构成，为解决当前和未来军事复杂问题提供科学有效的解决方案。本章围绕智能化时代复杂军事问题分析与求解需求，应用前沿的复杂系统研究方法，以及数据分析、人工智能、机器学习等先进信息技术，探索构建海量知识信息与工具体系，实现对跨领域的海量知识体系、雄厚的信息资源和广泛权威的专家体系的集成运用，以及理论与技术、定性与定量、个人能力与群体智慧、人与计算机等的有机结合和有效集成，为决策问题进行系统、动态、全过程分析和求解，为跨领域"人机结合、人网结合、以人为主"的复杂问题结构化分解、专家研讨与辅助分析、意见综合与方案集成、效果评估与迭代优化等方面提供支撑和参考。

参 考 文 献

[1] 卢明森. "从定性到定量综合集成法"的形成与发展 献给钱学森院士93寿辰[J]. 中国工程科学, 2005（1）: 9-16.

[2] 戴汝为, 操龙兵. 综合集成研讨厅的研制[J]. 管理科学学报, 2002（3）: 10-16.

[3] 李昊. 基于综合集成研讨厅的灾后农房重建设计与施工研究[D]. 上海: 上海交通大学, 2011.

[4] 卢明森. 钱学森大成智慧思想的提出、形成与实践探索[J]. 钱学森研究, 2018（1）: 33-51.

[5] 冯国瑞. 从定性到定量综合集成方法与唯物辩证法[J]. 西安交通大学学报（社会科学版）, 2004（4）: 58-66.

[6] 章红宝. 钱学森开放复杂巨系统思想研究[D]. 北京: 中共中央党校, 2005.

[7] 于景元, 周晓纪. 从定性到定量综合集成方法的实现和应用[J]. 系统工程理论与实践, 2002（10）: 26-32.

[8] 黄欣荣. 复杂性科学的综合集成方法及其意义[J]. 重庆工学院学报（社会科学版）, 2009, 23（5）: 91-96.

[9] 杨文哲. 在变与不变中探寻智能化战争制胜之道[N]. 解放军报, 2019-10-22（007）.

[10] 苏东平, 魏作凯. 军事系统综合集成方法探析[J]. 南京政治学院学报, 2008（4）: 86-90.

[11] 刘珺, 王文华. 人工智能军事应用发展扫描[J]. 军事文摘, 2020（17）: 11-15.

[12] 张申，季自力，王文华.透视未来的信息化战争[J].国防科技工业，2019（7）：42-45.

[13] 尹峻松，李明海，李始江，等.积极应对战争形态智能化挑战[J].新华月报，2020（4）：118-120.

[14] 马荣升.智能化战争研究离不开辩证思维[N].解放军报，2019-07-04（007）.

[15] 李耀东，崔霞，戴汝为.综合集成研讨厅的理论框架、设计与实现[J].复杂系统与复杂性科学，2004（1）：27-32.

[16] 齐小刚，李元左，常显奇.空间军事系统综合集成研讨厅体系功能需求分析[J].系统工程与电子技术，1999（2）：15-19.

[17] 何雷.智能化战争并不遥远[N].解放军报，2019-08-08（007）.

本章作者：杜琳琳、张雁东。

第八章 基于模型的军事系统工程基础与应用发展

第一节 引　　言

未来世界面临的关键问题之一是如何满足人类和社会日益复杂和快速演变的需求，为应对人类心理和身体、社会经济和文化等方面的巨大挑战，系统工程理论和实践在不断发展，致力于寻求最佳的技术途径。我们期待在各个领域系统工程学科将呈现更宏大的格局以及解决方案的多样性。当前，国际社会呼吁人类更加关注系统，使技术发展对我们的社会和环境做出积极的贡献，并有利于增进人类福祉和提升生活质量。系统工程必须融入普适的工程、文化和经济环境中，系统解决方案的技术也必须根据相应的组织形态、区域能力和资源进行定制，完整的系统生命周期分析以及安全、可靠和可持续的实施方法是成功的系统解决方案的关键推动力。

国际系统工程委员会（INCOSE）作为全球工业界、学术界和政府领域的系统工程引领组织，2014 年 8 月推出《变化中的世界——系统工程 2025 愿景》（A World in Motion-Systems Engineering Vision 2025），面向公用事业、国防、交通、金融、医疗健康等多个领域，为满足全球共同面对的错综复杂的需要，谋求在系统工程学科中引入全新和独特的视角，由此服务于政策制定者、工程主管、学术研究和实践人员以及工具提供商等，巩固各类利益相关方的投入以及开展与其他各类专业研究团体的持续合作，从而进一步激发和引导系统工程的发展。

在军事方面，由于相比其他任何组织都需要获取更多类型和更复杂的系统，而军事管理部门无法从现成的商品目录中选购到核潜艇、隐身飞机或侦察卫星等，复杂的军事系统必然是高度定制化的，根据客户的具体需求而建造的。因此，长期以来，军事领域不仅影响系统工程的实践，而且事实上始终决定着系统工程以及相关学科的创立和发展。目前，各主要国家都建立了庞大的国防采办体系，这是一个耗费大量人力和巨大资金且高度规范化的流程，期望于准确地确定国防战略要求并获得满足这些要求的能力。其中涉及众多参与方的管理以及众多系统或组件产品的概念构思、设计开发、制造生产与集成运用等，但其中流程和管理的核心就是系统工程。

系统工程方法正是强调创新始于概念探索阶段，通过对外部需求的定义和细化，在需求分析和方案权衡阶段确定系统的逻辑框架，将功能分解/分配到系统结构组成的各层子系统/组件中并确定系统产品的物理构型。在系统生命周期中依照结构化的流程，开展层次化的文件、规范和模型的传递（输入/输出）和沟通（迭代/递归），从而引导和控制各个工程技术、专业工程领域的设计、综合和验证过程，系统工程应用的目的在于达成交付装备系统的整体功能和性能指标的优化与平衡，其中的核心思想是"综合即创造"。

当今，系统工程（SE）经历着从以文档为核心向以模型为核心的范式转型，基于模型的系统工程（MBSE）方法在"模型驱动"的背景中支持多类流程、方法和建模与仿真工具的集成。当前，全球防务领域的系统工程正处于数字转型的关键战略窗口期。例如，近年来美国国防部大力推动数字工程战略，强调使用权威的数字系统模型，作为跨学科支持从概念到报废的系统生命周期活动的连续体，确保武器系统的设计、开发、交付、作战运用和持续保障方式的现代化。

INCOSE 给出的 MBSE 定义是：使用形式化模型来支持广泛的系统工程活动，包括需求定义、设计、分析、验证和确认。这些活动从概念设计阶段开始，并延续到整个开发和后续的生命周期阶段，确保 SE 流程的严谨性、复用性和创造性；提高系统设计的质量、完整性和正确性；降低需求分析、设计、集成和测试以及其他活动中的风险；加强跨组织和跨学科活动的沟通和同步。MBSE 的动机可归结为：使系统工程师能够更好地应对技术上和工程项目上的复杂性，提高整个 SE 生命周期中活动和产出的效率及质量，增强将客户需求转化为有效运行的、可承受的系统解决方案的信心。

第二节 基于模型的系统工程的学科基础

当今，系统工程领域亟待解决的问题涉及扩展系统工程学科的理论基础、跨越各个领域扩大系统工程的应用实践范围、应用系统工程流程制定与社会和自然系统相关的策略、提升系统建模工具和多学科联合仿真应对复杂性问题的能力，以及加强系统工程专业人员的教育与培训。其中，包容和理解各种工程领域理论和方法的多样性成为基于模型的系统工程学科发展的基石。

在传统系统工程的科率化流程活动中，MBSE 呈现的特征是结构化地导入模型的规范定义和建模语言工具的支持。系统模型作为系统抽象的简化表达方式，可提供所关注系统多个方面的深入透视和深刻见解，如功能、结构、属性、性能、数据、服务及成本等。在复杂系统架构设计的早期阶段，系统建模构建了完整的实体对象，从而记录和传递系统的需求、功能、任务能力、性能评估、权衡分析、成本估算以及风险预测等内容。在军事领域复杂系统的开发中，尤其是面对十分严苛的运行条件，系统建模和仿真是全面评估系统效能最有效的方法，在某些方面也是唯一适用的方法，例如：弹道导弹防御系统以及大规模杀伤性武器评估等。此外，先进的仿真技术，例如飞行模拟器、指挥与控制模拟中心，在支持系统运行的人员培训方面也具有极高的效用/成本比。

一、模型及系统建模的相关概念

建模是大多数工程学科共享的实践，例如，电气工程领域使用电路设计模型、机械工程领域使用三维计算机辅助设计模型、软件工程领域使用软件设计和架构模型等。每个学科都有其独有的建模语言及其对应的语法与语义，作为该学科专业人士交流的方式。系统建模确保系统概念的具体化和正规化开发及实现，支持系统的分析、规范、设计和验证。由于系统建模将发生在多个层级：组件、子系统、系统、体系（系统之系统，SoS）乃至复杂组织体（Enerprise），因此需要不同类型的模型来表达系统，并支持跨越不同学科领域实现不同类型模型的集成。纵观系统的整个生命周期，系统建模语言在定义特定领域的系统概念方面起着关键的使能作用。

在 MBSE 实践中，我们通常还在沿用传统系统工程生命周期中的流程活动。以往将流程视作系统工程的首要元素，对于 MBSE 而言，另一个与流程同等重要的元素是系统模型。流程中创建的核心制品——系统模型，将与系统技术基线的其他方面一同进行管理、控制和集成。与传统的以文档为中心的系统工程相比，基于模型方法的目的是在设计早期就能在数字空间中给出系统架构这一顶层概念解决方案，并在尽可能大的方案空间中开展权衡探索以及选用已成熟的系统制品，达到基于共识的事实以支持系统开发和实现、团队的沟通、协调和决策，从而显著提高系统规范定义和设计质量，降低系统开发、运行的风险和成本。

由 INCOSE 和对象管理组织（OMG）联合赞助的 MBSE Wiki 提供了 MBSE 规划、学术研究、工程应用等关键主题。在《基于模型的系统工程（MBSE）方法论综述》一书中对系统建模方法、流程和工具进行了广泛的研究，确定了多种备选的 MBSE 方法论和系统建模语言，其中 INCOSE 的面向对象的系统工程方法（OOSEM）就是一个领先的行业实践典型方案；而另一种常用的称为对象过程方法论（OPM），将系统模型与项目的 WBS 合并，统一的 OPM 模型可捕获项目活动以及系统组件和功能。

解决不同种类系统及其不同方面的问题，需要多种类型的模型以及对应的建模语言，针对预期系统目的和范围而选择合适的模型类型尤为重要。模型分类方法多种多样，如形式化和非形式化，物理和抽象，描述性、分析性和混合性模型，领域特定模型和系统模型等。

初始的分类法是按照形式化模型和非形式化模型来划分。因为系统模型是系统的表达形式，形式化程度不同的多种表达方式都可视为模型，如系统组成的示意图、关于系统功能的文字描述以及由定义良好的建模工具绘制的系统结构或行为的模型图。非形式化模式可以用文字撰写对系统的描述，除非对自然语言中的术语含义都能达成某些共识，否则可能会缺乏严格的精确度，并且语言表达中可能会有大量的歧义；而形式化模型具有良好定义的语法、相关领域模型元素含义的语义并由对应建模语言所支持的建模工具所创建。

作为系统高层模型分类的起点，模型可以是系统的物理、数学或逻辑的表达，数学和逻辑模型都是系统的抽象表示形式,抽象模型又进一步分为描述性(类似于逻辑)或分析性(类似于数学)。

描述性模型用以表达逻辑关系,例如,系统组成结构树中的整体-构件的隶属关系、事件之间的互联关系、组件执行的功能或是用于验证系统需求的测试用例等。典型的描述性模型还可描述系统的功能或物理架构,如系统的三维几何表达(点线图、线框图等方式)。分析性模型描述数学关系,例如,针对系统参数进行定量分析的微分方程组等。分析性模型可以进一步分为动态模型和静态模型。动态模型描述了系统的时变状态,可以表示系统的性能,例如,飞机的位置、速度、加速度和随时间推移的燃料消耗。静态模型执行的计算并不代表系统的时变状态,如对系统或组件的质量(重量)属性估算或可靠性预测。

混合模型包括如上所述的描述性和分析性两个方面,但模型专注于某一个方面,描述性模型的逻辑关系也可用于分析和推断系统的合理行为,而逻辑分析提供的理解与系统参数的定量分析又有所不同。

领域特定模型类别如系统的特性(例如性能、可靠性、质量/重量特性、功率、结构或热模型)、设计和技术实现(例如电气、机械和软件设计模型)、子系统和产品(例如航空电子、网络通信、故障管理或配电模型)、系统应用(例如信息系统、航空航天系统、指挥和控制系统或医疗设备模型)。此时,模型的分类、术语和方法通常适合于特定的应用领域。例如,当对组织或业务进行建模时,行为模型可以称为工作流程模型或业务流程模型,而性能建模指与组织或业务流程相关的成本和进度绩效。单个模型可以包括上述类别的多种,例如,对于飞机或卫星等的航空系统通信子系统的电气设计,定义一个涉及可靠性、热和供电功率的模型。

系统模型可以是具有描述性和分析性的混合模型。它们通常跨越多个建模领域,必须对其进行集成以确保一致和连贯的系统表达形式。这样,系统模型必须提供通用的系统构造和跨建模领域共享的特定领域构造。MBSE中的模型是形式化的、完整的并且具有明确的语义,而系统模型是可应对系统多个层面集成的模型。系统模型提供通用的系统及跨领域共享的特定构造,其中包括多个视图,不同视图代表利益相关方所考虑的系统的不同方面,视角可视为构建特定视图的规范用以解决各个利益相关方的关注点。

系统模型重点是关注整个系统——由硬件、软件、控制设备、用户界面、网络和其他元素组成,共同为客户的需要提供解决方案。INCOSE 2025愿景中指出,未来系统工程将是基于模型的。然而,为了使其有效开展,这种策略必须建立在对架构的形式化描述基础之上,也就是说,使用合适的工具并符合适用的标准和方法来构建架构模型。

将架构,特别是架构模型,作为系统工程流程核心的观点,是成功利用先进技术满足当今社会需要的关键。在复杂的高技术、信息和网络密集的系统中,这种观点尤为重要。架构是具有共同科学基础的系统、体系以及复杂组织体的基本组织方法,体现组成元素之间及其与环境之间的关系以及指导其演进的原则。系统架构代表着系统模型的组织形式,旨在从初始运行概念到生命周期的整个过程中满足需求向实体/元素的分配,使用形式化模型的集成来表达系统或复杂实体。系统架构要阐明系统结构、接口以及内部和外部关系；实体及其元素在内部和外部呈现的行为；实体及其元素必须遵循的背景环境规则。系统架构可以通过一组标准视图来呈现，一般包括需求、功能、结构和参数视图，以及用于解决系统可靠性、安全性、安保性及多学科的特定视图，如图 8-1 所示。从某种意义上来看，MBSE 的所有努力都在体现这一原则——系统架构的开发增加达成真正的优化系统解决方案的目的。

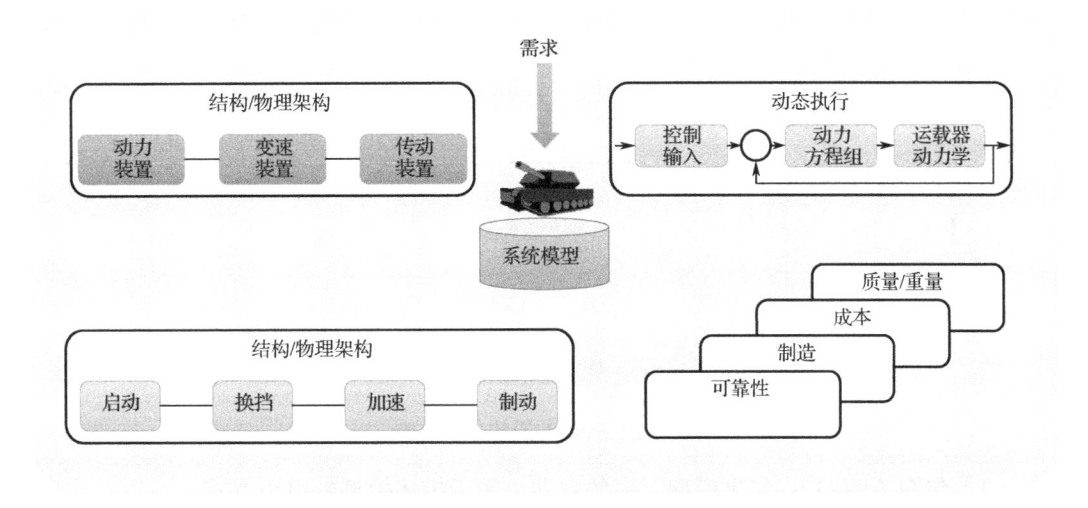

图 8-1　基于模型的系统工程中的系统架构

二、系统建模语言（SysML）发展概述

基于模型的系统工程建立在面向对象的方法之上，而统一建模语言（Unified Modeling Language，UML）是最被广泛接受的面向对象的建模和分析标准。系统建模语言（SysML）是由 OMG 和 INCOSE 共同开发的一种图形化的建模语言，在 UML2.0 版本的子集重用和扩展的基础上，提出一种新的系统建模语言。就像 UML 是一种支持面向对象的软件工程中使用的建模语言一样，SysML 是系统工程使用的建模语言。SysML 可直接或通过与其他模型的接口集成，对包括硬件、软件、信息、人员、程序以及设施等复杂系统的各个方面进行建模，用于系统的需求规范制定、分析、设计、优化和验证等。SysML 依据结构、需求、参数和行为来描述系统，图 8-2 说明了 SysML 各类型的模型图（Diagram，简称：图）对于 UML 的继承关系以及结构的层次关系

（一）结构图

结构图描述了系统如何集合成为系统的架构，结构图由包图、块定义图和内部块图组成。块（Block）是 SysML 中的模块化结构单元，定义系统中的一个组件（Compoment）或者一个项流（Item Flow）。项流表示在系统以及外部实体、概念实体或其他逻辑抽象对象之间流动的物质、能量和数据流。结构提供组成构件、值特征等的规范，值特征描述块的物理和性能的量化特性。

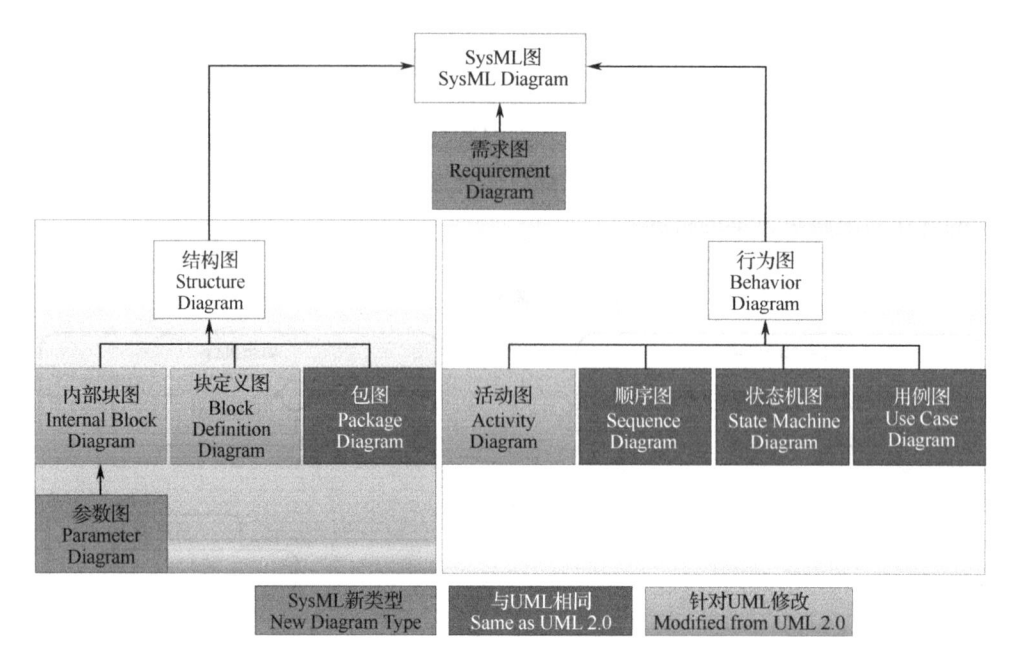

图 8-2 SysML 图的分类结构

（1）包图（PKG）：包是模型元素的容器，用于描述模型的组织方式。

（2）块定义图（BDD）：根据结构特性、行为特性、块之间关系以及参数约束来定义块的特征，表征系统的分解形式和组成元素的类型分类。内部块图依据组成元素的互联方式来描述块的内部结构，用以表达元素内部的连接关系以及连接中流动的物质、能量和数据的类型（信息）等。

（3）参数图（PAR）：使用方程及其参数来定义块的约束，通过将块元素的值变量的表达式（约束参数）注入于各种元素的模型中，SysML 模型就具有了表达任何形式的复杂数学模型的能力，不仅可直接映射到其他的仿真分析工作之中，而且可与系统的任何形式的复杂结构模型（物理模型）连接，极大地提高了系统建模语言的功能性和可扩展性。

（二）需求图（REQ）

需求规定了系统必须满足的功能或条件、必须执行的功能或系统必须达到的性能条件，SysML 需求图显示需求与分配需求的系统元素之间的联系，以及需求与用于验证需求的数值来源之间的联系等。SysML 需求元素中包含以下内容：需求名称、标识号 ID、文本和追溯性等，需求图描述了需求及其与其他需求、设计元素和测试用例的关系，以支持需求的追溯性、满足性和验证性。

（三）行为图

行为图反映块如何与环境交互、如何处理输入和输出以及其内部状态的变化过程。行为图描述系统必须执行什么来满足需求，并由活动图、状态机图、序列图和用例图所组成。前三个图描述块的行为，而第四个图——用例图，从系统使用者的视角描述系统的行为。

（1）活动图（ACT）：操作过程是活动的基本组成部分——接受输入并产生输出。活动图通过描述操作过程执行的顺序来展示行为过程，并描述将输入转换为输出的操作过程。使用活动图来反映时间上的迭代并对与时间相关的活动进行建模。输入到输出的转换有时也会通过使用其他SysML图来实现，例如从活动图中调用的参数图。

（2）状态机图（STM）：状态是块在生命周期中的一个重要形式。状态机图根据块的状态及其之间的转换，描述块在整个生命周期中与状态相关的行为。

（3）序列图（SD）：以动态的视角来表达行为与事件发生的顺序，将块的结构元素之间的交互描述为消息交换的序列。

（4）用例图（UC）：从系统使用者的视角，将系统作为"黑盒"来描述系统的背景环境和目标，在系统开发早期的运行概念（ConOps）开发阶段，分析各种系统运行方案，确定系统的功能需求规范，以及进行组件用例向系统下层级的衍生和分配以支持系统架构的设计。

对于复杂体系、系统等具有的技术密集、信息密集和网络密集的发展趋势，SysML具备很大优势，其具有表达结构及其动态行为的完整能力，另外在物理设计建模与集成方面也取得进步，可以构建结构良好、内容全面的模型图，从而使各个层级、各个专业的工程人员易于理解，确保模型成为系统工程最强大、最有效的沟通工具。尤其是在系统架构模型中需要应对硬件、软件、流程、人员、信息以及网络等进行复杂设计和实现时，可应用到任何的详细分解层级，确保结构实体和元素绑定到需求、特征、功能、测试用例等环节。

三、基于模型的系统工程的应用演变特征

基于模型的系统工程代表传统系统工程思想发生了重大变化，以往的描述是以文档为中心的——文本规范、图形、表格等，虽也提及架构或者系统架构，但仅作为系统工程的阶段性的副产品，如设计方案的组件关系图。今天，人们普遍认识到系统架构模型的重要性，MBSE是以系统架构模型为中心，并与将客户需求转化为解决方案的所有流程活动相结合，如图8-3所示，同时表明系统架构是包含多个层次的模型——运行、逻辑/功能及物理视角的集成，作为系统工程的核心交付物（制品）；并且在系统生命周期中各个流程活动不断地交互，从而通过系统架构模型的定义、分析、仿真以及实现等，驱动着流程活动顺序推进以及增量开发的螺旋式迭代。

如开放组织架构框架（TOGAF）、Zachman框架、模型驱动的架构（MDA）、面向对象的系统工程方法（OOSEM）等行业领先的实践，都在融合那些已证实有效且对定义和开发复杂系统至关重要的原则。在MBSE中系统架构模型和虚拟原型系统在设计迭代、演进时同步展开，MBSE转型方向和持续演变正是建立在这些原则之上，其中包括：

（1）使用面向对象（O-O）的设计和分析方法，其中现代主流的架构实践利用抽象、封装、泛化、多态和其他面向对象的强大功能。

（2）将系统架构模型作为系统工程流程的核心，模型促进用户的理解及用户之间的沟通，从客户需求到所交付解决方案的各个阶段，贯穿于整个架构开发来保持严格的追溯性。

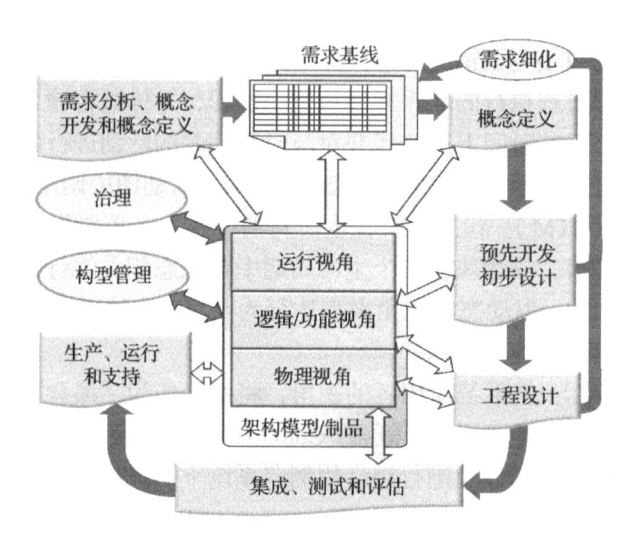

图 8-3 系统工程各流程活动与架构模型之间关系

（3）维护架构的完整性并跟踪需求的实现，结合客观的测量，利用质量属性提供一种评估功能/非功能需求满意度的机制。

（4）在各个不同抽象层级——从抽象到具体的运行、业务流程/工作流、逻辑/功能直到物理，构建和使用架构的可执行表达方式（仿真），其中建模、仿真和分析（MS&A）的应用有助于彻底审查备选的方案，与实际系统运行相比，模型的构建以及修改的效率更高、成本更低；架构开发从概念和抽象初始表达，发展到完全物理化的最终表达。如图 8-4 所示，其中系统原型由系统架构模型所表达，并将建模、仿真和分析（MS&A）与每个抽象层级相关联。

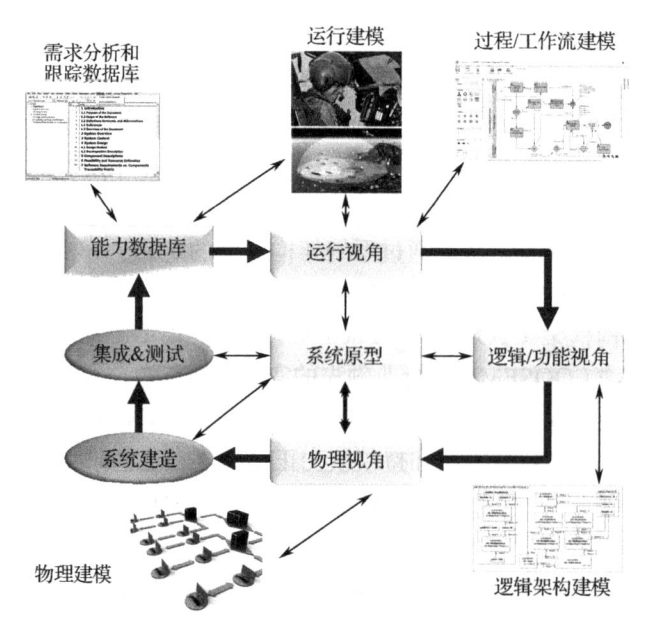

图 8-4 通过各种可视化工具支持系统架构开发的各个阶段

（5）将不断演进的系统架构与物理原型系统或虚拟仿真原型结合，支持严格的原型构建、分析并优化现有（或新）的设计，评估设计的未来演进情况，从而快速响应需求、运行环境以及其他因素的变化。

四、MBSE 在军事体系工程应用模式分析

随着全球新一轮军事变革的加速推进，军事复杂系统将由众多独立运行的系统组成，其开发和运行具有网络化高度集成以及演进性、适应性等显著特征。军事复杂系统涉及军事组织架构、作战概念（ConOps）、装备体系集成及装备系统采办等，构成典型的"系统之系统"（System of Systems，SoS），也称为体系——具有组成系统异构化、交互形式多样化、关联关系动态化以及体系目标演进化发展的特征。与体系有关的另一概念是复杂组织体（Enterprise），是用于支持特定业务使命的组织和跨组织实体，包括独立的资源（如人员、组织和技术），为达成共同使命而协调功能和共享信息。

作为一个新兴学科，体系工程（SoSE）基于控制论，试图解答复杂架构分析、控制、评估和仿真等方面的问题。其中，首要回答的是如何为这类系统进行建模。基于模型的系统工程原理、方法和工具同样适用于体系和复杂组织体，MBSE 日益被认为是解决复杂体系工程方法的关键。

（一）UPDM 统一防务架构框架

军事复杂组织体架构（EA）框架经历了从最初美国的 C4ISR 发展到 DoDAF，再与英国的 MODAF、北约的 NAF 合并，最终形成由国际开发的标准建模语言（UML/SysML）支持的统一防务架构框架（UPDM，Unified Profile for DoDAF/MODAF）。将 DoDAF 架构里各种视角，映射到系统工程的具体流程中，支持从体系级、系统级到子系统级各层级，以及对应从需求到设计、验证、确认的系统全生命周期各个环节的全视角分析，以期实现架构模型和系统工程流程的无缝融合。

为了理解一个体系，体系的模型将涉及不同的层级并包含多个视图，在体系的最高层级，关键的模型是表述体系的能力——能力视图，以及为达成确定的能力而共同运行的组成系统——系统视图。对于能力视图定义了具有一系列能力清单的"黑盒"对象。为了描述体系的组成系统，对于每个组成系统同样开发了"黑盒"的背景环境图。对于组成系统的"白盒"和能力，定义了对象块图描述其特征和能力。

其中，每一个体系的能力可被建模为两类视图：用户视角和组成系统视角。用户视图中产生了一系列的用例，从不同用户的角度描述了系统的能力，称为作战视图（也称运行视图）；而对于组成系统的视角，产生了一系列的顺序图，用以描述和分析某个体系能力对应的操作流，例如作战事件跟踪模型。顺序图可以从不同视角（例如逻辑的、分布的）进行开发，以推演出系统功能以及功能出现的位置，例如系统事件跟踪模型。

为理解各个组成系统之间及其与外部实体的接口，将会针对每个接口产生用于描述接口特征的基本接口块（Interface Block）；进而，也会针对接口中传递的每个项流，产

生一系列的输入/输出（I/O）实体类用来描述相关的属性。

通过对复杂系统和复杂组织体共同的科学基础进行详细分析，明确提出以系统科学的方式开展对复杂体系的全面和完整的描述，以架构的方法来定义并形成指导复杂系统工程数字转型与演进的原则和路径，以及以系统建模与仿真技术实现复杂系统的构思、设计、开发以及验证的数字链路。

军事复杂体系建模和仿真面临的巨大挑战是应对其组成系统的异构性、复杂性和演进性。传统方法中，大多数模型使用结构建模方法，提供有关不同组成元素的构成和运行方式的透彻理解，但忽视了组成系统或要素内部所具有的动态特性。特别是，复杂军事体系工程具有演进式生命周期的特征，MBSE中建模方法和流程将聚焦于理解组成系统及其关系、评估组成系统变化，并持续应对体系的新需求以及新技术方案的出现并做出选择。

（二）MBSE在军事体系工程中的应用模式

MBSE基本方法同样为体系工程（SoSE）学科的发展奠定了理论和实践基础，而体系工程更加关注于众多的集成化复杂系统的建模、控制、优化和诊断等。为了支持军事体系工程的建模与仿真的应用，MBSE提供整体图像，为满足各个利益相关方的需要，一方面实现组成元素（静态结构）的有效集成；另一方面使用顶层的运行概念，作为用例验证每个组成实体和元素的活动、交互以及状态（动态行为），并覆盖从使命到能力承接、作战概念开发、体系/系统架构设计以及装备体系集成验证等各方面，需要构建多层级、多类型模型的集成框架（见图8-5）。体系工程的建模方法需要在模型集成架构中，继承MBSE的特征综合结构建模和动态行为建模，确保架构能够完全地覆盖整体以及每一个组成的元素，依据组成元素的属性和行为模型，驱动端到端的仿真验证。

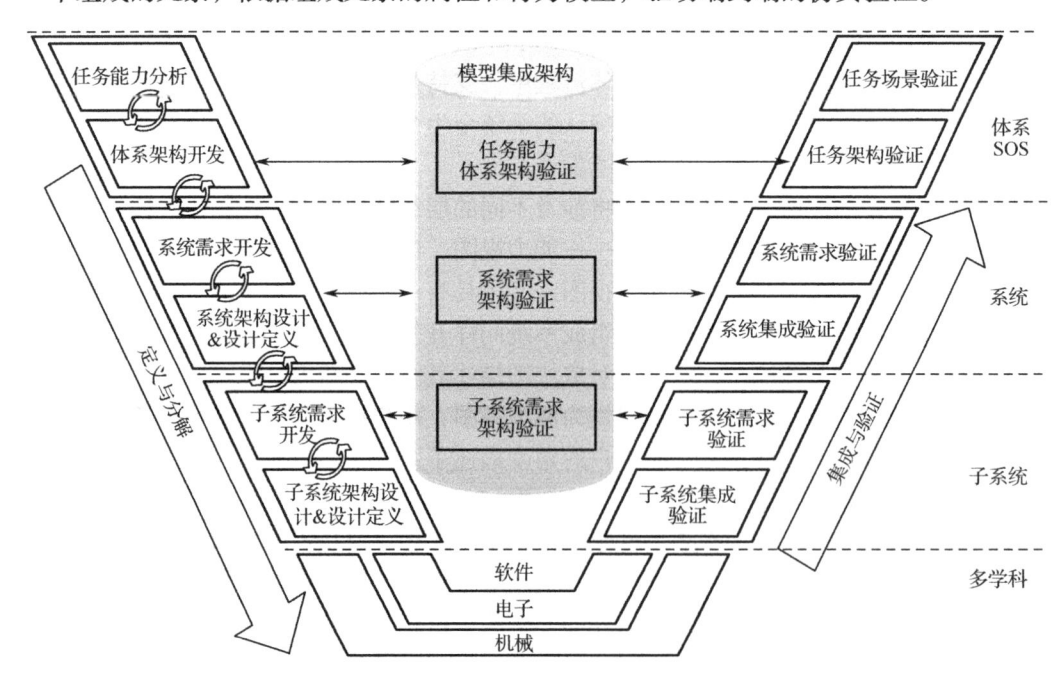

图8-5 面向军事体系工程的模型集成架构

第八章　基于模型的军事系统工程基础与应用发展

军事体系工程的建模和仿真总体上具有复杂性，通常，复杂性将会处于某一抽象层级或者某一细节层面之上。有效的解决之道不应是"大量模型堆砌"，而应是基于标准的"模型之模型"的方法，以 UPDM、SysML 为核心，从体系能力到系统组件，构建面向军事体系工程的数字系统模型集成架构，如图 8-6 所示。

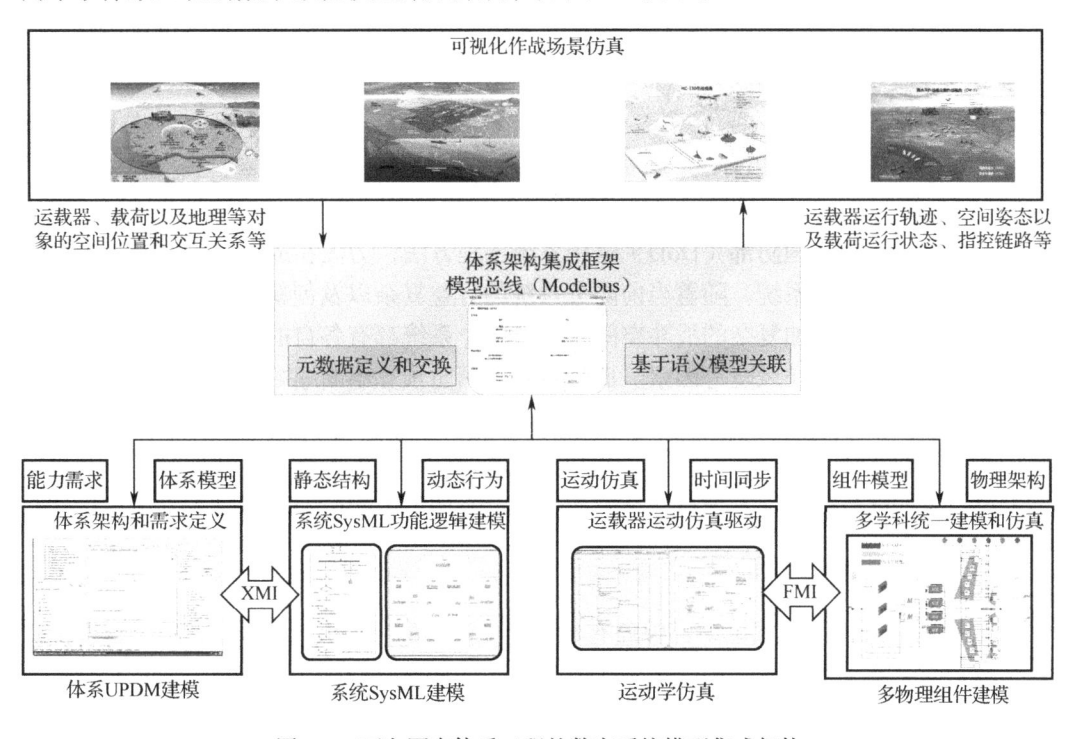

图 8-6　面向军事体系工程的数字系统模型集成架构

面向军事体系工程的数字系统模型集成架构技术研究，以作战概念创新为牵引，引导技术创新向军事战略方向流动，指导开展数字空间中从复杂军事能力到武器装备开发全过程模型驱动的构想、设计、实现、验证技术应用，构建涵盖基础理论、设计方法和流程、模型语言和建模规范、模型架构集成环境、模型驱动仿真验证的工程体系。通过概念牵引和技术推动的互动增强，引导数字技术转型向战斗力最大增值方向流动。瞄准未来联合作战概念，争夺技术发展主动权的新领域，运用军事架构和体系工程方法，明确定义军事能力、作战样式和武器装备体系并开展先期验证，指导装备体系化发展；牵引基于模型的系统工程转型，引发武器装备研制范式升级，建立军事领域和工业部门联合论证模式，快速形成满足军事需求的研发、集成和体系评估手段，确保装备系统开发和验证有序开展。

第三节　国外军事领域系统工程应用的新趋势

瞄准未来联合作战需要，现代军事领域的体系和系统的部署包括不同的作战单元，需满足各种作战构想，例如联合网络中心作战（NCO），聚焦于人员-赛博-物理系统的背景环境，有效地集成、管理、演进和运行多个相互依赖的异构系统。由于强依赖性和高集成性的特征，军事系统、能力和部队单元及其集成而构成体系的问题空间，挑战着人们对清晰和共享的体系理解的达成。另外，大多数大型防务系统通常由一家主承包商创建，该承包商在价格、进度、解决方案、能力和经验方面与其他承包商展开了竞争，以证明其是最适合完成这项工作的公司。而在实际运营中，政府防务管理组织对军事系统工程项目的监督和控制发挥着主导性作用。

一、美国国防部系统工程应用方向

长期以来，美国国防部（DoD）运用系统工程方法，力图在成本、进度和目标等约束下交付先进的武器系统。随着当前防务系统的日益复杂以及创新需求的不断增长，军事系统必须运行在更加复杂的战斗空间，并且每个系统都有各自的利益相关方、生命周期和工程项目成熟度和风险等因素。而随着美国国防预算不断缩减，所带来的挑战日益巨大，因为现在必须满足跨越多个领域逐步增多的利益相关方，要求项目和装备系统具有很高的互操作性。因此，美国国防部已经从采购独立系统发展到采购复杂和紧密集成的体系，从而在系统工程和项目管理方面，进一步加强采用严谨的流程和方法。

（一）典型案例和趋势

在过去的20年，美国国防部曾经有数个引人注目的项目大获成功，在很大程度上归功于健全的系统工程的原则和应用。例如，根据2005年兰德公司对海军计划的研究，指出F/A-18 E/F采购计划取得巨大的成功，可以归因于海军推崇的系统工程演进式的开发方法，在主项目计划之外为新的航空电子设备研发提供资源保障，在不影响整体项目情况下进行新的关键技术探索和验证，从而提高项目风险承受能力。当新航空电子设备研发出现了问题，依然可以选择现有的F-18C/D航电设备作为备用解决方案；另外，根据之前在F-18 A/B/C/D工程计划方面的经验，组建集成承制团队，负责系统的集成和合同的履行。

尽管不断地强调系统工程的重要性，美国国防部也从一些项目的重大失败中吸取了教训。例如，2010年F-35闪电Ⅱ计划：该工程计划的单价大幅增加，超过2002年基准57%以上，根本原因之一是在原型中发现了一个重大设计问题；2016年全球定位系统下一代操作控制系统：由于项目启动时系统工程工作内容准备不足，第0批次软件缺陷率高，第1批次设计需要重新进行。从2012年到出现违反纳恩-麦凯迪法案的事件，该工程计划成本估算从34亿美元上升到42亿美元，增长了22%。以上两个案例证明，缺乏适当的系统工程工作内容成为成本超支中的关键原因，表8-1给出2007—2015年美国国防部违反纳恩-麦凯迪法案事件中的严重和重大的项目数量。

表8-1　2007—2015年美国国防部违反纳恩-麦凯迪法案的数量

年　　份	严　　重	重　　大
2007	1	4
2008	3	1
2009	7	1
2010	4	4
2011	4	—
2012	1	—
2013	2	2
2014	1	1
2015	1	—

（二）与系统工程相关的变革

2011年，美国国防部进行了组织变革，以强调系统工程的重要性。负责系统工程的国防部副部长办公室（ODASD）被授予防务系统及其关键政策、实践和程序的联络和协调的权限，同时还掌管系统工程计划（SEP），作为所有主要防务采办计划的依据，为项目管理人员提供执行项目的重要系统工程框架，其中SEP模板涉及系统架构和接口控制、风险和机会管理、技术时间表及其风险评估、技术绩效指标和主要绩效指标、利益相关方管理、配置和变更管理、技术审查及其阶段的进入和离开准则以及工程工具等。同时，ODASD关注在整个DoD中成功执行核心系统工程活动所必需的教育、培训和能力培养，审查国防部系统工程培训内容，提出领域专家需更新核心胜任能力和经验的要求。美国国防部正在竭力获取、培训和留住最优秀的系统工程人才。

2010年，美国国防部还制定了一项名为"最佳购买力（BBP）"的倡议，在大型企业中灌输优秀的系统工程原理，并推进其组织结构、文化的变革。该计划由负责采办、技术和综合保障的国防部部长助理统筹，由23项原则组成，旨在提高国防部的效率和生产力。自那时以来，BBP已经进行了两次修订，BBP 3.0进一步扩展，其中的核心领域依赖于系统工程原则制定和实施，具体包括：控制生命周期成本、刺激和激励创新、消除非创造性流程以及提高员工专业技能和专业素养。

根据《2016年防务采办系统绩效年度报告》，美国国防部在改进采办方面正在不断取得进展，报告提供了强有力的证据，表明国防部在交付产品的成本、进度和质量方面已经发生变化并正在朝着正确的方向前进。在最大和最具风险的工程项目中，成本增长的5年移动平均线处于30年来的低点。具体来说，从2011到2015年，主要开发采办工程项目（MDAP）的合同成本增长从9%降至3.5%，这也是30年来的最低增幅。此外，自BBP实施以来，违反纳恩-迈科迪法案的项目数与MDAP工程项目总数之比出现下降的趋势。

美国国防部也已认识到，复杂性和先进性带来了成本的增长，同时工程计划的时间周期也在显著增加，从1980年的平均3年增加到2016年的平均6.5年。这些数据与正在开展采购的武器系统的复杂性直接相关,随着军事领域采办从独立系统转向体系,项目持续时间将继续增长。未来,美国国防部势必更加注重通过组织结构、文化和战略的变革,从其在系统工程的投入中获得可观的回报——涉及基础研究、武器系统开发及体系集成。

二、美军装备采办正向数字工程转型

2018年6月,美国国防部发布数字工程战略,宣称是国防部各机构与学术研究伙伴、工业企业、专业协会等广泛协作和互动的成果,表明其得益于多年来的技术、法律和社会科学的进步,并已证实数字工程实践在工程计划和多个作战领域发挥着作用。DoD将数字工程定义为一种集成的数字方法,以权威的系统数据和模型为源头,作为跨学科支持从概念到报废的系统生命周期活动的连续体。数字工程愿景是实现武器系统的设计、开发、交付、作战运用和持续保障方式的现代化,并用先进计算、大数据分析、人工智能、自主系统和机器人技术进一步改进工程实践。

(一)数字工程的目标

数字工程转型将应对武器系统部署和使用的复杂性、不确定性和快速变化等长期的挑战,其目标包含以下5个方面。

(1)形式化模型的开发、集成和使用。为复杂组织体和工程计划决策提供信息,第一个目标是建立形式化模型的规划、开发和使用方式,以模型作为跨生命周期的连续体,成为执行工程活动的一个必不可少的组成部分。模型的普遍使用产生系统的连续端到端的数字表达,从而支持工程计划和整个复杂组织体的一致分析和决策。

(2)提供持久、权威的真相源。将主要沟通方式从文档转移到数字模型和数据。支持来源于一系列通用的数字模型和数据的信息访问、管理、分析、使用和分发。因此,授权利益相关方拥有用于整个生命周期的现行有效、权威、一致的信息。

(3)融合技术创新,改进工程实践。纳入技术和实践的进步,超越了传统基于模型的方法。数字工程方法还将在端到端数字互联的复杂组织体中支持创新的快速实现。

(4)建立支持的基础结构和环境。在利益相关方之间执行活动、协作和沟通,促进建立强大的基础设施和环境,支持数字工程目标。它集成信息技术基础设施和先进方法、流程、工具以及协作的可信系统,增强知识产权保护、网络安全和安全保密管理。

(5)文化和员工队伍转型。全生命周期内采用和支持数字工程,最终目标是结合变革管理和战略沟通的最佳经验转变文化和员工队伍。聚焦于引导和实施变革,并支持组织的数字工程转型。

DoD数字工程转型计划以提高防务领域工程能力、继续捍卫美国及其利益为宗旨,面对不断变化的世界格局,DoD将联合工业企业、盟友以及合作伙伴并不断促进未来员工队伍之间的协作、业务发展和文化变革,彻底改进割裂的工程流程和避免工程计划不断延期和超支。数字工程转型将利用数字环境降低风险,加快原型系统的快速部署,为作战部队持续提供具有主导战争能力的武器系统。

（二）构建数字工程的生态环境

DoD 正在改变未来武器系统政府采办、开发、现场部署和持续保障的方式。系统工程转型（SET）计划将当前以文档为中心的系统工程转向以模型为中心的系统工程，技术基准是使用链接的模型和数字制品，建立的互联、可信的模型形式通常称为"数字孪生"。在基于模型的工程（MBE）中实现数字孪生，包括基于模型的系统工程（MBSE）、基于模型的制造（MBM）和基于模型的持续保障（MBS），支持权威的技术数据、软件、信息和知识，以便决策人员在需要时获得正确的信息。

为支持基于模型的武器系统采办，政府与工业企业基于模型开发和生命周期管理建立新型合作关系的生态环境，其中的数字制品涉及使命运行、能力及与复杂组织体架构的关联。数字工程生态环境关注数字制品的可移植性，进而提高用户可视化、开发、共享和使用模型特征的能力。MBSE 的一个基本原则是，在一个或多个描述性或分析性模型中使用数字制品，捕获设计真相，描述性模型或分析性模型以数字方式联合并连接。

数字工程生态环境在武器系统开发的早期做出关键且一致的设计决策，同时实现设计自由度的最大化。使用模型提高工程师转移设计知识的速度，同时减少了设计的模糊性。随着时间的推移，需要对大量信息进行决策支持，因为知识随着相互依存属性的集成而增加。因此，运用 MBSE 使用数字制品，将支持在高风险和高不确定性的设计中实现冲突目标和约束的权衡。

数字工程生态系统的终极目标是建立一个协作的运行概念环境，在整个系统生命周期中执行 MBSE，涵盖四个主要主题：定义 MBSE 目标和最终的状态；信息访问管理、知识产权和数据权利；与 MBSE 的协作开发实践活动；实现从数字制品中获取最佳价值的 MBSE 运行概念。

（三）建立单一权威真相源的关键

数字工程环境为利益相关方提供权威真理源，实现跨组织开展模型和数据访问、管理、保护和分析的目标。沟通的主要方式从静态和非连接的制品转向模型和数据，作为连接传统的孤立元素和在整个生命周期内提供集成信息交换的基础。如图 8-7 所示，利益相关方能够在整个生命周期中使用共享的知识和资源，在权威真相源内或通过权威真相源进行协作。

目前，在系统采办和开发生命周期的不同阶段和层级，使用了大量不同的建模工具和建模语言。实现单一的权威真相源的成功衡量标准，在于 MBSE 框架和运行概念中能够有效地结合所有这些不同的建模资源并形成一个集成的系统模型，核心问题是需要在战略层面贯通的两个主要的"鸿沟"，即在系统生命周期的不同阶段的模型和工具以及描述性模型与分析性模型。

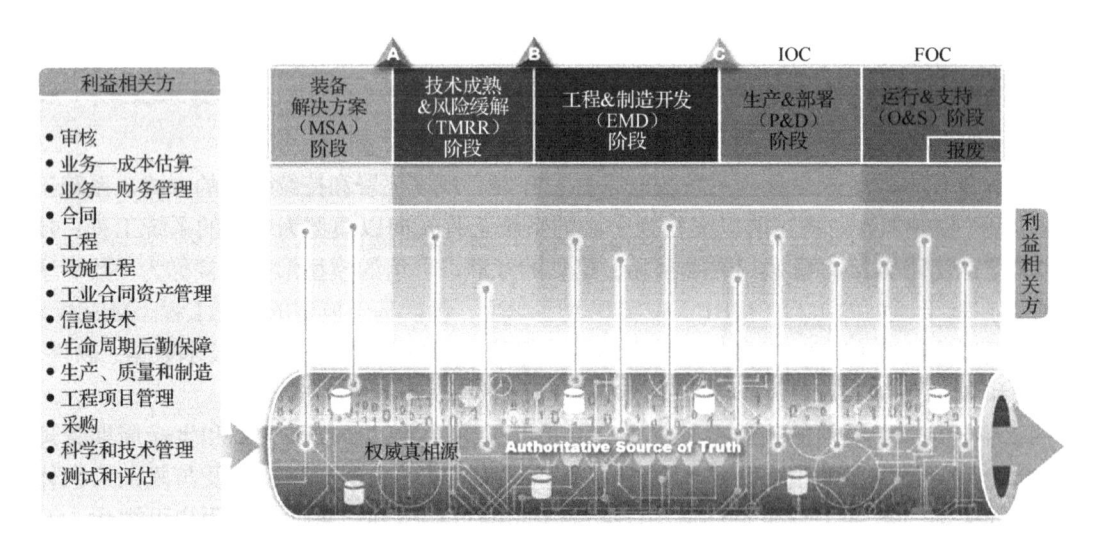

图 8-7 权威真相源

鸿沟一：给定系统的数字制品和模型，目前无法在采办和开发生命周期中的各个设计阶段和里程碑之间得到有效管理、转化和传递。主要是因为在每个阶段使用的模型和仿真工具都不相同，并且不兼容。例如，开发早期的使命工程、需求开发模型以及系统开发后期使用各种更专业的数学和计算机辅助工程模型之间是脱节的。通常，在不同阶段和里程碑之间，许多的大型电子表格和文档作为数字工程的"桥梁"。这一过程效率极其低下，而为了维护、更新和保证技术基线的完整性，给人们带来了巨大的负担。为实现给定系统生命周期中权威真相源的愿景，必须在未来的 MBSE 协作环境中解决这一鸿沟。

鸿沟二：分析性模型与描述性模型，这两类主要建模工具之间无法连接的根本性问题。一般来说，分析性建模工具侧重于支持对关键系统参数进行可量化分析的数学关系和方程；描述性建模工具侧重于捕获逻辑关系、系统构件之间的互连以及组件执行的功能或用于验证系统要求的测试用例。分析性模型和描述性模型本身代表系统的特定方面，并不提供系统的整体数字表达。

数字工程已成为全球军事复杂系统工程领域竞争的制高点，数字工程转型战略将面向未来联合军事作战能力形成和武器装备体系的持续演进，支持向作战人员快速地提供关键信息的能力，旨在推进应用系统和组件的数字表达方法，促使不同利益相关方之间采用数字制品作为技术沟通方式，鼓励防务系统采办在建造、测试、部署和保障方面的创新，培训和塑造掌握数字工程实践的人员。

（四）使命工程的发展和目标

2017 财年美国国防授权法案（National Defense Authorization Act，NDAA）第 855 条指示：国防部建立使命集成管理（Mission Integration Management，MIM），由此作为采办、工程和作战部门的核心活动，聚焦于围绕使命的所有要素的集成。美国国防部将使命（mission）定义为：具有共同目的的任务（task），明确指明将采取的行动及其原因。

更简单地说，使命是分派给个人或单位的职责（duty）。

美国国防部研究与工程副部长办公室将使命集成管理（MIM）定义为：（作战）概念、活动、技术、需求、计划和预算规划的同步、管理和协调，以指导聚焦于端到端使命的关键决策。使命工程是使命集成管理的技术子元素，作为一种面向需求流程提供工程化的、基于使命的输出（engineered mission-based outputs），指导原型开发、提供设计选项，以及为投资决策提供信息。

美国国防部向国会提交的使命集成管理报告（2018年3月）和国防采办指南（Defense Acquisition Guidebook，DAG）将使命工程定义为：为达成预期的作战使命效果，对当前和新兴的作战能力和系统能力进行深思熟虑的规划、分析、组织和集成。2020年11月，美国国防部发布新的一版《使命工程指南》，旨在定义使命工程相关的概念并描述使命工程所涉及的系统工程流程及活动。使命是指由多项业务活动共同达成的更重大、更高层的任务，使命工程作为系统工程领域涌现出的新概念，近年来得到了美国国防部的特别推崇并付诸于实践。使命工程与体系等概念密切相关，因为使命的达成离不开多个系统的协调及各系统的互操作性。

一般而言，使命工程描述系统工程在使命规划、分析和设计中的应用，这时使命成为人们所感兴趣的系统，不仅要分析使命的目标和线索，也要分析当前可用的、未来新兴的运行能力及系统功能，从而设计支持达成使命目标的使命架构。因此，使命解决方案的设计必须同时考虑运行（作战）、技术和采办及其集成的问题。正是由于体系的使命总是依赖于多个系统之间的行动协调和数据共享，故也将其称为面向使命的体系（Mission-oriented SoS）。

使命这一概念更多地应用于军事背景中，大多数的使命工程研究针对军事领域的实践，用于描述作战目的、活动以及装备系统等相关的流程和知识，提供有关军事体系的有效性测度及作战概念（CONOPS）开发的背景，通常是从原因（Why）、对象（What）、地点（Where）、时间（When）、人员（Who），以及方法（How）这6个方面进行思考。在军事领域，面向使命的体系体现针对对手威胁而由作战指挥官做出的作战构思、装备组合及部署运用等。使命中的任务由承担一项或多项业务活动的作战节点来完成，其中的作战节点可以是部队、单兵或武器装备系统等；作战活动既可以是将输入转换为输出的行动，也可以是系统状态更改的行动，系统正是通过执行作战活动来提供所需的作战功能。

使命工程是一种自顶向下的方法，其交付的工程结果主要用来确定增强的能力、技术、系统的互依赖性和架构，并且用来指导开发、原型设计、实验和体系建设，从而达成使命并缩小使命的能力差距。使命工程在作战使命的背景环境中运用系统和体系，通过指导能力的成熟来应对作战人员的使命需求，为利益相关者提供构建正确事物的信息，而不仅仅是正确地构建事物。使命工程的应用旨在面向未来联合作战概念的创新，引发体系工程（SoSE）新的研究方向和重点，支持围绕体系运用的核心成功测度（MOS）、体系效能测度（MOE）而推导主要装备系统的性能测度（MOP）及关键性能参数（KPP），从而围绕复杂装备体系的开发、集成和效能验证，构建更为严谨的体系工程技术流程及数字工程应用框架。

三、欧盟开发的体系工程方法论

体系工程（SoSE）生命周期反映了对 SoS 实现的持续的理解。SoSE 方法论的一个代表是由欧盟委员会开发的面向适应性和演进性的体系工程设计——DANSE（Designing for Adaptability and EvolutioN in Systems of Systems Engineering）方法论。

DANSE 方法论强调高度的迭代，旨在提供一种指导 SoS 在其整个生命周期中的演进和适应的有效方法，通过"由进化进行修正"的理念，使 SoS 满足用户的需求。DANSE 方法论所运行的生命周期模型中，SoS 具有启动阶段、持续管理以及演化阶段。该方法使用 SoS 及其组成系统（CS）的仿真模型作为有效的关键部分。使用"建模-观察-适应"的反馈循环的直观示例，清楚地表明三个并行过程的挑战，并涵盖连续生命周期模型的动态性方面。

（一）DANSE 方法论的生命周期模型

图 8-8 显示了 DANSE 体系工程生命周期的顶层模型，SoSE 生命周期中固有的特征是 CS 和 SoS 不会在同一时间点开发部署。在通常的"SoS 启动阶段"中，随着新加入的 CS 参与，因为其所有者认为参与符合本地的目标。CS 参与最终创建一个初始 SoS，用于满足单个 CS 未具有的某些涌现行为。有了这种认识，SoS 最初可能由 SoS 管理者在"SoS 创建阶段"中设计，对涌现行为执行自上而下的评估。正是在这些启动和创建阶段，DANSE 方法首先发挥作用，提供了允许 SoS 管理者建模、预测和设计 SoS 的工具。随着 SoS 及其管理工具的建立，DANSE 方法将继续在"SoS 运行阶段"中指导 SoS 的发展。

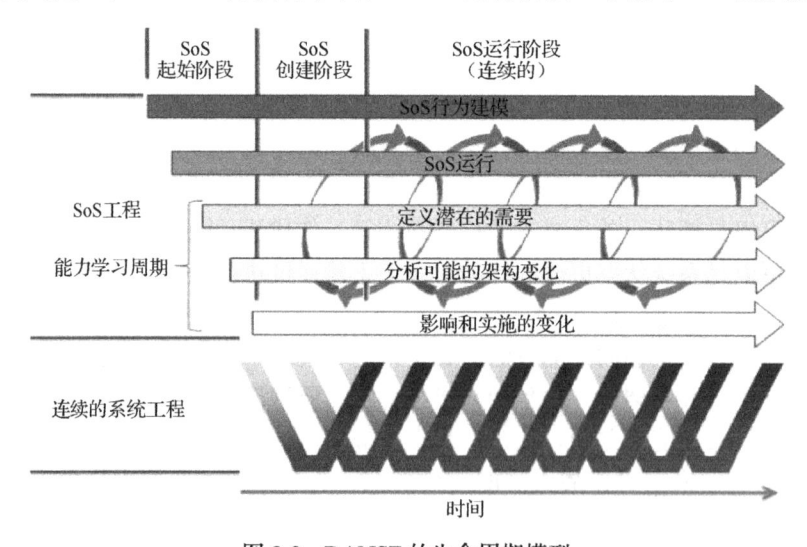

图 8-8 DANSE 的生命周期模型

所需的 SoS 行为和质量通常是抽象和不可验证的，进一步凸显了 DANSE 方法论与传统系统工程的区别：需求很难随着 SoS 的演化而验证和演变。在 DANSE 方法论中，主要 SoS 需求以目标和合约的形式出现。目标是要针对目标值进行优化的可量化特征。

目标和合约可以在 SoS 或 CS 层级识别，但在 SoS 层级通常是抽象的，难以验证。然而，SoS/CS 目标和合约是传统系统工程中 CS 层级需求的基础。

（二）DANSE 方法论的典型的工作流

DANSE 技术支持 SoS 设计和开发全生命周期的不同阶段。图 8-9 说明 DANSE 方法论的典型应用工作流程。根据 SoS 的需求、SoS 开发生命周期的当前阶段以及现有的 SoS 模型，开发人员可决定工作流程的哪一部分适合其建模需要。

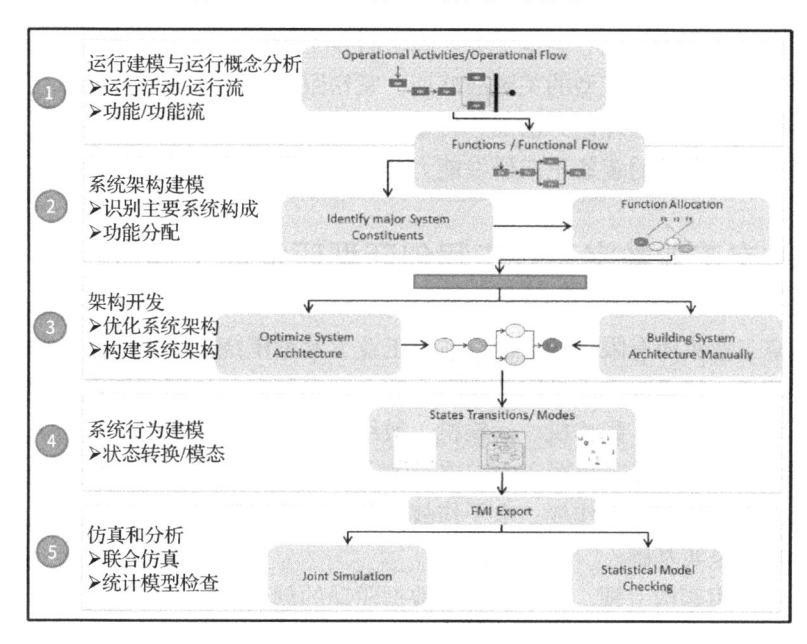

图 8-9　DANSE 方法论的典型应用工作流程

第一阶段是构建 SoS 模型的起点，定义运行概念（ConOps），并创建运行活动及运行流。为深入理解客户的需求，在 SoS 模型中依据活动开展运行概念的分析。

第二阶段，开发流程开始从客户域转到开发人员域。运行活动映射成为执行这些活动所需的功能。然后，开始 SoS 架构的建模，将识别主要的组成部分，并将 SoS 功能流图中的功能分配到下一层级的各个组成部分上。

第三阶段进入架构开发阶段，需要识别 SoS 架构中可能会使用到的备选组成系统。在 SoS 架构探索中，DANSE 技术用于根据预定义的架构模式优化并自动生成 SoS 架构，也可以手动定义 SoS 架构并对其进行建模。

第四阶段，在架构探索之后，对所组成系统的行为进行建模，同时将组成系统的行为加载到模型中。DANSE 方法论应用不同的技术，使开发人员能够对不同工具中的组成行为进行建模，并将它们集成到一个 SoS 架构中。

第五阶段将运用仿真和分析技术，针对 SoS 架构中所建立的系统模型，使用功能样机接口（FMI）和功能样机单元（FMU）技术，由建模工具导出并转化为组成系统的仿真模型（如 Modelica 语言支持的模型），在联合仿真软件环境中针对 SoS 功能开展仿真验证。

第四节 我国国防科技领域的最佳实践

在全球新一轮科技革命和产业变革大趋势下,世界各国纷纷提出新型工业战略,其中的共性特征是以数字化转型为核心。中国制造业秉持两化深度融合的理念,进一步聚焦模型驱动、认知计算、机器学习、工业互联网、大数据、云计算等新一代数字技术,致力塑造创新驱动发展的核心竞争优势。国防科技工业作为我国高端制造业的典范,正处于由跟跑向并跑、领跑转型的关键战略期。紧密跟踪新一轮数字技术革命发展趋势,运用基于模型的系统工程理论方法加速转型,构建面向复杂装备系统的创新研发体系,形成面向国家重大需求的装备正向研发能力,成为我国科技领域战略发展的必经之路。

一、航空工业数字系统工程创新型研发体系建设

中国航空工业集团有限公司(简称航空工业)紧紧围绕提高我国国防和军队现代化水平的战略部署,精确瞄准维护国家主权、安全和发展利益的军事需求,为国防安全提供歼击机、歼击轰炸机、轰炸机、运输机、教练机、侦察机、直升机、强击机、无人机等先进航空武器装备,提升我军空中进攻、战略投送、战略打击、侦察预警、舰基航空、空基反潜、无人作战、空天作战、电子作战、陆上立体机动能力,为我军战略转型和有效履行使命奠定坚实基础。

航空工业采用架构引领、基于模型、数据驱动的创新方法,建立与国际航空航天和防务(A&D)领域对标的系统工程应用体系,构建系统工程应用的知识体系、方法体系、工具链——面向联合作战和装备能力,建立装备体系能力联合生成新模式;面向航空装备研发,建立基于模型的航空装备敏捷研发和虚拟综合与快速验证环境;面向产业协同,建立多领域、多专业模型定义和连续传递机制。实现需求驱动的正向研发,提升航空装备创新研发能力,从根本上实现航空装备从跟踪式发展向自主创新转变。

(一)构建推动研发体系转型的顶层规划

2014年,航空工业集团制定《航空产品系统工程建设规划》,明确了系统工程信息化平台建设的背景、目标、总体架构、建设路径和实施要求,提出了统一航空工业系统工程业务架构、软件工具及技术服务模式;成立了集团系统工程推进委员会、推进办公室和卓越中心,推进委员会是航空工业集团系统工程推进工作的最高决策机构,推进办公室是管理机构,负责系统工程推进实施和日常业务管理工作,卓越中心负责组织形成符合航空工业业务特征的系统工程方法论、工具软件应用模式、最佳实践和模型库,开展系统工程业务咨询、培训、认证、工具平台建设及实施服务工作;制定了全集团数字系统工程方法应用导航、试点、推广和型号全面应用的推进路径。

航空工业集团公司陆续加入了国际系统工程协会(INCOSE)、对象管理组织(OMG)、

开放组织（TOG），引入了复杂组织体架构和系统工程领域相关方法论、流程、方法和标准规范，翻译并出版了《系统工程手册》《基于模型的系统工程方法论综述》《TOGAF 标准》《敏捷系统工程》等核心知识体系著作，并选择国际系统工程协会（INCOSE）系统工程知识体系作为推进的理论和方法依据。航空工业集团联合国际系统工程协会、清华大学共同建立了国际系统工程师联合培训与认证体系，形成创新驱动发展的实践载体、资源安排和生态保障。面向航空工业集团内各单位总师、副总师、型号主管、主任设计师及各类技术骨干开展培训，加快汇聚一支规模宏大、结构合理、素质优良的航空创新型系统工程师人才队伍，成为我国国防工业领域系统工程培训、认证和技术服务高端技术团队。

（二）运用基于模型的正向设计新方法

按照体系化联合作战模式，开展作战体系建模与能力需求论证，以飞机顶层作战能力要求为输入，采用体系架构建模技术 UPDM，基于作战概念进行作战推演，基于能力进行指标分解，基于仿真进行指标评估，以作战系统（含飞机、武器、保障、训练系统等）为研究对象，论证提出针对主要作战任务的能力要求、体系需求与接口要求。以飞机为研究对象，围绕作战流程，结合对抗分析，提出飞机总体能力要求。在概念层级即能可视化表达联合作战概念、武器装备能力及需求，实现多层级、多视角、多组织的一致性理解，不仅可以通过全程的可追踪性实现需求的准确传递，同时可在武器装备研制之前提前验证和确认武器装备需求对未来联合作战概念及武器装备能力要求的满足度，提前洞察需求的缺陷，实现对结果的可预见，并支持对武器装备渐进式采办，如图 8-10 所示。

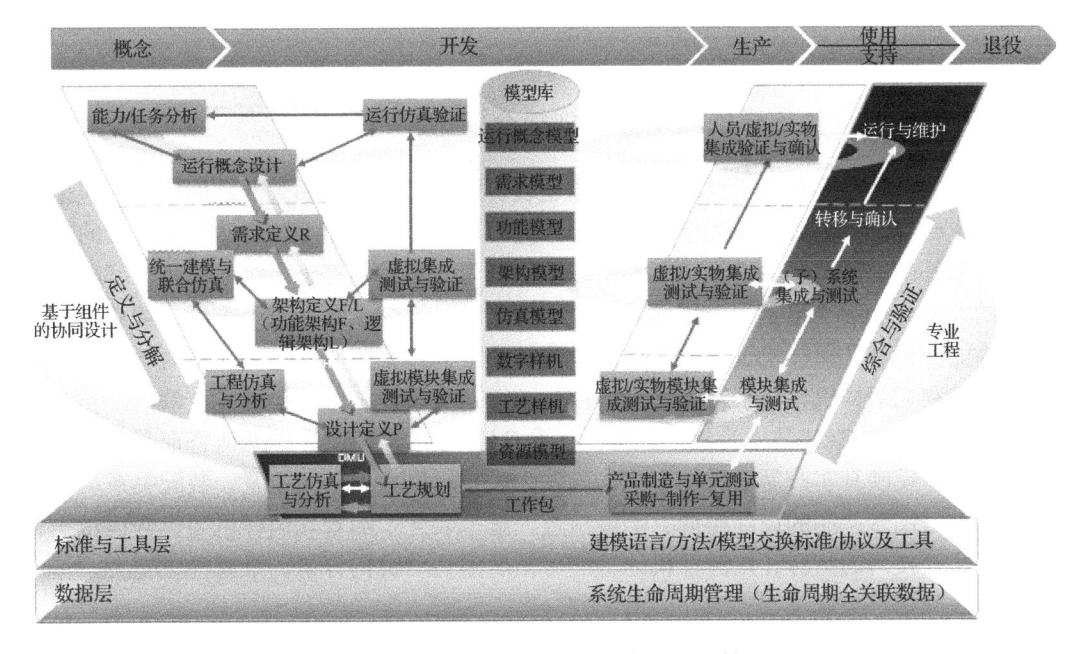

图 8-10　复杂航空装备 MBSE 创新研发体系

基于模型的航空装备正向设计方法强调在产品研发的方案阶段通过模型翔实地定

义需求与系统功能,并进行架构设计与综合,使用标准化的系统建模语言建立需求、功能、架构模型,实现从需求到功能、架构的分解和匹配,通过模型执行和仿真手段实现系统需求和功能逻辑的验证和确认,在设计前期更早地确认需求的正确性、功能实现的合理性。主要包括以下环节:

(1)基于模型的需求分析。围绕联合作战概念,进行作战能力和作战场景的建模与仿真分析,从中得到分配到各个作战单元(关注飞机)的任务需求,作为该作战单元研制的顶层任务需求,进而开展系统需求分析与定义。

(2)基于模型的功能分析与架构设计。以作战体系分配给飞机的顶层任务需求和其他利益相关者需求及系统需求为输入,逐层开展飞机级、系统级、子系统级功能分析、分解和分配,最终将顶层需求逐层向下传递到成品设备,得到整个飞机设计的逻辑架构。

(3)基于模型的系统综合与联合仿真。以上游得到的逻辑架构和分配需求为输入,开展各系统、子系统的物理方案设计和建模分析,并通过早期基于模型的虚拟集成仿真,对设计方案进行虚拟验证、权衡分析和优化,同时将供应商的成品模型纳入系统早期虚拟验证过程,最终得到优化后的飞机物理架构和方案。

在新舟700飞机研制过程中,对12万条研制需求进行了条目化、结构化定义和管理,对航电、机电和飞控等16个子系统进行了基于模型的用例分析和设计综合,建立了整个机电系统架构及ICD模型并开展了12个子系统的功能级虚拟集成验证,提升了型号工程需求管控能力和大系统综合能力,为型号需求的论证、综合性能的优化、成品技术指标的确定等提供了科学、量化的支撑,初步实现了"由基于文档的设计向基于模型的设计转变、由基于原型的逆向跟随设计向需求驱动的正向创新设计转变、由基于试验的后期验证向基于仿真的虚拟先验转变",并对整个专业技术体系和研制流程体系的优化起到了良好的促进作用。

(三)开发全数字样机和构建虚拟综合验证集成环境

传统数字样机主要基于CAD技术描述装备的几何结构及相关非几何信息,包括设计尺寸、材料、工艺等,应用于设计过程检查以及装配分析,无法表达系统复杂的功能逻辑与内外部交联关系,也无法展现系统整体行为。需建立基于多维、多级数字样机为核心的大型飞机数字化工程设计体系。分别从功能、性能、几何三个维度,建立功能样机、性能样机和几何样机工程设计体系,每类数字样机按照研制进程,分为一级样机、二级样机和三级样机,分别对应初步设计、详细初步设计和详细设计三个阶段。

几何样机以CAD技术为核心,通过三维CAD技术描述产品的几何特征及相关的非几何信息,反映真实产品结构的全构造要素,如几何尺寸、空间位置、装配关系、材料属性等,可用于产品的设计协调、干涉检查、虚拟装配。随着几何样机与机构运行学、虚拟现实等技术的结合,几何样机的功能可拓展到运动机构分析、维修性/可达性分析、人机功效分析等领域。

功能/性能样机以CAE技术为核心,通过数据建模和数值仿真对航空装备机电液多学科功能/性能进行分析、权衡和优化,可用于多学科系统仿真、CFD计算、CAE分析,进行产品机、电、热、磁、声、控制等多学科性能的建模、仿真、分析和展示。

在某运输机研制过程中，建立了全三维几何样机，实现了设计内部多专业之间基于几何样机的在线关联设计、设计协调和设计审查，显著提升了设计效率和质量；建立了14个部件级功能/性能样机设计系统，实现了基于数字化功能/性能样机的多专业协同仿真分析、供应商模型集成验证和机电液系统的大规模虚拟试验验证。

航空工业在型号研发中基于模型开展复杂装备虚拟综合与试验，可大幅度减少物理试验次数，降低成本和缩短研制周期。通过全系统数字样机的建立，对气动、机械、液压、电气、控制多学科子系统之间的复杂集成和耦合关系进行建模与仿真，通过虚拟仿真洞察和获取更多的信息，包括机电液系统控制性能、机械运动与飞行状态、结构应力、疲劳损伤以及复杂的力纷争问题等，在整机级调优系统性能并优化系统设计。虚拟综合验证方式彻底改变现有的系统集成方法和流程，在早期设计阶段基于架构级和功能级模型进行初步的系统集成，将系统综合与整体评价的工作提前，以提高系统方案成熟度，避免设计后期出现颠覆性问题。在详细初步阶段，进一步细化各系统的模型，进行系统关键参数的仿真，进一步优化系统的设计方案。在详细设计阶段，通过性能级仿真模型，动态反映各系统的瞬态行为，验证系统的瞬态性能特性。例如，在某型军机研发过程中，通过功能样机接口技术对电气、液压、环控、燃油、动力等多领域和机、电、液、控、热等多物理域模型的集成和综合，构建"虚拟集成飞机"，并开展系统级仿真验证，获得全系统的整体最优或次优解，实现了多方案快速权衡，减少设计中的错误和不必要的反复，尽早发现设计缺陷，提高了设计质量。

（四）形成正向创新研发体系，自主创新能力显著提升

通过数字系统工程方法在多个型号中的推广应用，航空工业集团已经建立了需求驱动的正向研发体系。打通了从基于作战概念的航空装备能力定义、需求生成到装备研发全链路，实现了以架构为中心、基于模型、数据驱动的航空装备正向研发新模式，全程可追踪、可迭代、可验证。

在型号论证阶段，建立了面向任务能力的装备作战体系建模与需求论证流程，实现了以装备作战使用环境和作战体系为背景、以作战能力和作战任务为驱动、以复杂作战场景建模与分析为手段，基于体系架构的需求正向捕获方法，使得需求捕获的完整性显著提升，需求与作战任务的匹配度显著提升。在某型飞机立项中，面对装备需求不完整、运行效能指标验证周期长、成本高等问题，基于系统之系统架构方法开展作战场景建模与利益相关者需求捕获，基于可视化三维场景识别装备功能边界及与外部装备、环境及人的关联关系，完成作战概念、装备能力和主要功能的验证，实现了型号成功立项。

在装备方案阶段，建立了基于需求和模型驱动的正向设计流程，实现了飞机、分/子系统、设备各级需求条目化管理及正向分解分配和关联，基于需求进行飞机功能架构设计与权衡，基于功能架构开展飞机逻辑和物理架构的设计与权衡，通过机电液系统建模与性能样机联合仿真验证，实现早期对多方案优选、指标分配和早期验证，减少后期设计迭代。航空工业自控所某型号惯导产品研制过程中，采用数字系统工程方法，需求覆盖率由原来的60%增长至90%以上，减少后期实物阶段30%的设计更改，工程研制阶段样机研制时间减少至6个月，开发效率提升40%。根据统计，55.6%的单位需求与产品

模型之间建立了关联关系，实现系统需求、功能向架构的分解、分配；27.8%的单位建立系统级模型向软件级模型的传递与对接，实现功能逻辑模型通过分解、细化和传递；38.9%的单位实现产品信息在产品设计、工艺设计、生产制造、生产管理等业务环节的关联维护和一致性管理。

在协同研发方面，建立复杂航空装备各层级需求、功能、逻辑、物理模型的共享、协同与集成机制，形成主设计-分承制的上下游协同能力。根据统计，16.7%的上下游单位进行了结构化、条目化需求的对接与追踪，19.4%的上下游单位进行功能模型或性能模型的传递。航空工业西飞某型商用飞机研发中基于结构化的需求条目实现与赛峰、加普惠、柯林斯、霍尼韦尔、道蒂、南京机电等国内外供应商的协同研制，显著提升了研制效率。

航空工业构建了以基于模型的系统工程方法为指导的复杂装备新型研发体系，形成涵盖了系统工程流程、方法、工具与知识为一体的数字系统工程应用环境。全集团在统一IT架构指导下，采用标准的系统工程流程，明确了业务与使命分析、利益相关者需求定义、系统需求定义、架构设计、系统设计、系统分析、验证和确认的方法，规范不同领域和专业的建模语言与模型集成标准，覆盖了系统、子系统、组件等各层级，实现模型的连续传递及持续验证及设计知识的高度复用，并在重点型号中进行应用和验证，支撑了航空工业研发模式的转型升级。

二、新时代我国航天领域在系统工程方面的创新探索

系统工程的首要问题就是钱学森一直大力倡导的"要从整体上考虑和解决问题"，只有这样才能将整体优势发挥出来，收到"1+1>2"的效果，建立在系统工程理论上的航天系统工程的成功实践，是中国航天事业成功的关键。60余年来，经过数代航天人的不懈努力，我国逐步建立起以"小核心、大协作"为主要特点的航天科研生产体系，取得的辉煌成就令世人瞩目。近年来，在总结科研生产实践经验基础上，紧密结合系统工程理论、流程再造和精细化管理理论，推动基于模型的系统工程，促进建设数字航天，成为航天领域数字化转型的必由之路。

（一）基于模型的航天器数字化研制模式内涵[①]

航天器系统高度复杂并且处于在轨运行状态时难以维修，这就要求型号研制必须做到万无一失、一次到位。近年来，随着我国载人航天、月球探测、北斗导航、高分专项等国家重大专项工程全面实施，航天五院宇航业务快速增长，面临着高强密度发射常态化的新形势。同时，空间系统建设正在从单星向系列再到体系的转变，体系及其系统的复杂度在大幅提升，以空间站系统为例，其复杂度约是神舟飞船的6倍、遥感卫星的20倍。同样地，传统的以实物验证为主的研制模式面临着验证周期长、问题暴露晚，以及部分关键在轨工况无法充分验证等问题，迫切需要以数字化、网络化、智能化等新方法

---

① 中国航天科技集团公司第五研究院李琦、马楠、王耀东、贺文兴供稿。

促进研制模式的转型升级。建立并规范开展模型驱动的设计和验证，实现型号研制重心前移，减少实物制造的反复，是开展 MBSE 的初衷。与此同时，在数字技术提升多专业并行协同的基础上，大力推进形成面向全业务全周期的产业链集成，从而突破以往的局部关注而追求最优的整体利益。

面对新形势下的要求与挑战，航天五院创新性地将 MBSE 方法与航天器项目研制流程相结合，以"模型驱动"和"仿真验证"为核心，组织梳理和优化航天器研制全周期的业务流程和活动，如图 8-11 所示。按照"抓组织队伍建设、抓管理机制建设、抓实施重点"的管理思路，实施责任分工调整，强调院所两级正职挂帅，明确科研生产管理部门牵头和统一推进的工作机制，聚焦型号研制业务与信息化应用的融合，围绕航天器横向协同设计和纵向过程贯通这两条主线，推动航天器系统工程的新一轮变革。

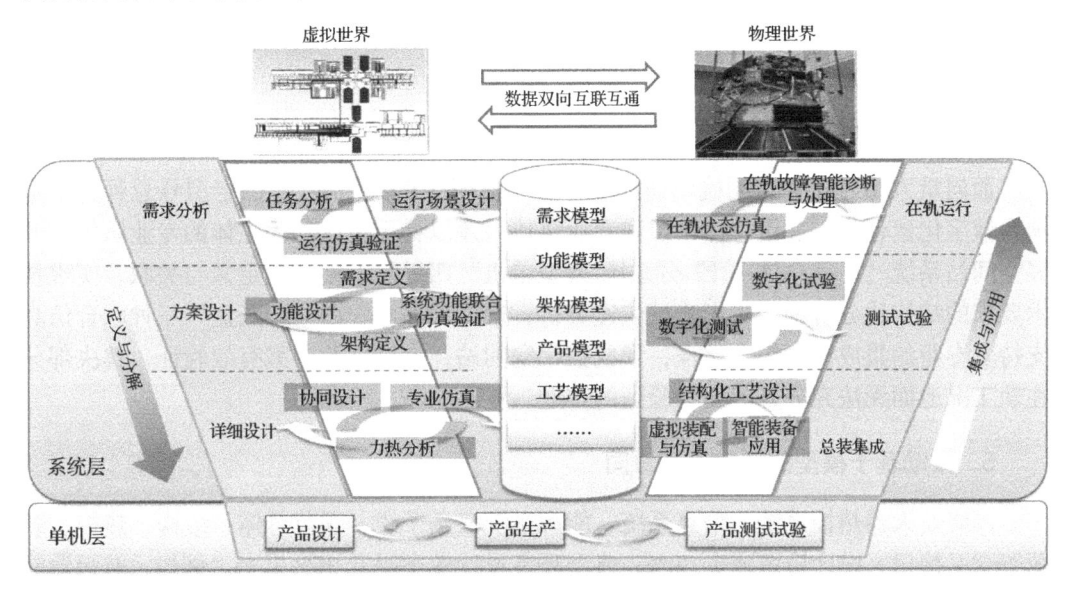

图 8-11 航天器领域数字化研制体系框架图

（二）推进数字化研制模式转型的主要做法

1. 建立整体推进的顶层框架

结合 MBSE 方法和航天器项目研制流程，覆盖载人航天、深空探测等 6 大领域，涉及航天器总体、核心分系统、核心单机的研制，从顶层进行系统规划，建立基于模型的航天器研制全产业链业务深度协同的理念，形成统一、整体的顶层框架。按照航天器系统工程"V"流程，实施体系论证、设计验证、制造集成、测试试验、在轨管理五个关键环节的数字化研制管理工作。

2. 建立数字化标准规范体系

同步开展数字化标准规范体系的研究和建设，覆盖基础、技术、管理三个维度以及院级、部所厂、研究室（车间）三个层级的数字化标准规范体系，并结合数字化推进的逐步深入，按年度对标准规范体系进行优化与调整。按照"试点先行、成熟一个、固化一个、推广一个"的原则，为满足型号应用的迫切需求，明确"规范先行，标准跟进"的思路，通过型号实际应用不断完善规范，最终固化形成标准。

3. 健全数字化全周期管理机制

将 PDCA 方法与数字化管理相结合，逐步形成"方案论证、系统建设、试点应用、成果固化、全面推广、持续改进"的全周期管理机制。方案论证阶段，把握数字化项目实施的必要性和跨领域通用性；系统建设阶段，统筹软件工具选型和开发的可行性研究；试点应用阶段，关注软件易用性和管理程序问题；成果固化阶段，形成工具软件问题整改的闭环，并制定相应的数字化标准规范；全面推广阶段，组织做好软件使用和标准规范培训；持续改进阶段，重在形成长效机制，以工程应用问题为导向，持续对业务模式和软件应用进行完善。

4. 推动基于模型的方案论证

面向重大型号任务，明确参研团队"一支队伍，两个职能"，确定型号总师为示范项目数字化责任人，并由总体单位和专业单位组建以骨干设计师为主体的专业队伍，开展空间站系统"工程总体-舱段-分系统-典型单机"四级需求模型的定义与关联，实现技术要求的结构化分解和变更影响域快速分析；通过"黑盒、白盒、灰盒"三种联合仿真支持多专业的集成仿真综合验证，形成数字空间站，支持系统方案有效验证，解决部分在轨工况地面无法充分开展实物验证的难题。

5. 推动基于模型的横向设计协同

围绕航天器热控系统、信息系统、能源系统三条子线，规范总体、结构、热控、载荷等交互接口，设计协调减少 40%，典型环节设计效率提升 30% 以上。例如，航天器能源系统协同中规范单机接口电路原理图、电缆网接点表等供配电大图的输入条件形式，借鉴数字地图的思路实现航天器供配电大图的自动生成，绘图时间减少 50%~70%，可作为综合测试和在轨运行的故障定位排查依据。

6. 推动基于模型的纵向过程贯通

通过三维模型的成熟度定义与预发布，下游制造和总装工艺人员可提前开展复杂工艺可行性验证等工作，工装设计对比研制主线的占用时间大幅压缩，并且更改单平均减少 20%~30%。以统一的三维模型传递为主线，通过重组工艺流程和制造流程，强化工艺仿真，推动自动化装备，如管路自动弯管机、电缆网自动下线机、总装机器人、自动调平吊具、三维扫描检测设备等工具的集成应用，典型环节制造效率平均提升 30%~50%。

数字化技术与航天器研制的两化深度融合是一个长期的过程，运用基于模型的系统工程开展航天器研制模式转型升级也将进一步密切关注数字化技术的发展方向，持续创新航天系统工程应用实践的新领域、取得新成果。

三、MBSE 在防空武器系统研发中的实践经验[①]

防空武器系统担负着国土防卫的重要使命,主要执行目标探测跟踪、作战指挥控制、机动发射以及制导拦截等活动,具有典型复杂系统的特征。而传统的防空武器系统研制模式,更多的是在实物打靶竞标中才能暴露设计阶段的问题,导致研制出现反复且周期较长。随着军事作战要求的提升,对装备研制进度和质量同步提出了更高的需求。在此背景下,引入 MBSE 理念并结合系统建模工具的应用,形成基于模型传递的集成开发和验证的方法及流程。

防空武器系统的 MBSE 实施方案框架按照体系、系统、分系统和设备 4 个层级,实施纵向和横向的管理。其中,纵向管理主要开展自顶向下的需求分析与设计及自下而上的集成测试与鉴定;横向管理主要针对各个层级的需求定义、分析设计、仿真验证和试验鉴定开展各个阶段项目资源的管理,实施方案框架如图 8-12 所示。

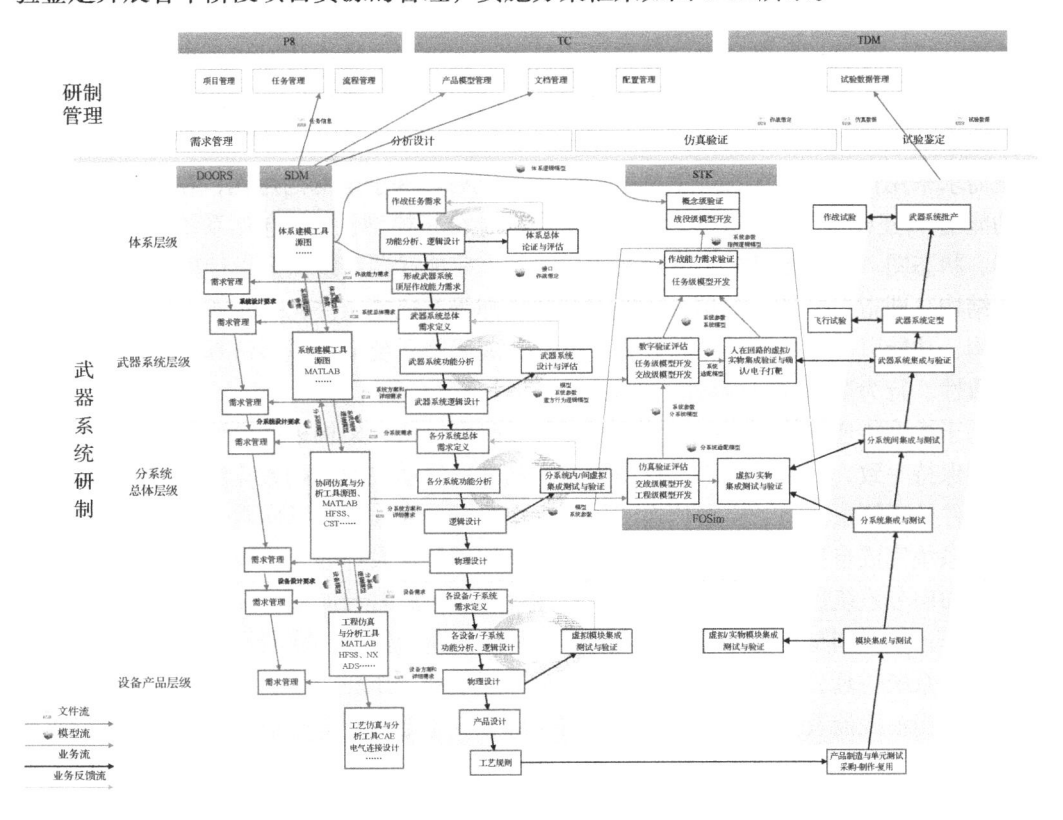

图 8-12 防空武器系统的 MBSE 实施方案框架

每个层级均按照需求分析、功能架构设计、逻辑架构设计、物理架构设计、集成仿真验证开展工作。通过流程活动的不断迭代,支持武器系统开展基于详细模型的集成仿

---

① 中国航天科工集团有限公司第十研究院江南机电设计研究所康丽、苏日新、谢轶供稿。

真验证，最终在数字阶段完成对武器系统的功能、接口、时序、行为逻辑、指标体系的一系列验证，从而使更多的问题在交付前暴露。在实施方案中涉及任务管理、需求管理、协同设计、系统级仿真、多学科联合仿真、试验管理、知识管理以及模型库管理等功能的软件和平台。

基于模型传递的系统集成验证方法研究。在装备体系和武器系统实现层面，开展包括用例图、黑盒和白盒功能架构模型定义，将功能架构模型通过 XML 格式传递给仿真平台，其中行为设计结果通过性能分析工具转换并添加算法模型后传递给仿真平台；仿真平台继承功能架构模型的框架、接口、指标体系以及逻辑架构模型的行为，并结合具体仿真验证需求对指标体系进行调整，形成武器系统级基于模型传递的功能级集成仿真验证。

在分系统层面，首先需要将武器系统设计结果向各个分系统进行分配，各个分系统在继承武器系统功能架构基础上，开展面向其下一层级的详细设计，形成可下发到产品的功能、接口、指标和行为等设计结果；功能架构设计结果通过 XML 格式向逻辑架构设计工具传递，并在逻辑架构设计工具中开展算法设计和细化的状态机设计；完成逻辑架构设计后，将设计结果代码向仿真平台传递，实现基于模型传递的分系统集成验证。

基于模型传递的系统功能/逻辑设计流程。首先，采用体系架构设计工具构建相关视图，在定义轻量级的体系架构模型中包括 UPDM/DoDAF 在内的多个系统视图（SV），系统需求采用传统的需求管理工具进行管理；之后，基于全部的用例，在支持 Sys ML 的功能/逻辑建模工具中，开展武器系统总体功能分析模型设计，包括系统的活动图、时序图、状态图、外部接口关系图以及指标体系；完成武器系统黑盒设计后，定义系统白盒子结构，即指挥控制、雷达、发射控制和导弹等系统或组件，基于各个子结构设计细化结构、功能以及指标体系；设计完成后，开展武器系统架构模型仿真，验证交互时序的一致性、行为逻辑以及接口的正确性等。

基于模型传递的物理架构设计和仿真集成验证。物理架构模型设计原则上与逻辑架构模型保持一致，利用仿真工具将功能架构模型的活动映射为函数算法、将消息事件映射为事件处理算法。基于模型传递的仿真集成验证分为横向和纵向两个维度：横向是指各个分系统完成自身的功能架构、逻辑架构和物理架构设计后，将模型代码传递到仿真平台，面向分系统需求规范中的功能和指标等内容，此时开展的仿真分析承担分系统的验证工作；纵向则是指各个分系统验证后，将模型向上传递到武器系统，开展面向作战概念的全系统仿真，此时的仿真属于系统确认环节的工作。

针对当前武器装备研制周期不断压缩、功能日益增加、效能更加强大等变化，基于模型的系统工程方法的应用在典型防空装备研发中得到验证，探索形成的最佳实践经验值得在相关领域进行推广。

四、船舶行业基于模型的系统工程（MBSE）体系建设

现代船舶规模巨大并且系统组成极其复杂，是典型技术密集型的复杂装备系统，如

图 8-13 所示，研发过程中经历多轮反复迭代、涉及多学科的紧密耦合。目前，现代船舶研制中彻底取消了原型样机——首舰即交付，这就要求总体和系统设计必须达到一次成功。然而，沿用传统的"设计-试验验证-修改设计-再试验"的串行模式，直到实物试验才能暴露设计问题。当前，亟待采用新型的系统工程方法，在解决体系和系统复杂性带来挑战的同时，力求显著地减少开发、验证和交付的时间周期、成本和风险等。

（一）船舶行业基于模型的系统工程（MBSE）应用场景

面向海洋强国建设，进一步提升船舶研发体系能力并构建相适应的数字系统工程应用体系，船舶行业持续地推动着 3 个方面的转型：从产品仿制逆向工程到创新和需求驱动的正向设计转型；从传统基于文档到基于模型的研发模式转型；从物理试错到仿真验证、再到数字孪生的研制模式转型。其中，基于模型的创新方法是主线，通过流程、方法、工具集和管理平台的集成，全面建立船舶 MBSE 体系能力，面向船舶研发过程，建立基于模型的敏捷研发、虚拟综合与快速验证环境；面向产业协同，建立多领域、多专业模型定义和连续传递机制。充分把握船舶行业的系统工程应用特点，针对缺乏跨学科统一关联的设计模型、制造信息难以有效反馈以及实物试验成本高、周期长、难度大等问题，在 MBSE 方法应用和实践中，着重实现"高保真、多学科、超仿真、交互融合、同步优化"的数字孪生应用场景，如图 8-13 所示。

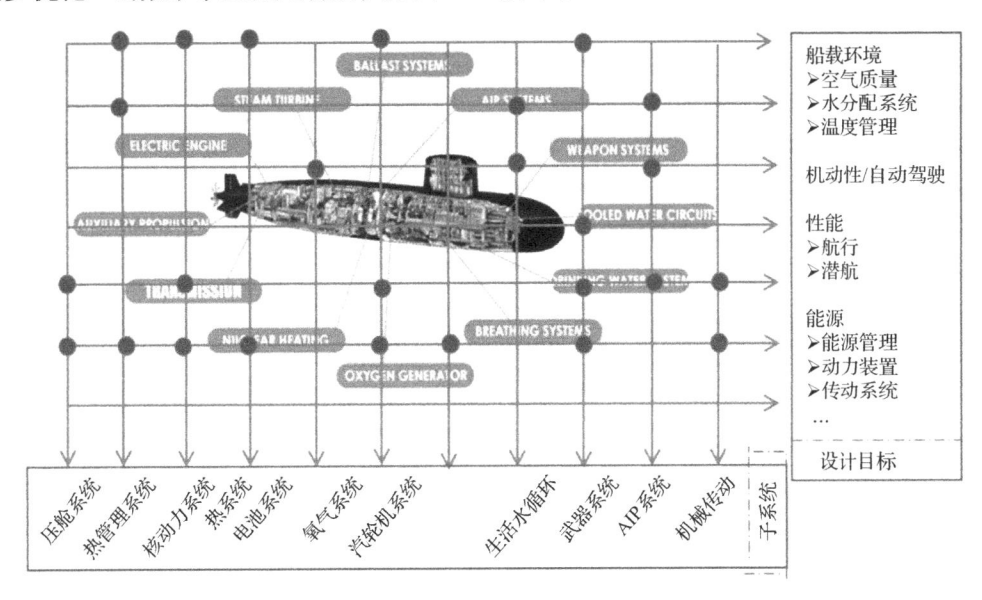

图 8-13　现代船舶复杂系统工程框架

1. 支持船舶全生命周期的一体化协同设计

船舶数字化样机涉及工程设计、生产制造、试验保障等环节，其形成于设计阶段，应用于全生命周期。在总体论证和设计阶段，建立总体级、系统级和单元级高保真度的数字样机，通过建立满足船舶运营评估的数字孪生模型，确保功能特性、物理特性逐渐趋近于真实物理系统，准确地反映船舶的真实运行状态。同时根据在运行中采集的任务决策和健康寿命数据，形成系统全生命周期的顶层闭环反馈环境，开展设计优化并保证系统的长期稳定性、可保障性等性能。

2. 与先进数字建模和仿真技术有机结合

基于模型的系统工程应用涵盖了型号系统的需求定义、系统功能分析、系统架构设计、性能权衡分析以及系统集成验证等过程。在 MBSE 推进中，通过多专业建模与仿真技术构建型号的数字化性能样机，有效解决机、电、液、热、控、软件等多系统综合设计、仿真以及基于模型的验证的问题。同时，进一步利用船舶虚拟样机库、性能分析算法库、船舶试验数据库、海域环境数据库，在设计初期就可以对船舶总体性能进行评估，包括船舶水动力性能、结构性能、电磁兼容性及声隐身等性能的评估，在提高设计迭代效率的同时可大幅度减少物理试验的次数。

3. 达成虚拟仿真和物理试验融合的验证模式

在系统工程流程验证和确认（V&V）环节，向上对接各种仿真系统，向下对接各个物理试验环境，借助于船舶产品试验数据实时传输、测试指令传输执行技术，通过虚拟仿真和物理试验的高效集成，在历史数据和实时数据的驱动下，实现虚拟对象和物理对象的多学科/多尺度/多物理特性的高逼真度仿真与交互，从而直观、全面反映生产、运行等过程的状态，有效支撑基于数据和知识的科学决策，进一步结合大数据与分析技术的融合开展智慧试验建设。

应对系统复杂性的提升，基于模型的方法应运而生，MBSE 为船舶研发模型转型升级创造了绝佳的机会。通过模型可以更好地理解所关注的领域，而且能在利益相关方之间提供无歧义的交流，MBSE 与数字化应用的融合，正在为整个行业带来高价值的回报。

（二）基于模型的舰船作战系统工程方法研究[①]

水面舰艇作战系统是舰艇平台用于执行警戒探测、指挥控制，以及执行对目标交战的一类复杂系统，利用 MBSE 方法进行体系架构的设计和验证，主要是识别并推导系统功能，识别相关的系统模式和状态，并把系统功能和模式/状态分配到相应的分系统中。

1. 系统需求分析

系统需求分析最主要的任务是捕获利益相关方（特别是海军部队）的作战需要，将其转化为规范的结构化系统需求，并确保所有的功能性需求和相关的性能需求由用例所覆盖。系统用例表示系统的状态或模式，将按照多个任务剖面对用例进行划分，例如对空自防御任务、对海自防御任务以及对潜自防御任务等，如图 8-14 所示。在此环节，需求的可追踪性不仅需要考虑系统、子系统、组件等层级之间的需求追踪关系，而且还应

---

① 中国船舶系统工程研究院杨致怡、胡磊、马瑾、刘艳平供稿。

该和测试用例、验证方式等建立关联，采用需求管理工具进行需求跟踪矩阵的管理是极为重要的方面。

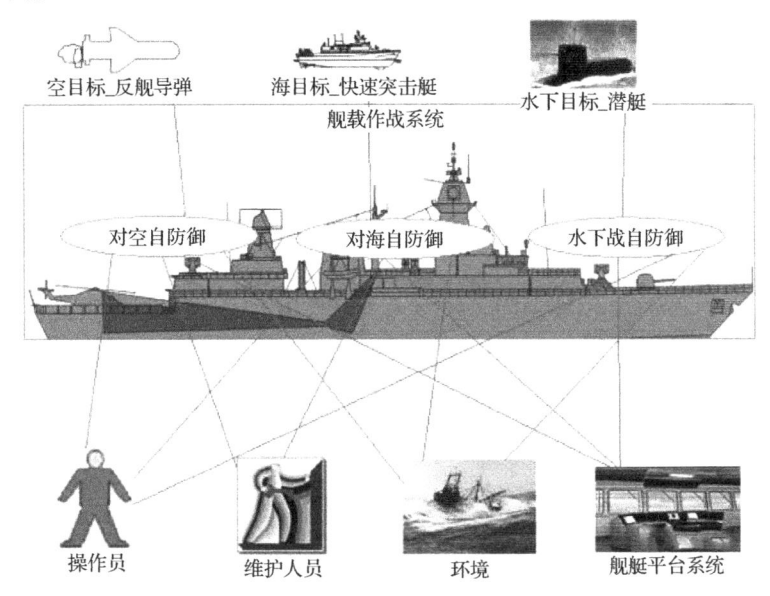

图 8-14 多任务作战系统用例图（背景图）

2. 系统功能分析

系统功能分析的重点是把系统功能描述成为一个连贯的系统操作，将用例转化为一个可执行的模型，由模型的执行实现验证。对系统功能进行详细分析和分解，并将最终经过功能分析确认的需求进行重新分解，功能分析阶段的成果是经过确认的功能阶段的用户需求及可执行的功能分析模型。

功能分析模型由 3 个 SysML 图展现：活动图、序列图、状态图。活动图描述了整体功能流（故事板），以行动（相当于操作）的方式来组织功能需求，并显示这些行动是如何互相关联的；序列图描述了一个特定的路径并定义了操作和角色之间的相互作用（信息或消息）；状态图把活动图和序列图的信息汇聚到了具有系统状态的背景当中，并增添了由不同优先级的外界激励而产生的系统行为。

3. 系统设计综合

设计综合阶段的重点是在所规定的作战系统反应时间、系统感知能力、系统打击能力、系统保障性等性能约束范围内，开发具备一定能力的物理架构（如一组产品、系统或软件元素）。设计综合采用自顶向下的工作方法。设计综合阶段又分为两个阶段，即架构分析和架构设计。架构分析也称为权衡分析，是针对一组满足于给定的功能和性能需求的分系统或设备配置方案，通过优化设计从中选取一个最优方案。优化设计是基于一套效能指标进行的，不同效能指标根据相对重要性进行加权，最终得出一个总体的效能指标，通过比较不同方案的总体效能指标从而得出最优解。架构设计阶段的重点是把功能性需求和非功能性需求分配到经过权衡分析得到的最优的系统架构中。这种分配过程是迭代式的，通常是通过与行业专家合作来实现的。不同的分配策略可以进行分析，并带入对设计约束的考虑中，如在需求分析阶段所捕捉的性能需求、安全需求等。

根据对后续子系统开发交付的要求，架构分析和架构设计阶段可以在架构分解的不同层次上重复进行。在最低层次，功能分配可以控制实现，即明确哪些操作应该在硬件中实施，哪些操作应该在软件中实施。详细架构设计阶段的重点是定义端口和接口，架构分解的最低层次系统模块基于状态行为。基于模型的系统工程的多任务作战系统内部块图如图 8-15 所示。

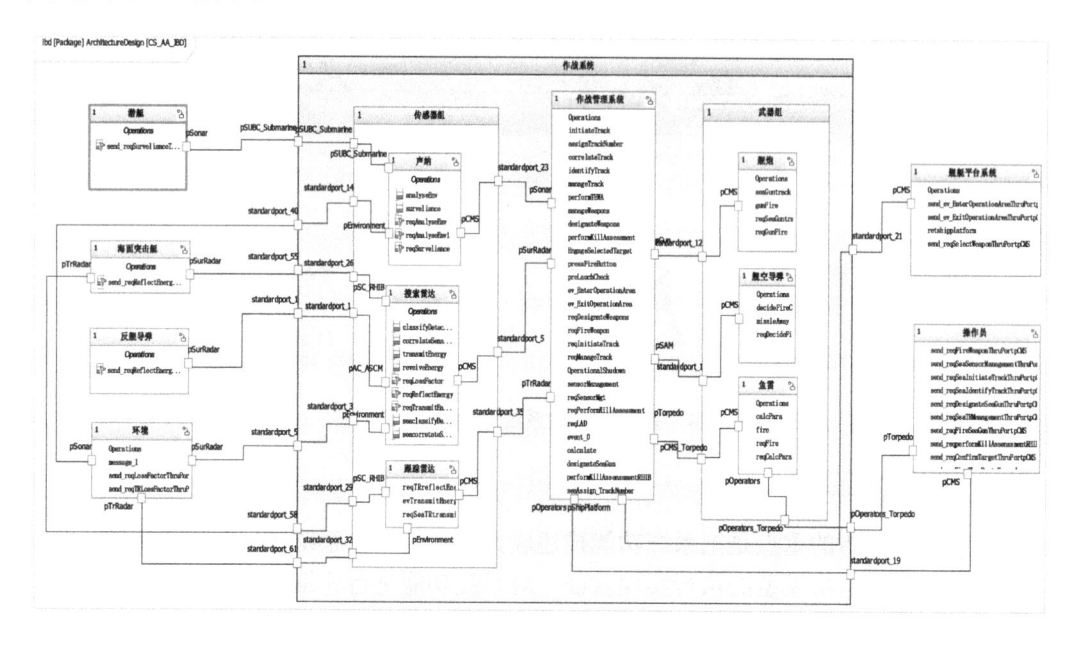

图 8-15　多任务作战系统内部块图

实践表明，基于模型的系统工程方法可以快速、有效地指导作战系统进行体系架构的开发，具有流程清晰、逻辑严密等特点，深入开展基于模型的系统工程方法的研究与实践，对于舰船作战系统的设计和建设有着十分重要的意义。

4. 小结

国防科技工业是国家高端装备制造业的典范，具备复杂产品生命周期和完备产业链的特征，是落实创新驱动发展的重点行业领域。长期以来，国防科技工业坚持推动新型数字技术的创新应用，大力开展基于模型的系统工程新型研发体系的建设和推进，必将促进我国军民共用数字技术和智能制造体系的融合发展。

第五节　国产系统工程工业软件发展和应用

在国际关系激烈变化的背景下，我国自主工业软件的境遇和发展备受国人关注。工业

第八章 基于模型的军事系统工程基础与应用发展

软件专注于提高工业领域的研发设计、业务管理、生产调度和过程控制能力。按照应用分类，系统工程工业软件当属研发设计类的高端工业软件，在这个产业领域西方软件公司的垄断更加突出。现如今，在 MBSE 理念和方法大行其道之时，我们同样应该反思在系统工程领域国产自主软件的处境及其生态环境营造的问题。中国工业软件正在寻求发展道路上的突破口，正是先行实践者的不懈追求和持续探索，将为中国工业软件行业敲开未来之门。

一、北京航空航天大学数字系统工程环境框架平台

对接国家重大装备战略需求，2019 年北京航空航天大学无人系统研究院创立"复杂装备体系建模和仿真实验室"，组建专业的科研和技术团队，聚焦基于架构的体系工程和基于模型的系统工程理论方法及实践方向，在多项重大工程中承担与模型驱动的系统方法及其工具开发相关的科研项目。面向复杂装备体系工程、MBSE 及赛博物理系统工程（CPSE）领域提出核心的方法和流程，并构建融合多范式的先进建模与仿真技术，开展复杂装备体系设计和集成的创新应用模式研究及工程验证。

近年来，以高校科研为牵引，形成产学研用的大型国产工业软件联合开发模式，组织开发一系列具有自主知识产权的 MBSE 软件工具集，包含作战概念可视化仿真、统一架构框架的体系和系统建模、多学科统一建模与联合仿真，以及基于离散事件分布式混合仿真总线等。同时，面向复杂装备体系概念化构思和场景化验证的关键问题，构建国际防务领域中领先实践对准的数字系统工程环境框架平台（见图 8-16）。其中，以概念模型-逻辑模型-数学模型的语义关联和映射总线为数字线索，贯通体系运行概念的时-空四维信息、基于统一架构框架（UAF）的多层级系统的功能逻辑模型，以及赛博物理系统（CPS）的物理交互和信号交互模型，从而支持不同领域、不同规模、不同类型的体系开展设计、集成和验证评估。

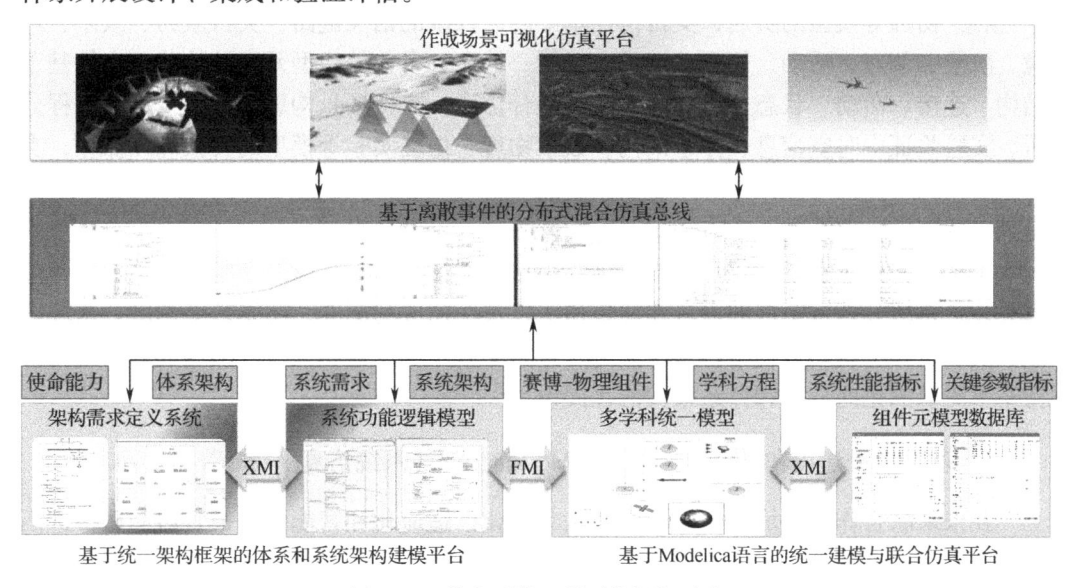

图 8-16 数字系统工程环境框架平台

1. 作战场景可视化推演与性能分析平台

新一轮军事竞争呈现出大国博弈向体系对抗的转变，随着人工智能、先进计算、混合现实等技术发展，军事体系将具有自主性、自适应性、智能性的特征，面向传统确定性任务的仿真验证手段已无法满足体系自学习、自演进的特点和要求，基于模型的可视化推演平台成为未来体系作战确认与验证的关键支撑。

作战场景可视化推演与性能分析平台聚焦军事体系概念化创新构思及场景化集成运行中的时-空四维论证和推演闭合的问题，在抽象逻辑、数学计算和物理特性之上，利用各利益相关方共同可认识、可理解、可解释的可视化语言和表达方式，支持构建覆盖全域战场环境、军力部署、作战活动序列、装备运动特性，以及指挥控制链路、多源探测参数等作战场景，在数字空间呈现部队协同、体系对抗、敌我交战的态势，通过异构模型总线能够实现与复杂组织体系/装备体系的本体概念模型、作战效应链/杀伤链的离散事件逻辑模型、装备多学科运动学/动力学/控制/通信/探测仿真模型、实际装备的在线/离线运行数据的集成，形成以 L-V-C 技术为支撑的体系作战能力定义、需求捕获、效能分析和集成评估的应用框架。平台拥有自主知识产权，突破国外长期封锁，并支持未来空间模型、装备系统模型等方面的扩展。

2. 基于统一架构框架的体系和系统建模平台

针对当前系统工程转型中面临的向高层体系演进、向模型驱动范式转型的两大挑战，在研究基于架构的体系工程和基于模型的系统工程公共的建模原理基本理论和流程方法的基础上，基于统一架构框架的体系和系统建模平台的设计，全面引入 ISO 和 OMG 联合发布的最新统一架构框架 UAF 1.2 版本的系列标准规范和相关知识体系，开发具有完全自主产权、代码完全透明、功能完全先进的工具平台。本平台实现了本体-逻辑-数学-信息-物理等模型的贯通，支持构建单一的、权威的语义链路，支持威胁、效果、环境、阶段、节点、活动、规则、组成、功能、约束、参数等模型元素的构建，支持基于结构、连接、活动、状态、约束等模型的联合仿真，支持场景构思、架构设计、工程分析、实验验证中时空信息、体系架构、数学物理、仿真实验等模型的转换和互操作，支持基于离散事件的离散模型和连续模型的混合仿真，构成了红蓝博弈、体系对抗的基础，是人工智能融入体系的基本方法。

本平台突破军事领域体系架构设计和验证的关键技术，支持复杂组织体系、装备体系、装备系统、装备组件的需求连续传递，以及使命成功测度、体系效能测度、系统性能测度和组件关键参数的指标连续分解，并且作为不同利益相关方之间沟通的桥梁，支持军事需求的正向分析和体系架构的正向设计。

3. 基于统一建模和联合仿真语言（Modelica）的系统仿真平台

在未来联合作战环境下，装备系统的自主化、适应化和智能化特征日益明显，进而呈现出赛博物理系统所特有的控制、通信、计算（C3）主导的复杂物理行为，这一新兴系统范式中带来的涌现性更多地源于耦合组件之间物理交互和信号交换的跨层级性和非线性，系统实现涵盖多个学科的流程协同、多类赛博-物理组件的异构组合。为在装备系统研发早期精准地认知、预测、评估系统的完整行为特性，需要建立统一的数学物理模型在联合的仿真环境中开展有效的验证和确认。近30年来，基于统一建模和联合仿真语言（Modelica）的工程应用模式的日趋完善，并成为该领域全球最具革命性和生命力的开放知识体系，全面和系统地引进、消化和吸收 Modelica 最新标准规范，开发面向武器装备系统的统一建模和联合仿真平台，具有与国际高端仿真工业软件同等的功能和运算效率，为基于模型的系统工程（MBSE）在国防科技领域的推广和发展奠定了坚实的理论基础和应用环境。

该平台提供：面向装备系统各类组件，如机械、电气、电子、电磁、液压、热学、控制、信号等的建模方法及模型库；支持数字系统模型（DSM）的多方案定义、权衡分析、多目标优化和集成验证与确认；符合功能样机接口/单元（FMI/FMU）标准 V2.0；支持 OMG 最新发布的 SysPhS 规范，在系统模型中达到定性与定量特征的映射和传递。

二、北京机电工程研究所的"蕴象"系统工程软件

"蕴象"系统工程软件是在国家重大工程项目支撑下，由北京机电工程研究所联合国内多家优势单位共同研发的具有自主知识产权的 MBSE 软件。该软件聚焦作战使命任务构建涵盖体系-系统-分系统-组件的多层级需求模型，支持装备系统的逻辑（包括原理、流程、指令时序、接口等）设计、多方案权衡分析，并可在设计初期满足联调试验、实战等特性的验证。2020年，"蕴象"系统工程软件发布第一个正式版本，并同步在航空、航天、兵器和船舶领域开展工程验证，完全符合 UML、SysML、UPDM 等建模语言规范和视图标准要求，并实现相关行为视图的逻辑仿真功能。同时，该软件支持基于 Modelica 语言的多领域统一建模及功能样机接口（FMI）的异构模型集成和仿真，具备体系-系统-软件一体化建模与仿真能力和满足多人协同建模的应用能力。

"蕴象"系统工程软件是一系列软件工具集，通过工具之间的模型传递与贯通应用，构建了面向产品需求论证与系统设计过程的整体解决方案。以需求作为设计的输入，实现与架构建模与仿真软件之间的双向数据同步，不同细化需求，形成系统设计方案；可将系统架构模型直接转换为多领域仿真验证的仿真架构，开展复杂产品物理功能与逻辑设计和仿真验证，同时多领域模型进一步向下传递给多学科优化和系统设计可视化软件设计的输入。作为面向复杂产品设计的整体解决方案，支持需求分析—方案设计—仿真验证—综合优化的全过程应用（见图 8-17），软件工具链包括以下 5 个部分：

（1）需求管理软件。用于满足用户在复杂系统研制过程中需求条目化管理、需求追踪分析、变更影响分析、需求版本管理等业务要求。

（2）架构建模与仿真软件。该软件基于图形化建模语言的产品架构设计环境开发，将系统模型作为设计信息的唯一数据源，通过架构建模和功能逻辑仿真，可达到"需求规范可追溯、架构合理可验证、指标闭环可联动"的目标。

（3）系统设计可视化软件。该软件虚拟系统运行场景，并将运行实体与计算模型、

行为模型绑定,为系统运行概念验证提供直观的可视化分析。

(4)多领域仿真验证软件。该软件基于 Modelica 语言、FMI 标准等构建多领域建模与仿真、异构联合仿真、分布式协同仿真 3 个引擎,支持跨专业、跨层次、跨地域的系统仿真验证。

(5)多学科综合优化软件。该软件提供优化流程集成组件、试验设计算法、近似模型算法、优化算法和可靠性算法,满足优化问题定义,实现设计问题的综合优化。

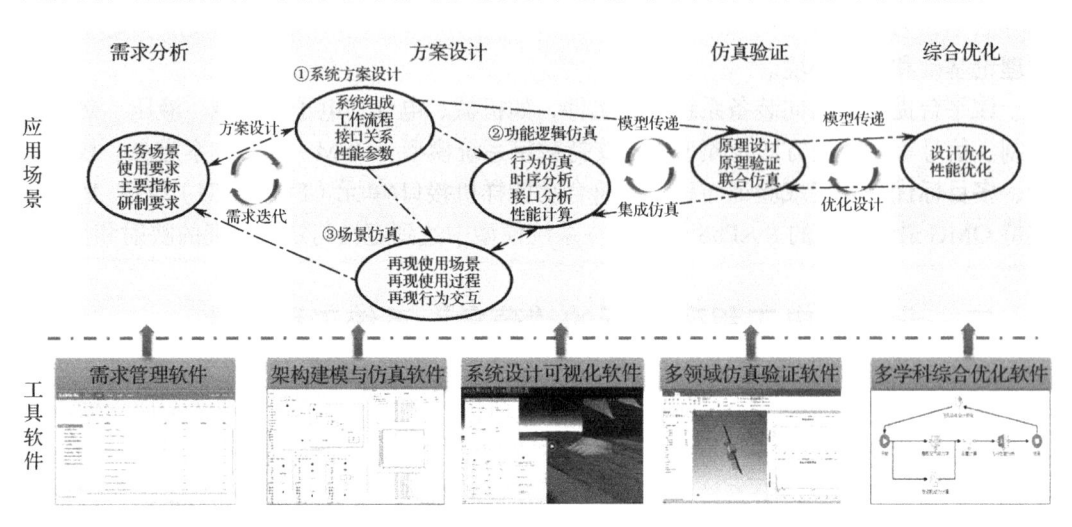

图 8-17 蕴象系统工程软件的整体解决方案

三、北京索为系统 MBSE 工具套件

北京索为系统技术股份有限公司致力于军工行业系统工程的咨询服务以及 MBSE 软件自主开发和应用推广。自主 MBSE 工具涵盖体系/系统建模与仿真、领域建模与仿真(如:架构分析与设计语言 AADL)、多物理建模与仿真、接口定义与管理等功能,并基于长期打造的工程中间件平台 Sysware,贯穿系统生命周期流程中实现与各种商品化或自主的工业软件集成,面向复杂体系、系统以及特定领域等提供多视图的模型表达和协同。

1. Modelook 系统建模与仿真软件

Modelook 及各种插件为用户提供了系统架构设计建模,分析、仿真和测试,协作,模型库等功能,软件功能架构如图 8-18 所示,具有如下的软件功能:

(1)SysML 建模基本功能。支持 OMG 的 SysML 最新标准的建模规范以及常用的图表矩阵建模等;基于 UML Profile 定制建模方法及针对特定领域的扩展模型功能,并支持活动图、状态机图的行为仿真;参数图解算法可调用系统内置的或主流的专业数学仿真工具的解算器进行参数计算;支持以 SysML 模型为核心创建与需求、结构、仿真等其他异构模型间的关联,如安全性分析等。

（2）模型集成和管理。支持通过功能样机接口（UMI）标准生成 Modelica 多学科仿真模型框架，支持将需求模型导入到主流的需求管理软件中，支持系统级知识的模型化表达及复用机制；支持基于 WEB 的模型浏览、审阅及管理，基于统一的数据源提供模型的协同；支持与主流的联合作战体系仿真系统的集成。

（3）文档自动生成。支持在文档模板标签与 SysML 模型元素之间建立关联，实现由模型自动生成文档的功能。

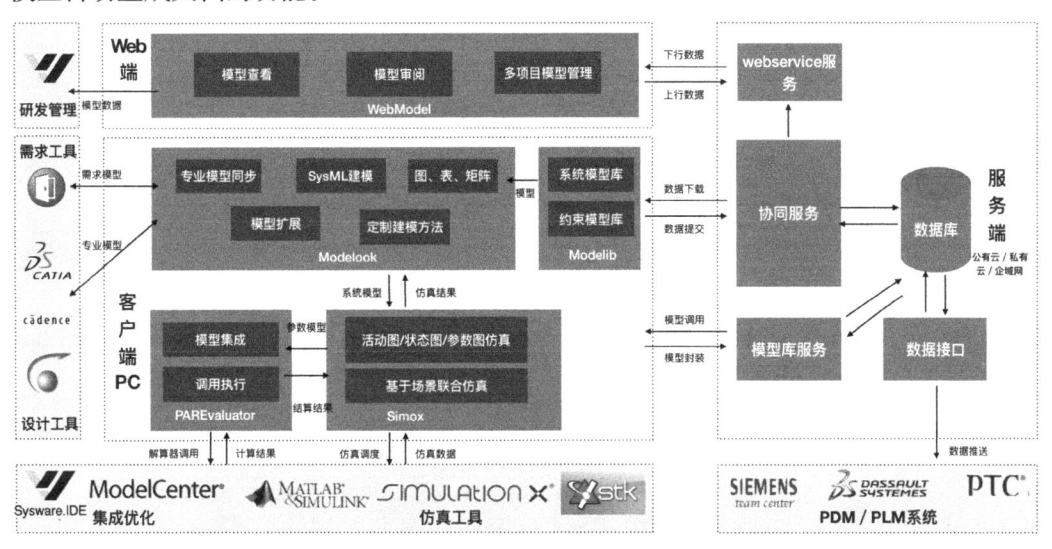

图 8-18　Modelook 功能架构

2. SysModelica 多领域建模仿真工具

基于 Modelica 建模语言及其规范，自主研发的面向多领域、多学科系统建模与仿真的软件，支持客户端与 Web 端两种应用模式，实现 Modelica 语言/模型解析、模型转换、仿真代码生成、一般仿真/实时仿真/交互仿真等多种数据处理以及可视化展示等功能；具备统一模型库开发和管理、系统建模、仿真执行、曲线绘制以及运动仿真等功能，并可建立与 SysML 建模软件进行模型转换与交互仿真的接口。基于 SysModelica 软件可构建机、电、液、控等多领域机理建模、数值仿真、实时交互仿真、三维运动仿真等场景，如图 8-19 所示。

3. 复杂系统接口设计管理工具 ICDSys

遵循 MBSE 流程方法，并借鉴国内外机载电子行业成熟的系统设计经验，自主研发的面向复杂系统的企业级接口数据设计、分析和管理工具。ICDSys 支持"树+图+表+模型库"的设计方法，管理系统架构及接口数据，从而提升了 ICD 设计效率。支持多种通信协议类型，包括 1553B、AFDX、ARINC429、ARINC717、CAN、FC、Flexray、I2C、RS422、RS485、TTE 和以太网总线以及 4G/5G、Wi-Fi 和数据链通信网络；同时支持以数据为中心的 DDS 网络设计方式，也支持非总线协议类型，包括模拟信号、离散信号、音频信号、视频信号等。

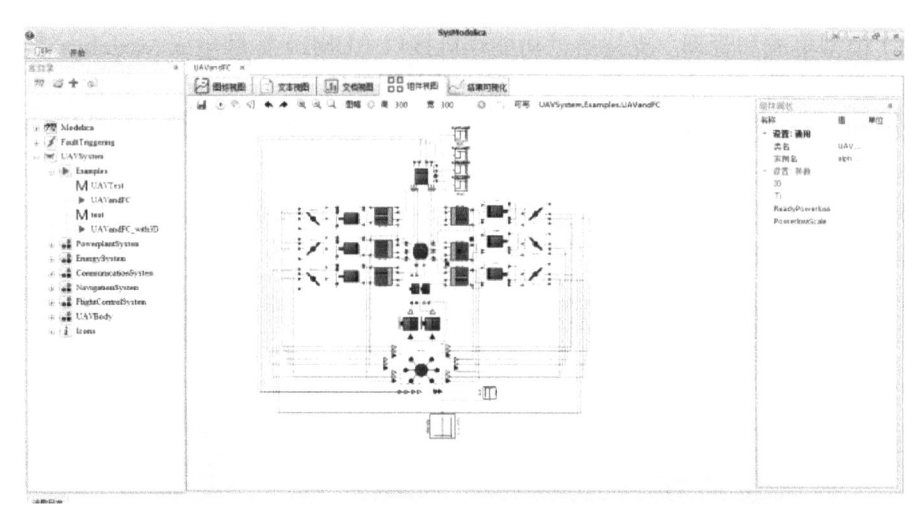

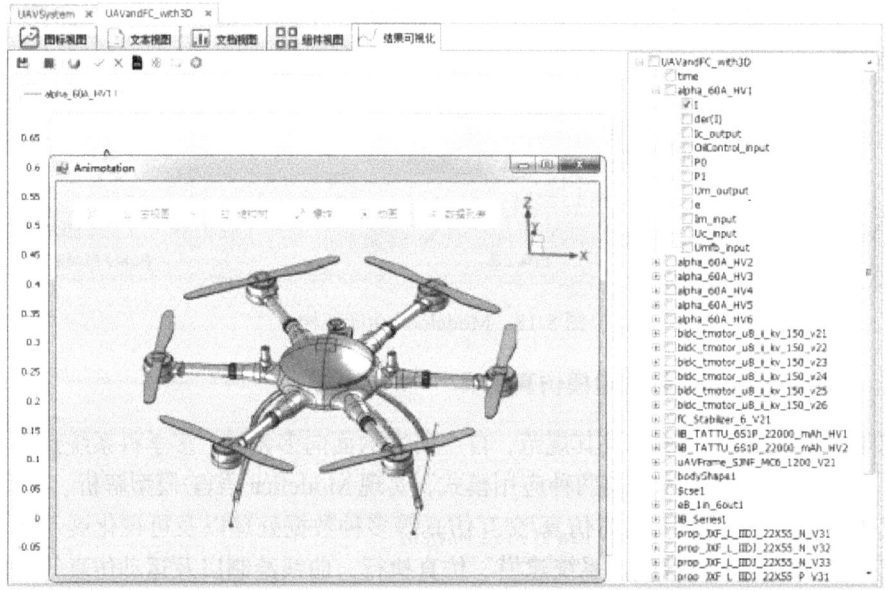

图 8-19 SysModelica 实现六轴无人机模型与运动仿真

ICDSys 可开展物理架构设计、信号接口设计、逻辑交互设计、接线与接口设计，开展数据校验和导出，并生成 ICD 文档。目前已应用于航空、船舶、电力等多个领域的研究所中。如在某舰船研究所的接口控制管理项目中，主要实现接口设计和管理功能，并与其他研发系统有效地融合，如图 8-20 所示。

4．集成设计与优化 Sysware.IDE

Sysware.IDE 是面向专业工程师团队构建的系统设计、开发与应用的一体化集成环境，融合了先进软件开发理念，贴合系统工程研发的特点，为工程人员提供工具封装、流程集成、多学科优化和最佳实践开发解决方案，便于快速搭建设计仿真流程，打通工具链之间的数据传递关系，满足论证、设计、建模、计算、仿真、试验、数据处理、权衡分析等不同种类的产品设计与分析需求。

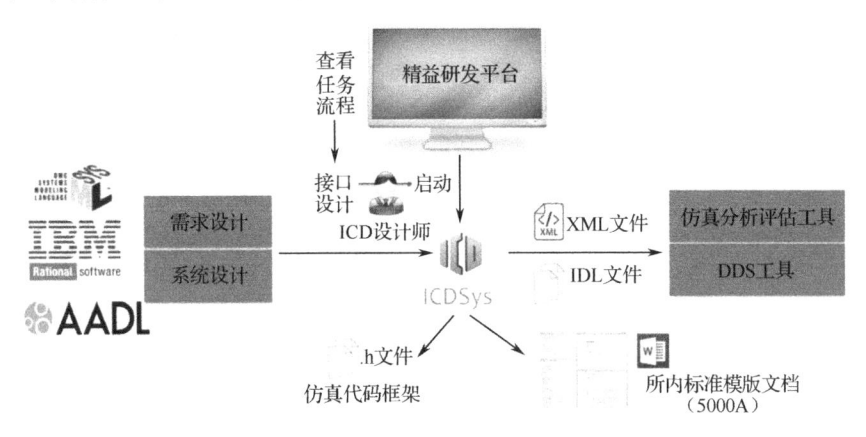

图 8-20 某舰船研究所 ICDSys 工具的应用

四、苏州同元系统设计与仿真验证 MWorks 平台

苏州同元软控信息技术有限公司成立于 2008 年，在全球新一轮工业革命背景下，结合国内 MBSE 的基础研究和应用实践，以提升国产自主可控的系统工程工具链为使命，建立赛博-物理系统（CPS）建模流程体系，发展工业系统开发平台、工业软件 APP 应用及技术服务生态环境。

苏州同元经过 20 年技术积累和持续研发，全面掌握了自 CAD、CAE 之后的新一代数字化核心技术——多领域统一建模与仿真技术，基于国际多领域统一建模规范 Modelica，形成核心产品——系统设计与仿真验证平台 MWorks，是亚洲唯一一个完全自主研发的系统仿真软件，自主研发的内核是国际上六个商品化 Modelica 编译求解引擎之一，并已为国际知名汽车工业软件供应商英国 Ricardo 公司提供内核授权，整体水平位居国际前列。

MWorks 支持基于模型的系统设计、仿真验证、模型集成、虚拟试验、智能分析以及协同研发，已经广泛应用于航天、航空、核能、车辆、船舶、教育等行业，为大型飞机、航空发动机、空间站、嫦娥工程、火星探测、大型运载火箭、核能动力等重大型号工程提供了完全自主的系统级数字化设计与仿真平台和技术支撑。已经被载人航天、卫星互联网、民用航空发动机、核动力工程等重大型号工程选为指定的数字化设计与仿真平台，如图 8-21 所示。

MWorks 采用 MBSE 方法全面支持系统创新设计，通过不同层次、不同类型的建模和仿真验证系统设计，形成"设计-验证"对偶，构建系统数字化设计与验证闭环，涉及三大核心软件以及一系列扩展工具箱、模型库等，如图 8-22 所示。

系统架构设计软件 MWorks.Sysbuilder：面向复杂工程系统，以图形化、结构化、面向对象方式，实现基于模型的系统架构设计和分析，包括需求架构、功能架构、逻辑架构和物理架构，支持系统概念论证和方案设计。

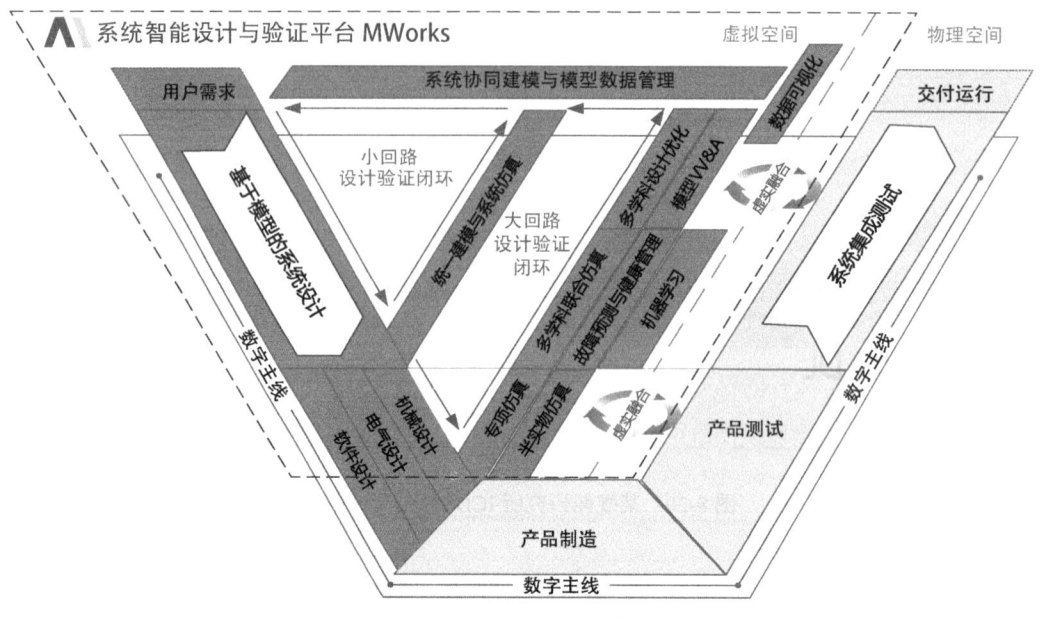

图 8-21 MWorKs 支持设计验证及数字孪生虚实验证

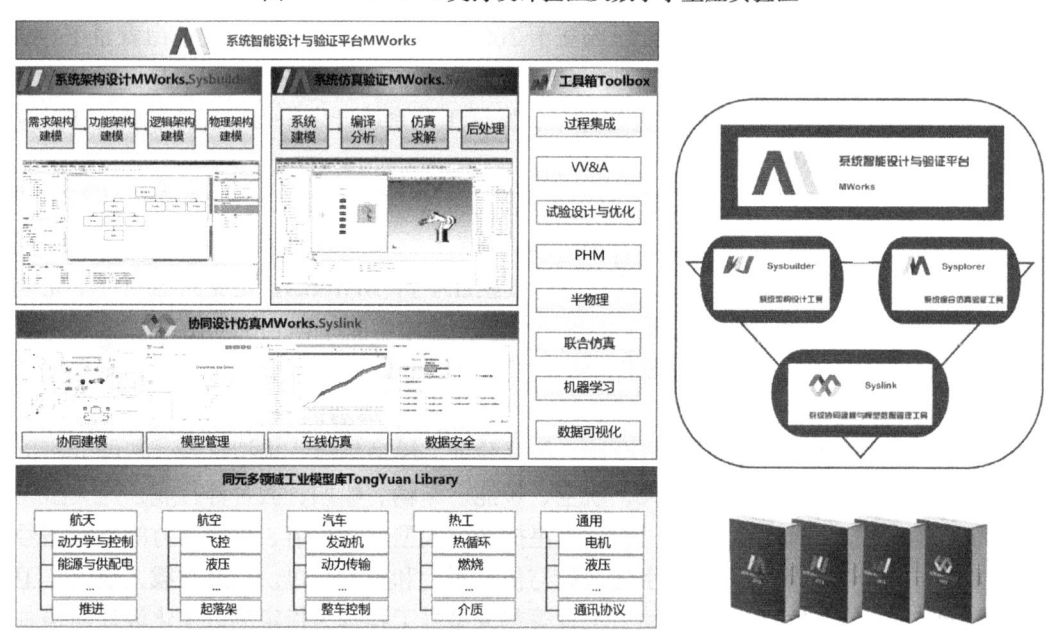

图 8-22 系统设计与仿真验证平台 MWorks

系统仿真验证软件 MWorks.Sysplorer：基于国际多领域统一建模规范 Modelica，提供系统建模、编译分析、仿真求解和后处理功能，支持工业知识的模型化表达和模块化封装，实现基于物理拓扑的快速系统模型集成与仿真验证。

协同设计仿真软件 MWorks.Syslink：提供图形化、面向对象的协同建模、模型管理、在线仿真和数据安全功能，将传统面向文件的协同变为基于模型的协同，为 MBSE 中模型和数据提供协同管理解决方案。

工具箱 MWorks.Toolbox：提供设计流程集成、试验设计与优化、产品健康管理（PHM）、虚实混合联合仿真、机器学习及数据可视化等工具，满足多样化的数字化设计、分析、仿真及优化需求。

多领域工业模型库 MWorks.Library：提供大量经过工程验证的设计仿真一体化模型库，覆盖航天、工程机械、汽车、能源等多个行业，如图 8-23 所示。

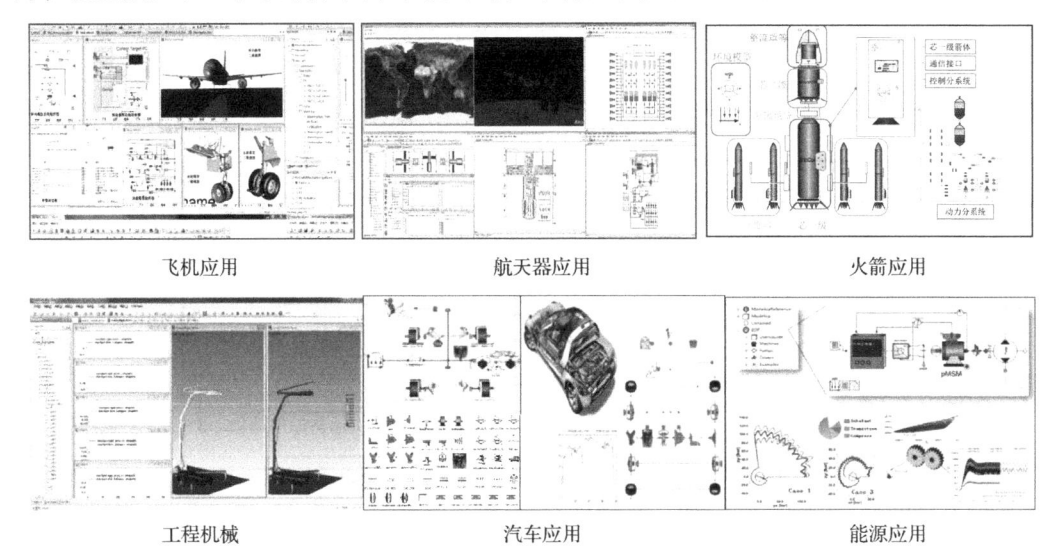

图 8-23 MWorks.Library 多领域工业模型库

五、杭州华望 M-Design 软件

自 2008 年起，在一系列国家级项目和企业应用项目的支持下，浙江大学 CAD&CG 国家重点实验室 MBSE 团队研发了国有自主可控的桌面版 SysML 建模平台 M-Design 1.0，支持包括 SysML 需求图、行为图、结构图与参数图在内的九大图建模及其相互关联关系，成功应用于载人航天部 IDS 软件工具的研发。自 2015 年以来，成立产业化公司"杭州华望系统科技有限公司"，通过重写底层 EMF 核心代码，研发了完全自主可控、国际首款 B/C/S 混合结构的 MBSE 平台 M-Design，目前已能全面支持 SysML 所有 9 个图即需求、功能、结构、行为、参数等图的建模以及基于 SysML 行为图的逻辑仿真，并具备协同设计和共享评审等功能。

华望 MBSE 系列产品 M-Design 以标准化、通用化与智能化为主要目标，历经日月锤炼，不断迭代提升产品力。M-Design 3.0 功能架构如图 8-24 所示。

（1）支持用户需求的条目化建模和基于 SysML 进行图形化建模，并对二者进行关联与切换；支持基于 Word、Excel、ReqIF 等多种格式的需求导入与导出；支持在用户需求、系统需求等需求之间建立追溯、满足、复制、精化、导出等各种关系，实现正向与反向的跟踪。

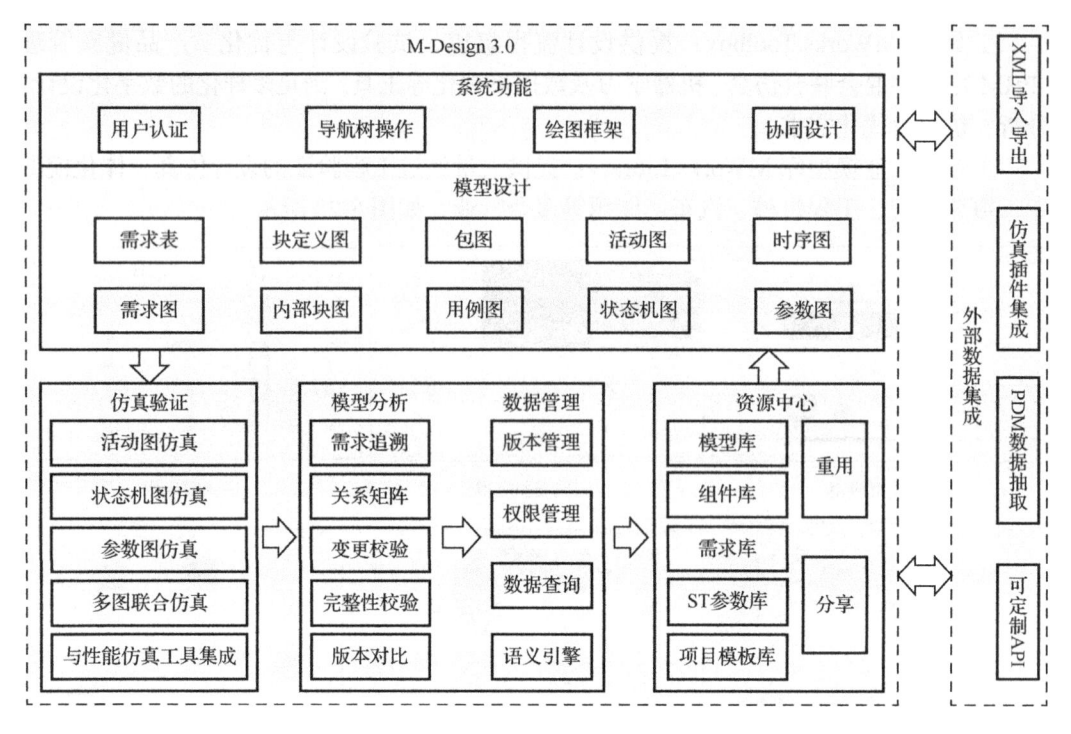

图 8-24 M-Design 3.0 功能架构图

（2）支持对复杂装备静态结构、动态行为、参数约束等内容的建模，同时支持基于块图、内部块图、活动图、状态机图的多层嵌套建模。

（3）支持对复杂装备需求、功能、逻辑、物理间进行横向追溯以及大系统、系统、子系统、部件及单机间进行纵向追溯。追溯方式可以通过追溯矩阵或追溯图来完成。

（4）支持基于活动图、状态机图、参数图的逻辑仿真功能，并支持基于上述多图的联合逻辑仿真，具有与 Matlab/Simulink、Modelica 等集成的功能。

（5）通过首创 B/C/S 架构，支持在线协同设计的功能，并具备不同用户的权限管理功能，方便支持在线审核与评审。

第六节 军事复杂组织体和体系工程发展动态

21 世纪以来，信息技术、远程投送能力和远距打击体系的发展，使作战空间加速向极高、极远拓展。未来一段时期内，战略预警、信息对抗、太空作战、防空反导、战略投送、远海防卫、无人作战、特种作战等新型作战力量，正在形成规模化的实战能力，这必然全面改变作战力量的整体结构。在马赛克战驱动下，美国军方今后不再单纯追求以先进的卫星、隐形飞机等系统保持不对称的技术优势，而是将从平台和关键子系统的集成转变为战斗网络的指挥、控制和连接，以新颖的方式连接庞大的系统或子系统的存量资源，最终形成马赛克战的持久、快速、开放的适应性新功能。多域作战和马赛克战的内涵高度契合，更加突出多重装备系统的巧妙组合，而不只是特定能力方面的明显超越。随着马赛克战的进一步实施，多域作战正走向现实。

马赛克战的实施首先不仅是一种新的作战概念，更多的是支持联合作战的体系工程方法的升级，本质上是在不可预测和危机态势下的大型分布式动态系统的先进管理，立足将分散在全球的"马赛克"作战资源迅速集成并共同抗击对手、应对灾难危机局势，对于解决复杂的国防及国际安全问题具有最高的价值。在未来激烈的军事竞争的环境中，网络中心战所依赖的态势感知与指挥、控制和通信的假设将荡然无存，而决策中心战则蕴含着军事冲突固有的迷雾和摩擦。决策中心战将通过充分利用分布式部队编成、动态组成和重组、减少电子辐射以及C2ISR对抗行动来改善适应性和生存力，从而增加对手关于美国军事作战复杂性和不确定性的认识，削弱对方指挥官的决策判断力。

随着系统日益复杂并更多地表现为从以网络为从中心上升到以决策为中心，这种包含一组分布、独立和交互系统的更高层级的系统或称之为超系统，被冠以"系统之系统"或体系的名称。传统的系统工程在向MBSE转型，同时也需要一种设计、管理和分析体系的方法，因此体系工程（SoSE）就应运而生，其与MBSE有着同源的理论基础。当前，业界日益认识到成功的SoS通常需要大规模地采用开放架构，运用整体MBSE的方法论，在开发之初就要考虑集成，体系工程（SoSE）与MBSE的基本方法论是相同的，但将其应用于SoS时，存在一些重要的变化。

一、体系的本质特征和分类

体系的能力基于组成体系中的各个系统的贡献。体系与各个系统之间的这种相互依赖性，使得以文档为中心的开发变得不再符合实际，因为需要巨大的工作来维护体系开发文档。另外，体系开发以单个系统的能力为特征，希望依据MBSE的模型方法进行表达。MBSE虽已成为一种流行的系统开发方法，提供了跨越开发层级的沟通和验证，MBSE使用一个或一组模型记录和沟通，从系统需求层级到软件实施层级。但是，在体系开发中使用一组模型，这些模型是相互连接并相互依赖的，因此一个模型中的更改会自动要求更新这组模型，同时模型之间的相互依赖性又提供了额外的验证。这是以文档为中心的系统开发及常规的系统工程开发流程所不能提供的。

（一）体系的公共特征

关于体系有许多定义，重点是集成一组独立开发和运行的系统，用以创建不同于单个参与系统所能实现的、通常具有更强的能力。美国国防部（DoD）日益依赖网络化的复杂组织体和情报优势来获得作战优势，它将体系定义为：独立、有效的系统集成到一个更大的系统中，从而提供独特的能力。以下是体系的5个常见的特征：

（1）各个系统的运行独立性——每个系统都独立于其他系统且具有有效执行功能。

（2）各个系统的管理独立性——每个系统都是独立提供并独立运行和维护的。

（3）地理分布——各个系统可能广泛分离，甚至可能分布在全球范围内，因此它们之间的交互可能受到限制。

（4）涌现性行为——整体可能执行的功能不是任何参与系统所独有的，并且在组成 SoS 而创建可能实现的高阶行为之前可能难以描述。

（5）演进性和适应性开发——随着时间的推移、经验的变化以及环境和功能的改变，SoS 不断演进和适应。

另外，体系开发具有两个基本的挑战：部分或全部的组成系统独立组织开发，不受 SoS 所有者控制、发展甚至运行，通常具有相互竞争的需求、生命周期和优先级；各个系统具有异构性的技术基线、接口、标准和技术细节。将它们集成到稳定运行的体系中，为架构师和设计人员带来了高度复杂性。

（二）体系开发基本流程

系统工程为体系工程（SoSE）学科的发展奠定了理论和实践基础，而体系工程更加关注于众多的集成化复杂系统的建模、控制、优化和诊断等环节。针对复杂系统的开发，系统工程正经历着从以文档为中心向以模型为中心的转型。同样，基于模型的系统工程（MBSE）成为推进复杂体系达成使命的关键实践活动。

美国国防部的体系开发并未遵循 DoDI 5000.02 中定义的通常的国防部采办流程。如图 8-25 所示，表明体系开发遵循波浪（Wave）模型过程。体系开发的 Wave 模型就像一个公交站，公交车每经历特定的时间间隔来接载一次乘客。公交车离开之后，再到达公交站的乘客必须等待下一次公交车的到达。类似地，单个系统向体系提供能力，但是这些能力必须到达波浪的顶端，才能将系统能力集成到整个体系中。一个系统在体系集成点（或波浪的顶端）之后方能提供能力，那就必须等待下一个波浪的达到才能融合到体系之中。

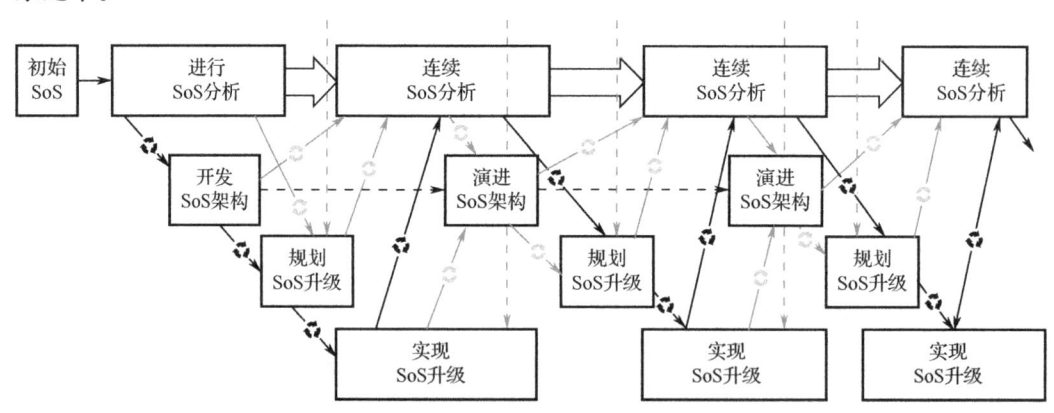

图 8-25 体系开发的波浪模型

二、军事体系工程管理维度和开发维度

军事系统工程涉及军事组织架构、作战概念（ConOps）、装备体系集成及其装备系统采办等，构成典型的复杂军事体系，具有组成系统异构化、交互形式多样化、关联关

系动态化以及体系目标演进化发展的特征。其中与军事体系相关的复杂组织体，用于支持特定作战场景和防务使命能力的跨组织实体，包括独立的资源（如人员、组织、平台和技术），达成共同使命而协调功能和共享信息。

（一）体系的分类特征

根据 SoS 的形成过程，可区分 SoS 的类型，包括：

（1）定向型（Directed）。集中管理的 SoS，其构建和运行是为了满足特定目的，存在中央管理机构在不同程度上修改、配置及运行其组成系统，从而最大限度地实现复杂组织体的目标。

（2）协同型（Collaborative）。非强制集中管理的 SoS，系统自愿加入协作，实现复杂组织体的目的，复杂组织体可能在特定的时间或针对特定需求运行，偶发事件触发而暂时组建，而后解除。

（3）虚拟型（Virtual）。没有集中控制的复杂组织体，其运作基于参与者认为合适并可获得有利的结果。

（4）认同型（Acknowledged）。美国国防部增加了第四种类别，即认同型，介于定向的和协同的之间，具有 SoS 的集中管理机构和资源，同时参与系统保留特定的所有权、目标、资源和方法。体系成功与否取决于参与者对体系目标的承诺以及实现这些目标所需的合作和妥协，当然这一类型更符合许多现实世界中 SoS 状况。

认同型体系的开发关键是各个系统的独立性，这种独立性可借鉴面向对象软件开发方法的思想，其中每个对象都独立存在，并且具有与系统中其他对象的指定接口。由于体系的开发和面向对象的软件开发之间的共性，在架构模型设计中使用面向对象的系统方法（OOSA）。

（二）军事体系工程的管理维度

美国国防部发布了体系工程（SoSE）指南，侧重于军事复杂组织体，汇集广泛的研究并提出了一个良好的整体方法。与应对复杂的信息密集型、技术密集型的项目一样，使所有的参与者从技术角度了解复杂组织体的管理，因此 SoSE 策略是将方法论和相关信息记录在系统工程计划（SEP）中，包括以下主题。

1. 复杂组织体需求分析和管理

在 SoS 中，特别关注复杂组织体层级需求和系统层级需求之间的关系。特别是分析由 SoS 创建的能力，确保利用可用的资源和进度满足复杂组织体的需求，以及所有参与者都清楚地定义和了解系统需求的可追溯性。建立复杂组织体的需求基线后，与参与系统的工程项目和组织进行持续协调，预测变化并将对体系的影响程度降到最低。

2. 针对复杂组织体的关注方面

以复杂组织体的视角确保完整的总体能力，使每个系统的开发人员、运行人员等利益相关方高度关注运行视角中的作战概念（ConOps），从而充分了解各自系统的接口，并同时处理熟悉的系统本地功能以及可能不熟悉的、体系赋予的新能力。这对各类人员有效参与复杂组织体的流程十分重要。

3. 整体能力的演进方式

体系流程是不断演进的，每个系统按照交错的进度集成到体系的构建中，如图 8-26 所示，SoSE 流程必须包括一套集成和测试方法论，以有效地适应这些系统的交付顺序，其中具有良好构型的原型系统开发环境是关键。另外，主演进计划（MEP）也是极其重要的工具，它可以预测复杂组织体需求和环境的变化及参与系统计划的变化，并可预测关于未来演进的全局蓝图，以帮助 SoSE 团队发现潜在问题和机会，从而适时采取相应行动。

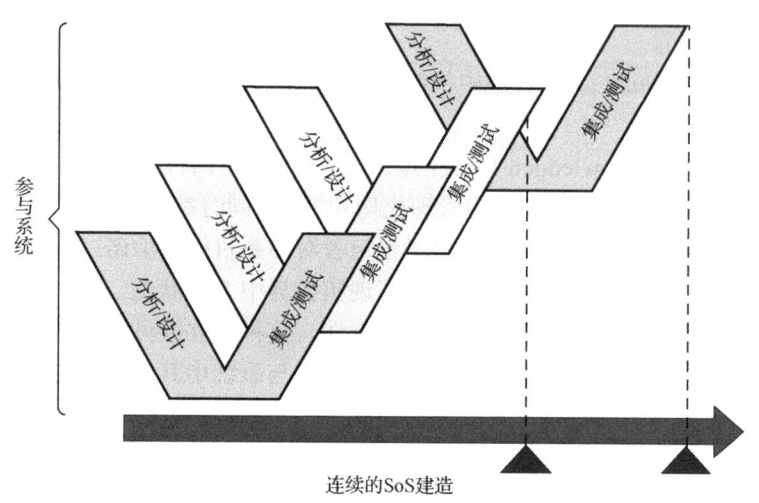

图 8-26 各项目的非异步进度带来 SoS 建造的演进

4. 开放的和松耦合的架构

SoSE 流程应以架构为中心，定义一个开放的标准化接口框架，实现基于消息的事务和事件或数据驱动的流程控制。如果参与系统必须进行修改，则可将本机数据格式转换为复杂组织体的数据格式。有效的复杂组织体架构提供了 SoSE 必要的稳定性，支持在迭代中的持续存在，以应对需求和技术的持续变化。

5. 复杂组织体的测度

建立一套可管理的复杂组织体层级的测度框架，可包括质量属性（QAt）、技术性能测度（TPM）、关键性能参数（KPP）、性能测度和有效性测度（MOP/MOE）或者其他量化、随时间跟踪且需要对比的测度，确保 SoS 在演进过程中的质量和完整性。

6. 决策分析

在 SoSE 方法论中同样需要一系列形式化的决策分析，如权衡研究、备选方案分析、风险评估和效能评估，用于评估复杂组织体的各个层级。高品质的虚拟原型系统开发环境是最强大和最经济的 SoS 决策分析工具。

7. 赛博安全

军事领域的复杂组织体势必会处理大量机密、专有或敏感的信息，赛博安全评估和授权流程首先基于对单个系统的认证鉴定，之后是基于复杂组织体的交互而提供不会损害安全属性的证据。

8. 性能测量和需求验证

由于复杂组织体测试的复杂性，通常不可能针对每一种状况遍历所有的功能。当参与系统已部署之后，相关运行人员的参与将在复杂组织体测试中发挥作用。同时，SoSE 团队在治理结构的支持下，承担着确保充分分析和测试的任务，从而确保复杂组织体有效运行。

9. 配置管理

SoSE 团队需要完整地访问现行的有效基线，支持复杂组织体层级的规划、分析和设计。此外，整个复杂组织体的需求和设计基线是 SoSE 的核心活动。

我们所处的世界越来越多地具有网络化、信息化、自动化以至于自适应和智能化的特征，不可避免地催生 SoSE 领域的新兴发展方向，现在尚不能就术语、技术方法、测度和治理原则完全地达成一致。将 MBSE 的系统架构方法论，扩展到复杂组织体架构、体系架构的更高层级，首先目标是协同地集成一系列系统的能力，创造比单独系统运行更大的运行效能。我们面临更大的挑战，需要寻找一些务实的应对方法。因此，SoSE 在理论和实践方面将会发展迅速，并将成为现代架构实践中一个越来越重要的领域。军事领域在许多重要方面或活动中，面对和承受着军事 SoS 的挑战，在错综复杂的 SoS 问题中将跨越多个背景环境，涉及从构想、规划、开发、创建到运行等各种相互关联的作战元素和能力。然而，体系的能力基于组成体系中的各个系统的贡献，体系工程并不遵循常规系统工程的开发流程，其中体系开发将以单个系统的能力为特征，并依据 MBSE 的模型和方法进行表达。

第七节 结 语

当前，我国军事管理部门和军工行业面临着系统工程技术路线的一次判断和选择，关键是如何在通用系统工程方法论指导下，通过最佳实践创建各领域适用的特定系统工程生命周期流程和方法；使用基于模型的系统工程（MBSE）方法，在生命周期中融合新兴的建模和仿真（M&S）技术，创建集成、连贯和一致的数字系统模型（DSM），从而综合各个特定学科的模型作为的系统需求规范、设计、分析和验证的源头。从而，实现依据各类跨域模型的集成架构框架，进行可视化沟通和设计方案的传递，确保在系统工程设计的早期就能在尽可能大的探索空间中寻求最优方案,并在数字空间开展验证和确认,从根本上避免出现重大问题以及最大程度地缩减成本、时间周期等。

任何一门学科的成熟依赖于所表达概念的描述和逻辑推理的数学形式,系统工程的数学支撑是运筹学,在现代数学理论和电子计算机技术的支持下,各种定量描述、模型方法、仿真实验和优化设计以及大数据和计算机能力的提高所构成的人工智能,正在促进现代系统工程科学与技术基础的发展。

基于模型的系统工程(MBSE)是开发和运行复杂体系和系统的关键,其提供支持需求定义、功能分析、架构设计、确认和验证活动所需的形式化的建模和仿真手段。MBSE引入了数字系统模型的概念,通过系统用例、功能、时序、状态、架构和接口等模型全面反映系统各个方面的属性信息,包括:规范、性能、物理结构、功能结构、质量、成本和可靠性等,为系统工程人员提供一种以图形化的系统建模语言(如SysML)为基础的系统行为描述的规范,对系统的各种需求进行可视化的表达和分析,确保不同专业、不同学科、不同角色的工程设计人员基于同一模型快速准确理解、识别、定义、分析、确认和分配需求。MBSE方法论使得由多个系统架构逐渐综合形成复杂体系(SoS)架构成为可能,其中:模块化、互操作的架构元素提供了最好的价值。

今天,我们需要一个更好的方法去应对多种技术融合、信息密集的复杂系统,该方法源于系统工程的流程活动以及模型为核心的系统架构的概念,作为一个严谨、客观、定性和定量的学科,用于定义、分析、构建和运行具有多种先进技术的体系和系统。当前,系统工程领域的最佳实践策略就是基于模型的系统工程(MBSE)。在机械和电子、计算和软件、控制、通信和网络、运载器和推进器、传感器、能源、材料以及许多其他领域取得惊人进步的同时,为工具和方法有效地利用这些技术进步,创造了新的能力和新的需求。系统工程(特别是在军事系统工程)领域,系统的概念从单纯工程系统向组织系统的大规模、综合运用而扩展,由此,系统、体系(系统之系统)和复杂组织体已成为现代世界的主体宏观层次,应用了多种先进的技术并不断地达到前所未有的复杂性。系统工程为体系工程学科的发展奠定了理论和实践基础,而体系工程更加关注于众多的集成化复杂系统的建模、控制、优化和诊断等问题。针对复杂系统的开发,系统工程正在经历着从以文档为中心向以模型为中心的转型,同样,基于模型的系统工程成为推进复杂体系达成使命的关键实践活动。

参 考 文 献

[1] 艾斯特凡.基于模型的系统工程方法论综述[M].张新国,译.北京:机械工业出版社,2014.

[2] 张亚琦,金鑫,高星海.基于SysML的军事复杂体系建模及架构技术研究[C]//全军体系工程大会论文集.2019.

[3] 中国企业联合会管理现代化工作委员会.全国企业管理现代化创新成果[M].北京:企业管理出版社,2019.

[4] 李明华. 用基于流程的系统工程思想重塑航天科研生产体系[J]. 航天工业管理，2018（3）：3-8.
[5] 杨致怡，刘艳平，杨晓栋，等. 基于模型的舰船作战系统工程方法研究与应用[J]. 舰船科学技术，2016，38（23）：159-162.
[6] 栾恩杰. 中国航天的系统工程[J]. 航天工业管理，2019（10）：16-22.
[7] MAIER M W. Architecting principles for systems-of-systems[J]. Systems Engineering, 1998, 1（4）: 267-284.
[8] BORKY J M. 基于模型的系统工程有效方法[M]. 高星海，译. 北京：北京航空航天大学出版社，2020.

本章作者： 高星海、常创业、马楠、师艳平、郊永军、何强。

第九章　智能化军事系统工程的技术与应用

第一节　引　　言

针对集成和管理复杂系统的规划、研究、设计、制造、试验和使用等问题，钱学森提出了系统工程这一科学方法，用于实现系统的整体与局部之间的关系协调和相互配合，使得总体达到最优运行。系统工程在以航空航天为代表的复杂工程和工程管理领域产生了极其重要的作用。随着近年来人工智能技术及其应用的井喷式涌现，特别是后IT时代智能技术的应用和信息技术生态的演进驱动人工智能达到了新的发展高峰。人工智能关键技术主要包括复杂系统建模、先进计算、大数据分析、数据耕耘、多媒体融合、智能训练、深度学习、自主学习、认知博弈等，其本质上是一个开放的复杂系统，必须坚持系统论观点，以系统工程方法论为统揽，以系统工程技术为支撑，创新发展智能系统工程并进一步研究其在军事领域的创新实践。本章首先回顾了系统工程的发展演化历史，然后分析了当前人工智能发展的技术特点和新特征，最后重点探讨了智能系统工程的概念产生，分析了智能技术场景的集成化应用和智能技术生态的涌现形式，并展望了在系统工程理论下新型智能体系结构发展趋势。可见，智能化军事系统工程的研究和发展，既受到时代的需求牵引和技术的推动，也是传承"钱学森系统工程学说"的内在要求，必将对我军技术发展和应用产生重要影响。

第二节　系统工程的演化

系统工程是工程和工程管理的一个跨学科领域，是为了最好地实现系统的功能，对系统的组成要素、组织结构、信息流、控制机构等进行分析研究的科学方法，重点研究的问题是如何在整个生命周期中设计，集成和管理复杂的系统。它运用各种组织管理技术，使系统的整体与局部之间的关系协调、相互配合，实现总体的最优运行。钱学森指出:"系统工程"是组织管理"系统"的规划、研究、设计、制造、试验和使用的科学方法,是一种对所有"系统"都具有普遍意义的科学方法。

1955年,钱学森回国后立即投身国防科研事业中,他提出的系统工程方法为我国"两弹一星"的研制工作做出极其重要的贡献,尤其是在国内科研条件和生产能力落后的情况下提高了效率;不仅提前完成科研计划,甚至完成了许多"不可能"完成的任务。正如钱学森在《组织管理的技术——系统工程》中提到的,"导弹武器系统是现代最复杂的工程系统之一,要靠成千上万人的大力协同工作才能研制成功。研制这样一种复杂工程系统所面临的基本问题是:怎样把比较笼统的初始研制要求逐步地变成成千上万个研制任务参加者的具体工作,以及怎样把这些工作最终综合成一个技术上合理,经济上合算、研制周期短、能协调运转的实际系统,并使这个系统成为它所属的更大系统的有效组成部分"。钱学森指出:"应该把系统作为它所从属的更大系统的组成部分进行研制,对它的所有技术要求都首先从实现这个更大系统技术协调的观点来考虑;分系统和分系统之间的矛盾,分系统与系统之间的矛盾,都首先从总体协调的需要来选择解决方案。"这样一套组织管理系统的系统方法论,在我国科技创新实践中不断证明了其科学性和有效性。

系统工程的另一个典型案例是美国的阿波罗登月计划。该计划运用了系统工程的科学方法,按预定目标第一次把人类送到了月球。在工程高峰时期,参加工程的有2万家企业、200多所大学和80多个科研机构,总人数超过30万,严格而科学地管理几十万人奋斗8年,最终实现登月工程。阿波罗登月计划,不仅体现了现代科学的水平,推动了航天技术的迅速发展,也为人们展现出系统工程如何构建跨行业、跨学科知识体系,如何管理成千上万的部门和人员,如何优化资源配置和机构运营等多个错综复杂的综合治理问题,因此,成为公认的系统工程成功范例,引起了人们的广泛重视。传统系统工程被视为工程的一个分支,是物理系统的刚性分解。例如,"阿波罗"载人飞船总高29米,重约50吨,由指令舱(相当于返回舱)、服务舱(相当于推进舱)和登月舱3部分组成,发射上升段时还有救生塔,每个部分具有若干个特定的功能,其中类似卫星式飞船返回舱的指令舱是航天员生活和工作的地方,也是全飞船的控制中心;服务舱装有主发动机、姿控和电气系统;特设的登月舱由下降级和上升级组成,用于降落到月球表面和离开月球表面。系统工程认为阿波罗载人飞船系统是由许多相对独立的部分和功能所组成,这些部分和功能不仅各自具有一个或多个功能目标,同时又存在着相互的联系。系统工程则是按照各个目标进行权衡,在各部分和功能能够最大限度相互适应的基础上,求得各个部分和功能目标的最优实现方案。

20世纪50—70年代,用得最多的系统工程方法一直是以着重定量模型和讲究优化的系统方法论为主,最著名的为霍尔的系统方法论,还有运筹学、系统动力学和系统分析等,后来被切克兰特称之为硬系统方法论。20世纪80年代,由于处理社会系统以及涉及人因素较多的系统,外加有不确定因素较多的战略问题等而出现一批软的系统方法论。这些软的方法论比较着重定性、概念模型,不再过分追求最优解而是只要能找到可行满意解,甚至使系统有好的改变就可以,而且强调不断学习的过程。

20世纪90年代末,系统工程规模变得更大且更复杂,随着以信息技术为代表的高新技术的快速发展,系统间的联系和交互变得愈发频繁和紧密,逐渐形成了以复杂自适应系统为理论指导的系统之系统工程(System of systems engineering,SOSE),也称体系工程。体系工程与一般的系统相比具有规模大、结构复杂、动态不确定、资源可动态配置、系统整体演化发展等特点,从而能够在实现柔性或刚性目标的同时涌现新的行为和功能。因此逐渐成为空间探索、军事体系和国家交通系统大规模工程等应用场景的重要思维模式。例如,在航天领域,特别是对于像美国的 SpaceX 这样的创新型企业来说,系统工程严格的程序控制也许已经很难适应技术快速发展,以及需求快速变化对灵活性的要求。信息化的发展带来了多周期的快速开发迭代过程,使得虚拟设计、试验变成了可行的。SpaceX 遵循经典系统工程"规划—设计—建造—测试"四步骤的项目开发过程,通过多周期的开发迭代,迅速而连续地将测试经验迭代传递给下一次项目开发,每次迭代是突破边界的过程,从而能不断推动项目螺旋式研发。

第三节 人工智能的发展

智能是知识与智力的总和,其中知识是智能行为的基础,智力是获取知识、运用知识的能力。在计算机科学中,人工智能(Artificial Intelligence)有时也被称为机器智能,相对由人类和动物产生的自然智能,它是用机器来实现的智能。"人工智能"一词通常用于描述使机器(或计算机)模仿人类产生与人类思维相关联的"认知"功能(例如"学习"和"解决问题")。人工智能的发展借鉴和汇集了计算机科学、信息工程、数学、心理学、语言学、哲学以及许多其他领域的相关知识和技术,使其能够具备正确、系统地解释外部数据,并使用从此类数据中学习到的知识自适应地实现特定目标和任务的能力。

一、人工智能发展的技术特点

1956 年达特茅斯会议提出"人工智能"课题至今,人工智能经历了 60 余年的发展和积累。近几年,以大数据和深度学习相结合的人工智能技术取得突破性进展,人工智能的发展进入一个崭新时代。有别于其他技术发展脉络,人工智能随着技术和应用的发展出现了多次高潮和低谷。

1956 年的达特茅斯会议提出,通过将逻辑推理能力赋予计算机系统,使得计算机能够代替人类解决一些感知、认知乃至决策问题,这一发现让人们心驰神往、充满幻想,相关的研究也如火如荼地开展了起来。当时人们解决人工智能问题的思路是通过编制规则的方法,让机器能够学习和推理,其中一个标志性成果是完成了数学原理第二章的自动证明和塞缪尔在 IBM704 计算机上研制成功了具有自学习、自组织和自适应能力的西洋跳棋程序。但是,早期的系统由于计算性能不足、问题的复杂性、数据量严重缺失等问题,在适用于更宽泛问题选择和更难问题处理时的效果都不理想,美国、英国等国相继缩减了经费支持,人工智能的发展进入了第一次低谷。

20世纪70年代,人们开始尝试通过总结专家知识建立模型的方式,世界上第一例专家系统 DENDRAL 诞生,因其能够帮助化学家判断待定物质的分子结构而引起了新的轰动。同一时期,费根鲍姆开始研究 MYCIN 医疗专家系统,能够协助内科医生诊断细菌感染疾病,并提供最佳处方。但知识体系的完备性要求背离了计算机工业的发展方向,同时由于其开发维护成本高昂、商业价值有限,导致专家系统解决复杂问题难以实现,十几年间无法跨越"基本可用"到"实用"之间的鸿沟,人工智能的发展再次陷入了低谷。

进入到21世纪,海量数据的出现、深度学习算法和 GPU 技术的发展使得人工智能在语音识别、图像识别等领域有了飞跃式的发展。卷积神经网络(CNN)以优异的成绩夺得 ImageNet 的冠军,香港中文实验室 DeepID 算法首次超过了人类的人脸识别率,AlphaGo 首次战胜人类顶尖围棋选手,这一系列的标志性成果大大推动了机器学习在实践中的应用。

纵观人工智能的发展历程,可以总结出人工智能的六种认知视角:进化视角、联结视角、符号视角、统计视角、类推视角和行为视角。从进化视角看,人工智能需要解决学习结构的问题,通过学习自然选择的规律和方法形成和创造智能,例如基因编程对计算机程序的配对和提升;从联结的视角看,人工智能需要模仿人脑,通过对大脑的逆向演绎使得计算机输出预期的结果,例如人工神经网络的神经元联结方法;从符号视角看,人工智能需要把信息简化为操作符号,通过符号代替原来知识的表达,例如用逻辑理论机来证明数学定理;从统计视角看,人工智能需要运用概率推理,处理具有不确定性甚至自相矛盾的信息,例如贝叶斯推理等方法;从类推视角看,人工智能需要寻找不同场景中的相似性,通过比较类推出结果,例如支持向量机、模糊推理等方法;从行为视角看,人工智能需要建立感知和动作模型,通过与环境的交互作用形成智能,例如强化学习、多智能体等问题。

从人工智能发展的历程来看,人工智能其实是一类技术的综合体,分别在符号主义、联结主义和行为主义等不同的道路发展,通过综合不同的方法来模拟人的智能。

二、当前人工智能发展的新特征

无论何种视角下的发展路径,时至今日人工智能技术和应用的井喷式涌现,是后IT时代智能技术的应用和信息技术生态的演进驱动人工智能达到了新的发展高峰。一是因为强大的计算引擎,计算能力大幅提高,计算成本大幅下降,过去算不了的现在能算了,过去算不起的现在算得起了。以国防科技大学研制的天河二号超级计算机为例,天河二号计算性能比天河一号提升了10倍以上,但执行相同计算任务的耗电量只有天河一号的三分之一。二是因为大数据资源,现实世界中的广义数据、全球互联网积累的数据等通过知识数字化、规则程序化源源不断转化为计算机可以处理的形式,服务于人类社会。特斯拉汽车6个月的自动驾驶总里程超过7500万千米,每天新增100万千米,这些信息转化为智能驾驶提供支撑的"大数据"。用于训练 AlphaGo 的数据集包含了294亿个真实棋局,来源于 KGS 围棋服务器6~9段人类围棋高手的16万盘游戏。全球数据量的累积呈现指数级增长，2011年全球累积的数据有1.8ZB，2015年这个数据量就达到35ZB；三是快速高效的智能算法的进步，以深度学习为代表的新算法实现了由人为选取特征到机器自动识别特征，也就是说机器具有了一定的从数据中自主学习的能力，提高了人工智能的速度、精度、稳定性等各项性能。例如在传统的人脸识别方法中，检测特征的选取来源自经人类观察得出的有限个经验知识，而深度卷积神经网络可以提取几千甚至上万种能够更加精细刻画人脸的特征，人脸识别准确率大大提高。四是因为更加开放的技术生态环境，人工智能软件代码开源共享，新的人工智能算法不断来源于开源体系，同时大众应用产生的大数据累积，也反哺了开源软件的进化。这里面的典型代表有Google的TensorFlow、马斯克等人创立的OpenAI等开源社区。在我们国家以科大讯飞为例，在创立开放平台之后，每个人都在使用它（包括方言），其语音识别准确率很快从不到70%上升到97%，充分体现了开放的技术生态对人工智能发展的贡献。

从以上的进展和成果可以发现，当前人工智能是一个多学科交叉的综合性应用，这些新一代人工智能技术也展现出一些新特征：

（1）深度学习和博弈进化的融合。与传统博弈人工知识不同，AlphaGo深度强化学习初步具备了"直觉感知（下一步在哪）""棋局推理（全局获胜机会如何）"和"新颖落子（想人所不敢想）"等能力。通过将记忆人类棋局和自我博弈积累棋局结合起来从而有效提升了人工智能的自学习和自演化能力。

（2）基于网络的群体智能形成。2016年1月1日在《科学》杂志上发表的《群智之力量（The Power of Crowds）》论文认为：结合群体智慧与机器性能来解决快速增长难题。这种大规模个体通过网络构架的参与，可以表现出超乎寻常的智慧能力，是解决开放复杂问题的新途径。

（3）人机一体化技术导向混合智能。各种穿戴设备、人-车共驾、脑控或肌控外骨骼机器人、人机协同手术等实现生物智能系统与机器智能系统的紧密耦合。人机的交互式协同使得人类或机器的能力都能够得到提升。

（4）跨媒体推理的兴起。自然语言处理、视觉计算、听觉感知之间架构起跨媒体间桥梁，在语言、视觉、图形和听觉之间实现语义贯通，是实现联想、推理、概括等智能的关键前提。

（5）自主系统迅速发展。由于类人或类动物的机器人，往往不如对机械进行智能化和自主化升级来得高效，因此在灵活运动的领域中，无人系统迅猛发展的速度远快于机器人，从而催生出新一代自主智能系统的不断进步。

未来5到10年，新一代人工智能将对国民经济、国计民生、国防建设的产业格局产生深刻影响，成为强国利器。以美、日、德为代表的发达国家纷纷制定了以人工智能为主题的科技和产业发展规划，并把人工智能上升到国家战略的高度来推动发展，我国也将新一代人工智能作为发展战略，发布了国家新一代人工智能发展规划，成立了国家新一代人工智能战略咨询专家委员会，并由科技部、国家发展改革委、财政部、教育部、工信部、中科院等15个部门构成的新一代人工智能发展规划推进办公室来推进项目、基地、人才的统筹布局。确定了一批国家新一代人工智能开放创新平台，这批"国家队"开放创新平台将在4个方面发挥核心使命，包括建立人工智能国际化人才体系并培养国际化人才，通过人工智能赋能，创造以众创空间、孵化器为代表的大众创业、万众创新的生态环境等。

不难看出，人工智能早已从计算机和信息科学的延伸发展成为以哲学为指导思想，以数学为基础学科，融合自然科学和社会科学理论，涵盖思维科学、系统科学、生物科学等多学科交叉的学科和知识体系。需要运用系统工程的思维方式，从整体性观念、相互联系的观念、演化发展的观念发展人工智能，从而能够全面地而不是片面地、联系地而不是孤立地、发展地而不是静止地解决人工智能相关的科学问题。

第四节 智能系统工程的提出

习近平主席在致第三届世界智能大会的贺信中指出：推动新一代人工智能健康发展，更好造福世界各国人民。在人工智能发展的大背景下，我们需要紧跟以人工智能发展为趋势的科技发展潮流，传承系统工程思想，瞄准世界一流目标，创新驱动、内涵发展，打造智能系统工程。

一、概念的探讨

从技术形态来说，智能系统工程是以人工智能技术为核心，将信息科学、军事科学、理学及其他工程技术学科交叉融合而成的，复杂系统工程是其关键。关键技术主要包括复杂系统建模、先进计算、大数据分析、数据耕耘、多媒体融合、智能训练、深度学习、自主学习、认知博弈等，还原论已不能有效解决问题，其本质上是一个开放的复杂系统，必须坚持系统论观点，以系统工程方法论为统揽，以系统工程技术为支撑，创新发展智能系统工程。人工智能的发展实际是多领域融合、多学科交叉、多因素互动、多过程交联的综合结果。当前人工智能仍处于一把钥匙开一把锁的"弱人工智能"阶段，仍然需要在有确定性信息、完全信息、规则明确、单任务、有限领域的条件下来实现智能，距离真正的人工智能还有一段很长的路。从近期人工智能一系列成功案例表明，假如成功因素中"算法工程"和"数据集"各占 15%的话，那么"知识建模"要占到 70%。以 Google 的 AlphaGo 为例，组建了一个由围棋选手、知识建模和算法人员的联合团队，历时两年创造性地提出用两个网络来学习人的棋力和棋感（策略网络、价值网络）。"知识建模"就是围绕特定的"窄"问题，如围棋的决策等边界明确的问题，系统地分析问题，设计方案，反复实验，将知识建模、方法创新、算法工程、数据工程、虚拟实验和超级计算组合起来应用，围绕问题进行创新，即钱学森同志所说的"系统工程"。

智能系统工程的科学内涵可以从多方面加以理解，从字面看，它是智能、系统、工程 3 个主题词的组合，因此它应该既有智能科学特性，又有系统科学属性，还有工程技术特点。从这一点引申，综合起来可以从 3 方面理解：

（1）智能系统工程化：智能系统（Intelligence system）是指能产生人类智能行为的

计算机系统。从智能系统工程化的角度考虑，智能系统工程研究的重点之一，将在深入探索智能系统理论、方法、技术的同时，更加注重智能系统的工程化、实用化、应用化研究，着重探索智能系统物化技术和实现方法。

（2）系统工程智能化：系统工程既是一种思想也是一个学科专业，已形成了丰富的研究内涵和较完整的科学技术体系。从系统工程智能化的角度看，智能系统工程将重点研究系统工程与人工智能的结合理论、方法、技术与应用问题，探索应用智能理论提升系统工程问题智能化的理论、技术、方法与工程实践。

涂序彦教授曾提出"智能系统工程"的概念：AI+SE→ISE。其中，AI 为人工智能（Artificial Intelligence），SE 为系统工程（Systems Engineering），ISE 为智能系统工程（Intelligence Systems Engineering），进一步说明了需要在"人工智能"与"系统工程"相结合的基础上，研究开发"智能系统工程"。

（3）工程系统智能化：工程系统是指由若干相互作用和相互联系的复杂工程组成的系统。建立工程系统，能更有效地运用现代科学管理方法，更充分地利用人力、物力和财力资源。从这一角度看，智能系统工程还需要探索如何在确保工程系统顺利实践的同时，提升工程系统的智能化理论、技术、方法。

我们认为，传统的系统工程一般不考虑知识，过去功能在系统设计完成后，就固化下来。在传统的系统工程中，人是系统的用户，而智能系统工程将人和系统一体化设计，人从系统的边界之外走向系统之内。在系统内涵上逐渐深化，由符号到链接，由浅层到深度，由模拟到机理，由宏观（知识描述）到微观（数据驱动）。在系统的外延上不断拓展，由感知交互（视觉、听觉、触觉、语音）到认知决策，由个体到群体，由小数据到大数据。通过人、数据、知识、系统的交互将人的智能融入系统中，扩展系统本身的边界。我们认为，智能系统工程是系统工程在智能化时代的发展，围绕"智能+"系统和系统"+智能"，能够不断自学习，实现要素自组织、组织自设计、信息自汇聚、控制自协同，形成知识自学习、功能自增长、结构自演化、环境自适应的智能系统的科学方法。它使体系的自适应优化运行，并形成知识的自学习、功能的自增长、结构的自演化、环境的自适应的新特点。智能系统工程其新功能还能不断涌现；系统结构能够根据使命环境和自身的情况不断重构；系统某种意义上具备生命体的特征，能自行适应使命环境的变化。

智能系统工程的一个初步的典型案例是阿尔法围棋。阿尔法围棋（AlphaGo）是第一个击败人类职业围棋选手、第一个战胜围棋世界冠军的人工智能机器人，由谷歌（Google）旗下 DeepMind 公司戴密斯·哈萨比斯领衔的团队开发。目前，围棋界公认阿尔法围棋的棋力已经超过人类职业围棋顶尖水平。

这样一个强大智能体的出现，得益于用系统工程的技术和方法搭建框架，在其中融入深度学习、数据挖掘等新型人工智能技术。也就是以系统科学的着眼点或角度来设计新的系统，对若干可供选择的执行特定任务的系统方案进行选择比较，最终拟制出新系统的实现程序。

在 AlphaGo 的研发过程中，首先需要进行知识建模。DeepMind 组建了一个由围棋选手、知识建模和算法人员组成的联合团队，历时两年创造性地提出用两个网络来学习人的棋力和棋感（策略网络、价值网络）。而在 AlphaGo 的升级版 AlphaGo Zero 中，对两个网络进行了联合训练，使用纯强化学习，将价值网络和策略网络整合为一个架构，同时使用了残差网络，使得网络的深度能够得到大幅提升，最后的表达能力也更好。

其次，基于大量数据的学习，大大增强了算法的计算能力。一方面，谷歌从围棋对战平台 KGS 上获得了人类选手的围棋对弈棋谱。每种棋局，都会有一个人类进行的落子，即为一个天然的训练样本，如此谷歌得到了 3000 万个训练样本。另一方面，谷歌应用了蒙特卡洛搜索树（Monte Carlo Search Tree）的方法，将围棋的所有可能的局面和落子方法视为一个无比庞大的决策树，此时每个节点对应一个棋局，并且每个棋局都有一个最佳落子推荐位置。由于这棵决策树过于庞大，谷歌巧妙地构造了部分节点作为训练样本，而后训练卷积神经网络模型来对其余部分进行预测计算。人类经验和决策树的双重推动，大大提高了算法的训练速度，增强了算法能力。

第三，这样强大的智能体也得益于当前技术进步带来的强大计算能力。最强的 AlphaGo 在训练过程使用了 20 多台计算机，一共包含 64 个搜索线程，1920 个 CPU 和 280 个 GPU 组成的集群服务器。

正是知识建模、方法创新、数据工程、算法工程、虚拟实验、超级计算的综合应用，带来了阿尔法围棋的成功。

二、智能技术场景的集成化应用

以深度学习为代表的人工智能技术的应用领域不断拓展，人脸识别、语音识别、图像分类、自动驾驶、自然语言理解、游戏博弈已经进入实用阶段。人工智能应用的发展得益于应用系统工程方法，将计算机视觉、自然语言处理、知识图谱、人机混合、无人系统智能以及集群智能等相关技术进行集成化的应用。

（1）计算机视觉（图像理解），赋予机器从图像中识别出物体、场景和活动的能力，实现目标识别、定位、场景理解等。计算机视觉领域是深度学习算法的最大获利者，深度学习受到研究人员的广泛关注始于 ImageNet 比赛。ImageNet 是世界顶尖的一个大型图像数据库，现有 150 万张图像，2 万多个类别。2010 年以来，ImageNet 每年都会举办一次全球性视觉识别挑战赛，被称为人工智能领域的"世界杯"。以深度学习为代表的人工智能算法在 ImageNet 图像识别国际比赛中的表现已超越了人类，谷歌已将识别 1000 种物体的错误率降至 3.08%（而人类识别的错误率为 5.1%）。随着基于人工智能的计算机视觉的进步以及其在一些细分领域的逐渐成熟，已经开始进入实际的应用阶段，如人脸识别技术、目标跟踪识别技术等，用于刷脸支付、刷脸认证、智能交通监控等。交通运输部推出的海燕系统，能够识别 200 多种车标、3000 多种不同的车型，1 秒钟就能分析多达 200 张照片，每天支持 2000 万个目标分析，并且错误率低于 2%。但是目前的人工智能算法需要海量数据和强大的计算能力进行训练，例如，AlphaGo 在 3000 万步棋谱数据集上进行训练，FaceNet 使用 800 万人的 2 亿张照片进行训练。

（2）自然语言处理，赋予机器理解人类语言能力的技术，实现语音识别与交互、语音合成、说话人识别、自动写作等。目前，美联社、洛杉矶时报、华盛顿邮报等知名报刊 30%都是由人工智能机器人完成的,不但可以撰写正确的内容,还可以准确学习每家报刊的写作风格,发表个性化的报道。有人预测,未来 5～8 年的时间全球范围内机器人撰写新闻稿的数量将超过人工撰写的新闻稿的数量。国内新华社也启用了名叫快笔小新的机器人写稿系统。基于人工智能技术的发展,自然语言处理在语音识别领域取得了实用化推广,代表有科大讯飞的语音识别。然而,目前自然语言处理主要是基于统计学习的方式,相当于对单个词语的排序,因此面临的最大困难就是语义理解和消除语义歧义。

(3)知识图谱,在自然语言处理技术的基础上,进行自动语义提取、知识加工、深度搜索和可视交互的技术,是实现从感知到认知跨越的桥梁。知识图谱的构建包含信息抽取、知识融合和知识加工 3 个步骤。知识图谱为海量、异构、动态的大数据表达、组织、管理以及利用提供了一种更为有效的方式,使得信息网络的智能化水平更高,更加接近于人类的认知思维,已经成为推动人工智能发展的核心驱动力,其重要的应用价值和具体的现实意义日益凸显。目前知识图谱已在智能搜索、深度问答、社交网络以及一些垂直行业中有所应用。在智能搜索方面有 Google Search,微软 Bing Search,国内的百度、搜狗近两年来也相继将知识图谱的相关研究从概念转向产品应用。在深度问答方面的典型代表有苹果的 Siri。

(4)人机混合智能,人和机器通过协同感知,混合计算,自然交互,完成某一特定任务的技术,是创造性智能实现的基础。人机混合智能处于发展期,技术突破还有待实现。应用场景有外骨骼机器人、脑机接口等。脑机接口技术能够通过将一个非常细小的电子设备植入到人类大脑当中,使得人类大脑当中所想的意识能够以神经波动或者其余方式让无线装置感知并通过装置被传播出去,从而与手机、电脑等一些应用程序相连接,与其进行互动。目前,马斯克的脑机接口公司 Neuralink 已经将该项技术在老鼠身上进行实验,并取得了初步的成功。后期如果这项技术可以在人类的身上取得成功,这将会开启人类发展的新纪元,改变人和机器人相处的传统模式。

(5)无人系统智能,人工智能技术可提升无人系统的自主能力,实现自主感知、自主判断、自主决策、自主行动,成为真正的"单体"智能体。近年来,依托于人工智能技术的发展,各种类型的智能无人系统大量涌现,如无人机、无人车、无人舰船等,各种机器人在农业、物流、交通、军事等多个领域得到了广泛应用。以无人驾驶为例,当前全球无人驾驶行业发展已经呈现白热化趋势。《无人驾驶汽车行业发展前景预测与投资战略规划分析报告》指出,2018 年全球无人驾驶汽车市场规模达到 48.2 亿美元,2021年将达 70.3 亿美元;2035 年,全球无人驾驶汽车销量将达 2100 万辆。目前我国无人驾驶已全面进入开放道路测试阶段,国内有将近 20 家公司拿到路测牌照。

(6)群体智能,基于多智能体进行协同、分工和合作的技术,是形成更高级智能的关键。群体智能不是事先的规划,而要体现自主群体感知,自主群体决策,自主群体控制。去年,美国国防部宣布其一大批微型无人机测试成功,它们可以更低能耗、更有效地执行复杂任务。"微型无人机显示出了先进的群体行为,如集体决策、适应性编队飞行和自我修复"。当前至少有 30 个国家正在积极发展建设无人机群,甚至是水下无人装备集群。美国国家航空航天局还计划在太空探索中部署大量的微型无人宇宙飞船。

(7)智能博弈,赋予了计算机像人一样思考和决策的能力,代表了计算机的智能水平，也是机器智能、兵棋推演、智能决策系统等人工智能领域的重要技术基础。2016年，谷歌公司采用深度强化学习算法进行自我博弈所训练出的 AlphaGo 和 AlphaMaster 先后横扫人类顶尖围棋选手，而 AlphaZero 更是在无先验知识的情况下，在40天内下了490万局棋，以100：0击败 AlphaGo，成为第三次浪潮兴起的标志性事件。

人工智能技术在一些细分领域取得了很大进步，体现了"智能"，但要看到当前人工智能本质上仍然是通过大数据的统计学习来对特征建模，远远没有达到人所具备的认知能力，包括人脸识别、语音识别等看似已经接近甚至超越人的应用其实也只是"知其然而不知所以然"，距离真正的语义层次的智能还有很大差距。但不得不说，虽然当前人工智能发展的技术生态并没有发生像经典力学到量子力学那样的代际变化，其技术发展的速度仍令人惊叹。

三、智能技术生态的集成涌现

智能系统工程的一个重要特点，是它不仅仅是刚性的设计实现，还是一种技术生态的涌现，呈现出自组织和他组织的特点。其中，开源社区起到了非常好的作用，这种基于技术生态的组合创新是新的常态。

（1）由区块链（Blockchain）带来的互信机制。区块链技术是一种使用链接加密的不可篡改、去中心化的数字记录，其本身是一串使用密码学相关联所产生的数据块，区块链系统中任意节点间的信息交换都必须得到全部或大部分节点的同意才能被系统承认。通过设计，它是"一种开放的，分布式的分类账，可以有效、可验证且永久地记录双方之间的交易"，从而可以抵抗数据修改。在通信领域，区块链可以应用于数据系统管理。通过一个内置的去中心化验证系统，基于区块链的本地安全系统可以确保所有通信和数据传输都受到保护。系统中数据传输必须通过分布式系统中大部分节点的验证，才能确认数据来自合法发起者。所有节点都是独立且受到加密技术保护的，因此攻击者必须拥有极其强大的计算能力对所有节点发起同步攻击才有可能成功，当节点数量足够多时，系统将变得"无法破解"，从而使得通信节点可以确信接收信息的有效性。

（2）由云计算（Cloud）带来的大计算——透明计算和无处不在的计算。云计算通常用于描述互联网上可供许多用户使用的数据中心，依靠分布式计算资源的共享来实现一致性和规模经济。云计算技术思想和实现方式在军事领域具有广泛的应用前景。云计算将软硬件资源连接到网络化的"资源库"，云数据中心采用虚拟化技术，系统冗余配置，调度优化等措施，实现了资源与服务的虚拟化集成，通过降低单点硬件依存性，以提高整个云计算环境的可靠性和灵活性，从而能够可靠地全面接收具体场景信息服务。

（3）由大数据（Data）基础平台组成的数据处理生态圈——数据的应用价值提升。数据挖掘（Data Mining）是指对大量数据集进行分类的自动化过程。随着大数据技术与应用的发展，各领域的大数据以海量相关数据资源为基础、以该领域广泛应用需求为牵引，能够从大量的、不完全的、有噪声的、模糊的、随机的数据中提取隐含在其中的、人们事先不知道的、但又是潜在有用的信息和知识。

（4）5G带来的带宽——为物联网及其相关的分布式智能应用场景的落地提供保障。5G是集无线技术、网络技术、智能技术于一体的新一代通信技术，5G网络的发展主要表现在增强的移动带宽、高可靠低延时和大规模的机器通信。在5G的助力下，物联网将释放其全部潜力成为当今世界不可或缺的一部分。根据爱立信移动市场报告，预计到2022年，约有290亿台设备与物联网相连，而且这个数字只会继续增加。当前的无线基础设施没有能力容纳如此多的设备，并且无法确保在无滞后的情况下进行信息交换的。

（5）智能芯片（AI Chips）逐步形成和发展——算法与算力的融合。智能芯片是专门用于处理人工智能应用中的大量计算任务的模块。通常意义上的智能芯片指的是针对人工智能算法做了特殊加速设计的芯片，当前常用的通用芯片（GPU）和半定制化芯片（FPGA）具有高性能、可编程等特性，特别适合用在深度学习训练方面。但是从广义上讲，我们则需要更加灵活和高级的人工智能算法运行芯片，如可以更有针对性地进行硬件层次的优化，从而获得更好的性能、功耗比的全定制ASIC芯片，以及用硬件来模仿人脑的神经突触，从而模拟人脑功能进行感知方式、行为方式和思维方式的类脑芯片。2019年8月，清华大学类脑计算研究中心施路平教授团队开发的全球首款异构融合类脑计算芯片登上了最新一期Nature封面，这款芯片采用众核架构、可重构功能核模块和混合编码方案的类数据流控制模式，不仅可以适应基于计算机科学的机器学习算法，还可以轻松实现受大脑原理启发的神经计算模型和多种编码方案，有力地推动了类脑芯片在目标探测、控制、自主决策等实际应用中的发展。

此外，这些生态基础的组合创新也是新技术创新的重要来源。组合的威力，在于它的指数级增长。阿瑟教授在书中所说的一个估算方法：把一定数量的技术当作元素组合成新的技术产品，哪怕最后成功的概率只有百万分之一、千万分之一，甚至更低，只要初始技术元素的数量超过一定量，最后涌现出来的成功的技术产品也会呈现出指数级增长。

四、新型智能体系结构初见端倪

大数据和人工智能的发展，对系统的体系结构提出了新的挑战。围绕这些挑战，新型智能体系结构应该具有如下的特点。

（一）面向多种数据来源的统一数据模型（语义）

从数据层面看，通常数据按来源可以分为数据库原始数据、多传感器网络数据和人工录入数据；按数据类型可以把数据分为历史数据、实时数据、决策信息和业务信息。如果把数据看作图书馆里的书，我们希望看到它们在书架上分门别类地放置；如果把数据看作城市的建筑，我们希望城市规划布局合理。数据结构就是数据组织和存储方法，它强调从业务、数据存取和使用角度合理存储数据。只有数据结构将数据有序地组织和存储起来之后，大数据才能得到高性能、低成本、高效率、高质量的使用。性能方面，帮助我们快速查询所需要的数据，减少数据的 I/O 吞吐，提高使用数据的效率。成本方面，极大地减少不必要的数据冗余，也能实现计算结果复用，极大地降低存储和计算成本。效率方面，在业务或系统发生变化时，可以保持稳定或很容易扩展，提高数据稳定性和连续性。质量方面，良好的数据结构能改善数据统计口径的不一致性，减少数据计算错误的可能性。数据结构能够促进业务与技术进行有效沟通，形成对主要业务定义和术语的统一认识，具有跨部门、中性的特征，可以表达和涵盖所有的业务。大数据系统需要数据结构方法来实现更好地组织和存储数据，以便在性能、成本、效率和质量之间取得最佳平衡。

从整体上看，数据的价值本质上是通过构造一个现实世界的数字虚拟映象来承载现实世界的运行规律，从而为人类提供了一种认识复杂系统的新思维和新手段。开放的数据模型，到最后数据本身会变成会思考的以语义为中心的智能体，也就是数据和知识的一体化：数据智能化。特别是随着互联网、物联网技术的飞速发展、5G 时代的逐渐到来，数据规模将呈爆炸式增长，如何从海量的数据中挖掘有效的信息，将数据转化为知识，以促进信息处理技术从信息服务向知识服务转变。通过建立面向多种数据来源的数据模型实现以多学科为基础的、多领域为应用的、多种表达方式的一类知识库，这种逐步趋于"大数据+大知识"建模方法为研究范式实现并完善的人工智能系统。

（二）与赛博物理社会系统相兼容的透明数据采集方式

在制造业转型升级的浪潮中，智能制造逐渐成为未来制造业发展的重大趋势和核心内容，并且会形成无处不在的数据透明采集，而不是信息的反复报送。其本质上是通过构建一套赛博（Cyber）空间与物理（Physical）空间之间基于数据自动流动的状态感知、实时分析、科学决策、精准执行的闭环赋能体系，解决生产制造等过程中的复杂性和不确定性问题，提高资源配置效率，实现资源优化。状态感知就是通过各种各样的传感器感知物质世界的运行状态，实时分析就是通过软件实现工业生产过程中所产生的数据、信息、知识之间的转化，科学决策就是通过大数据平台实现异构系统数据的流动与知识的分享，精准执行就是通过控制器、执行器等机械硬件实现对决策的反馈响应，这一切都依赖于一个实时、可靠、安全的网络。这一网络中，人、机、物、环境、信息等要素构成相互映射、实时交互、高效协同的复杂系统，实现系统内资源配置和运行的按需响应、快速迭代、动态优化，从而成为智能化制造系统工程的关键手段。

（三）并行与分布式相结合的计算范式

并行计算（Parallel Computing）是指同时使用多种计算资源解决计算问题的过程。为执行并行计算，计算资源应包括一台配有多处理机（并行处理）的计算机、一个与网络相连的计算机专有编号，或者两者结合使用。并行计算的主要目的是快速解决大型且复杂的计算问题。分布式计算（Distributed Computing）主要研究一组计算机，通过计算机网络相互链接与通信后形成的分散系统（Distributed system）如何进行计算。把需要进行大量计算的工程数据分区成小块，由多台计算机分别计算，在上传运算结果后，将结果统一合并得出数据结论的科学。

提高人工智能系统的运行效率，就计算机系统本身来说，最根本的方法是改变冯·诺曼式的基于串行处理的系统结构，建立适合人工智能系统的并行处理的系统结构。人工智能以模拟人的智能为主要目的，其算法中包含了大量的搜索、匹配、排序等基本算法，而它要解决的问题又决定了解决问题的方法中潜藏着大量的并行性，这些并行性特征有许多是与人类思维活动中潜藏着的并行性相对应的。一个可以串行解决的人工智能问题一般是可以用并行方法解决的，这种并行性特征为应用并行处理技术提高人工智能系统的运行效率提供了前提条件，现代材料科学技术的发展和电子技术的进步也为并行处理技术的应用提供了物质条件。利用并行处理技术，从系统结构的角度解决人工智能系统的效率问题，其潜力可以认为是没有限制的。智能信息系统将计算任务进行动态按需划分给全局的各计算单元，计算单元内部并行计算，系统全局采取分布式并行的策略完成各种计算任务和管理，从而极大提高对于大数据的处理能力，成为智能化系统工程的计算范式。

（四）多种智能方法的智能模型与算法框架

随着信息技术的进步，各种数据呈爆炸式增长，随着时间发展任务需求、数据分布等时间维度呈现出缓变的异构特性。传统机器学习算法大多只是关注于小样本或同构样本条件下的分类或预测问题，对多任务、异构大数据环境缺乏适应能力。为适应复杂现实世界中的开放式、多任务、情境丰富的需求，需要研究开发更高级的智能方法，以实现机器学习模型的自学习、自增长，探索机器如何获得类似于人的交流和推理能力，具有识别新情况和新环境及自适应能力，将机器从自动化工具真正变成人类的智能助手。

可解释机器学习（Explainable ML）旨在创建一套机器学习技术，以实现生成模型的可解释，同时保持高水平的学习表现，能够使人类用户理解背后的记录，成为人类处理复杂开发问题的人工智能合作伙伴。通过具有可解释性的机器学习模型，可以为人们提供了额外的信息和信心，同时每一个决定都需要通过安全指南，且对违规行为还会发出警告，以使人们在处理复杂现实问题时，能够明智而果断地行动。

终身机器学习（Lifelong Learning）旨在设计能够在实际环境中基于情景进行在线式现场学习并改善性能的机器学习方法，不需要进行线下再编程或再训练。这种持续自主学习的能力可帮助系统在没有预编程与训练的情况下适应新情景。终生机器学习试图将生物学习机理应用于计算机机器学习系统，打破现有机器学习系统对预编程和训练样本的依赖，使人工智能系统像生物系统一样能够根据经验进行决策，提高行动的自主性，增强广度环境适应能力。关于终身机器学习的定义，学术界尚未形成统一的结论，但一般都遵循以下要点，即维护可增长的知识库、支持多个任务学习，能够完成知识的正向迁移。

自动机器学习（AutoML）旨在通过学习的方法对上述过程实现自动化，以使机学习专家可以通过自动执行诸如 HPO 之类的烦琐任务来提高效率,使领域专家自行建立机器学习应用,而不必依赖数据科学家。自动机器学习试图通过自动优化特征、模型、优化、评价等相关重要步骤进行自动化学习,使得机器学习模型无须人工干预即可被应用。

总之,人工智能系统以群体智能、启发式学习、深度学习、强化学习、演化计算,以及高级智能方法等人工智能关键技术为支撑,根据数据模型输入特征和任务需求,在大数据基础平台中,自组织式地混合多种智能数据处理分析模型,并动态调整算法库,从而形成模型组件式柔性组合应用框架。

在 2018 年北京世界机器人大会的新一代人工智能创新专题论坛上正式发布自组织机器学习。利用自组织机器学习搭建的人工智能系统,参与到自动驾驶的控制系统中,通过机器向人学习,机器的意识决定等可以使自动驾驶系统突破 L3 级,成为完全可以摆脱人的操作的新型自动驾驶系统。自组织机器学习证明了新一代的人工智能可以被广泛应用,并将使所有的应用领域发生颠覆性的改变。

这种自组织智能系统虽然有更大的灵活性,能够自适应输入输出,但是自组织的范围越大,系统的发展空间和范围会越大,同时也会带来更多的不确定性,从而使系统无法进入一个稳定发展的状态。比如我们的宇宙基于一些基本的物理常数,产生了稳定的基本粒子,所以成为了一个稳定的系统。如果这些物理常数有一些微小的改动,可能宇宙就不能稳定地产生星系和智能了。在我们还不够了解智能的阶段,需要在全局控制的系统中,通过不断提高其自组织性的方法,来尝试创造稳定的自组织系统,并创造出有智能的自组织系统。

第五节 结 语

如 AlphaGo 这样在某一个特定领域应用的专用人工智能已经取得了令人兴奋的成果。而进一步发展具备知识技能迁移能力,可以快速学习,充分利用已掌握的技能来解决新问题、达到甚至超过人类智慧的通用人工智能是未来的发展方向,也是探索未知的"无人区",探索的模式则是一个复杂的系统工程。智能系统工程,不是抛开信息系统工程另起炉灶,而是通过传承创新,进一步丰富和发展系统工程内涵,通过提质升级走内涵式发展道路,适应新需求,形成新特色,保持并扩大学科优势。以时代特征而言,系统工程已经走过了工业化时代,走进了信息化时代。钱学森从工业化时代衍生的"控制论"独创了"工程控制论",以此着手构建"钱学森系统工程学说"的技术科学基础,进而发展形成了信息化时代的信息系统工程,充实发展了系统工程内涵。不难看出,从信息系统工程到智能系统工程的换挡提速,既是时代的需求牵引和技术推动,也是传承"钱学森系统工程学说"的内在要求,更是我们人工智能和系统科学工作者应该去回答和研究的问题。

参 考 文 献

[1] 钱学森，许国志，王寿云.组织管理的技术：系统工程[J].上海理工大学学报，2011，33（6）：520-525.

[2] 杜玠.论系统工程[J].国防科技大学学报，1981（2）：4-23.

[3] 许国志.系统科学与工程研究[M].上海：上海科技教育出版社，2001.

[4] 吴泉源，刘江宁.人工智能与专家系统[M].长沙：国防科技大学出版社，1995.

[5] 陆志平，李媛媛，魏方方，等.人工智能、专家系统与中医专家系统[J].医学信息，2004(8)：458-459.

[6] SILVER D，HUANG A，MADDISON C T，et al. Mastering the game of Go with deep neural networks and tree search[J]. Nature，2016，529（7587）：484-489.

[7] 佩德罗·多明戈斯，黄芳萍.终极算法：机器学习和人工智能如何重塑世界[J].金融纵横，2018（2）：102.

[8] MICHELUCCI P，DICKINSON J L. The power of crowds[J]. Science，2016，351（6268）：32-33.

[9] 刘大学，殷广川，黄元浩.基于人机混合智能的无人平台设计[J].控制与信息技术，2018（6）：27-31，43.

[10] 张鸿，吴飞，庄越挺.跨媒体相关性推理与检索研究[J].计算机研究与发展，2008（5）：869-876.

[11] 牛轶峰，朱华勇，安向京，等.无人系统技术发展研究[C].//中国自动化学会.2010—2011控制科学与工程学科发展报告.北京：中国科学技术出版社，2011.

[12] 涂序彦.智能系统工程[J].军事运筹与系统工程，1994，30（4）：34-40.

[13] 王海坤，潘嘉，刘聪.语音识别技术的研究进展与展望[J].电信科学，2018，34（2）：1-11.

[14] 徐增林，盛泳潘，贺丽荣，等.知识图谱技术综述[J].电子科技大学学报，2016，45（4）：589-606.

[15] 岳敬伟，葛瑜，周宗潭，等.脑机接口系统中的交互技术研究[J].计算机测量与控制，2008（8）：1180-1183.

[16] 张思齐，沈钧戈，郭行，等.智能无人系统改变未来[J].无人系统技术，2018，1（3）：1-7.

[17] 王玫，朱云龙，何小贤. A Survey of Swarm Intelligence[J].计算机工程，2005，31（22）：194-196.

[18] 李宪港，李强.典型智能博弈系统技术分析及指控系统智能化发展展望[J].智能科学与技术学报，2020，2（1）：36-42.

[19] 龙江，肖林，孙国江. SpaceX公司运行模式对我国航天产业的启示[J].中国航天，2012（11）：7-14.

[20] 刘增良.关于智能系统工程科学技术体系的思考[J].智能系统学报，2009，4（1）：12-15.

[21] 杨灿军，陈鹰，路甬祥.人机一体化智能系统理论及应用研究探索[J].机械工程学报，2000（6）：42-47.

[22] 袁勇，王飞跃.区块链技术发展现状与展望[J].自动化学报，2016，42（4）：481-494.

[23] 陈全，邓倩妮.云计算及其关键技术[J].计算机应用，2009，29（9）：2562-2567.

[24] 赵玉霞.5G与物联网发展趋势分析[J].电子技术与软件工程，2016（22）：17.

[25] 张林波. 并行计算导论[M]. 北京：清华大学出版社，2006.
[26] 朱淼良，张新晖，王寻羽，等. 基于自组织结构的自主智能机器人集成系统[J]. 软件学报，2000（3）：368-371.

本章作者：刘忠、黄魁华、胡星辰。

第十章 基于系统工程的军队建设发展战略规划

第一节 引 言

军队建设发展战略规划在国家安全和发展战略全局中处于重要地位，对于指导军事斗争和军队建设，维护国家主权、安全、发展利益具有极为重要的意义。军队建设发展战略规划本质上属于军事系统分析门类，系统工程为战略规划的理论与实践提供了基本的思想、原理与方法论。基于系统工程，站在军队建设发展全局的高度开展战略规划，对于军队强化战略管理、提高资源效益、防范战略风险具有重要的意义。

第二节 概念内涵

一、军队建设发展战略规划的概念

要正确认识战略规划的概念，首先要对战略与规划的概念有准确把握。"战略"一词最早是军事领域的概念。在国外，"strategy"一词源于希腊语"strategos"，意为军事将领、地方行政长官，其后演变为军事术语，指军事将领指挥军队作战的谋略。在我国，"战略"中的"战"指战争，"略"指谋略，其词义发展历史久远。春秋时代孙武的《孙子兵法》被认为是我国最早对战略进行全局筹划的著作。毛泽东是我军军事战略的奠基人，他明确指出："战略问题是研究战争全局的规律的东西。只要有战争，就有战争的全局。世界可以是战争的一全局，一国可以是战争的一全局，一个独立的游击区、一个大的独立的作战方面，也可以是战争的一全局。"在《现代汉语词典》中，"战略"被定义为指导战争全局的计划和策略，也可泛指对全局性、高层次的重大问题的筹划和指导。在《中国人民解放军军语》中，"战略"被赋予两层含义：一是军事战略的简称，是筹划和指导战争全局的方针和策略，分为进攻战略和防御战略；二是泛指关乎全局性、高层次、长远的重大问题的方针和策略,如国家战略、国家安全战略、经济发展战略等。

"规划"一词则是我国借鉴其他国家计划的实践方式,从外国文献翻译过来的,20世纪50年代开始用于学科描述中。《现代汉语词典》中对"规划"给出了两种解释,一种是作为名词,是指"比较全面的长远的发展计划",一种则是动词,指的是规划活动。目前各领域学者公认的含义是指规划主体为规划对象编制的比较全面长远的发展计划,包括为实现该长远计划而进行的论证过程,以及为实现规划而设计的整体行动方案。简而言之,规划可以视为一种对明确对象、特定领域的发展做出指导性安排的动态决策过程。

由于规划相对于一般计划而言具备长远性、全局性等特征,这使得规划的"战略性"凸显,规划与战略在概念、组织、实施等方面密不可分。一般而言,战略在指导层次上高于规划,战略通过规划来指导实践活动,最终规划在明确建设任务、资源配置后,通过具体的计划来实现"战略目标"的最终落地。

正是由于战略与规划在各方面紧密相关,各军事强国均围绕战略目标,开展了各自的战略规划实践。战略规划在我国社会经济生活中的重要作用也日益凸显。2006年中国第十一个五年规划正式将"计划"改为"规划",阐述国家战略意图,政府工作重点随之由微观领域转向宏观领域、由短期计划转向中长期战略规划,并逐渐向公共服务领域拓展。国务院有关部门均各自编制行业规划,省、地(市)、县三级地方政府编制规划纲要、重点专项规划、行业规划,战略规划逐渐变为政府部门的主要工作之一,配合国家发展规划,我军也随之编制军队建设发展规划纲要以及配套的思想政治建设、信息化建设、后勤建设、武器装备建设、战场建设、军费保障等专项规划。

从概念方面讲,战略规划活动古已有之,从孙子的"庙算"到当代战略理论,企业、政府、军队中的中外理论学者、高层管理者都对战略规划的机理、机制及其内在问题进行了深入研究。在不同的时代背景、实践环境、认识角度、技术约束下,从不同角度对战略规划内涵进行阐述。

一是从战略计划的角度阐述战略规划。《中国人民解放军军语》关于战略规划的第一个释义是:"为达成一定战略目的而制定的中长期计划",因此战略规划是国家和军队在一个长时间内发展国防力量和军事力量的总体设计。美国企业战略学者明茨伯格指出:战略规划实际上是编制战略性计划,是阐述和细化业已形成的战略构想。可以看出,从名词的角度讲,战略规划是实现战略目标的计划方案体系和一系列正式的规划文件,是组织实施各项军事活动的重要依据。

二是从战略过程的角度阐述战略规划。《中国人民解放军军语》关于战略规划的第二个释义是:"对军队建设发展全局进行筹划和安排的活动"。美国企业战略学者克里兰认为:战略规划,是针对一个组织的总目标,为实现总目标而使用资源,以及指导获得、使用和配置这些资源的政策做出决策的一个过程。美国海军战争学院战略规划系主任劳伊德认为,战略规划是以系统的方式找到解决基本战略问题,实现需求与资源有效结合,达成战略目标的动态过程。可以看出,从动词的角度讲,战略规划是制定和执行战略计划的系统过程,是一个形成决策、执行决策、评估决策、调整决策的连续不断的过程。

综合上述各视角的不同理解,军队建设发展战略规划的概念内涵包括:一是战略规划是关系军事斗争和军队建设全局的规划,既包括军事战略,也包括军队建设发展规划,二者是一个不可分割的完整体系;二是无论是军事战略还是军队建设发展规划,其功能都是通过宏观构想和系统设计对未来一个时期军事斗争和军队建设进行整体筹划,这种筹划重在整体性和全局性;三是军队战略规划既包括制定也包括实施,二者构成一个有序联动的完整过程。

从概念内涵上看,军队建设发展战略规划具有以下特征:一是由中央军委制定,由战区、军兵种或相关专业机构实施,具有自上向下的强制性的特点;二是最后形成的纲领性文件仅是战略规划的结果呈现,整体的规划是一个由制定到实施再到评估的连续过程,具有动态性的特点;三是战略规划一经制定,则在一定的时间内不会轻易改变,具有长期性和稳定性的特点。

二、军事系统工程

按照美国系统学会对系统工程的定义,系统工程是为了达到所有系统要素的优化平衡,控制整个系统研制工作的管理功能,把目标需求转变为一组系统参数的描述,并综合这些参数以优化整个系统效能的过程。这一定义具备典型的工业工程特点。

中国的系统工程理论与实践兴起于 20 世纪 80 年代,并在世界上形成了系统工程的"中国学派"。钱学森、许国志、王寿云于 1978 年在文汇报上发表了具有划时代意义的文章,《组织管理的技术——系统工程》,明确提出总体设计部的实践,体现了一种科学方法,即系统工程,标志着系统工程学科在中国的兴起。1979 年,钱学森基于系统工程的思想,提出了系统科学乃至现代科学的理论体系框架。

目前,关于系统工程比较统一的认识是,系统工程是组织管理系统的规划、研究、制造、试验和使用的科学方案,是一种对所有系统都具有普遍意义的科学方法,也是一门组织管理的技术。它根据系统总体目标的要求,从系统整体出发,运用综合集成方法把系统有关的学科理论方法与技术综合集成起来,对系统结构、环境与功能进行总体分析、论证、设计和协调,其中包括系统建模、仿真、分析、优化、评估与设计,以求得可行的、满意的或最好的解决方案并付诸实施。系统工程对于社会、经济、政治等领域具有普遍性的意义,因此,中国的系统工程研究将研究对象由人工系统扩展到了有人参与的自然系统或社会系统。

系统工程主要有 4 个突出特点:①整体性:系统工程把研究对象视为一个由若干部分有机结合而成的整体系统,可以通过研究整体与部分之间相互作用和依赖关系,进而揭示系统的特征和规律,从整体优化去实现各部分的有效运转。②关联性:用系统工程的方法去分析和处理问题时,不仅要考虑系统的各个部分之间、各部分与整体之间的相互关系和作用,还要注意他们之间关系的关联协调性。③综合性:系统工程以大型、复杂的人工系统和复合系统为研究对象,这些系统涉及的因素很多、学科领域广泛。④最优性:系统工程是实现系统整体最优的组织管理技术,因此,系统整体性能的最优性是系统工程所追求并要达到的目标,但一般情况下,依赖提升性能而追求满意解则是现实系统工程实践中的普遍做法。

伴随着系统工程理论与实践的发展，1990年，钱学森发表了《一个科学新领域——开放的复杂巨系统及其方法论》，文中提及的复杂巨系统就是体系。体系也是系统，但它是复杂巨系统；同理，体系工程也是系统工程，但它是复杂巨系统工程。为了与简单系统工程相区别，体系工程的英文名称为 system of systems，已经在系统工程概念逻辑演变中具有自身的特殊内涵。体系工程具备新的特征，是"物理""事理""人理"的综合，其次级结构称谓也从子系统演变到了组分系统，其具有以下特点：①组分系统各自独立，即体系是由独立系统组成的系统，体系的下一级单元不是狭义上的子系统。②相互松耦合关联，由特征①可看出各组分系统通过互联进行协同工作。③软硬因素综合集成，以军队为例，除了武器装备、人员等客观构成（"硬"因素）之外，还包括组织形态、作战条令等"软"因素。④共同完成使命任务。各个组分系统按照体系的共同目标，完成各自的任务，继而完成体系的使命。⑤体系具备涌现效应，即组分系统结合在一起，会产生新的性质。

传统的系统工程从规划开始到系统更新共分为7个阶段，分别是规划阶段、设计阶段、分析阶段、建设阶段、实施阶段、运行阶段、更新阶段。这些阶段是按照系统工程活动的实践先后顺序排列的。以此为基础，系统论、信息论、运筹学等基本理论与关键技术被运用到各个阶段中，用于对一般系统进行分析研究。可以说，系统工程的各阶段构成与技术叠加上各领域的特殊要求，就形成了具体的系统工程实践。从哲学上讲，系统工程从具体的实践中凝练得到一般性的成果后，又可以用于反哺具体的实践。

而我国的系统工程实践在上述基础上又有了新的发展，钱学森等在系统工程思想的综合分析基础之上，提出了一种将科学理论、经验和专家判断相结合的半理论半经验方法，即从定性到定量的综合集成研讨厅体系，实际上是将现代计算机技术、多媒体技术、人工智能技术、信息技术、现代模拟仿真技术、虚拟现实技术引入系统工程领域，以解决许多用传统方法难以解决的问题。该体系是一个人机结合系统，它的实现要通过定性与定量相结合、专家研讨、多媒体与虚拟现实、信息融合、模糊决策以及定性推理技术和分布式交互网络环境等技术的综合运用。

目前，除了自然科学与技术领域，系统工程或体系工程已深入到了社会、经济、国防等各领域，形成了知识系统工程、社会系统工程、军事系统工程等，例如中国载人航天系统工程的成功实践，中国人口政策的科学化应用，社会工程、战争工程等概念的提出。由于研究的具体对象不同、具体任务不同、认识问题的角度不同，系统工程的发展多种多样。将系统工程的基本原理、方法论应用到国防和军队建设、作战领域，形成了军事系统工程。由于军事系统工程具备高复杂性的特征，并且有"人"的因素深度参与，其本质上属于体系工程范畴，下文中将不再区分系统工程与体系工程。

军队建设发展战略规划与系统工程从概念、原则、特征来看，战略规划本质上属于军事系统工程分析，战略规划与系统工程（复杂巨系统）密不可分，系统工程为战略规划提供基本原则、思想及方法论，战略规划则是系统工程在军事领域中的核心实践，其具有以下4个特点。

一是战略规划的对象属于开放的复杂巨系统。战略规划的对象是军队与军队建设。军队内部组织形态不仅在"硬"的方面包括了武器装备、人才培养、后勤保障等因素，其"软"的方面包括了体制及编制、作战条令、军事法规、作战运用规则等因素，其中还包括了领导指挥员、领导管理者的深度实践参与。军队建设同样与国家的经济、政治、安全等领域的建设密切联系，具有极强的开放性。因此军队与军队建设本质属于复杂巨系统，钱学森在20世纪80年代就指出军事系统是典型的复杂巨系统，这决定了战略规划必须采用复杂巨系统工程的方法论作为根本指导。

二是军队战略规划的边界是不确定的、模糊的，具备复杂性的特点。要求明确地说出哪些是战略规划的内容，哪些对当前我军战略系统的环境来说是不现实的。军队战略规划所涉及的因素目前并没有被完全认识清楚，例如导致军队建设发展战略失败的因素或者促进军队建设发展的因素等等。同时军队战略规划要考虑的问题几乎要求考虑军队建设发展中所涉及的所有方面，很难用还原论的方法加以界定，其各领域、方向子系统无法割裂加以看待。而复杂性科学正是系统工程发展至今的最新成果，是"21世纪"的科学，也是解决战略规划各类问题的有效手段。

三是战略规划的目标必须通过系统工程的方法论来实现。在经济、社会、国防等各个领域，实施系统工程的目的在于将系统从次级状态向满意或最优状态提升。军队战略规划的根本目的则在于更加科学高效地指导军队斗争和军队建设，这就要求必须从宏观上把军委机关各部门、各战区、各军兵种、各领域的战略进行协调管理，开展优化设计，系统工程的基本思想、理论和方法则为军队这一复杂巨系统的改进和完善提供了基本依据。

四是战略规划实施的全过程正是系统工程在军队建设发展领域的核心实践。系统工程是组织管理的一般性技术，战略规划则是军队战略管理的核心。军队战略规划制定，主要是从国家安全战略全局研判战略形势，以军事需求作为基本输入，充分限定当前战略期所具备的可能条件，成体系、成系统地拟制军事战略、军队建设发展规划。军队战略规划实施，主要是遵循系统分析、系统设计、系统评估的系统工程基本流程，用实际行动去落实规划任务，检查规划实施情况，及时进行督导和控制，必要时对战略规划进行调整。

第三节 世界各军事强国战略规划实践沿革的系统性

随着战争形态和国际战略形势的深刻演变，军事斗争和军队建设的系统性、复杂性和关联性不断提升，军队战略规划的难度日益增大。为在激烈的国际竞争中赢得主动，世界主要国家逐步建立形成分工明确、内涵丰富、指导性强的战略规划体系。在这一过程中，各国都自觉或非自觉地运用了系统工程的思想、理论、方法，系统工程这一组织管理技术有力带动了各国军事力量的快速发展。

一、美军的战略规划实践

美军历来注重系统工程与战略规划，美军的军事战略规划运行体制发展大体经历了

3 个阶段，这也是美军战略规划系统工程化不断深化的过程。一是独立分散发展阶段。在此期间，美国陆军和海军同为联邦政府内阁部且自成体系，陆军和海军各自制定预算，军种部长拥有大部分装备采办控制权，这一阶段结束的标志性节点是国防部这一总体设计部门的成立。二是系统化管理阶段。随着第二次世界大战后军种部不再并列为内阁部，国防部成为美军战略规划的中枢机构后，国防部引入了"规划、计划和预算系统"，站在战略全局高度开展系统设计，确立国防部部长在资源分配上的主导地位，进一步削弱军种部长的资源分配权，从根本上改变了过去各军种"切蛋糕"式的军费分配办法，使军种发展服从服务于国防总体战略。三是多系统制约、成体系发展的战略规划体制阶段。1986 年，美国国会制订并通过了《戈德华特——尼科尔斯国防部改组法》，明确了由参联会确定美军联合战略需求，制订联合战略规划、作战计划和预算评估，从而加强参联会主席在战略规划和资源分配上的权力。至此，美军确立了完整的战略体系，明确了国家安全战略、国防战略、军事战略、军种战略以及战区战略之间的层级指导与支撑关系，构成了联合战略系统、联合能力生成系统、规划、计划和预算系统、国防采办系统等多系统相互衔接、相互制约的战略规划体系。

除阶段划分外，美军的战略规划运行体系也同样体现了基于系统工程的核心特点。

一是以联合作战论证作为战略规划运行基础。战略规划阶段坚持跨领域的战略指导和满足联合作战能力需要。联合作战机构从一开始便介入规划制定过程，更多考虑一体化联合作战的需要，注重从提高美国联合作战能力的角度开展战略规划，使规划阶段的成果更多地满足"战场感知""指挥与控制""兵力应用""部队防护""聚焦后勤""网络中心战""联合训练""部队管理"等大量联合功能概念和作战能力的需要。

二是极度重视对规划、计划、预算的全方位、系统性运行。美国国防部高度重视资源分配与需求和采办系统的结合，制定了国防采办、技术与后勤一体化寿命周期框架。规划计划预算执行系统制定战略规划、计划项目以及预算方案，需要以联合能力集成与开发系统制定的能力需求文件为基础。进入采办系统的项目，必须通过规划计划预算执行系统进行立项。而在规划计划预算执行系统中，计划和预算阶段同时进行，缩短编制周期，也可发挥计划对预算的指导作用。

三是基于能力的核心资源驱动理论更加注重体系化发展。美国国防部采用基于能力的方法，站在更高的国防战略层次上分析，对联合作战需求的描述更加清晰，更加关注武器装备体系建设而非具体的武器系统和平台建设。此外，采用基于能力的方法，每一种能力都可以从装备方案与非装备方案的角度进行分析，分解成条令、组织、训练、装备、领导、人员与设施等要素，在进行能力规划时从上述多个要素的角度予以考虑。这种方法改变了以往将各军种武器系统与平台采办后再进行后期联合能力集成的传统做法，可较好地克服过去联合能力先天不足问题，有利于形成武器装备体系和联合作战能力。

四是美军为加强战略规划实践工作，构建了长远、规范的战略指导文件体系。经过多年发展，美军已建成"两级、三维、三系统"的军事战略体系，为军事发展奠定重要基础。两级主要指按制定部门权力层级划分，可将美军事战略划分为顶层战略（由总统、国防部部长、参联会主席等高级官员签署发布，用于指导军事领域全局工作）和管理层战略（多由国防部各主管部门负责人牵头制定并发布，用于指导某领域军事实践）两类。

《国家安全战略》《国防战略》《国家军事战略》等文件是美军各项军事活动战略的指导总纲，可确保国防部各机构、各作战司令部、各军种等机构在维护国家利益与安全时保持高度一致、协调与同步。《国防战略》是《国家安全战略》在国防领域的具体化，《国家军事战略》又是国防战略在目标、途径、手段等方面的具体化，而军种与领域战略又是《国家军事战略》的具体化，其最终目标是国防部如何保持美军在军事领域的霸权地位，是关于国防建设和武装力量运用的全局性认知和方略。

二、其他各国的战略规划实践

俄罗斯军队战略规划体系基于苏军建设规划发展而来，伴随着政治体制的改革蜿蜒至今。在苏联解体前，苏军建设模式一直采用计划性的系统工程方式开展。苏军通过制定军队建设五年计划，代行战略职能。此后一直是以国民经济发展五年计划为基础制定相应军队建设规划文件。该阶段军队建设规划突出特点是：武器装备发展规划以国家重工业发展规划为依托，得到国家财政全力支持；由国家领导人决定陆军、空军和海军在国家军事组织系统中的地位和作用。同时，各战区根据不同的内外部因素，优先发展那些能够保障其更有效地完成所担负的主要任务的兵种。由于采取了这种相对集中的规划方式，该阶段苏联红军规划工作取得了良好效果。最终苏联红军全面换装，体制编制得到完善，武装力量得到加强，成为一支现代化军队。

虽然在苏联解体后，俄罗斯经济体制改为自由市场方法，但按照顶层设计的思路制定国家武器纲要的做法获得保留。1996年第一份俄联邦武器装备发展规划出台，即《1996—2005年国家武器纲要》，规定了未来十年武器装备协调发展的目标、任务、途径等。而在俄联邦经济条件有限和信息化战争背景下，"目标项目法"成为俄军建设规划的基本依据，"目标项目法"从本质上讲属于一种系统分析方法，是俄军开展武器装备系统工程建设的基本支撑理论方法。该方法要求统筹考虑军事、政治、科学、技术等制约因素，提出军队建设发展的长期目标，再用系统的方法规划实现上述目标的具体措施及资源保障。随后俄军借鉴美军经验和苏军进行武器装备发展目标项目规划的经验制定军队建设规划。2002年普京批准的《2010年前俄联邦军事建设国家政策基础》明确提出在2004年底前建成并按规定运行统一的俄联邦军事建设规划体系。2005年俄成立军事建设跨部门工作组，其主要任务是制定《俄联邦军事建设规划条例》草案。同时俄军各层级、各领域的战略规划实践也全面展开，制定了大量构想、纲要和计划，对俄军建设与发展起到积极促进作用。

日本防卫当局针对第二次世界大战时战略层面军种对立、军区对立等问题进行了全面反思，仿照美制，从战略规划机制建设开始即注重顶层设计、注重体系建设与运用的整体性。由于军制约制，日本战略规划机制表现为首相私人智囊团以及内阁的国防会议，从战略全局、整体考虑本国防卫力量的发展。随着防卫力量的重建以及在日美军事同盟中的职能扩大，日本防卫当局开始思考军备建设效率与实际运用问题，形成了《防卫计划大纲》的规划体制，以顶层设计牵引各领域自卫队的具体建设。随着2013年日本内阁安全保障会议改组为国家安全保障会议，初步形成了"国家安全战略-防卫计划大纲-中期防卫力量发展计划-年度计划"的战略规划体系。

为提高军事系统建设效率，达到国防资源优化配置的目的，欧洲各国也从本国实际出发，逐渐建立了符合本国特点的战略规划运行机制，但无一例外，其战略规划制定、实施与评估均以作战、训练、装备、后勤、人才等各军队建设领域的统一设计为前提。英国于2010年成立国家安全委员会，负责从总体战略的高度，对英国国防与安全事务做出战略规划和决策，国防部战略总局负责具体起草英军军队建设领域的总体战略规划。法国国防部下设战略事务局等单位负责制定指导国防和军队建设的中长期战略规划。德国国防部规划部门负责制定德军长期发展目标提纲和中期发展规划，研究德军在空、海、天、信息领域发展前景以及经济建设与国防建设的关系。

三、得到的启示

纵观世界各军事强国的战略规划机制沿革，愈加系统化、体系化是一条基本原则。一是普遍采用了集中统管的方式。军队资源集中统管是世界各国开展军队建设的前提，为满足联合作战的发展趋势，各国均不断强化顶层设计和宏观管控，完善自顶向下的配置模式，加强对各军兵种具体建管的统筹和督导，突出战略规划在全军资源配置中的权威地位。二是普遍坚持需求导向。突出需求在资源配置中的导向作用，把需求作为制定发展战略、规划计划的主要输入，在资源约束条件下，依据需求确定规划计划的规模结构和投向投量。三是强调军事力量的体系化发展。按照体系对纳入规划计划的项目进行归集，把规划作为实现战略的具体方案，把计划和预算作为落实规划的方法手段，确保战略、规划、计划和预算各阶段紧密衔接，打通资源配置链。四是以评估问效反推建设成效。世界各军事强国均已将评估反馈制度化，形成"决策-执行-评估"闭环反馈机制，针对战略、规划、计划、预算和项目不同对象，通过事前、事中和事后评估，形成资源全寿命评估体系，构建多级评估体制。五是采用定性与定量相结合的系统分析方法。综合运用信息化手段，统筹考虑需求与可能、全局与局部、当前与长远的关系，为发展战略研究、规划计划制订、预算拟制编制和项目管理提供技术支撑。

第四节 以系统工程为指导，开展我军战略规划体系建设

我军开展战略规划实践由来已久，并且极具系统性、全局性，我军各历史时期的领导人均在自觉地运用系统工程的基本思想指导我军建设。例如中国革命战争的实践，培育出了军事战略两级体系，从土地革命战争，经抗日战争、解放战争，到抗美援朝战争，在26年的历史长河中，我军形成了军事战略两级指导体系。军事战略是一级战略，指导全国战争全局；战区战略是二级战略，指导战区战争全局。一级战略总揽大局，把握方向。二级战略贯彻一级战略的总意图，结合本战区的具体情况予以落实。一级战略基本要领可以概括为：首先研究战争的客观环境，做出科学的战略判断，以便使主观指导符

合客观实际。其次集中决策，对于事关国家前途和命运的大事，特别是战略方针问题，统一筹划，全党全军贯彻执行。再次是决定作战方针，把战略谋划的基本精神落实到战场上。最后是实施及时的战略指导，对各大战略区贯彻中央军委决策面临的重要问题给予及时、具体的指导。二级战略基本要领是：首先深刻理解军事战略的基本精神及赋予本战区的任务；其次研究本战区的客观情况，贯彻一级军事战略的具体措施；最后如实反映本战区面临的问题，以及解决问题的对策建议。可以说，直到今天，我军的战略规划体系依旧围绕上述基本要领衔接配套，有序展开。

经过国防和军队深化改革，目前我军已经确立了"军委管总、战区主战、军种主建"的总格局，国防和军队改革进入了攻坚期和深水区，如何提质增效，加强战略规划实践创新，加强军队建设效益成为我军必须解决的问题。系统工程作为兼有科学技术与组织管理技术的普适性实践方法，为我军军队战略规划实践提供了科学的基本原则与实践思路，对于维护我国国家安全与发展、提升我军军队建设效益，有着重大的现实意义。

一、系统工程化的基本原则

一是应当不断强化系统性理念。战略规划的特点是全局性、宏观性、整体性，战略规划者必须具有前瞻意识、敏锐洞察、战略视野，用长远目标为当前以及近、中期各领域活动提出方向，用全局观念统筹各领域活动，用综合性措施和创新精神平衡各领域的重点和需要，审时度势、总揽全局、把握重点，抓大事、谋大局，确立正确的战略和策略，推动全局的协调发展。

二是应当坚持战略指导的全局性。加强军事战略理论研究，厘清新时代军事战略、新时代军事战略思想、新时代军事战略方针的关系，明确把握新时代军事战略指导重点、难点、要点，统筹考虑国家发展与国家安全、国防与军事、战略与政略、战略指导与战略管理、战略制定与战略实施等重大问题。

三是应当构建全面、科学的战略管理体系。战略规划的基本过程，是在对战略需求进行分析、判断、预测的基础上，进行科学的战略规划，通过规划主导资源配置，制定具体计划和预算，对战略规划的执行过程进行宏观调控与检查、监督、评估，确保战略规划得以高效落实。加强战略规划必须坚持需求牵引规划、规划主导资源配置，打通需求生成、规划编制、军费预算、项目执行、检查评估的战略规划链路，推动作战需求贯彻到军队建设的各方面和全过程。

四是应当注重战略规划的创新实践。每个国家的军队战略规划，有其具体情况，先进国家的经验和做法，可以作为我军进行战略规划实践创新时的一个重要参照。创新军队组织形态和运作机制，强化战略资源管理功能，提高国防资源使用效益，将商业革命管理理念引入现代国防和军队建设。要大胆借鉴现代商业战略管理最新成果，逐步考虑建立现代战略管理思维架构。着眼提高战略执行力，建立以战略为导向的组织形态和运作机制，以战略为导向配置资源，通过战略评估防范战略风险。

五是应当增强战略执行与评估能力。战略规划关键在于执行。执行用于落实，评估用于改善，再完善的规划文本都必须靠落实解决实际问题。加强战略规划，要增强规划执行落实与绩效评价的自觉性、主动性，按照战略规划确立的目标任务、时间节点和工作标准，加紧推进各项建设，在求实、务实、落实上下功夫，确保战略规划得以实现。

二、系统工程化的基本建设思路

一是强化系统工程理念，将系统科学的思想自觉运用到战略规划实践中。系统科学思想代表了系统工程的哲学化提升，而系统科学思想的核心要义在于辩证唯物主义，战略规划谋的是国防、军事、军队建设等大体系，系统科学思想的指导性就在于通过处理各类因素的辩证统一，最终达到国防和军队建设的平衡。要把握经济建设与国防建设的关系，国家整体规划要与军队战略规划统一考虑，军队战略规划目标要着眼于国家安全与发展的总体目标。要把握主战与主建的关系，坚持以战领建、谋建为战，适应战建适度分离的新体制特点，把军事需求贯彻落实到规划设计各环节各要素，确保战建一致。要把握统管与分工的关系，坚持以统为主、统分结合，把握好统与分的尺度界限，统的中心在需求、目标、布局和资源，分的目的在于有效调动各方能动性。要把握长远与近期的关系，坚持以远牵近、滚动规划，用未来控制现在，用远期牵引近期，确保首先满足军队建设长远利益，防止短视近视。要把握需要与可能的关系，坚持供需互动、综合平衡，追求科技进步与军队建设需求的最佳匹配，注重颠覆性技术对军事需求和军队体系的重新定义。

二是着眼战略规划全流程，系统性设计顺畅高效的战略规划运行体系。以功能定位确定规划范畴、以规划范畴确立规划布局、以规划布局调节相互关系，健全定位清晰、结构科学、系统配套的战略规划编制体系。以前端牵引、全程运用为导向，建立需求论证提报、审核确认、执行落实、变更管理的全流程机制和一整套标准规范。以滚动迭代、强化统筹为导向，坚持自上向下牵引与自下向上集成相结合，规范论证编制的基本流程；以供需匹配、相互制约为导向，建立规划审查、财务审核、监督审计三位一体的军费联审机制。以体系推进、协同联动为导向，对功能定位相近、关联性强的项目群，实施工程化一揽子推进。区分不同内容，规范评估的方法和程序，明确调控时机、条件、流程和监督问责要求，提升评估调控的广度、深度、精度。

三是坚持从定性到定量，打造战略规划理论与算法体系。战略规划理论决定了对现代化军队建设规律和规划设计原理的认知，算法决定了战略规划科学化的水平，应当将精算、细算、神算摆到更加突出的位置，把战略规划的基本机理和科学方法，转化为一整套可信可靠、开放兼容的理论体系与模型算法体系。开展新时代军事力量规模、结构和编成的设计优化理论方法研究、国防资源配置和宏观调控理论方法研究，突破复杂约束条件下军事力量体系设计、国防经费统筹配置、建设效益评估、资源配置结构动态调整等关键技术。按照统一分类、统一概念、统一口径要求，研究提出一套框架严密、方法科学的军队现代化发展指标算法、军情数据统计指标算法、军力发展绩效评估分析算法等算法体系。从静态对比和动态博弈两个角度，开展中外军力对比评估理论算法研究。研究战略规划中复杂项目群组织管理的基本机制，为军委对军队建设复杂项目群实施动态、实时、智能、可视的体系化全过程管理提供支撑。

四是构造人机结合环境，建设战略规划基础平台。战略规划的系统工程化，要利用云计算技术、信息网络、大数据、人工智能等先进技术，适应信息化智能化发展趋势，组成人机结合的智慧产生环境。开发军队建设规划计划管理、重要资源调控、数据统计分析、建设发展评估、项目管理等信息支撑手段，为我军开展战略规划等工作提供手段支撑。设计研制基础数据、项目数据、评估数据、国家经济科技发展数据、外军建设发展数据库等基础数据资源体系，便于军队高层查找我国情国力、军情军力数据。建设全军规划领域综合态势环境与多功能综合论证环境，运用钱学森综合集成研讨厅思想和现代科技最新成果，搭建基于大数据、云计算的综合分析论证平台和环境，为开展顶层谋划提供技术条件和基础支撑。

五是完善战略规划软因素建设，加强战略规划人才建设。战略规划目标的实现，最终还是靠人，战略规划理论和体制的创新、战略规划效能的发挥，也要靠具有现代战略规划素养的人才队伍来推动。先进国家军队的战略规划变革在人才培养上的成功经验之一，是善用社会经济资源条件，主动从军队生长的广阔社会中吸收战略规划人才。曾任美国国防部长、同时也是著名战略规划专家的麦克纳马拉，就曾在知名大企业中任职。由于长期处在社会经济领域的第一线，并从中积累了丰富的管理社会经济事务的经验，进入国防和军队系统后，能够直接将社会经济系统中的宝贵管理经验带进军队系统，使军队战略规划很快发生变革。要树立人本管理理念，深刻认识人才是第一资源、战略资源，创新人才选拔任用机制，培养一大批新型军事战略规划人才队伍。

第五节　对于未来的展望

系统工程与战略规划的研究仍处于不断的发展中，而基于复杂系统科学、复杂系统工程的战略规划理论已经成为规划科学领域中的最新范式、最新热点领域。对于未来的军队战略规划实践，系统工程为我军提供了基本的思想、原理与方法论，这明确了未来我军战略规划建设需要着力突破与把握的一些基本命题。

"静"与"动"，军队战略规划实践上兼具稳定和变革的双重特点。军队战略根植于稳定而不是变化，军队这一组织对战略的追求是为了一致性。但是，军队同样也需要战略变革，为了响应变化的环境而不得不放弃已经确立的方向。然而，战略稳定关注于效率和利用，而战略变革却强调适应和探索，由此形成的资源利用、组织结构和组织惯例上的对立等往往会使军队改革走向"变"或"不变"的极端，并不断地进行自我强化。所以，随着环境变化广度、深度和速度的拓展与加快，如何有效地实现战略稳定和战略变革间的动态平衡将越来越成为军队战略规划实践面临的重要挑战。

"合"与"分"，军队战略规划实践集成整合的机制问题。无论是战略规划文本还是战略规划过程的重要标志是集各领域之长开展统筹建设发展，如何有效整合各领域的特点与先进技术，实现对军队建设发展全局性的系统集成，是军队战略规划机制的一个核心问题，特别是近年来民用科技发展很快，一些商业企业拥有不少核心技术，如何适应新形势，开拓民用先进技术进入国防领域，国防科技向民用技术领域扩散的途径，是亟待解决的问题。

由于有"人因"的深度参与，我军战略规划实践需要深深地根植于我军历史文化、组织架构之中。因此在倡导加强定量分析的同时，决不能放弃定性分析这一大前提，战略规划既是科学也是艺术，必须兼顾与国际先进做法接轨和我军建设发展情境嵌入性的双元要求，在求同的同时存异，将是我军战略规划研究快速发展、提质增效，以及推动战略规划整体知识体系拓展和完善的必然要求。

战略规划的制度化面临着矛盾。战略规划的制度化、法定化是其必然的趋势，但要使战略规划以何种形式制度化却是十分棘手的问题。随着世界形势的复杂多变，战略规划必然要以快速、灵活、开放和针对性向前发展，理思路、提观点、约束条件较少成为了战略规划进一步科学化广泛开展的重要内在原因。这就意味着，一旦战略规划转变为现行的法定体系下的组成部分时，如果一成不变地照搬现有体制对其进行法定化的编制、审批，那么战略规划将失去其特色。战略规划自身现有的特点对于编制制度化和审批制度化似乎是相互矛盾而存在的，这就对战略规划制度的灵活、开放性提出了更高的要求。

要注重战略规划理论与实践的双重性。我军战略规划需要兼备理论分析和面向实践的双重特性，在顶天的同时立地。在创造和传播动态、不确定和变化条件下制定决策所需的综合性知识，而且能够培养军队战略规划管理者的理论、实践、应用和反思技能。

随着互联网、大数据、人工智能的快速发展，我军所处的社会、经济环境也正处于向"互联网+"和"中国智造"转型升级的重要阶段，传统的战略模式、组织模式、交易模式、商业模式、价值创造和获取模式等已经面临变革并正在被颠覆。这使得在我军战略规划实践推进的同时，也形成了领域、方向等各利益相关方对于战略规划缺乏认同的矛盾性的一面，这既是对我军开展战略规划实践的重大考验，同时又为未来的发展指明了重要方向。

综上所述，基于系统工程的战略规划研究和应用越来越受到学术界、理论界、军队管理界的重视。同时，由于军队建设发展具有整体性、层次性、涌现性、开放性等特征，其战略规划实践过程同样可以为系统工程理论的发展提供重要的经验总结，为系统科学、系统工程的实践化发展提供强大助力。

参 考 文 献

[1] 中国航天系统科学与工程研究院研究生管理部. 系统工程讲堂录：第二辑[M]. 北京：科学出版社，2015.
[2] 王延烽. 军事需求分析研究[M]. 北京：国防大学出版社，2014.
[3] 战晓苏. 军事系统工程与技术基础[M]. 北京：军事科学出版社，2016.
[4] 黄靖. 军队资源战略管理[M]. 北京：军事科学出版社，2012.

[5] 刘继贤.军事管理学教程[M].北京：军事科学出版社，2012.

[6] 杨国梁.科技规划理论的方法与实践[M].北京：科学出版社，2019.

[7] 胡晓峰.战争科学论[M].北京：科学出版社，2018.

[8] 成思危.复杂性科学探索[M].北京：民主与建设出版社，2000.

[9] 成思危.中国企业管理面临的问题及对策[M].北京：民主与建设出版社，2000.

[10] 严琳希.高铁产业竞争优势形成机理及评价研究[D].南京：东南大学，2019.

[11] 文丰安.新时代良好政治生态的构成及营造途径[J].求实，2020（2）：13-25.

[12] 郝德强.工业化建筑定额体系构建研究[D].哈尔滨：东北林业大学，2019.

[13] 徐二明，李维光.中国企业战略管理四十年（1978—2018）：回顾、总结与展望[J].经济与管理研究，2018，39（9）：3-16.

[14] 于巧华.强化军队建设战略管理功能[N].中国社会科学报，2019-01-03（007）.

[15] 王磊，马赤宇，胡继元.战略规划的认识与思考：基于不同发展形势下的战略规划取向[J].城市发展研究，2011，18（6）：7-12.

[16] 易本胜，张人龙.解析日本防卫力量战略评估机制[J].军事文摘，2016（9）：14-17.

[17] 李玉.现代战略管理不可或缺[N].解放军报，2013-03-09（009）.

[18] 钟新.把党对人民军队的绝对领导贯彻到军队建设各领域全过程[J].政工学刊，2020（1）：12-15.

本章作者：梁浩哲、张瑜。